Gütersloher Taschenbücher / Sie

Max Weber

Die protestantische Ethik

I

Eine Aufsatzsammlung

Gütersloher Verlagshaus
Gerd Mohn

Herausgegeben von Professor Dr. Johannes Winckelmann, München

Wir wollen nach Arbeit fragen,
wo welche ist,
nicht an dem Amt verzagen
und unsere Steine tragen
aufs Baugerüst.

Zinzendorf

CIP-Titelaufnahme der Deutschen Bibliothek

Weber, Max:
Die protestantische Ethik / Max Weber.
[Hrsg. von Johannes Winckelmann]. – Gütersloh:
Gütersloher Verl.-Haus Mohn.
Frühere Aufl. im Siebenstern-Taschenbuch Verl., Hamburg,
als: Siebenstern-Taschenbuch
NE: Winckelmann, Johannes [Hrsg.]

1. Eine Aufsatzsammlung. – 8., durchges. Aufl.,
(51.–55. Tsd.). – 1991
(Gütersloher Taschenbücher Siebenstern; 1433)
Bis 7. Aufl. als: Gütersloher Taschenbücher Siebenstern; 53
ISBN 3-579-01433-1
NE: GT

ISBN 3-579-01433-1

8., durchgesehene Auflage (51.–55. Tsd.) 1991
Gesamtherstellung: Clausen & Bosse, Leck
Umschlagentwurf: Dieter Rehder, B-Kelmis
Printed in Germany

Inhalt

Vorwort zur fünften Auflage der Taschenbuchausgabe

Max Weber verfaßte den ersten Teil der Abhandlung über die protestantische Ethik im Sommer 1904 vor seiner Reise in die Vereinigten Staaten, den zweiten Teil im folgenden Jahr nach seiner Rückkehr von dort und den Aufsatz über die protestantischen Sekten im Jahre 1906. Ein Jahr vor seinem frühen Tode im Jahre 1920 unterzog Max Weber seine religionssoziologischen Studien einer Überarbeitung. Den ersten Band seiner Gesammelten Aufsätze zur Religionssoziologie, in den er auch die genannten Protestantismus-Arbeiten aufnahm, hat er bis in die letzten Lebenstage hinein noch selbst in den Korrekturbogen gelesen und geprüft. Das Erscheinen des Bandes hat er nicht mehr erlebt.

Seitdem sind die Bände seiner religionssoziologischen Untersuchungen und auch die Einzelausgabe der Protestantischen Ethik stets nur in photomechanischer Reproduktion erschienen. Schon seit langem besteht das Bedürfnis nach einer textkritischen Ausgabe. Auf Grund der Vereinbarungen der beteiligten Verleger ist das Erscheinen einer erweiterten kritischen und zugleich erschwinglichen Taschenbuchausgabe ermöglicht worden.

Text und Anmerkungen wurden einer umfassenden Revision unterzogen, und zwar der Text, die Anmerkungen und die allgemeinen Literaturangaben vom Herausgeber, während die Prüfung, Berichtigung und Ergänzung hinsichtlich der protestantischen Spezialliteratur von dem seinerzeitigen wissenschaftlichen Mitarbeiter im Max Weber Institut der Universität München, Herrn Dr. Walter M. Sprondel, mit großem und höchst dankenswertem Erfolg durchgeführt wurden. Die bibliographischen Angaben bezüglich der holländischen und anglo-amerikanischen Literatur wurden in Amsterdam und New York überprüft und berichtigt. Frau Cornelia van Dÿk, Frau Professor Dr. Ilse Dronberger sowie Herrn Professor W. Warren Dronberger sei auch hier besonders herzlich für ihre bereitwillige Hilfe gedankt. Es darf gehofft werden, dem Studium und der Forschung, zugleich aber auch allen interessierten Lesern eine den berechtigten Anforderungen entsprechende Ausgabe der berühmten Aufsätze an die Hand gegeben zu haben.

Seit der 2./3. Auflage wurde der Band um die beiden Kurzfassungen, in denen Max Weber selbst die vorläufigen Ergebnisse seiner speziellen Protestantismus-Studien an anderer Stelle zusammengefaßt hat, sowie um verschiedene, diese Problemstellung umrahmende, teils erläuternde, teils ergänzende Teilstücke aus seinen weiterführenden universal-vergleichenden religionssoziologischen Untersuchungen erweitert. Die Entstehungszeit der unter der vom Herausgeber gewählten Überschrift »Religiöse Heilsmethodik und Systematisierung der Lebensführung« abgedruckten Abschnitte aus der »Wirtschaftsethik der Weltreligionen« sowie aus dem soziologischen Grundwerk »Wirtschaft und Gesellschaft« fällt in die Jahre 1911 bis 1913. Die Vorlesung über die universale Sozial- und Wirtschaftsgeschichte mit dem hier wiedergegebenen Schlußteil »Die Entfaltung der kapitalistischen Gesinnung« wurde im Winter 1919/20 in München gehalten und posthum in Buchform veröffentlicht. In diesen Teilen fällt – der ursprünglichen Absicht Max Webers entsprechend – auch stärkeres Licht auf die übrigen Kausalreihen, also auf die ökonomischen, sozialen, politischen, geographischen usw. Faktoren als interdependente Bedingungskomplexe der abendländischen religiösen und gewerblich-industriellen Entwicklung. Die Pläne zur Fortsetzung seiner Protestantismus-Studien, die ihm einen erneuten Amerika-Aufenthalt erforderlich erscheinen ließ (GTB 119, Seite 334), konnte der Verfasser nicht mehr verwirklichen.

Zusammen mit Max Webers »Antikritiken« wird damit deutlich ersichtlich, daß seine Darstellung in dreifacher Hinsicht unvollendet geblieben ist:

1. es wird nur der *einen* Seite der Kausalbeziehung nachgegangen: der Einwirkung religiöser Bewußtseinsinhalte auf die sozial-ökonomischen Verhaltensweisen und Verhältnisse, noch nicht dagegen dem umgekehrten Beziehungsverhältnis, nämlich dem unabweisbaren Einfluß der ökonomischen, sozialen, politischen, geographischen usw. Bedingungen auf die Ent-

stehung und Veralltäglichung religiöser Bewegungen und Verhältnisse;

2. auch in diesem Rahmen führt die Untersuchung nur bis zur Darlegung der Methodik der Lebensführung und des »inneren Habitus« der in der beginnenden Neuzeit heraufkommenden Neuschichten sowie der Bedeutung des Berufsgedankens für die neuzeitliche Erwerbswirtschaft;

3. es fehlt schließlich die beabsichtigte soziologische Analyse der vorreformatorischen Epoche etwa vom 11. bis 15. Jahrhundert, in der sich sowohl die positive Wendung zum bürgerlichen Erwerbsdasein wie auch die Mentalität der »innerweltlichen Askese« vorbereiteten und teilweise bereits zu entfalten begannen (Bauernaufstände, Zunftrevolutionen, Orden und Sekten, mittelalterliche Mystik, spätmittelalterliche Ethik, religiöse und soziale Reformbewegungen, Mendikantenwesen, Laienbruderschaften, Laienpredigttum usw.).

Die Einteilung des Stoffes wurde so vorgenommen, daß die Anmerkungen des Verfassers den einzelnen Abschnitten angefügt und in sich durchnumeriert worden sind. Die mit einem Sternchen versehenen Fußnoten rühren vom Herausgeber her, ebenso die Zusätze in eckigen Klammern.

Die Aufsatzsammlung ist inzwischen in der Weise fortgesetzt worden, daß in einem zweiten Bande (Gütersloher Taschenbücher / Siebenstern 119) die Kritiken gebracht werden, die seinerzeit Max Weber und Ernst Troeltsch Veranlassung zu ihren Antikritiken gegeben haben, welche dort jeweils anschließend folgen, sowie ferner zwei amerikanische Beiträge: der zugleich kritische und antikritische Aufsatz von Ephraim Fischoff aus der Zeitschrift »Social Research« (1944) und zum Schluß die Abhandlung von Reinhard Bendix aus den »Comparative Studies« (1967) bezüglich der den Untersuchungen Max Webers vorausliegenden Literatur über die »Tatsache der auffällig starken Kongruenz von Protestantismus und modernem Kapitalismus« (GTB 119, Seite 304), die Max Weber als gegeben voraussetzte, daher nicht zu erweisen, vielmehr als plausibel soziologisch zu *erklären* suchte (s. u. Seite 82

Anm. 22; vgl. GTB 119, Seite 163/164). Angefügt ist dort eine Bibliographie der wichtigsten Schriften aus der umfangreichen Kontroversialliteratur, die zu Max Webers Analyse der soziologischen Bedeutung des sich entfaltenden Protestantismus erwachsen ist.

München, 31. März 1978 Der Herausgeber

Vorbemerkung*

Universalgeschichtliche Probleme wird der Sohn der modernen europäischen Kulturwelt unvermeidlicher- und berechtigterweise unter der Fragestellung behandeln: welche Verkettung von Umständen hat dazu geführt, daß gerade auf dem Boden des Okzidents, und nur hier, Kulturerscheinungen auftraten, welche doch – wie wenigstens wir uns gern vorstellen – in einer Entwicklungsrichtung von *universeller* Bedeutung und Gültigkeit lagen?

Nur im Okzident gibt es »*Wissenschaft*« in dem Entwicklungsstadium, welches wir heute als »gültig« anerkennen. Empirische Kenntnisse, Nachdenken über Welt- und Lebensprobleme, philosophische und auch – obwohl die Vollentwicklung einer systematischen Theologie dem hellenistisch beeinflußten Christentum eignet (Ansätze [dazu finden sich] nur im Islâm und bei einigen indischen Sekten) – theologische Lebensweisheit tiefster Art, Wissen und Beobachtung von außerordentlicher Sublimierung hat es auch anderwärts, vor allem: in Indien, China, Babylon, Ägypten, gegeben. Aber: der babylonischen und jeder anderen Astronomie fehlte – was ja die Entwicklung namentlich der babylonischen Sternkunde nur um so erstaunlicher macht – die mathematische Fundierung, die erst die Hellenen ihr gaben. Der indischen Geometrie fehlte der rationale »Beweis«: wiederum ein Produkt hellenischen Geistes, der auch die Mechanik und Physik zuerst geschaffen hat. Den nach der Seite der Beobachtung überaus entwickelten indischen Naturwissenschaften fehlte das rationale Experiment: nach antiken Ansätzen wesentlich ein Produkt der Renaissance, und das moderne Laboratorium, daher der namentlich in Indien

* Max Webers zu seinen Gesammelten Aufsätzen zur Religionssoziologie (Hrsg.).

1 Wissenschaft entstand zuerst in den islam. Ländern. vgl. MA in Europa und im Morgenland.

empirisch-technisch hochentwickelten Medizin die biologische und insbesondere biochemische Grundlage. Eine rationale Chemie fehlt allen Kulturgebieten außer dem Okzident. Der hochentwickelten chinesischen Geschichtsschreibung fehlt das thukydideische Pragma. Macchiavelli hat Vorläufer in Indien. Aber aller asiatischen Staatslehre fehlten eine der aristotelischen gleichartige Systematik und die rationalen Begriffe überhaupt. Für eine rationale Rechtslehre fehlen anderwärts trotz aller Ansätze in Indien (Mîmâmsâ-Schule), trotz umfassender Kodifikationen besonders in Vorderasien und trotz aller indischen und sonstigen Rechtsbücher die streng juristischen Schemata und Denkformen des römischen und des daran geschulten okzidentalen Rechtes. Ein Gebilde ferner wie das kanonische Recht kennt nur der Okzident.

Ähnlich in der Kunst. Das musikalische Gehör war bei anderen Völkern anscheinend eher feiner entwickelt als heute bei uns; jedenfalls nicht minder fein. Polyphonie verschiedener Art war weithin über die Erde verbreitet, Zusammenwirken einer Mehrheit von Instrumenten und auch das Diskantieren findet sich anderwärts. Alle unsere rationalen Tonintervalle waren auch anderwärts berechnet und bekannt. Aber rationale harmonische Musik: – sowohl Kontrapunktik wie Akkordharmonik –, Bildung des Tonmaterials auf der Basis der drei Dreiklänge mit der harmonischen Terz, unsere nicht distanzmäßig, sondern in rationaler Form seit der Renaissance harmonisch gedeutete Chromatik und Enharmonik, unser Orchester mit seinem Streichquartett als Kern und der Organisation des Ensembles der Bläser, der Generalbaß, unsere Notenschrift (die erst das Komponieren und Üben moderner Tonwerke, also ihre ganze Dauerexistenz überhaupt, ermöglicht), unsere Sonaten, Symphonien, Opern – obwohl es Programmusik, Tonmalerei, Tonalteration und Chromatik als Ausdrucksmittel in den verschiedensten Musiken gab – und als Mittel zu dem alle unsere Grundinstrumente: Orgel, Klavier, Violine: dies alles gab es nur im Okzident.

Spitzbogen hat es als Dekorationsmittel auch anderwärts,

in der Antike und in Asien, gegeben; angeblich war auch das Spitzbogen-Kreuzgewölbe im Orient nicht unbekannt. Aber die rationale Verwendung des gotischen Gewölbes als Mittel der Schubverteilung und der Überwölbung beliebig geformter Räume und, vor allem, als konstruktives Prinzip großer Monumentalbauten und Grundlage eines die Skulptur und Malerei einbeziehenden *Stils*, wie sie das Mittelalter schuf, fehlt anderweitig. Ebenso aber fehlt, obwohl die technischen Grundlagen dem Orient entnommen waren, jene Lösung des Kuppelproblems und jene Art von »klassischer« Rationalisierung der gesamten Kunst – in der Malerei durch rationale Verwendung der Linear- und Luftperspektive –, welche die Renaissance bei uns schuf. Produkte der Druckerkunst gab es in China. Aber eine gedruckte: eine *nur* für den Druck berechnete, nur durch ihn lebensmögliche Literatur: »Presse« und »Zeitschriften« vor allem, sind nur im Okzident entstanden. Hochschulen aller möglichen Art, auch solche, die unseren Universitäten oder doch unseren Akademien äußerlich ähnlich sahen, gab es auch anderwärts (China, Islâm). Aber rationalen und systematischen Fachbetrieb der Wissenschaft: das eingeschulte *Fachmenschentum*, gab es in irgendeinem an seine heutige kulturbeherrschende Bedeutung heranreichenden Sinn nur im Okzident, vor allem: den Fach*beamten*, den Eckpfeiler des modernen Staats und der modernen Wirtschaft des Okzidents. Für ihn finden sich nur Ansätze, die nirgends in irgendeinem Sinn so konstitutiv für die soziale Ordnung wurden wie im Okzident. Natürlich ist der »Beamte«, auch der arbeitsteilig spezialisierte Beamte, eine uralte Erscheinung der verschiedensten Kulturen. Aber die absolut unentrinnbare Gebanntheit unserer ganzen Existenz, der politischen, technischen und wirtschaftlichen Grundbedingungen unseres Daseins, in das Gehäuse einer fachgeschulten Beamten*organisation*, den technischen, kaufmännischen, vor allem aber den *juristisch* geschulten staatlichen Beamten als Träger der wichtigsten Alltagsfunktionen des sozialen Lebens, hat kein Land und keine Zeit in dem Sinn gekannt wie der moderne Okzident. *Ständische* Organisation der politischen und sozialen Verbände ist weit verbreitet gewesen. Aber schon den Stände*staat*: »rex et regnum«, kannte im okzidentalen Sinn nur der Okzident. Und vollends Parlamente von periodisch gewählten »Volksvertretern«, den Demagogen und die Herrschaft von Parteiführern als parlamentarisch verantwortliche »Minister« hat – obwohl es natürlich »Parteien« im Sinne von Organisationen zur Eroberung und Beeinflussung der politischen Macht in aller Welt gegeben hat – nur der Okzident hervorgebracht. Den »Staat« überhaupt im Sinn einer politischen *Anstalt*, mit rational gesatzter »Verfassung«, rational gesatztem Recht und einer an rationalen, gesatzten Regeln: »Gesetzen«, orientierten Verwaltung durch *Fach*beamte, kennt, in dieser für ihn wesentlichen Kombination der entscheidenden Merkmale, ungeachtet aller anderweitigen Ansätze dazu, nur der Okzident.

Und so steht es nun auch mit der schicksalsvollsten Macht unseres modernen Lebens: dem *Kapitalismus*.

»Erwerbstrieb«, »Streben nach Gewinn«, nach Geldgewinn, nach möglichst hohem Geldgewinn hat an sich mit Kapitalismus gar nichts zu schaffen. Dieses Streben fand und findet sich bei Kellnern, Ärzten, Kutschern, Künstlern, Kokotten, bestechlichen Beamten, Soldaten, Räubern, Kreuzfahrern, Spielhöllenbesuchern, Bettlern: – man kann sagen: bei »all sorts and conditions of men«, zu allen Epochen aller Länder der Erde, wo die objektive Möglichkeit dafür irgendwie gegeben war und ist. Es gehört in die kulturgeschichtliche Kinderstube, daß man diese naive Begriffsbestimmung ein- für allemal aufgibt. Schrankenloseste Erwerbsgier ist nicht im mindesten gleich Kapitalismus, noch weniger gleich dessen »Geist«. Kapitalismus *kann* geradezu identisch sein mit *Bändigung*, mindestens mit rationaler Temperierung, dieses irrationalen Triebes. Allerdings ist Kapitalismus identisch mit dem Streben nach *Gewinn*: im kontinuierlichen, rationalen, kapitalistischen Betrieb; nach immer *erneutem* Gewinn: nach *»Rentabilität«*. Denn er muß es sein. Innerhalb einer kapitalistischen Ordnung der gesamten Wirtschaft würde ein kapitalistischer

Einzelbetrieb, der sich nicht an der Chance der Erzielung von Rentabilität orientierte, zum Untergang verurteilt sein.

Definieren wir zunächst einmal etwas genauer, als es oft geschieht. Ein »kapitalistischer« Wirtschaftsakt soll uns heißen zunächst ein solcher, der auf Erwartung von Gewinn durch Ausnützung von *Tausch*-Chancen ruht: auf (formell) *friedlichen* Erwerbschancen also. Der (formell und aktuell) gewaltsame Erwerb folgt seinen besonderen Gesetzen, und es ist nicht zweckmäßig (so wenig man es jemandem verbieten kann), ihn mit dem (letztlich) an Tauschgewinn-Chancen orientierten Handeln unter die gleiche Kategorie zu stellen.[1] Wo kapitalistischer Erwerb rational erstrebt wird, da ist das entsprechende Handeln orientiert an Kapital*rechnung*. Das heißt: es ist eingeordnet in eine planmäßige Verwendung von sachlichen oder persönlichen Nutzleistungen als Erwerbsmitteln derart, daß der *bilanz*mäßig errechnete Schlußertrag der Einzelunternehmung an geldwertem Güterbesitz (oder der periodisch bilanzmäßig errechnete Schätzungswert des geldwerten Güterbesitzes eines kontinuierlichen Unternehmungsbetriebs) beim Rechnungsabschluß das »Kapital«: d. h. den *bilanz*mäßigen Schätzungswert der für den Erwerb durch Tausch verwendeten sachlichen Erwerbsmittel *übersteigen* (bei der Dauerunternehmung also: *immer wieder* übersteigen) soll. Einerlei, ob es sich um einen Komplex von in natura einem reisenden Kaufmann in Kommenda gegebenen Waren handelt, deren Schlußertrag wiederum in erhandelten anderen Waren in natura bestehen kann, oder um ein Fabrikanwesen, dessen Bestandteile Gebäude, Maschinen, Vorräte an Geld, Rohstoffen, Halb- und Fertigprodukten, Forderungen darstellen, denen Verbindlichkeiten gegenüberstehen: – stets ist das Entscheidende, daß eine Kapital*rechnung* in Geld aufgemacht wird, sei es nun in modern buchmäßiger oder in noch so primitiver und oberflächlicher Art. Sowohl bei Beginn des Unternehmens: Anfangsbilanz, wie vor jeder einzelnen Handlung: Kalkulation, wie bei der Kontrolle und Überprüfung der Zweckmäßigkeit: Nachkalkulation, wie beim Abschluß behufs Feststellung, was als

»Gewinn« entstanden ist: Abschlußbilanz. Die Anfangsbilanz einer Kommenda ist z. B. die Feststellung des zwischen den Parteien geltensollenden Geldwertes der hingegebenen Güter – soweit sie nicht schon Geldform haben –, ihre Abschlußbilanz die der Verteilung von Gewinn oder Verlust am Schluß zugrunde gelegte Abschätzung; Kalkulation liegt – im Rationalitätsfall – jeder einzelnen Handlung des Kommendanehmers zugrunde. Daß eine wirklich genaue Rechnung und Schätzung ganz unterbleibt: rein schätzungsmäßig oder einfach traditionell und konventionell verfahren wird, kommt in jeder Form von kapitalistischer Unternehmung bis heute vor, wo immer die Umstände nicht zu genauer Rechnung drängen. Aber das sind Punkte, die nur den Grad der *Rationalität* des kapitalistischen Erwerbs betreffen.

Es kommt für den *Begriff* nur darauf an, daß die *tatsächliche* Orientierung an einer Vergleichung des Geldschätzungserfolges mit dem Geldschätzungseinsatz, in wie primitiver Form auch immer, das wirtschaftliche Handeln entscheidend bestimmt. In diesem Sinne nun hat es »Kapitalismus« und »kapitalistische« Unternehmungen, auch mit leidlicher Rationalisierung der Kapitalrechnung, in *allen* Kulturländern der Erde gegeben, soweit die ökonomischen Dokumente zurückreichen. In China, Indien, Babylon, Ägypten, der mittelländischen Antike, dem Mittelalter so gut wie in der Neuzeit. Nicht nur ganz isolierte Einzelunternehmungen, sondern auch Wirtschaften, welche gänzlich auf immer neue kapitalistische Einzelunternehmungen eingestellt waren, und auch kontinuierliche »Betriebe«, – obwohl gerade der Handel lange Zeit nicht den Charakter unserer Dauerbetriebe, sondern wesentlich den einer Serie von Einzelunternehmungen an sich trug und erst allmählich innerer (»branchenmäßig« orientierter) Zusammenhang in das Verhalten gerade der *Groß*händler hineinkam. Jedenfalls: die kapitalistische Unternehmung und auch der kapitalistische Unternehmer, nicht nur als Gelegenheits-, sondern auch als Dauerunternehmer, sind uralt und waren höchst universell verbreitet.

Nun hat aber der Okzident ein Maß von Bedeutung und, was dafür den Grund abgibt: Arten, Formen und Richtungen von Kapitalismus hervorgebracht, die anderwärts niemals bestanden haben. Es hat in aller Welt Händler: Groß- und Detailhändler, Platz- und Fernhändler, es hat Darlehensgeschäfte aller Art, es hat Banken mit höchst verschiedenen, aber doch denjenigen wenigstens etwa unseres 16. Jahrhunderts im Wesen ähnlichen Funktionen gegeben; Seedarlehen, Kommenden und kommanditartige Geschäfte und Assoziationen sind, auch betriebsmäßig, weit verbreitet gewesen. Wo immer *Geld*finanzen der öffentlichen Körperschaften bestanden, da erschien der Geldgeber – in Babylon, Hellas, Indien, China, Rom –: für die Finanzierung vor allem der Kriege und des Seeraubes, für Lieferungen und Bauten aller Art, bei überseeischer Politik als Kolonialunternehmer, als Plantagenerwerber und -betreibender mit Sklaven oder mit direkt oder indirekt gepreßten Arbeitern, für Domänen-, Amts- und, vor allem, für Steuerpacht, für die Finanzierung von Parteichefs zum Zweck von Wahlen und von Kondottieren zum Zweck von Bürgerkriegen und schließlich: als »Spekulant« in geldwerten Chancen aller Art. Diese Art von Unternehmerfiguren: die kapitalistischen *Abenteurer*, hat es in aller Welt gegeben. Ihre Chancen waren – mit Ausnahme des Handels und der Kredit- und Bankgeschäfte – dem Schwerpunkt nach entweder rein irrational-spekulativen Charakters, oder aber sie waren an dem Erwerb durch Gewaltsamkeit, vor allem dem Beuteerwerb: aktuell-kriegerischer oder chronisch-fiskalischer Beute (Untertanen-Ausplünderung), orientiert.

Der Gründer-, Großspekulanten-, Kolonial- und der moderne Finanzierungskapitalismus schon im Frieden, vor allem aber aller spezifisch *kriegs*orientierte Kapitalismus tragen auch in der okzidentalen Gegenwart noch oft dieses Gepräge, und einzelne – nur: einzelne – Teile des internationalen Großhandels stehen ihm, heute wie von jeher, nahe. Aber der Okzident kennt in der *Neuzeit* daneben eine ganz andere und nirgends sonst auf der Erde entwickelte Art des Kapitalismus:

die rational-kapitalistische [betriebliche] Organisation von (formell) *freier Arbeit.* Nur Vorstufen dafür finden sich anderwärts. Selbst die Organisation *unfreier* Arbeit hat ja nur in den Plantagen und, in sehr begrenztem Maß, in den Ergasterien der Antike eine gewisse Rationalitätsstufe erreicht, eine eher noch geringere in den Fronhöfen und Gutsfabriken oder grundherrlichen Hausindustrien mit Leibeigenen- oder Hörigenarbeit in der beginnenden Neuzeit. Für freie Arbeit finden sich selbst eigentliche »Hausindustrien« außerhalb des Okzidents nur vereinzelt sicher bezeugt, und die natürlich überall sich findende Taglöhnerverwendung hat – mit sehr wenigen und sehr besonders, jedenfalls aber: sehr abweichend von modernen Betriebsorganisationen, gearteten Ausnahmen (speziell: Staatsmonopolbetrieben) – nicht zu Manufakturen und nicht einmal zu einer rationalen Lehrorganisation des Handwerks vom Gepräge des okzidentalen Mittelalters geführt. Die an den Chancen des *Gütermarktes,* nicht an gewaltpolitischen oder an irrationalen Spekulationschancen, orientierte, rationale Betriebsorganisation ist aber nicht die einzige Sondererscheinung des okzidentalen Kapitalismus. Die moderne rationale Organisation des kapitalistischen Betriebs wäre nicht möglich gewesen ohne zwei weitere wichtige Entwicklungselemente: die *Trennung von Haushalt und Betrieb,* welche das heutige Wirtschaftsleben schlechthin beherrscht, und, damit eng zusammenhängend, die rationale *Buchführung.* Örtliche Trennung der Werk- oder Verkaufsstätten von der Behausung findet sich auch sonst (im orientalischen Bazar und in den Ergasterien anderer Kulturgebiete). Und auch die Schaffung von kapitalistischen Assoziationen mit gesonderter Betriebsrechnung findet sich in Ostasien wie im Orient und in der Antike. Aber: gegenüber der modernen Verselbständigung der Erwerbsbetriebe sind das doch nur Ansätze. Vor allem aus dem Grunde, weil die *inneren* Mittel dieser Selbständigkeit: sowohl unsere rationale Betriebs*buchführung* wie unsere *rechtliche* Sonderung von Betriebsvermögen und persönlichem Vermögen, ganz fehlen oder nur in Anfängen entwickelt sind.[2]

Die Entwicklung hat überall sonst dazu geneigt, Erwerbsbetriebe als Teile eines fürstlichen oder grundherrlichen Groß*haushalts* (des »Oikos«) entstehen zu lassen: eine, wie schon RODBERTUS erkannt hatte, bei mancher scheinbaren Verwandtschaft doch höchst abweichende, geradezu entgegengesetzte, Entwicklung.

Ihre heutige Bedeutung aber haben alle diese Besonderheiten des abendländischen Kapitalismus letztlich erst durch den Zusammenhang mit der kapitalistischen *Arbeits*organisation erhalten. Auch das, was man die »Kommerzialisierung« zu nennen pflegt: die Wertpapierentwicklung und die Rationalisierung der Spekulation: die Börse, steht damit im Zusammenhang. Denn ohne kapitalistisch-rationale Arbeitsorganisation wäre dies alles, auch die Entwicklung zur »Kommerzialisierung«, soweit überhaupt möglich, nicht entfernt von der gleichen Tragweite, vor allem für die soziale Struktur und alle mit ihr zusammenhängenden spezifisch modern-okzidentalen Probleme. Eine exakte Kalkulation: die Grundlage alles andern, ist eben nur auf dem Boden *freier* Arbeit möglich. Und wie – und weil – keine rationale Arbeitsorganisation, so – und deshalb – hat die Welt außerhalb des modernen Okzidents auch keinen rationalen *Sozialismus* gekannt. Gewiß: ebenso wie Stadtwirtschaft, städtische Nahrungspolitik, Merkantilismus und Wohlfahrtspolitik der Fürsten, Rationierungen, regulierte Wirtschaft, Protektionismus und Laissez-faire-Theorien (in China), so hat die Welt auch kommunistische und sozialistische Wirtschaften sehr verschiedener Gepräge gekannt: familiär, religiös oder militaristisch bedingten Kommunismus, staatssozialistische (in Ägypten), monopol-kartellistische und auch Konsumentenorganisationen verschiedenster Art. Aber ebenso wie – obzwar es doch überall einmal städtische Marktprivilegien, Zünfte, Gilden und allerhand rechtliche Scheidungen zwischen Stadt und Land in der verschiedensten Form gab – der Begriff des »Bürgers« überall außer im Okzident und der Begriff der »Bourgeoisie« überall außer im modernen Okzident fehlte, so fehlte auch das

»Proletariat« als *Klasse* und mußte fehlen, weil eben die rationale Organisation *freier Arbeit* als *Betrieb* fehlte. »Klassenkämpfe« zwischen Gläubiger- und Schuldnerschichten, Grundbesitzern und Besitzlosen oder Fronknechten oder Pächtern, Handelsinteressenten und Konsumenten oder Grundbesitzern, hat es in verschiedener Konstellation überall längst gegeben. Aber schon die okzidental-mittelalterlichen Kämpfe zwischen Verlegern und Verlegten finden sich anderwärts nur in Ansätzen. Vollends fehlt der moderne Gegensatz: großindustrieller Unternehmer und freier Lohnarbeiter. Und daher konnte es auch eine Problematik von der Art, wie sie der moderne Sozialismus kennt, nicht geben.

In einer Universalgeschichte der Kultur ist also für uns, rein wirtschaftlich, das zentrale Problem letztlich *nicht* die überall nur in der Form wechselnde Entfaltung kapitalistischer Betätigung als solcher: des Abenteurertypus oder des händlerischen oder des an Krieg, Politik, Verwaltung und ihren Gewinnchancen orientierten Kapitalismus. Sondern vielmehr die Entstehung des *bürgerlichen Betriebs*kapitalismus mit seiner rationalen Organisation der *freien Arbeit*. Oder, kulturgeschichtlich gewendet: die Entstehung des abendländischen *Bürgertums* und seiner Eigenart, die freilich mit der Entstehung kapitalistischer Arbeitsorganisation zwar in nahem Zusammenhang steht, aber natürlich doch nicht einfach identisch ist. Denn »Bürger« im ständischen Sinn gab es schon vor der Entwicklung des spezifisch abendländischen Kapitalismus. Aber freilich: *nur* im Abendland. Der spezifisch moderne okzidentale Kapitalismus nun ist zunächst offenkundig in starkem Maße durch Entwicklungen von *technischen* Möglichkeiten mitbestimmt. Seine Rationalität ist heute wesenhaft bedingt durch *Berechenbarkeit* der technisch entscheidenden Faktoren: der Unterlagen exakter Kalkulation. Das heißt aber in Wahrheit: durch die Eigenart der abendländischen Wissenschaft, insbesondere der mathematisch und experimentell exakt und rational fundierten Naturwissenschaften. Die Entwicklung dieser Wissenschaften und der auf ihnen beruhenden Technik erhielt und erhält nun ihrerseits entscheidende Impulse von den kapitalistischen Chancen, die sich an ihre wirtschaftliche Verwertbarkeit als Prämien knüpfen. Zwar nicht die Entstehung der abendländischen Wissenschaft ist durch solche Chancen bestimmt worden. Gerechnet, mit Stellenzahlen gerechnet, Algebra getrieben haben auch die Inder, die Erfinder des Positionszahlensystems, welches erst in den *Dienst* des sich entwickelnden Kapitalismus im Abendland trat, in Indien aber keine moderne Kalkulation und Bilanzierung schuf. Auch die Entstehung der Mathematik und Mechanik war nicht durch kapitalistische Interessen bedingt. Wohl aber wurde die *technische* Verwendung wissenschaftlicher Erkenntnisse: dieses für die Lebensordnung unserer Massen Entscheidende, durch ökonomische Prämien bedingt, welche im Okzident gerade darauf gesetzt waren. Diese Prämien aber flossen aus der Eigenart der *Sozial*ordnung des Okzidents. Es wird also gefragt werden müssen: aus *welchen* Bestandteilen dieser Eigenart?, da zweifellos nicht alle gleich wichtig gewesen sein werden. Zu den unzweifelhaft wichtigen gehört die rationale Struktur des *Rechts* und der Verwaltung. Denn der moderne rationale Betriebskapitalismus bedarf, wie der berechenbaren technischen Arbeitsmittel, so auch des berechenbaren Rechts und der Verwaltung nach formalen Regeln, ohne welche zwar Abenteurer- und spekulativer Händlerkapitalismus und alle möglichen Arten von politisch bedingtem Kapitalismus, aber kein rationaler privatwirtschaftlicher Betrieb mit stehendem Kapital und sicherer *Kalkulation* möglich ist. Ein solches Recht und eine solche Verwaltung nun stellte der Wirtschaftsführung in *dieser* rechtstechnischen und formalistischen Vollendung *nur* der Okzident zur Verfügung. Woher hat er jenes Recht?, wird man also fragen müssen. Es haben, neben anderen Umständen, *auch* kapitalistische Interessen ihrerseits unzweifelhaft der Herrschaft des an rationalem Recht fachgeschulten Juristenstandes in Rechtspflege und Verwaltung die Wege geebnet, wie jede Untersuchung zeigt. Aber keineswegs nur oder vornehmlich sie. Und nicht sie haben jenes Recht aus sich *geschaffen*. Sondern noch ganz andere Mächte waren bei dieser Entwicklung tätig. Und warum taten die kapitalistischen Interessen das gleiche nicht in China oder Indien? Warum lenkten dort überhaupt weder die wissenschaftliche noch die künstlerische noch die staatliche noch die wirtschaftliche Entwicklung in diejenigen Bahnen der *Rationalisierung* ein, welche dem Okzident eigen sind?

Denn es handelt sich ja in allen den angeführten Fällen von Eigenart offenbar um einen spezifisch gearteten »Rationalismus« der okzidentalen Kultur. Nun kann unter diesem Wort höchst Verschiedenes verstanden werden, – wie die späteren Darlegungen wiederholt verdeutlichen werden. Es gibt z. B. »Rationalisierungen« der mystischen Kontemplation, also: von einem Verhalten, welches, von anderen Lebensgebieten her gesehen, spezifisch »irrational« ist, ganz ebenso gut wie Rationalisierungen der Wirtschaft, der Technik, des wissenschaftlichen Arbeitens, der Erziehung, des Krieges, der Rechtspflege und Verwaltung. Man kann ferner jedes dieser Gebiete unter höchst verschiedenen letzten Gesichtspunkten und Zielrichtungen »rationalisieren«, und was von einem [Blickpunkt] aus »rational« ist, kann, vom andern aus betrachtet, »irrational« sein. Rationalisierungen hat es daher auf den verschiedenen Lebensgebieten in höchst verschiedener Art in allen Kulturkreisen gegeben. Charakteristisch für deren kulturgeschichtlichen Unterschied ist erst: *welche* Sphären und in welcher Richtung sie rationalisiert wurden. Es kommt also zunächst wieder darauf an: die besondere *Eigenart* des okzidentalen und, innerhalb dieses, des modernen okzidentalen, Rationalismus zu erkennen und in ihrer Entstehung zu erklären. Jeder solche Erklärungsversuch muß, der fundamentalen Bedeutung der Wirtschaft entsprechend, vor allem die ökonomischen Bedingungen berücksichtigen. Aber es darf auch der umgekehrte Kausalzusammenhang darüber nicht unbeachtet bleiben. Denn wie von rationaler Technik und rationalem Recht, so ist der ökonomische Rationalismus in seiner Entstehung auch von der Fähigkeit und Disposition der Menschen zu bestimmten Arten praktisch-rationaler *Lebensführung* überhaupt abhängig. Wo diese durch Hemmungen seelischer Art obstruiert war, da stieß auch die Entwicklung einer *wirtschaftlich* rationalen Lebensführung auf schwere innere Widerstände. Zu den wichtigsten formenden Elementen der Lebensführung nun gehörten in der Vergangenheit überall die magischen und religiösen Mächte und die am Glauben an sie verankerten ethischen Pflichtvorstellungen. Von *diesen* ist in den nachstehend gesammelten und ergänzten Aufsätzen die Rede.

Es sind dabei zwei ältere Aufsätze an die Spitze gestellt, welche versuchen, in *einem* wichtigen Einzelpunkt der meist am schwierigsten zu fassenden Seite des Problems näher zu kommen: der Bedingtheit der Entstehung einer »Wirtschaftsgesinnung«: des »Ethos« einer Wirtschaftsform, durch bestimmte religiöse Glaubensinhalte, und zwar an dem Beispiel der Zusammenhänge des modernen Wirtschaftsethos mit der rationalen Ethik des asketischen Protestantismus. Hier wird also nur der *einen* Seite der Kausalbeziehung nachgegangen. Die späteren Aufsätze über die »Wirtschaftsethik der Weltreligionen«* versuchen, in einem Überblick über die Beziehungen der wichtigsten Kulturreligionen zur Wirtschaft und sozialen Schichtung ihrer Umwelt, *beiden* Kausalbeziehungen so weit nachzugehen, als notwendig ist, um die *Vergleichs*punkte mit der weiterhin zu analysierenden okzidentalen Entwicklung zu finden. Denn nur so läßt sich ja die einigermaßen eindeutige kausale *Zurechnung* derjenigen Elemente der okzidentalen religiösen Wirtschaftsethik, welche ihr im Gegensatz zu anderen eigentümlich sind, überhaupt in Angriff nehmen. Diese Aufsätze wollen also nicht etwa als – sei es auch noch so gedrängte – umfassende Kulturanalysen gelten. Sondern sie betonen in jedem Kulturgebiet ganz geflissentlich das, was im *Gegensatz* stand und steht zur okzidentalen Kulturentwicklung. Sie sind also durchaus orientiert an dem, was unter *die-*

* Sie sind hier nicht mit abgedruckt, da die vorliegende Sammlung ausschließlich dem Problem der Kulturbedeutung des asketischen *Protestantismus* gewidmet ist. [Hrg.]

sem Gesichtspunkt bei Gelegenheit der Darstellung der okzidentalen Entwicklung wichtig erscheint. Ein anderes Verfahren schien bei dem gegebenen Zweck nicht wohl möglich. Aber es muß zur Vermeidung von Mißverständnissen hier auf diese Begrenztheit des Zweckes ausdrücklich hingewiesen werden. Und noch in einer anderen Hinsicht muß wenigstens der Unorientierte vor einer Überschätzung der Bedeutung dieser Darstellungen gewarnt werden. Der Sinologe, Indologe, Semitist, Ägyptologe wird in ihnen natürlich nichts ihm sachlich Neues finden. Wünschenswert wäre nur, daß er nichts zur Sache *Wesentliches* findet, was er als sachlich *falsch* beurteilen muß. Wie weit es gelungen ist, diesem Ideal wenigstens so nahezukommen, wie ein Nichtfachmann dazu überhaupt imstande ist, kann der Verfasser nicht wissen. Es ist ja ganz klar, daß jemand, der auf die Benutzung von Übersetzungen und im übrigen darauf angewiesen ist, über die Art der Benutzung und Bewertung der monumentalen, dokumentarischen oder literarischen Quellen sich in der häufig sehr kontroversen Fachliteratur zu orientieren, die er seinerseits in ihrem Wert nicht selbständig beurteilen kann, allen Grund hat, über den Wert seiner Leistung sehr bescheiden zu denken. Um so mehr, als das Maß der vorliegenden Übersetzungen wirklicher »Quellen« (d. h. von Inschriften und Urkunden) teilweise (besonders für China) noch sehr klein ist im Verhältnis zu dem, was vorhanden und wichtig ist. Aus alledem folgt der vollkommen *provisorische* Charakter dieser Aufsätze, insbesondere der auf Asien sich beziehenden Teile.[3] Nur den Fachmännern steht ein endgültiges Urteil zu. Und nur weil, begreiflicherweise, fachmännische Darstellungen mit diesem besonderen Ziel und unter diesen besonderen Gesichtspunkten bisher nicht vorlagen, sind sie überhaupt geschrieben worden. Sie sind in einem ungleich stärkeren Maß und Sinn dazu bestimmt, bald »überholt« zu werden, als dies letztlich von aller wissenschaftlichen Arbeit gilt. Es läßt sich nun einmal, bei derartigen Arbeiten, ein solches vergleichendes Übergreifen auf andere Fachgebiete, so bedenklich es ist, nicht vermeiden; aber man hat dann eben die Konsequenz einer sehr starken Resignation in bezug auf das Maß des Gelingens zu ziehen. Mode oder Literatensehnsucht glaubt heute gern, den Fachmann entbehren oder zum Subalternarbeiter für den »Schauenden« degradieren zu können. Fast alle Wissenschaften verdanken Dilettanten irgend etwas, oft sehr wertvolle Gesichtspunkte. Aber der Dilettantismus als Prinzip der Wissenschaft wäre das Ende. Wer »Schau« wünscht, gehe ins Lichtspiel; sie wird ihm heute massenhaft auch in literarischer Form auf eben diesem Problemfeld geboten.[4] Nichts liegt den überaus nüchternen Darlegungen dieser der Absicht nach streng empirischen Studien ferner als diese Gesinnung. Und – möchte ich hinzusetzen – wer »Predigt« wünscht, gehe ins Konventikel. Welches *Wert*verhältnis zwischen den hier vergleichend behandelten Kulturen besteht, wird hier mit keinem Wort erörtert. Daß der Gang von Menschheitsschicksalen dem, der einen Ausschnitt daraus überblickt, erschütternd an die Brust brandet, ist wahr. Aber er wird gut tun, seine kleinen persönlichen Kommentare für sich zu behalten, wie man es vor dem Anblick des Meeres und des Hochgebirges auch tut, – es sei denn, daß er sich zu künstlerischer Formung oder zu prophetischer Forderung berufen und begabt weiß. In den meisten anderen Fällen verhüllt das viele Reden von »Intuition« nichts anderes als eine Distanzlosigkeit zum Objekt, die ebenso zu beurteilen ist wie die gleiche Haltung zum Menschen.

Der Begründung bedarf es, daß für die hier verfolgten Ziele die *ethnographische* Forschung entfernt nicht so herangezogen ist, wie es bei deren heutigem Stand für eine wirklich eindringende Darstellung insbesondere der asiatischen Religiosität natürlich unumgänglich wäre. Es geschah dies nicht nur deshalb, weil menschliche Arbeitskraft ihre Grenzen hat. Sondern vornehmlich schien es deshalb erlaubt, weil es hier gerade auf die Zusammenhänge der religiös bestimmten Ethik jener Schichten ankommen mußte, welche »Kulturträger« des betreffenden Gebiets waren. Um die Einflüsse, welche *deren* Lebensführung geübt hat, handelt es sich ja. Es ist nun völlig richtig, daß auch diese in ihrer Eigenart nur wirklich zutreffend zu erfassen sind, wenn man den ethnographisch-volkskundlichen Tatbestand damit konfrontiert. Es sei also nachdrücklich zugestanden und betont, daß hier eine Lücke besteht, welche der Ethnograph mit gutem Recht beanstanden muß. Einiges zu ihrer Ausfüllung hoffe ich bei einer systematischen Bearbeitung der Religionssoziologie tun zu können.* Den Rahmen dieser Darstellung mit ihren begrenzten Zwekken hätte ein solches Unternehmen aber überschritten. Sie mußte sich mit dem Versuch begnügen, die *Vergleichs*punkte zu unseren okzidentalen *Kultur*religionen tunlichst aufzudekken.

Schließlich sei auch der *anthropologischen* Seite der Probleme gedacht. Wenn wir immer wieder – auch auf (scheinbar) unabhängig voneinander sich entwickelnden Gebieten der Lebensführung – im Okzident, und *nur* dort, bestimmte *Arten* von Rationalisierungen sich entwickeln finden, so liegt die Annahme, daß hier *Erb*qualitäten die entscheidende Unterlage boten, natürlich nahe. Der Verfasser bekennt, daß er persönlich und subjektiv die Bedeutung des biologischen Erbgutes hoch einzuschätzen geneigt ist. Nur sehe ich, trotz der bedeutenden Leistungen der anthropologischen Arbeit, z. Z. noch keinerlei Weg, seinen Anteil an der *hier* untersuchten Entwicklung nach Maß und – vor allem – nach Art und Einsatzpunkten irgendwie exakt zu erfassen oder auch nur vermutungsweise anzudeuten. Es wird gerade eine der Aufgaben soziologischer und historischer Arbeit sein müssen, zunächst möglichst alle jene Einflüsse und Kausalketten aufzudecken, welche durch Reaktionen auf Schicksale und Umwelt befriedigend erklärbar sind. Dann erst, und wenn außerdem die vergleichende Rassen-Neurologie und -Psychologie über ihre heute vorliegenden, im einzelnen vielversprechenden, Anfänge weiter hinausgekommen sind, wird man *vielleicht* befriedigende Resultate auch für je-

* Das ist geschehen in dem Kapitel »Religionssoziologie« in Max Webers soziologischem Hauptwerk »Wirtschaft und Gesellschaft« (Neuausgabe, II. Teil Kap. V). [Hrg.]

nes Problem erhoffen dürfen.[5] Vorerst scheint mir jene Voraussetzung zu fehlen und wäre die Verweisung auf »Erbgut« ein voreiliger Verzicht auf das *heute* vielleicht mögliche Maß der Erkenntnis und eine Verschiebung des Problems auf (derzeit noch) unbekannte Faktoren.

ANMERKUNGEN DES VERFASSERS

1 Hier wie in einigen anderen Punkten scheide ich mich auch von unserem verehrten Meister LUJO BRENTANO (in dessen Werk: Die Anfänge des modernen Kapitalismus, München 1916). Und zwar zunächst terminologisch. Weiterhin aber auch sachlich. Es scheint mir nicht zweckmäßig, so heterogene Dinge wie den Beuteerwerb und den Erwerb durch Leitung einer Fabrik unter dieselbe Kategorie zu bringen, noch weniger: als »Geist« des Kapitalismus – im Gegensatz zu anderen Erwerbsformen – jedes Streben nach Erwerb von *Geld* zu bezeichnen, weil mit dem zweiten m. E. alle Präzision der Begriffe, mit dem ersten vor allem die Möglichkeit: das Spezifische des okzidentalen Kapitalismus gegenüber anderen Formen herauszuarbeiten, verloren wird. Auch in G. SIMMELS »Philosophie des Geldes« (1900) ist »Geldwirtschaft ›und‹ Kapitalismus« viel zu sehr gleichgesetzt, zum Schaden auch der sachlichen Darlegungen. In W. SOMBARTS Schriften, vor allem auch der neuesten Auflage seines schönen Hauptwerks »Der moderne Kapitalismus« [2. Aufl. 1916/17], tritt – wenigstens von meinem Problem aus gesehen – das *Spezifische* des Okzidents: die rationale Arbeitsorganisation, sehr stark zugunsten von Entwicklungsfaktoren zurück, welche überall in der Welt wirksam waren.

2 Natürlich darf der Gegensatz nicht absolut gefaßt werden. Aus dem politisch orientierten (vor allem: dem Steuerpacht-) Kapitalismus sind schon in der mittelländischen und orientalischen Antike, aber wohl auch in China und Indien, rationale *Dauer*betriebe erwachsen, deren Buchführung – uns nur in kümmerlichen Bruchstücken bekannt – »rationalen« Charakter gehabt haben dürfte. Auf das engste berührt sich ferner der politisch orientierte »Abenteurer«-Kapitalismus mit dem rationalen Betriebskapitalismus in der Entstehungsgeschichte der zumeist aus *politischen*, kriegerisch motivierten, Geschäften entstandenen modernen *Banken*, auch noch der Bank von England. Der Gegensatz der Individualität PATERSONS z. B. – eines typischen »promoter« – zu jenen Mitgliedern des Direktoriums, welche den Ausschlag für dessen dauernde Haltung gaben und sehr bald als »The Puritan usurers of Grocers' Hall« charakterisiert wurden, ist dafür bezeichnend, ebenso die Entgleisung der Bankpolitik dieser »solidesten« Bank noch gelegentlich der South Sea-Gründung. Also: der Gegensatz ist, natürlich, ganz flüssig. Aber er ist *da*. Rationale *Arbeits*organisationen haben die großen promoters und financiers ebensowenig geschaffen wie – wiederum: im allgemeinen und mit Einzelausnahmen – die typischen Träger des Finanz- und politischen Kapitalismus: die Juden. Sondern das taten (als Typus!) ganz andere Leute.

3 Auch die Reste meiner hebräischen Kenntnisse sind ganz unzulänglich.

4 Ich brauche nicht zu sagen, daß darunter nicht etwa Versuche wie die von K. JASPERS (in seinem Buch über »Psychologie der Weltanschauungen«, 1919) oder andererseits LUDWIG KLAGES (Prinzipien der Charakterologie, Leipzig 1910) und ähnliche Studien fallen, die sich von dem hier Versuchten durch die Art des Ausgangspunktes unterscheiden. Zu einer Auseinandersetzung wäre hier nicht der Raum.

5 Die gleiche Ansicht sprach mir vor Jahren ein sehr hervorragender Psychiater aus.

Die protestantische Ethik und der Geist des Kapitalismus

[Diese Studie wurde zuerst] veröffentlicht im Archiv für Sozialwissenschaft und Sozialpolitik, Bd. XX und XXI (1905). Aus der umfangreichen Literatur darüber hebe ich nur die ausführlichsten Kritiken hervor: FELIX RACHFAHL, Kalvinismus und Kapitalismus, in: Internationale Wochenschrift für Wissenschaft, Kunst und Technik, [hrsg. v. PAUL HINNEBERG,] 3. Jg. 1909, Nr. 39–43. Dazu meinen Artikel: Antikritisches zum »Geist« des Kapitalismus, in: Archiv, Band XXX (1910), S. 176–202. Hiergegen wieder F. RACHFAHL, Nochmals Kalvinismus und Kapitalismus, a. a. O., 4. Jg. 1910, Nr. 22–25, und dazu mein »Antikritisches Schlußwort«, in: Archiv, Bd. XXXI (1910), S. 554–599. (BRENTANO in der gleich zu zitierenden Kritik hat anscheinend diese letzteren Darlegungen nicht gekannt, da er sie nicht mit zitiert.) Ich habe von der unvermeidlich ziemlich ertraglosen Polemik gegen RACHFAHL, der – ein sonst auch von mir geschätzter Gelehrter – sich hier auf ein von ihm nicht wirklich beherrschtes Gebiet begeben hatte, nichts in diese Ausgabe aufgenommen, sondern lediglich die (sehr wenigen) ergänzenden Zitate aus meiner Antikritik nachgetragen und durch eingeschobene Sätze oder Anmerkungen alle denkbaren Mißverständnisse für künftig auszuschließen gesucht. – Ferner: WERNER SOMBART in seinem Buch »Der Bourgeois« (München und Leipzig 1913), auf das ich in Anmerkungen unten zurückkomme. Endlich: LUJO BRENTANO, Die Anfänge des modernen Kapitalismus, München 1916, darin: III. Exkurs, II: Puritanismus und Kapitalismus (S. 117 bis 157). Auch auf diese Kritik komme ich in besonderen Anmerkungen bei gegebenem Anlaß zurück.

Ich stelle jedem, der (wider Erwarten) daran Interesse nehmen sollte, anheim, sich durch Vergleichung davon zu überzeugen: daß ich *nicht einen einzigen Satz* meines Aufsatzes, der irgendeine sachlich wesentliche Behauptung enthielt, gestrichen, umgedeutet, abgeschwächt oder sachlich *abweichende* Behauptungen hinzugefügt habe. Es bestand dazu keinerlei Anlaß, und der Fortgang der Darlegung wird die noch immer Zweifelnden nötigen, sich davon schließlich zu überzeugen. – Die letztgenannten beiden Gelehrten sind untereinander in noch schärferem Streit als mit mir. BRENTANOS Kritik gegen WERNER SOMBARTS Werk »Die Juden und das Wirtschaftsleben« (München und Leipzig 1911) halte ich in der Sache in vielem für begründet, dennoch aber für vielfach sehr ungerecht, abgesehen davon, daß auch bei BRENTANO das Entscheidende an dem hier vorerst ganz ausgeschalteten Judenproblem (wovon später) wohl nicht erkannt ist.

Von theologischer Seite waren zahlreiche wertvolle Einzelanregungen anläßlich dieser Arbeit zu verzeichnen und war die Aufnahme im ganzen eine freundliche und auch bei im einzelnen abweichenden Ansichten sehr sachliche, – was mir um so wertvoller ist, als ich mich über eine gewisse Antipathie gegen die Art der hier unvermeidlichen Behandlung dieser Dinge nicht gewundert hätte. Das, was dem seiner Religion anhänglichen Theologen daran das *Wertvolle* ist, kann ja hier naturgemäß nicht zu seinem Recht kommen. Wir haben es mit – religiös *gewertet* – oft recht äußerlichen und groben Seiten des Lebens der Religionen zu tun, die aber freilich eben *auch* da waren und oft, eben weil sie grob und äußerlich waren, äußerlich auch am stärksten wirkten. – Als auf eine, neben seinem reichen sonstigen Inhalt, auch für unser Problem höchst willkommene Ergänzung und Bestätigung sei auch hier nochmals kurz – statt öfteren Zitierens zu allen Einzelpunkten – auf das große Buch von ERNST TROELTSCH, »Die Soziallehren der christlichen Kirchen und Gruppen« (Tübingen 1912), verwiesen, welches von eigenen und sehr weit gespannten Gesichtspunkten die Universalgeschichte der Ethik des okzidentalen Christentums behandelt. Dessen Verfasser kommt es dabei mehr auf die *Lehre*, mir mehr auf die praktische *Wirkung* der Religion an.

I Das Problem

1 *Konfession und soziale Schichtung*

Ein Blick in die Berufsstatistik eines konfessionell gemischten Landes pflegt mit auffallender Häufigkeit[1] eine Erscheinung zu zeigen, welche mehrfach in der katholischen Presse und Literatur[2] und auf den Katholikentagen Deutschlands lebhaft erörtert worden ist: den ganz vorwiegend *protestantischen* Charakter des Kapitalbesitzes und Unternehmertums sowohl, wie der oberen gelernten Schichten der Arbeiterschaft, namentlich aber des höheren technisch oder kaufmännisch vorgebildeten Personals der modernen Unternehmungen.[3] Nicht nur da, wo die Differenz der Konfession mit einem Unterschied der Nationalität und damit des Grades der Kulturentwicklung zusammenfällt, wie im deutschen Osten zwischen Deutschen und Polen,* sondern fast überall da, wo überhaupt die kapitalistische Entwicklung in der Zeit ihres Aufblühens freie Hand hatte, die Bevölkerung nach ihren Bedürfnissen sozial umzuschichten und beruflich zu gliedern – und je mehr dies der Fall war, desto deutlicher –, finden wir jene Erscheinung in den Zahlen der Konfessionsstatistik ausgeprägt. Nun ist freilich die relativ weit stärkere, d. h. ihren Prozentanteil an der Gesamtbevölkerung überragende Beteiligung der Protestanten am Kapitalbesitz,[4] an der Leitung und den oberen Stufen der Arbeit in den großen modernen gewerblichen und Handelsunternehmungen,[5] zum Teil auf historische Gründe zurückzuführen,[6] die weit in der Vergangenheit liegen und bei denen die konfessionelle Zugehörigkeit nicht als *Ursache* ökonomischer Erscheinungen, sondern, bis zu einem gewissen Grade, als *Folge* von solchen erscheint. Die Beteiligung an jenen ökonomischen Funktionen setzt teils Kapitalbesitz, teils kostspie-

* Gegen Ende des 19. Jahrhunderts. [Hrsg.]

lige Erziehung, teils, und meist, beides voraus, und ist heute an den Besitz ererbten Reichtums oder doch einer gewissen Wohlhabenheit gebunden. Gerade eine große Zahl der reichsten, durch Natur oder Verkehrslage begünstigten und wirtschaftlich entwickeltsten Gebiete des Reiches, insbesondere aber die Mehrzahl der reichen *Städte*, hatten sich aber im 16. Jahrhundert dem Protestantismus zugewandt, und die Nachwirkungen davon kommen den Protestanten noch heute im ökonomischen Kampf ums Dasein zugute. Es entsteht aber alsdann die historische Frage: welchen Grund hatte diese besonders starke Prädisposition der ökonomisch entwickeltsten Gebiete für eine kirchliche Revolution? Und da ist die Antwort keineswegs so einfach, wie man zunächst glauben könnte. Gewiß erscheint die Abstreifung des ökonomischen Traditionalismus als ein Moment, welches die Neigung zum Zweifel auch an der religiösen Tradition und zur Auflehnung gegen die traditionellen Autoritäten überhaupt ganz wesentlich unterstützen mußte. Aber dabei ist zu berücksichtigen, was heute oft vergessen wird: daß die Reformation ja nicht sowohl die *Beseitigung* der kirchlichen Herrschaft über das Leben überhaupt, als vielmehr die Ersetzung der bisherigen Form derselben durch eine *andere* bedeutete. Und zwar die Ersetzung einer höchst bequemen, praktisch damals wenig fühlbaren, vielfach fast nur noch formalen Herrschaft durch eine im denkbar weitestgehenden Maße in alle Sphären des häuslichen und öffentlichen Lebens eindringende, unendlich lästige und ernstgemeinte Reglementierung der ganzen Lebensführung. Die Herrschaft der katholischen Kirche – »die Ketzer strafend, doch den Sündern mild«, wie sie früher noch mehr als heute war, – ertragen in der Gegenwart auch Völker von durchaus moderner wirtschaftlicher Physiognomie, und ebenso ertrugen sie die reichsten, ökonomisch entwickeltsten Gebiete, welche um die Wende des 15. Jahrhunderts die Erde kannte. Die Herrschaft des Calvinismus, so wie sie im 16. Jahrhundert in Genf und Schottland, um die Wende des 16. und 17. in großen Teilen der Niederlande, im 17. in Neuengland und zeitweise in England selbst in Kraft stand, wäre für uns die schlechthin unerträglichste Form der kirchlichen Kontrolle des Einzelnen, die es geben könnte. Ganz ebenso wurde sie auch von breiten Schichten des alten Patriziats der damaligen Zeit, in Genf sowohl wie in Holland und England, empfunden. Nicht ein Zuviel, sondern ein Zuwenig an kirchlich-religiöser Beherrschung des Lebens war es ja, was gerade diejenigen Reformatoren, welche in den ökonomisch entwickeltsten Ländern erstanden, zu tadeln fanden. Wie kommt es nun, daß damals gerade diese ökonomisch entwickeltsten Länder und, wie wir noch sehen werden, innerhalb ihrer gerade die damals ökonomisch aufsteigenden »bürgerlichen« Mittelklassen jene ihnen bis dahin unbekannte puritanische Tyrannei nicht etwa nur über sich ergehen ließen, sondern in ihrer Verteidigung ein Heldentum entwickelten, wie gerade *bürgerliche* Klassen *als solche* es selten vorher und niemals nachher gekannt haben: »the last of our heroisms«, wie CARLYLE nicht ohne Grund sagt?

Aber weiter und namentlich: mag, wie gesagt, die stärkere Beteiligung der Protestanten am Kapitalbesitz und an den leitenden Stellungen innerhalb der modernen Wirtschaft heute zum Teil einfach als Folge ihrer geschichtlich überkommenen durchschnittlich besseren Vermögensausstattung zu verstehen sein, so zeigen sich andererseits Erscheinungen, bei welchen das Kausalverhältnis unzweifelhaft so *nicht* liegt. Dahin gehören, um nur einiges anzuführen, u. a. die folgenden: zunächst der ganz allgemein, in Baden ebenso wie in Bayern und z. B. in Ungarn, nachweisbare Unterschied in der *Art* des höheren Unterrichts, den katholische Eltern im Gegensatz zu protestantischen ihren Kindern zuzuwenden pflegen. Daß der Prozentsatz der Katholiken unter den Schülern und Abiturienten der »höheren« Lehranstalten im ganzen hinter ihrem Gesamtanteil an der Bevölkerung beträchtlich zurückbleibt,[7] wird man zwar zum erheblichen Teile den erwähnten überkommenen Vermögensunterschieden zurechnen. Daß aber auch *innerhalb* der katholischen Abiturienten der Prozentsatz derjenigen, welche aus den modernen, speziell für die Vorbereitung zu technischen Studien und gewerblich-kaufmännischen Berufen, überhaupt für ein bürgerliches Erwerbsleben bestimmten und geeigneten Anstalten: Realgymnasien, Realschulen, höheren Bürgerschulen usw. hervorgehen, wiederum auffallend *stärker* hinter dem der Protestanten zurückbleibt,[8] während diejenige Vorbildung, welche die humanistischen Gymnasien bieten, von ihnen bevorzugt wird, – das ist eine Erscheinung, die damit nicht erklärt ist, die vielmehr umgekehrt ihrerseits zur Erklärung der geringen Anteilnahme der Katholiken am kapitalistischen Erwerb herangezogen werden muß. Noch auffallender aber ist eine Beobachtung, welche die geringere Anteilnahme der Katholiken an der gelernten *Arbeiter*schaft der modernen Großindustrie verstehen hilft. Die bekannte Erscheinung, daß die Fabrik ihre gelernten Arbeitskräfte in starkem Maße dem Nachwuchs des Handwerks entnimmt, diesem also die Vorbildung ihrer Arbeitskräfte überläßt und sie ihm nach vollendeter Vorbildung entzieht, zeigt sich in wesentlich stärkerem Maße bei den protestantischen als bei den katholischen Handwerksgesellen. Von den Handwerksgesellen zeigen m. a. W. die Katholiken die stärkere Neigung zum Verbleiben im Handwerk, werden also relativ häufiger Handwerks*meister*, während die Protestanten in relativ stärkerem Maße in die Fabriken abströmen, um hier die oberen Staffeln der gelernten Arbeiterschaft und des gewerblichen Beamtentums zu füllen.[9] In diesen Fällen liegt zweifellos das Kausalverhältnis so, daß die *anerzogene geistige Eigenart*, und zwar hier die durch die religiöse Atmosphäre der Heimat und des Elternhauses bedingte Richtung der Erziehung, die Berufswahl und die weiteren beruflichen Schicksale bestimmt hat.

Die geringere Beteiligung der Katholiken am modernen Erwerbsleben in Deutschland ist nun aber um so auffallender, als sie der sonst von jeher[10] und auch in der Gegenwart gemachten Erfahrung zuwiderläuft: daß nationale oder religiöse Minderheiten, welche als »Beherrschte« einer anderen Gruppe als der »herrschenden« gegenüberstehen, *durch* ihren freiwilligen oder unfreiwilligen Ausschluß von politisch einflußreichen Stellungen gerade in besonders starkem Maße auf die Bahn des Erwerbes getrieben zu werden pflegen, daß ihre begabtesten Angehörigen hier den Ehrgeiz, der auf dem Boden des Staatsdienstes keine Verwertung finden kann, zu befriedigen suchen. So verhielt es sich unverkennbar mit den in zweifellosem ökonomischen Fortschreiten begriffenen Polen in Rußland und im östlichen Preußen – im Gegensatz zu dem von ihnen beherrschten Galizien –, so früher mit den Hugenotten in Frankreich unter LUDWIG XIV., den Nonkonformisten und Quäkern in England und – last not least – mit den Juden seit zwei Jahrtausenden. Aber bei den Katholiken in Deutschland sehen wir von einer solchen Wirkung nichts oder wenigstens nichts in die Augen Fallendes, und auch in der Vergangenheit hatten sie im Gegensatz zu den Protestanten weder in Holland noch in England in den Zeiten, wo sie entweder verfolgt oder nur toleriert waren, irgendeine besonders hervortretende *ökonomische* Entwicklung aufzuweisen. Vielmehr besteht die Tatsache, daß die Protestanten (vornehmlich gewisse später besonders zu behandelnde Richtungen unter ihnen) *sowohl* als herrschende *wie* als beherrschte Schicht, *sowohl* als Majorität *wie* als Minorität eine spezifische Neigung zum ökonomischen Rationalismus gezeigt haben, welche bei den Katholiken *weder* in der einen *noch* in der anderen Lage in gleicher Weise zu beobachten war und ist.[11] Der Grund des verschiedenen Verhaltens muß also der Hauptsache nach in der dauernden inneren Eigenart und *nicht* nur in der jeweiligen äußeren historisch-politischen Lage der Konfessionen gesucht werden.[12]

Es würde also darauf ankommen, zunächst einmal zu untersuchen, welches diejenigen Elemente jener Eigenart der Konfessionen sind oder waren, die in der vorstehend geschilderten Richtung gewirkt haben und teilweise noch wirken. Man könnte nun bei oberflächlicher Betrachtung und aus gewissen modernen Eindrücken heraus versucht sein, den Gegensatz so zu formulieren: daß die größere »Weltfremdheit« des Katholizismus, die asketischen Züge, welche seine höchsten Ideale aufweisen, seine Bekenner zu einer größeren Indifferenz gegenüber den Gütern dieser Welt erziehen müßten. Diese Begründung entspricht denn auch in der Tat dem heute üblichen populären Schema der Beurteilung beider Konfessionen. Von protestantischer Seite benutzt man diese Auffassung zur Kritik jener (wirklichen oder angeblichen) asketischen Ideale der katholischen Lebensführung, von katholischer antwortet man mit dem Vorwurf des »Materialismus«, welcher die Folge der Säkularisation aller Lebensinhalte durch den Protestantismus sei. Auch ein moderner Schriftsteller glaubte den Gegensatz, wie er in dem Verhalten beider Konfessionen gegenüber dem Erwerbsleben zutage tritt, dahin formulieren zu sollen: »Der Katholik ... ist ruhiger; mit geringerem Erwerbstrieb ausgestattet, gibt er auf einen möglichst gesicherten Lebenslauf, wenn auch mit kleinerem Einkommen, mehr, als auf ein gefährdetes, aufregendes, aber eventuell Ehren und Reichtümer bringendes Leben. Der Volksmund meint scherzhaft: entweder gut essen, oder ruhig schlafen. Im vorliegenden Fall ißt der Protestant gern gut, während der Katholik ruhig schlafen will«.[13] In der Tat mag mit dem »gut essen wollen« die Motivation für den kirchlich indifferenteren Teil der Protestanten in *Deutschland* und *für die Gegenwart*, zwar unvollständig, aber doch wenigstens teilweise richtig charakterisiert sein. Aber nicht nur lagen die Dinge in der Vergangenheit sehr anders: für die englischen, holländischen und amerikanischen Puritaner war bekanntlich das gerade Gegenteil von »Weltfreude« charakteristisch und zwar, wie wir noch sehen werden, gerade einer ihrer für uns wichtigsten Charakterzüge. Sondern z. B. der französische Protestantismus hat den Charakter, der den calvinistischen Kirchen überhaupt und zumal denen »unter dem Kreuz« in der Zeit der Glaubenskämpfe überall aufgeprägt wurde, sehr lange und in gewissem Maße bis heute bewahrt. Er ist dennoch – oder, so werden wir weiterhin zu fragen haben, vielleicht gerade deshalb? – bekanntlich einer der wichtigsten Träger der gewerblichen und kapitalistischen Entwicklung Frankreichs gewesen und in dem kleinen Maßstabe, in welchem die Verfolgung es zuließ, geblieben. Wenn man diesen Ernst und das starke Vorwalten religiöser Interessen in der Lebensführung »Weltfremdheit« nennen will, *dann* waren und sind die französischen *Calvinisten* mindestens ebenso weltfremd wie z. B. die norddeutschen *Katholiken*, denen ihr Katholizismus unzweifelhaft in einem Maße Herzenssache ist wie keinem anderen Volk der Erde. Und *beide* unterscheiden sich dann nach der gleichen Richtung von der vorherrschenden Religionspartei: den in ihren unteren Schichten höchst lebensfrohen, in ihren oberen direkt religionsfeindlichen Katholiken Frankreichs und den heute im weltlichen Erwerbsleben aufgehenden und in ihren oberen Schichten vorwiegend religiös indifferenten Protestanten Deutschlands.[14] Kaum etwas zeigt so deutlich wie diese Parallele, daß mit so vagen Vorstellungen wie der (angeblichen!) »Weltfremdheit« des Katholizismus, der (angeblichen!) materialistischen »Weltfreude« des Protestantismus und vielen ähnlichen hier nichts anzufangen ist, schon weil sie in dieser Allgemeinheit teils auch heute noch, teils wenigstens für die Vergangenheit gar nicht zutreffen. Wollte man aber mit ihnen operieren, *dann* müßten außer den schon gemachten Bemerkungen noch manche andere Beobachtungen, die sich ohne weiteres aufdrängen, sogar den Gedanken nahelegen, ob nicht der ganze Gegensatz zwischen Weltfremdheit, Askese und kirchlicher Frömmigkeit auf der einen Seite, Beteiligung am kapitalistischen Erwerbsleben auf der anderen Seite geradezu in eine innere *Verwandtschaft* umzukehren sei.

In der Tat ist nun schon auffallend – um mit einigen ganz äußerlichen Momenten zu beginnen –, wie groß die Zahl der Vertreter gerade der innerlichsten Formen christlicher Frömmigkeit gewesen ist, die aus kaufmännischen Kreisen stammen. Speziell der Pietismus verdankt eine auffallend große Zahl seiner ernstesten Bekenner dieser Abstammung. Man könnte da an eine Art Kontrastwirkung des »Mammonismus« auf innerliche und dem Kaufmannsberuf nicht angepaßte Naturen denken, und sicherlich hat, wie bei Franz von Assisi, so auch bei vielen jener Pietisten, sich der Hergang der »Bekehrung« subjektiv dem Bekehrten selbst sehr oft so dargestellt. Und ähnlich könnte man dann die gleichfalls – bis auf CECIL RHODES herab – so auffallend häufige Erscheinung, daß aus Pfarrhäusern kapitalistische Unternehmer größten Stils hervorgehen, als eine Reaktion gegen asketische Jugenderziehung zu erklären suchen. Indessen diese Erklärungsweise versagt da, wo ein virtuoser kapitalistischer Geschäftssinn mit den intensivsten Formen einer das ganze Leben durchdringenden und regelnden Frömmigkeit in denselben Personen und Menschengruppen *zusammen*trifft, und diese Fälle sind nicht etwa vereinzelt, sondern sie sind geradezu bezeichnendes Merkmal für ganze Gruppen der historisch wichtigsten protestantischen Kirchen und Sekten. Speziell der Calvinismus zeigt, wo *immer er aufgetreten ist,*[15] diese Kombination. So wenig er in der Zeit der Ausbreitung der Reformation in irgendeinem Lande (wie überhaupt irgendeine der protestantischen Konfessionen) an eine bestimmte einzelne Klasse gebunden war, so charakteristisch und in gewissem Sinn »typisch« ist es doch z. B., daß in französischen Hugenottenkirchen alsbald Mönche und Industrielle (Kaufleute, Handwerker) numerisch besonders stark unter den Proselyten vertreten waren und, namentlich in den Zeiten der Verfolgung, vertreten blieben.[16] Schon die Spanier wußten, daß »die Ketzerei« (d. h. der Calvinismus der Niederländer) »den Handelsgeist befördere«, und dies entspricht durchaus den Ansichten, welche SIR W. PETTY in seiner Erörterung über die Gründe des kapitalistischen Aufschwungs der Niederlande vortrug. GOTHEIN[17] bezeichnet die calvinistische Diaspora mit Recht als die »Pflanzschule der Kapitalwirtschaft«.[18] Man könnte ja hier die Überlegenheit der französischen und holländischen wirtschaftlichen Kultur, welcher diese Diaspora überwiegend entstammte, für das Entscheidende ansehen, oder auch den gewaltigen Einfluß des Exils und der Herausreißung aus den traditionellen Lebensbeziehungen.[19] Allein in Frankreich selbst stand, wie aus COLBERTS Kämpfen bekannt ist, im 17. Jahrhundert die Sache ganz ebenso. Selbst Österreich hat – von anderen Ländern zu schweigen – protestantische Fabrikanten gelegentlich direkt importiert. Nicht alle protestantischen Denominationen scheinen aber gleich stark in dieser Richtung zu wirken. Der Calvinismus tat dies anscheinend auch in Deutschland; die »reformierte« Konfession[20] scheint, im Wuppertal ebenso wie anderwärts, im Vergleich mit anderen Bekenntnissen der Entwicklung kapitalistischen Geistes förderlich gewesen zu sein. Förderlicher als z. B. das Luthertum, wie der Vergleich im großen ebenso wie im einzelnen, insbesondere im Wuppertal, zu lehren scheint.[21] Für Schottland haben BUCKLE und von den englischen Dichtern namentlich KEATS diese Beziehungen betont.[22] Noch eklatanter ist, woran ebenfalls nur erinnert zu werden braucht, der Zusammenhang religiöser Lebensreglementierung mit intensivster Entwicklung des geschäftlichen Sinnes bei einer ganzen Anzahl gerade derjenigen Sekten, deren »Lebensfremdheit« ebenso sprichwörtlich geworden ist wie ihr Reichtum: insbesondere den *Quäkern* und *Mennoniten*. Die Rolle, welche die ersteren in England und Nordamerika spielten, fiel den letzteren in den Niederlanden und Deutschland zu. Daß in Ostpreußen selbst FRIEDRICH WILHELM I. die Mennoniten trotz ihrer absoluten Weigerung, Militärdienst zu tun, als unentbehrliche Träger der Industrie gewähren ließ, ist nur eine, aber allerdings bei der Eigenart dieses Königs wohl eine der stärksten, von den zahlreichen wohlbekannten Tatsachen, die das illustrieren. Daß endlich für die *Pietisten* die Kombination von intensiver Frömmigkeit mit ebenso stark entwickeltem geschäftlichen Sinn und Erfolg ebenfalls galt,[23] ist bekannt genug: man braucht nur an rheinische Verhältnisse und an Calw zu erinnern. Es mögen daher in diesen, ja nur ganz provisorischen Ausführungen die Beispiele nicht weiter gehäuft werden. Denn schon diese wenigen zeigen alle das eine: der »Geist der Arbeit«, des »Fortschritts« oder wie er sonst bezeichnet wird, dessen Weckung man dem Protestantismus zuzuschreiben neigt, darf nicht, wie es heute zu geschehen pflegt, als »Weltfreude« oder irgendwie sonst im »aufklärerischen«

Sinn verstanden werden. Der alte Protestantismus der LUTHER, CALVIN, KNOX, VOËT hatte mit dem, was man heute »Fortschritt« nennt, herzlich wenig zu schaffen. Zu ganzen Seiten des modernen Lebens, die heute der extremste Konfessionelle nicht mehr entbehren möchte, stand er direkt feindlich. Soll also überhaupt eine innere Verwandtschaft bestimmter Ausprägungen des altprotestantischen Geistes und moderner kapitalistischer Kultur gefunden werden, so müssen wir wohl oder übel versuchen, sie *nicht* in dessen (angeblicher) mehr oder minder materialistischer oder doch anti-asketischer »Weltfreude«, sondern vielmehr in seinen rein *religiösen* Zügen zu suchen. – MONTESQUIEU sagt (Eprit des lois, Buch XX, Kap. 7 a. E.) von den Engländern, sie hätten es »in drei wichtigen Dingen von allen Völkern der Welt am weitesten gebracht: in der Frömmigkeit, im Handel und in der Freiheit«.* Sollte ihre Überlegenheit auf dem Gebiet des Erwerbs – und, was in einen anderen Zusammenhang gehört, ihre Eignung für freiheitliche politische Institutionen – vielleicht mit jenem Frömmigkeitsrekord, den MONTESQUIEU ihnen zuerkennt, zusammenhängen?

Eine ganze Anzahl möglicher Beziehungen steigen, dunkel empfunden, alsbald vor uns auf, wenn wir die Frage so stellen. Es wird nun eben die Aufgabe sein müssen, das, was uns hier undeutlich vorschwebt, so deutlich zu *formulieren*, als dies bei der unausschöpfbaren Mannigfaltigkeit, die in jeder historischen Erscheinung steckt, überhaupt möglich ist. Um dies aber zu können, muß das Gebiet der vagen Allgemeinvorstellungen, auf dem wir bisher operiert haben, notgedrungen verlassen und in die charakteristische Eigenart und die Unterschiede jener großen religiösen Gedankenwelten einzudringen versucht werden, die in den verschiedenen Ausprägungen der christlichen Religion uns geschichtlich gegeben sind.

Vorher aber sind noch einige Bemerkungen erforderlich: zu-

* Die Stelle lautet im Original: »C'est le peuple du monde qui a le mieux sçu se prévaloir à la fois de ces trois grandes choses: la religion, le commerce et la liberté.« [Hrsg.]

nächst über die Eigenart des Objektes, um dessen geschichtliche Erklärung es sich handelt; dann über den *Sinn*, in welchem eine solche Erklärung überhaupt im Rahmen dieser Untersuchungen möglich ist.

2 *Der »Geist« des Kapitalismus*

In der Überschrift dieser Studie ist der etwas anspruchsvoll klingende Begriff: »*Geist* des Kapitalismus« verwendet. Was soll darunter verstanden werden? Bei dem Versuch, so etwas wie eine »Definition« davon zu geben, zeigen sich sofort gewisse, im Wesen des Untersuchungszwecks liegende Schwierigkeiten.

Wenn überhaupt ein Objekt auffindbar ist, für welches der Verwendung jener Bezeichnung irgendein Sinn zukommen kann, so kann es nur ein »*historisches Individuum*« sein, d. h. ein Komplex von Zusammenhängen in der geschichtlichen Wirklichkeit, die wir unter dem Gesichtspunkte ihrer *Kulturbedeutung* begrifflich zu einem Ganzen zusammenschließen.

Ein solcher historischer Begriff aber kann, da er inhaltlich sich auf eine in ihrer individuellen *Eigenart* bedeutungsvolle Erscheinung bezieht, nicht nach dem Schema: »genus proximum, differentia specifica« definiert (zu deutsch: »abgegrenzt«), sondern er muß aus seinen einzelnen, der geschichtlichen Wirklichkeit zu entnehmenden Bestandteilen allmählich *komponiert* werden. Die endgültige begriffliche Erfassung kann daher nicht am Anfang, sondern muß am *Schluß* der Untersuchung stehen: es wird sich m. a. W. erst im Laufe der Erörterung und als deren wesentliches Ergebnis zu zeigen haben, wie das, was wir hier unter dem »Geist« des Kapitalismus verstehen, am besten – d. h. für die uns hier interessierenden Gesichtspunkte am adäquatesten – zu formulieren sei. Diese Gesichtspunkte wiederum (von denen noch zu reden sein wird) sind nun nicht etwa die einzig möglichen, unter denen jene historischen Erscheinungen, die wir betrachten, analysiert werden können. Andere Gesichtspunkte der Betrachtung würden hier, wie bei jeder historischen Erscheinung, andere Züge als die »wesentlichen« ergeben: – woraus ohne weiteres folgt, daß man unter dem »Geist« des Kapitalismus durchaus nicht notwendig *nur* das verstehen könne oder müsse, was sich *uns* als das für unsere Auffassung Wesentliche daran darstellen wird. Das liegt eben im Wesen der »historischen Begriffsbildung«, welche für ihre methodischen Zwecke die Wirklichkeit nicht in abstrakte Gattungsbegriffe einzuschachteln, sondern in konkrete genetische Zusammenhänge von stets und unvermeidlich spezifisch *individueller* Färbung einzugliedern strebt.

Soll gleichwohl eine Feststellung des Objektes, um dessen Analyse und historische Erklärung es sich handelt, erfolgen, so kann es sich also nicht um eine begriffliche Definition, sondern vorerst wenigstens nur um eine provisorische *Veranschaulichung* dessen handeln, was hier mit dem »Geist« des Kapitalismus gemeint ist. Eine solche ist nun in der Tat zum Zwecke einer Verständigung über den Gegenstand der Untersuchung unentbehrlich, und wir halten uns zu diesem Behufe an ein Dokument jenes »Geistes«, welches das, worauf es hier zunächst ankommt, in nahezu klassischer Reinheit enthält und doch zugleich den Vorteil bietet, von *aller* direkten Beziehung zum Religiösen losgelöst, also – für unser Thema – »voraussetzungslos« zu sein:

»Bedenke, daß die *Zeit Geld* ist; wer täglich zehn Schillinge durch seine Arbeit erwerben könnte und den halben Tag spazieren geht, oder auf seinem Zimmer faulenzt, der darf, auch wenn er nur sechs Pence für sein Vergnügen ausgibt, nicht dies allein berechnen, er hat nebendem noch fünf Schillinge ausgegeben oder vielmehr weggeworfen.

Bedenke, daß *Kredit Geld* ist. Läßt jemand sein Geld, nachdem es zahlbar ist, bei mir stehen, so schenkt er mir die Interessen oder so viel, als ich während dieser Zeit damit anfangen kann. Dies beläuft sich auf eine beträchtliche Summe, wenn ein Mann guten und großen Kredit hat und guten Gebrauch davon macht.

Bedenke, daß Geld von einer *zeugungskräftigen und fruchtbaren Natur* ist. Geld kann Geld erzeugen, und die Sprößlinge können noch mehr erzeugen und so fort. Fünf Schillinge umgeschlagen sind sechs, wieder umgetrieben sieben Schilling drei Pence und so fort, bis es hundert Pfund Sterling sind. Je mehr davon vorhanden ist, desto mehr erzeugt das Geld beim Umschlag, so daß der Nutzen schneller und immer schneller steigt. Wer ein Mutterschwein tötet, vernichtet dessen ganze Nachkommenschaft bis ins tausendste Glied. Wer ein Fünfschillingstück umbringt, *mordet* (!) alles, was damit hätte produziert werden können: ganze Kolonnen von Pfunden Sterling.

Bedenke, daß – nach dem Sprichwort – ein *guter Zahler* der Herr von jedermanns Beutel ist. Wer dafür bekannt ist, pünktlich zur versprochenen Zeit zu zahlen, der kann zu jeder Zeit alles Geld entlehnen, was seine Freunde gerade nicht brauchen.

Dies ist bisweilen von großem Nutzen. Neben Fleiß und Mäßigkeit trägt nichts so sehr dazu bei, einen jungen Mann in der Welt *vorwärts zu bringen*, als Pünktlichkeit und Gerechtigkeit bei allen seinen Geschäften. Deshalb behalte niemals erborgtes Geld eine Stunde länger, als du versprachst, damit nicht der Ärger darüber deines Freundes Börse dir auf immer verschließe.

Die unbedeutendsten Handlungen, die den *Kredit* eines Mannes beeinflussen, müssen von ihm beachtet werden. Der Schlag deines Hammers, den dein Gläubiger um 5 Uhr morgens oder um 8 Uhr abends vernimmt, stellt ihn auf sechs Monate zufrieden; sieht er dich aber am Billardtisch oder hört er deine Stimme im Wirtshause, wenn du bei der Arbeit sein solltest, so läßt er dich am nächsten Morgen um die Zahlung mahnen, und fordert sein Geld, bevor du es zur Verfügung hast.

Außerdem zeigt dies, daß du ein Gedächtnis für deine Schulden hast, es läßt dich als einen ebenso sorgfältigen wie *ehrlichen Mann erscheinen* und das vermehrt deinen *Kredit*.

Hüte dich, daß du alles, was du besitzest, für dein Eigentum hältst und demgemäß lebst. In diese Täuschung geraten viele Leute, die Kredit haben. Um dies zu verhüten, halte eine genaue Rechnung über deine Ausgaben und dein Einkommen. Machst du dir die Mühe, einmal auf die Einzelheiten zu achten, so hat das folgende gute Wirkung: du entdeckst, was für wunderbar kleine Ausgaben zu großen Summen anschwellen, und du wirst bemerken, was hätte gespart werden können und was in Zukunft gespart werden kann ...

Für 6 £ jährlich kannst du den Gebrauch von 100 £ haben, vorausgesetzt, daß du ein Mann von bekannter Klugheit und Ehrlichkeit bist. Wer täglich einen Groschen nutzlos ausgibt, gibt an 6 £ jährlich nutzlos aus, und das ist der Preis für den Gebrauch von 100 £. Wer täglich einen Teil seiner Zeit zum Werte eines Groschens verschwendet (und das mögen nur ein paar Minuten sein), verliert, einen Tag in den andern gerechnet, das Vorrecht, 100 £ jährlich zu gebrauchen. Wer nutzlos Zeit im Wert von 5 Schillingen vergeudet, verliert 5 Schillinge und könnte ebensogut 5 Schillinge ins Meer werfen. Wer 5 Schillinge verliert, verliert nicht nur die Summe, sondern alles, was damit bei Verwendung im Gewerbe hätte verdient werden können, – was, wenn ein junger Mann ein höheres Alter erreicht, zu einer ganz bedeutenden Summe aufläuft.«

Es ist Benjamin Franklin,[24] der in diesen Sätzen – den gleichen, die Ferdinand Kürnberger in seinem geist- und giftsprühenden »amerikanischen Kulturbilde«[25] als angebliches Glaubensbekenntnis des Yankeetums verhöhnt – zu uns predigt. Daß es »Geist des Kapitalismus« ist, der aus ihm in charakteristischer Weise redet, wird niemand bezweifeln, so wenig etwa behauptet werden soll, daß nun *alles*, was man unter diesem »Geist« verstehen kann, darin enthalten sei. Verweilen wir noch etwas bei dieser Stelle, deren Lebensweisheit Kürnbergers »Amerikamüder« dahin zusammenfaßt: »Aus Rindern macht man Talg, aus Menschen Geld«, so fällt als das Eigentümliche in dieser »Philosophie des Geizes« das Ideal des *kreditwürdigen* Ehrenmannes und vor allem: der Gedanke der *Verpflichtung des Einzelnen* gegenüber dem als Selbstzweck vorausgesetzten Interesse an der Vergrößerung seines Kapitals auf. In der Tat, daß hier nicht einfach Lebenstechnik, sondern eine eigentümliche »Ethik« gepredigt wird, deren Verletzung nicht nur als Torheit, sondern als eine Art von Pflichtvergessenheit behandelt wird: dies vor allem gehört zum Wesen der Sache. Es ist nicht *nur* »Geschäftsklugheit«, was da gelehrt wird – dergleichen findet sich auch sonst oft genug –: es ist ein *Ethos*, welches sich äußert, und in eben *dieser* Qualität interessiert es uns.

Wenn Jakob Fugger einem Geschäftskollegen, der sich zur Ruhe gesetzt hat und ihm zuredet, das gleiche zu tun, da er nun doch genug gewonnen habe und andere auch gewinnen lassen solle, dies als »Kleinmut« verweist und antwortet: »er (Fugger) hätte viel einen andern Sinn, wollte gewinnen, dieweil er könnte«,[26] so *unterscheidet* sich der »Geist« dieser Äußerung offensichtlich von FRANKLIN: was dort als Ausfluß kaufmännischen Wagemuts und einer persönlichen, sittlich indifferenten, Neigung geäußert wird,[27] nimmt hier den Charakter einer *ethisch* gefärbten Maxime der Lebensführung an. In diesem spezifischen Sinne wird hier der Begriff »Geist des Kapitalismus« gebraucht.[28] Natürlich: des *modernen* Kapitalismus. Denn daß hier nur von diesem westeuropäisch-amerikanischen Kapitalismus die Rede ist, versteht sich angesichts der Fragestellung von selbst. »Kapitalismus« hat es in China, Indien, Babylon, in der Antike und im Mittelalter gegeben. *Aber eben jenes eigentümliche Ethos fehlte ihm, wie wir sehen werden.*

Allerdings sind nun alle moralischen Vorhaltungen FRANKLINS utilitarisch gewendet: die Ehrlichkeit ist *nützlich*, weil sie Kredit bringt, die Pünktlichkeit, der Fleiß, die Mäßigkeit ebenso, und *deshalb sind* sie Tugenden: – woraus u. a. folgen würde, daß, wo z. B. der *Schein* der Ehrlichkeit den gleichen Dienst tut, dieser genügen und ein unnötiges Surplus an dieser Tugend als unproduktive Verschwendung in den Augen FRANKLINS verwerflich erscheinen müßte. Und in der Tat: wer in seiner Selbstbiographie die Erzählung von seiner »Bekehrung« zu jenen Tugenden[29] oder vollends die Ausführungen über den Nutzen, den die strikte Aufrechterhaltung des *Scheines* der Bescheidenheit, des geflissentlichen Zurückstellens der eigenen Verdienste für die Erreichung allgemeiner Anerkennung[30] habe, liest, muß notwendig zu dem Schluß kommen, daß nach FRANKLIN jene wie alle Tugenden auch *nur soweit* Tugenden sind, als sie in concreto dem Einzelnen nützlich sind, und das Surrogat des bloßen Scheins überall da genügt, wo es den gleichen Dienst leistet: – eine für den strikten Utilitarismus in der Tat unentrinnbare Konsequenz. Das, was Deutsche an den Tugenden des Amerikanismus als «Heuchelei» zu empfinden gewohnt sind, *scheint* hier in flagranti zu ertappen. –

Allein so einfach liegen die Dinge in Wahrheit keineswegs. Nicht nur BENJAMIN FRANKLINS eigener Charakter, wie er gerade in der immerhin seltenen Ehrlichkeit seiner Selbstbiographie zutage tritt, und der Umstand, daß er die Tatsache selbst, daß ihm die »Nützlichkeit« der Tugend aufgegangen sei, auf eine Offenbarung Gottes zurückführt, der ihn dadurch zur Tugend bestimmen wollte, zeigen, daß hier doch noch etwas anderes als eine Verbrämung rein egozentrischer Maximen vorliegt. Sondern vor allem ist das »summum bonum« dieser »Ethik«: der Erwerb von Geld und immer mehr Geld, unter strengster Vermeidung alles unbefangenen Genießens, so gänzlich aller eudämonistischen oder gar hedonistischen Gesichtspunkte entkleidet, so rein als Selbstzweck gedacht, daß es als etwas gegenüber dem »Glück« oder dem »Nutzen« des einzelnen Individuums jedenfalls gänzlich Transzendentes und schlechthin Irrationales[31] erscheint. Der Mensch ist auf das Erwerben als Zweck seines Lebens, nicht mehr das Erwerben auf den Menschen als Mittel zum Zweck der Befriedigung seiner materiellen Lebensbedürfnisse bezogen. Diese für das unbefangene Empfinden schlechthin sinnlose Umkehrung des, wie wir sagen würden, »natürlichen« Sachverhalts ist nun ganz offenbar ebenso unbedingt ein Leitmotiv des Kapitalismus, wie sie dem von seinem Hauche nicht berührten Menschen fremd ist. Aber sie enthält zugleich eine Empfindungsreihe, welche sich mit gewissen religiösen Vorstellungen eng berührt. Fragt man nämlich: *warum* denn »aus Menschen Geld gemacht« werden soll, so antwortet BENJAMIN FRANKLIN, obwohl selbst konfessionell farbloser Deist, in seiner Autobiographie darauf mit einem Bibelspruch, den, wie er sagt, sein streng calvinistischer Vater ihm in der Jugend immer wieder eingeprägt habe: »Siehst du einen Mann rüstig *in seinem Beruf*, so soll er vor Königen stehen«.[32] Der Gelderwerb ist – sofern er in legaler Weise erfolgt – innerhalb der modernen Wirtschaftsordnung das Resultat und der Ausdruck der Tüchtigkeit im *Beruf*, und *diese Tüchtigkeit* ist, wie nun unschwer zu erkennen ist, das wirkliche A und O der Moral FRANKLINS, wie sie in der zitierten Stelle ebenso wie in allen seinen Schriften ohne Ausnahme uns entgegentritt.[33]

In der Tat: jener eigentümliche, uns heute so geläufige und in Wahrheit doch so wenig selbstverständliche Gedanke der *Berufspflicht*: einer Verpflichtung, die der Einzelne empfinden soll und empfindet gegenüber dem Inhalt seiner »beruflichen« Tätigkeit, gleichviel worin sie besteht, gleichviel insbesondere, ob sie dem unbefangenen Empfinden als reine Verwertung seiner Arbeitskraft oder gar nur seines Sachgüterbesitzes (als »Kapital«) erscheinen muß: – dieser Gedanke ist es, welcher der »Sozialethik« der kapitalistischen Kultur charakteristisch, ja in gewissem Sinne für sie von konstitutiver Bedeutung ist. Nicht als ob er *nur* auf dem Boden des Kapitalismus gewachsen wäre: wir werden ihn vielmehr später in die Vergangenheit zurück zu verfolgen suchen. Und noch weniger soll natürlich behauptet werden, daß für den *heutigen* Kapitalismus die subjektive Aneignung dieser ethischen Maxime durch seine einzelnen Träger, etwa die Unternehmer oder die Arbeiter der modernen kapitalistischen Betriebe, Bedingung der Fortexistenz sei. Die heutige kapitalistische Wirtschaftsordnung ist ein ungeheurer Kosmos, in den der Einzelne hineingeboren wird und der für ihn, wenigstens als Einzelnen, als faktisch unabänderliches Gehäuse gegeben ist, in dem er zu leben hat. Er zwingt dem Einzelnen, soweit er in den Zusammenhang des Marktes verflochten ist, die Normen seines wirtschaftlichen Handelns auf. Der Fabrikant, welcher diesen Normen dauernd entgegenhandelt, wird ökonomisch ebenso unfehlbar eliminiert, wie der Arbeiter, der sich ihnen nicht anpassen kann oder will, als Arbeitsloser auf die Straße gesetzt wird.

Der heutige, zur Herrschaft im Wirtschaftsleben gelangte Kapitalismus also erzieht und schafft sich im Wege der ökonomischen *Auslese* die Wirtschaftssubjekte – Unternehmer und Arbeiter –, deren er bedarf. Allein gerade hier kann man die Schranken des »Auslese«-Begriffes als Mittel der Erklärung historischer Erscheinungen mit Händen greifen. Damit jene der Eigenart des Kapitalismus angepaßte Art der Lebensführung und Berufsauffassung »ausgelesen« werden, d. h.: über andere den Sieg davontragen konnte, mußte sie offenbar zunächst *entstanden* sein, und zwar nicht in einzelnen isolierten Individuen, sondern als eine Anschauungsweise, die von Menschen*gruppen* getragen wurde. Diese Entstehung ist also das eigentlich zu Erklärende. Auf die Vorstellung des naiven Geschichtsmaterialismus, daß derartige »Ideen« als »Widerspiegelung« oder »Überbau« ökonomischer Situationen ins Leben treten, werden wir eingehender erst später zu sprechen kommen. An dieser Stelle genügt es für unseren Zweck wohl, darauf hinzuweisen, daß jedenfalls ohne Zweifel im Geburtslande BENJAMIN FRANKLINS (Massachusetts) der »kapitalistische Geist« (in unserem hier angenommenen Sinn) *vor* der »kapitalistischen Entwicklung« da war (es wird über die spezifischen Erscheinungen profitsüchtiger Rechenhaftigkeit in Neuengland – im Gegensatz zu anderen Gebieten Amerikas – schon 1632 geklagt), sowie daß er z. B. in den Nachbarkolonien – den späteren Südstaaten der Union – ungleich unentwickelter geblieben war, und zwar obwohl diese letzteren von großen Kapitalisten zu *Geschäfts*zwecken, die Neuengland-Kolonien aber von Predigern und Graduates in Verbindung mit Kleinbürgern, Handwerkern und Yeomen aus *religiösen* Gründen ins Leben gerufen wurden. In *diesem* Falle liegt also das Kausalverhältnis jedenfalls umgekehrt, als vom »materialistischen« Standpunkt aus zu postulieren wäre. Aber die Jugend solcher Ideen ist überhaupt dornenvoller, als die Theoretiker des »Überbaues« annehmen, und ihre Entwicklung vollzieht sich nicht wie die einer Blume. Der »kapitalistische Geist« in dem Sinne, den wir für diesen Begriff bisher gewonnen haben, hat sich in schwerem Kampf gegen eine Welt feindlicher Mächte durchzusetzen gehabt. Eine Gesinnung, wie sie in den zitierten Ausführungen BENJAMIN FRANKLINS zum Ausdruck kam und den Beifall eines ganzen Volkes fand, wäre im Altertum wie im Mittelalter[34] ebenso als Ausdruck des schmutzigsten Geizes und einer schlechthin würdelosen Denkart proskribiert worden, wie dies noch heute von allen denjenigen sozialen Gruppen regelmäßig geschieht, welche in die spezifisch moderne kapitalistische Wirtschaft am wenigsten verflochten oder ihr am wenigsten angepaßt sind. Nicht etwa deshalb, weil »der Erwerbstrieb« in den präkapitalistischen Epochen noch etwas Unbekanntes oder Unentwickeltes gewesen wäre – wie man so oft gesagt hat – oder weil die »auri sacra fames«, die Geldgier, damals – oder auch heute – außerhalb des bürgerlichen Kapitalismus *geringer* wäre als innerhalb der spezifisch kapitalistischen Sphäre, wie die Illusion moderner Romantiker sich die Sache vorstellt. An diesem Punkt liegt der Unterschied kapitalistischen und präkapitalistischen »Geistes« *nicht*. Die *Habgier* des chinesischen Mandarinen, des altrömischen Aristokraten, des modernen Agrariers hält jeden Vergleich aus. Und die »auri sacra fames« des neapolitanischen Kutschers oder Barcajuolo oder vollends des asiatischen Vertreters ähnlicher Gewerbe, ebenso aber auch des Handwerkers südeuropäischer oder asiatischer Länder äußert sich, wie jeder an sich erfahren kann, sogar außerordentlich viel *penetranter*, und insbesondere: skrupelloser, als diejenige etwa eines Engländers im gleichen Falle.[35] Die universelle Herrschaft *absoluter* Skrupellosigkeit der Geltendmachung des Eigeninteresses beim Gelderwerb war gerade ein ganz spezifisches Charakteristikum solcher Länder, deren bürgerlich-kapitalistische Entfaltung – an den Maßstäben der okzidentalen Entwicklung gemessen – »rückständig« geblieben war. Wie jeder Fabrikant weiß, ist die mangelnde »coscienziosità« der Arbeiter[36] solcher Länder, etwa Italiens im Gegensatz zu Deutschland, eines der Haupthemmnisse ihrer kapitalistischen Entfaltung gewesen und in gewissem Maße noch immer.* Der Kapitalismus kann den praktischen Vertreter des undisziplinierten »liberum arbitrium« als Arbeiter nicht brauchen, so wenig er, wie wir schon von Franklin lernen konnten, den in seiner äußeren Gebarung schlechthin skrupellosen Geschäftsmann brauchen kann. In

* Vor dem ersten Weltkrieg geschrieben. [Hrg.]

der verschieden starken Entwicklung irgendeines »Triebes« nach dem Gelde also liegt der Unterschied nicht. Die »auri sacra fames« ist so alt wie die uns bekannte Geschichte der Menschheit. Wir werden aber sehen, daß diejenigen, die ihr als *Trieb* sich vorbehaltlos hingaben – wie etwa jener holländische Kapitän, der »Gewinnes halber durch die Hölle fahren wollte, und wenn er sich die Segel ansengte« –, *keineswegs* die Vertreter derjenigen Gesinnung waren, aus welcher der spezifisch moderne kapitalistische »Geist« als *Massenerscheinung* – und darauf kommt es an – hervorbrach. Den rücksichtslosen, an keine Norm innerlich sich bindenden Erwerb hat es zu allen Zeiten der Geschichte gegeben, wo und wie immer er tatsächlich überhaupt möglich war. Wie Krieg und Seeraub, so war auch der freie, nicht normgebundene Handel in den Beziehungen zu Stammfremden, Ungenossen, unbehindert; es gestattete die »Außenmoral« hier, was im Verhältnis »unter Brüdern« verpönt war. Und wie, äußerlich, der kapitalistische Erwerb als »Abenteuer« in allen Wirtschaftsverfassungen heimisch war, welche geldartige Vermögensobjekte kannten und Chancen boten, sie gewinnbringend zu verwerten: – durch Kommenda, Abgabenpacht, Staatsdarlehen, Finanzierung von Kriegen, Fürstenhöfen, Beamten –, so fand sich auch jene innerliche Abenteurer-Gesinnung, welche der Schranken der Ethik spottet, überall. Die absolute und bewußte Rücksichtslosigkeit des Gewinnstrebens stand oft ganz hart gerade neben strengster Traditionsgebundenheit. Und mit dem Zerbröckeln der Tradition und dem mehr oder minder durchgreifenden Eindringen des freien Erwerbes auch in das Innere der sozialen Verbände pflegte nicht eine ethische Bejahung und Prägung dieses Neuen zu erfolgen, sondern es pflegte nur faktisch *toleriert*, entweder als ethisch indifferent oder als zwar unerfreulich, aber leider unvermeidlich, behandelt zu werden. Dies war nicht nur die normale Stellungnahme aller ethischen Lehre, sondern – worauf es wesentlich mehr ankommt – auch des praktischen Verhaltens der Durchschnittsmenschen der präkapitalistischen Epoche: – »präkapitalistisch«

in dem Sinn, daß die rationale *betriebs*mäßige Kapitalverwertung und die rationale kapitalistische *Arbeits*organisation noch nicht beherrschende Mächte für die Orientierung des wirtschaftlichen Handelns geworden waren. Eben dieses Verhalten aber war eines der stärksten innerlichen Hemmnisse, auf welche die Anpassung der Menschen an die Voraussetzungen geordneter bürgerlich-kapitalistischer Wirtschaft überall stieß.

Der Gegner, mit welchem der »Geist« des Kapitalismus im Sinne eines bestimmten, im Gewande einer »Ethik« auftretenden, normgebundenen Lebensstils in erster Linie zu ringen hatte, blieb jene Art des Empfindens und der Gebarung, die man als *Traditionalismus* bezeichnen kann. Auch hier muß jeder Versuch einer abschließenden »Definition« suspendiert werden, vielmehr machen wir uns – natürlich auch hier lediglich provisorisch – an einigen Spezialfällen deutlich, was damit gemeint ist, dabei von unten: bei den Arbeitern, beginnend.

Eines der technischen Mittel, welches der moderne Unternehmer anzuwenden pflegt, um von »seinen« Arbeitern ein möglichstes Maximum an Arbeitsleistung zu erlangen, die Intensität der Arbeit zu steigern, ist der *Akkordlohn.* In der Landwirtschaft z. B. pflegt ein Fall, der die möglichste Steigerung der Arbeitsintensität gebieterisch fordert, die Einbringung der Ernte zu sein, da, zumal bei unsicherem Wetter, an der denkbar größten Beschleunigung derselben oft ganz außerordentlich hohe Gewinn- oder Verlustchancen hängen. Demgemäß pflegt hier durchweg das Akkordlohnsystem verwendet zu werden. Und da mit Steigerung der Erträge und der Betriebsintensität das Interesse des Unternehmers an Beschleunigung der Ernte im allgemeinen immer größer zu werden pflegt, so hat man natürlich immer wieder versucht, durch *Erhöhung* der Akkordsätze die Arbeiter, denen so sich Gelegenheit bot, innerhalb einer kurzen Zeitspanne einen für sie außergewöhnlich hohen Verdienst zu erzielen, an der Steigerung ihrer Arbeitsleistung zu interessieren. Allein hier zeigten sich nun eigentümliche Schwierigkeiten. Die Heraufsetzung der Akkordsätze bewirkte auffallend oft nicht etwa, daß mehr, sondern: daß weniger an Arbeitsleistung in der gleichen Zeitspanne erzielt wurde, weil die Arbeiter die Akkorderhöhung nicht mit Herauf-, sondern mit Herabsetzung der Tagesleistung beantworteten. Der Mann, der z. B. bei 1 Mark für den Morgen Getreidemähen bisher $2^1/_2$ Morgen täglich gemäht und so $2^1/_2$ Mk. am Tag verdient hatte, mähte nach Erhöhung des Akkordsatzes für den Morgen um 25 Pfg. nicht – wie gehofft wurde – angesichts der hohen Verdienstgelegenheit etwa 3 Morgen, um so 3,75 Mk. zu verdienen – wie dies sehr wohl möglich gewesen wäre –, sondern nur noch 2 Morgen am Tag, weil er so ebenfalls $2^1/_2$ Mk., wie bisher, verdiente und damit, nach biblischem Wort, »ihm genügen« ließ. Der Mehrverdienst reizte ihn weniger als die Minderarbeit; er fragte nicht: wieviel kann ich am Tag verdienen, wenn ich das mögliche Maximum an Arbeit leiste, sondern: wieviel muß ich arbeiten, um denjenigen Betrag – $2^1/_2$ Mk. – zu verdienen, den ich bisher einnahm und der meine *traditionellen* Bedürfnisse deckt? Dies ist eben ein Beispiel desjenigen Verhaltens, welches als »Traditionalismus« bezeichnet werden soll: der Mensch will »von Natur« nicht Geld und mehr Geld verdienen, sondern einfach leben, so leben, wie er zu leben gewohnt ist, und soviel erwerben, wie dazu erforderlich ist. Überall, wo der moderne Kapitalismus sein Werk der Steigerung der »Produktivität« der menschlichen Arbeit durch Steigerung ihrer Intensität begann, stieß er auf den unendlich zähen Widerstand dieses Leitmotivs präkapitalistischer wirtschaftlicher Arbeit, und er stößt noch heute überall um so mehr darauf, je »rückständiger« (vom kapitalistischen Standpunkt aus) die Arbeiterschaft ist, auf die er sich angewiesen sieht. Es lag nun – um wieder zu unserem Beispiel zurückzukehren – sehr nahe, da der Appell an den »Erwerbssinn« durch höhere Lohnsätze versagte, es mit dem gerade umgekehrten Mittel zu versuchen: durch *Herabsetzung* der Lohnsätze den Arbeiter zu zwingen, zur Erhaltung seines bisherigen Verdienstes *mehr* zu leisten als bisher. Ohnehin schien ja (und scheint noch heute) der unbefangenen Betrachtung niederer Lohn und hoher Profit in Korrelation zu stehen, alles, was an Lohn mehr gezahlt wurde, eine entsprechende Minderung des Profits bedeuten zu müssen. Jenen Weg hat denn auch der Kapitalismus von Anfang an wieder und immer wieder beschritten, und Jahrhunderte lang galt es als Glaubenssatz, daß niedere Löhne »produktiv« seien, d. h. daß sie die Arbeitsleistung steigerten, daß, wie schon Pieter de la Cour – in diesem Punkte, wie wir sehen werden, ganz im Geist des alten Calvinismus denkend – gesagt hatte, das Volk nur arbeitet, weil und solange es arm ist.

Allein die Wirksamkeit dieses anscheinend so probaten Mittels hat Schranken.[37] Gewiß verlangt der Kapitalismus zu seiner Entfaltung das Vorhandensein von Bevölkerungsüberschüssen, die er zu billigem Preis auf dem Arbeitsmarkt mieten kann. Allein ein Zuviel von »Reservearmee« begünstigt zwar unter Umständen sein quantitatives Umsichgreifen, hemmt aber seine qualitative Entwicklung, namentlich den Übergang zu Betriebsformen, welche die Arbeit intensiv ausnutzen. Niederer Lohn ist mit billiger Arbeit keineswegs identisch. Schon rein quantitativ betrachtet, sinkt die Arbeitsleistung unter allen Umständen mit physiologisch ungenügendem Lohn und bedeutet ein solcher auf die Dauer oft geradezu eine »Auslese der Untauglichsten«. Der heutige durchschnittliche Schlesier mäht bei voller Anstrengung wenig mehr als zwei Drittel soviel Land in der gleichen Zeit wie der besser gelohnte und genährte Pommer oder Mecklenburger; der Pole leistet physisch, je weiter östlich er her ist, desto weniger im Vergleich zum Deutschen.* Und auch rein geschäftlich versagt der niedere Lohn als Stütze kapitalistischer Entwicklung überall da, wo es sich um die Herstellung von Produkten handelt, welche irgendwelche qualifizierte (gelernte) Arbeit oder etwa die Bedienung kostspieliger und leicht zu beschädigender Maschinen oder überhaupt ein irgend erhebliches Maß scharfer Aufmerksamkeit und Initiative erfordern. Hier rentiert der niedere Lohn nicht und schlägt in seiner Wirkung in das Gegenteil des Beabsichtigten um. Denn hier ist nicht nur ein entwickeltes

* Vor dem ersten Weltkrieg geschrieben. [Hrsg.]

Arbeit als Selbstzweck

Verantwortungsgefühl schlechthin unentbehrlich, sondern überhaupt eine Gesinnung, welche mindestens *während* der Arbeit von der steten Frage: wie bei einem Maximum von Bequemlichkeit und einem Minimum von Leistung dennoch der gewohnte Lohn zu gewinnen sei, sich loslöst und die Arbeit so betreibt, als ob sie absoluter Selbstzweck – »Beruf« – wäre. Eine solche Gesinnung aber ist nichts Naturgegebenes. Sie kann auch weder durch hohe noch durch niedere Löhne unmittelbar hervorgebracht werden, sondern nur das Produkt eines lang andauernden Erziehungsprozesses sein. *Heute* gelingt dem einmal im Sattel sitzenden Kapitalismus die Rekrutierung seiner Arbeiter in allen Industrieländern und innerhalb der einzelnen Länder in allen Industriegebieten verhältnismäßig leicht. In der Vergangenheit war sie in jedem einzelnen Fall ein äußerst schwieriges Problem.[38] Und selbst heute kommt er wenigstens nicht immer ohne die Unterstützung eines mächtigen Helfers zum Ziele, der, wie wir weiter sehen werden, ihm in der Zeit seines Werdens zur Seite stand. Was gemeint ist, kann man sich wieder an einem Beispiel klar machen. Ein Bild rückständiger traditionalistischer Form der Arbeit bieten heute* besonders oft die Arbeiter*innen*, besonders die unverheirateten. Vor allem ihr absoluter Mangel an Fähigkeit und Willigkeit, überkommene und einmal erlernte Arten des Arbeitens zugunsten anderer, praktischerer, aufzugeben, sich neuen Arbeitsformen anzupassen, zu lernen und den Verstand zu konzentrieren oder nur überhaupt zu gebrauchen, ist eine fast allgemeine Klage von Arbeitgebern, die Mädchen, zumal deutsche Mädchen, beschäftigen. Auseinandersetzungen über die Möglichkeit, sich die Arbeit leichter, vor allem einträglicher, zu gestalten, pflegen bei ihnen auf völliges Unverständnis zu stoßen, Erhöhung der Akkordsätze prallt wirkungslos an der Mauer der Gewöhnung ab. Anders – und das ist ein für unsere Betrachtung nicht unwichtiger Punkt – pflegt es regelmäßig nur mit spezifisch religiös erzogenen, namentlich mit Mädchen pietistischer Provenienz

* Vor dem ersten Weltkrieg geschrieben. [Hrsg.]

zu stehen. Man kann es oft hören, und gelegentliche rechnerische Nachprüfungen bestätigen es,[39] daß weitaus die günstigsten Chancen wirtschaftlicher Erziehung sich bei dieser Kategorie eröffnen. Die Fähigkeit der Konzentration der Gedanken sowohl als die absolut zentrale Haltung: sich »der Arbeit gegenüber verpflichtet« zu fühlen, finden sich hier besonders oft vereint mit strenger Wirtschaftlichkeit, die mit dem Verdienst und seiner Höhe überhaupt *rechnet*, und mit einer nüchternen Selbstbeherrschung und Mäßigkeit, welche die Leistungsfähigkeit ungemein steigert. Der Boden für jene Auffassung der Arbeit als Selbstzweck, als »Beruf«, wie sie der Kapitalismus fordert, ist hier am günstigsten, die Chance, den traditionalistischen Schlendrian zu überwinden, *infolge* der religiösen Erziehung am größten. Schon diese Betrachtung aus der Gegenwart des Kapitalismus[40] zeigt uns wieder, daß es sich jedenfalls verlohnt, einmal zu *fragen*, wie diese Zusammenhänge kapitalistischer Anpassungsfähigkeit mit religiösen Momenten sich denn in der Zeit seiner Jugend gestaltet haben mögen. Denn daß sie auch damals in ähnlicher Art bestanden, ist aus vielen Einzelerscheinungen zu schließen. Der Abscheu und die Verfolgung, welchen z. B. die methodistischen Arbeiter im 18. Jahrhundert von seiten ihrer Arbeitsgenossen begegneten, bezogen sich, wie schon die in den Berichten so oft wiederkehrende Zerstörung ihres Handwerkszeuges andeutet, keineswegs nur oder vorwiegend auf ihre religiösen Exzentrizitäten: – davon hatte England viel, und Auffallenderes, gesehen –, sondern auf ihre spezifische »Arbeitswilligkeit«, wie man heute sagen würde.

Doch wenden wir uns zunächst wieder der Gegenwart, und zwar nunmehr den Unternehmern zu, um auch hier die Bedeutung des »Traditionalismus« uns zu verdeutlichen.

Sombart hat in seinen Erörterungen über die Genesis des Kapitalismus[41] als die beiden großen »Leitmotive«, zwischen denen sich die ökonomische Geschichte bewegt habe, »Bedarfsdeckung« und »Erwerb« geschieden, je nachdem das Ausmaß des persönlichen *Bedarfs* oder das von den Schranken des letzteren unabhängige Streben nach *Gewinn* und die *Möglichkeit* der Gewinnerzielung für die Art und Richtung der wirtschaftlichen Tätigkeit maßgebend werden. Was er als »System der Bedarfsdeckungswirtschaft« bezeichnet, scheint sich auf den ersten Blick mit dem, was hier als ökonomischer Traditionalismus umschrieben wurde, zu decken. Das ist *dann* in der Tat der Fall, wenn man den Begriff »Bedarf« mit »*traditionellem Bedarf*« gleichsetzt. Wenn aber nicht, dann fallen breite Massen von Wirtschaften, welche nach der Form ihrer Organisation als »kapitalistische«, auch im Sinne der von SOMBART an einer anderen Stelle seines Werkes[42] gegebenen Definition des »Kapitals«, zu betrachten sind, aus dem Bereich der »Erwerbs«-Wirtschaften heraus und gehören zum Bereich der »Bedarfsdeckungswirtschaften«. Auch Wirtschaften nämlich, die von privaten Unternehmern in der Form eines Umschlags von Kapital (= Geld oder geldwerten Gütern) zu Gewinnzwekken durch Ankauf von Produktionsmitteln und Verkauf der Produkte, also zweifellos als »kapitalistische Unternehmungen« geleitet werden, können gleichwohl »traditionalistischen« Charakter an sich tragen. Dies ist im Laufe auch der neueren Wirtschaftsgeschichte nicht nur ausnahmsweise, sondern – mit stets wiederkehrenden Unterbrechungen durch immer neue und immer gewaltigere Einbrüche des »kapitalistischen Geistes« – geradezu regelmäßig der Fall gewesen. Die »kapitalistische« Form einer Wirtschaft und der Geist, in dem sie geführt wird, stehen zwar generell im Verhältnis »adäquater« Beziehung, nicht aber in dem einer »gesetzlichen« Abhängigkeit voneinander. Und wenn wir trotzdem für diejenige Gesinnung, welche *berufsmäßig* systematisch und rational legitimen Gewinn in der Art, wie dies an dem Beispiel BENJAMIN FRANKLINS verdeutlicht wurde, erstrebt, hier provisorisch den Ausdruck »Geist des (modernen) *Kapitalismus*«[43] gebrauchen, so geschieht dies aus dem historischen Grunde, weil jene Gesinnung in der modernen kapitalistischen Unternehmung ihre adäquateste Form, die kapitalistische Unternehmung andererseits in ihr die adäquateste geistige Triebkraft gefunden hat.

Aber an sich kann beides sehr wohl auseinanderfallen. BENJAMIN FRANKLIN war mit »kapitalistischem Geist« erfüllt zu einer Zeit, wo sein Buchdruckereibetrieb der Form nach sich in nichts von irgendeinem Handwerkerbetrieb unterschied. Und wir werden sehen, daß überhaupt an der Schwelle der Neuzeit keineswegs allein oder vorwiegend die kapitalistischen Unternehmer des Handelspatriziates, sondern weit mehr die aufstrebenden Schichten des gewerblichen Mittelstandes die Träger derjenigen Gesinnung waren, die wir hier als »Geist des Kapitalismus« bezeichnet haben.[44] Auch im 19. Jahrhundert sind nicht die vornehmen Gentlemen von Liverpool und Hamburg mit ihrem altererbten Kaufmannsvermögen, sondern die aus oft recht kleinen Verhältnissen aufsteigenden Parvenüs von Manchester oder Rheinland-Westfalen ihre klassischen Repräsentanten. Und ähnlich stand es schon im 16. Jahrhundert: die damals neu entstehenden *Industrien* sind meist dem Schwerpunkt nach von Parvenüs geschaffen.[45]

Der Betrieb etwa einer Bank, oder des Exportgroßhandels, oder auch eines größeren Detailgeschäfts, oder endlich eines großen Verlages hausindustriell hergestellter Waren ist zwar sicherlich nur in der Form der kapitalistischen Unternehmung möglich. Gleichwohl können sie alle in streng traditionalistischem Geist geführt werden: die Geschäfte der großen Notenbanken *dürfen* gar nicht anders betrieben werden; der überseeische Handel ganzer Epochen hat auf der Basis von Monopolen und Reglements streng traditionellen Charakters geruht; im Detailhandel – und es ist hier nicht von den kleinen kapitallosen Tagedieben die Rede, welche heute nach Staatshilfe schreien – ist die Revolutionierung, welche dem alten Traditionalismus ein Ende macht, noch in vollem Gange: dieselbe Umwälzung, welche die alten Formen des Verlagssystems gesprengt hat, mit dem ja die moderne Heimarbeit nur der Form nach Verwandtschaft besitzt. Wie diese Revolutionierung verläuft und was sie bedeutet, mag – so bekannt ja diese Dinge sind – wiederum an einem Spezialfall veranschaulicht werden.

Bis gegen die Mitte des vorigen Jahrhunderts war das Leben eines Verlegers, wenigstens in manchen Branchen der kontinentalen Textilindustrie,[46] ein für unsere heutigen Begriffe ziemlich gemächliches. Man mag sich seinen Verlauf etwa so vorstellen: Die Bauern kamen mit ihren Geweben – oft (bei Leinen) noch vorwiegend oder ganz aus selbstproduziertem Rohstoff hergestellt – in die Stadt, in der die Verleger wohnten, und erhielten nach sorgsamer, oft amtlicher, Prüfung der Qualität die üblichen Preise dafür gezahlt. Die Kunden der Verleger waren für den Absatz auf alle weiteren Entfernungen Zwischenhändler, die ebenfalls hergereist kamen, meist noch nicht nach Mustern, sondern nach herkömmlichen Qualitäten und vom Lager kauften oder, und dann lange vorher, bestellten, woraufhin dann eventuell weiter bei den Bauern bestellt wurde. Eigenes Bereisen der Kundschaft geschah, wenn überhaupt, dann selten einmal in großen Perioden, sonst genügte Korrespondenz und, langsam zunehmend, Musterversendung. Mäßiger Umfang der Kontorstunden – vielleicht 5–6 am Tage, zeitweise erheblich weniger, in der Kampagnezeit, wo es eine solche gab, mehr –, leidlicher, zur anständigen Lebensführung und in guten Zeiten zur Rücklage eines kleinen Vermögens ausreichender Verdienst, im ganzen relativ große Verträglichkeit der Konkurrenten untereinander bei großer Übereinstimmung der Geschäftsgrundsätze, ausgiebiger täglicher Besuch der »Ressource«, daneben je nachdem noch Dämmerschoppen, Kränzchen und gemächliches Lebenstempo überhaupt.

Es war eine in jeder Hinsicht »kapitalistische« *Form* der Organisation, wenn man auf den rein kaufmännisch-geschäftlichen Charakter der Unternehmer, ebenso wenn man auf die Tatsache der Unentbehrlichkeit des Dazwischentretens von Kapitalien, welche in dem Geschäft umgeschlagen wurden, ebenso endlich, wenn man auf die objektive Seite des ökonomischen Hergangs oder auf die Art der Buchführung sieht. Aber es war »traditionalistische« Wirtschaft, wenn man auf den *Geist* sieht, der die Unternehmer beseelte: die traditionelle Lebenshaltung, die traditionelle Höhe des Profits, das traditionelle Maß von Arbeit, die traditionelle Art der Geschäftsführung, der Beziehungen zu den Arbeitern und zu dem wesentlich traditionellen Kundenkreise, sowie der Kundengewinnung und des Absatzes beherrschten den Geschäftsbetrieb, lagen – so kann man geradezu sagen – dem »Ethos« dieses Kreises von Unternehmern zugrunde.

Irgendwann nun wurde diese Behaglichkeit plötzlich gestört, und zwar oft ganz ohne, daß dabei irgendeine prinzipielle Änderung der Organisations*form* – etwa Übergang zum geschlossenen Betrieb, zum Maschinenstuhl und dgl. – stattgefunden hätte. Was geschah, war vielmehr oft lediglich dies: daß irgendein junger Mann aus einer der beteiligten Verlegerfamilien aus der Stadt auf das Land zog, die Weber für seinen Bedarf sorgfältig auswählte, ihre Abhängigkeit und Kontrolle zunehmend verschärfte, sie so aus Bauern zu Arbeitern erzog, andererseits aber den Absatz durch möglichst direktes Herangehen an die letzten Abnehmer: die Detailgeschäfte, ganz in die eigene Hand nahm, Kunden persönlich warb, sie regelmäßig jährlich bereiste, vor allem aber die Qualität der Produkte ausschließlich ihren Bedürfnissen und Wünschen anzupassen, ihnen »mundgerecht« zu machen wußte und zugleich den Grundsatz »billiger Preis, großer Umsatz« durchzuführen begann. Alsdann nun wiederholte sich, was immer und überall die Folge eines solchen »Rationalisierungs«-Prozesses ist: wer nicht hinaufstieg, mußte hinabsteigen. Die Idylle brach unter dem beginnenden erbitterten Konkurrenzkampf zusammen, ansehnliche Vermögen wurden gewonnen und nicht auf Zinsen gelegt, sondern immer wieder im Geschäft investiert, die alte behäbige und behagliche Lebenshaltung wich harter Nüchternheit: bei denen, die mitmachten und hochkamen, weil sie nicht verbrauchen, sondern erwerben *wollten*, bei denen, die bei der alten Art blieben, weil sie sich einschränken *mußten*.[47] Und – worauf es hier vor allem ankommt – es war in solchen Fällen in der Regel *nicht* etwa ein Zustrom neuen *Geldes*, welcher diese Umwälzung hervorbrachte – mit wenigen Tausenden, von Verwandten hergeliehenen Kapitals wurde in manchen mir bekannten Fällen der ganze Revolutionierungsprozeß ins Werk gesetzt –, sondern der neue *Geist*, eben der »Geist des modernen Kapitalismus«, der eingezogen war. Die Frage nach den Triebkräften der Expansion des modernen Kapitalismus ist nicht in erster Linie eine Frage nach der Herkunft der kapitalistisch verwertbaren Geldvorräte, sondern vor allem nach der Entwicklung des kapitalistischen Geistes. Wo er auflebt und sich auszuwirken vermag, *verschafft* er sich die Geldvorräte als Mittel seines Wirkens, nicht aber umgekehrt.[48] Aber sein Einzug pflegte kein friedlicher zu sein. Eine Flut von Mißtrauen, gelegentlich von Haß, vor allem von moralischer Entrüstung stemmte sich regelmäßig dem ersten Neuerer entgegen, oft – mir sind mehrere derartiger Fälle bekannt – begann eine förmliche Legendenbildung über geheimnisvolle Schatten in seinem Vorleben. Es ist so leicht niemand unbefangen genug zu bemerken, daß gerade einen solchen Unternehmer »neuen Stils« nur ein ungewöhnlich fester Charakter vor dem Verlust der nüchternen Selbstbeherrschung und vor moralischem wie ökonomischem Schiffbruch bewahren kann, daß, neben Klarheit des Blickes und Tatkraft, vor allem doch auch ganz bestimmte und sehr ausgeprägte »ethische« Qualitäten es sind, welche bei solchen Neuerungen ihm das schlechthin unentbehrliche Vertrauen der Kunden und der Arbeiter gewinnen und ihm die Spannkraft zur Überwindung der ungezählten Widerstände erhalten, vor allem aber die so unendlich viel intensivere Arbeitsleistung, welche nunmehr von dem Unternehmer gefordert wird und die mit bequemem Lebensgenuß unvereinbar ist, überhaupt ermöglicht haben: – nur eben ethische Qualitäten spezifisch anderer *Art* als die dem Traditionalismus der Vergangenheit adäquaten.

Und ebenso waren es in der Regel nicht waghalsige und skrupellose Spekulanten, ökonomische Abenteurernaturen, wie sie in allen Epochen der Wirtschaftsgeschichte begegnen, oder einfach »große Geldleute«, welche diese äußerlich unscheinbare und doch für die Durchsetzung des ökonomischen Lebens mit diesem neuen Geist entscheidende Wendung schufen, sondern in harter Lebensschule aufgewachsene, wägend und wagend zugleich, vor allem aber *nüchtern* und *stetig*, scharf und völlig der Sache hingegebene Männer mit streng bürgerlichen Anschauungen und »Grundsätzen«.

Man wird zu glauben geneigt sein, daß diese *persönlichen* moralischen Qualitäten mit irgendwelchen ethischen Maximen oder gar religiösen Gedanken an sich nicht das geringste zu schaffen haben, daß nach dieser Richtung wesentlich etwas Negatives: die Fähigkeit, sich der überkommenen Tradition zu *entziehen*, also am ehesten liberale »Aufklärung« die adäquate Grundlage einer solchen geschäftlichen Lebensführung sei. Und in der Tat ist dies *heute* im allgemeinen durchaus der Fall. Nicht nur fehlt regelmäßig eine Beziehung der Lebensführung auf religiöse Ausgangspunkte, sondern wo eine Beziehung besteht, pflegt sie wenigstens in Deutschland negativer Art zu sein. Solche vom »kapitalistischen Geist« erfüllte Naturen pflegen *heute*, wenn nicht gerade kirchenfeindlich, so doch indifferent zu sein. Der Gedanke an die fromme Langeweile des Paradieses hat für ihre tatenfrohe Natur wenig Verlockendes, die Religion erscheint ihnen als ein Mittel, die Menschen vom Arbeiten auf dem Boden dieser Erde abzuziehen. Würde man sie selbst nach dem »Sinn« ihres rastlosen Jagens fragen, welches des eigenen Besitzes niemals froh wird, und deshalb gerade bei rein diesseitiger Orientierung des Lebens so sinnlos erscheinen muß, so würden sie, falls sie überhaupt eine Antwort wissen, zuweilen antworten: »die Sorge für Kinder und Enkel«, häufiger aber und – da jenes Motiv ja offenbar kein ihnen eigentümliches ist, sondern bei den »traditionalistischen« Menschen ganz ebenso wirkte, – richtiger ganz einfach: daß ihnen das Geschäft mit seiner steten Arbeit »zum Leben unentbehrlich« geworden sei. Das ist in der Tat die einzig zutreffende Motivierung, und sie bringt zugleich das, vom persönlichen Glücksstandpunkt aus angesehen, so *Irrationale* dieser Lebensführung, bei welcher der Mensch für sein Geschäft da ist, nicht umgekehrt, zum Ausdruck. Selbstverständlich spielt die Empfindung für die Macht und das Ansehen, welches die bloße Tatsache des Besitzes gewährt, dabei ihre Rolle: wo einmal die Phantasie eines ganzen Volkes in die Richtung auf das rein quantitativ Große gelenkt ist, wie in den Vereinigten Staaten, da wirkt diese Zahlenromantik mit unwiderstehlichem Zauber auf die »Dichter« unter den Kaufleuten. Aber sonst sind es im ganzen nicht die eigentlich führenden und namentlich nicht die dauernd erfolgreichen Unternehmer, die sich davon einnehmen lassen. Und vollends das Einlaufen in den Hafen des Fideikommißbesitzes und Briefadels mit Söhnen, deren Gebarung auf der Universität und im Offizierkorps ihre Abstammung vergessen zu machen sucht, wie es der übliche Lebenslauf deutscher kapitalistischer Parvenü-Familien war, stellt ein epigonenhaftes Dekadenzprodukt dar. Der »Idealtypus« des kapitalistischen Unternehmers,[49] wie er auch bei uns in einzelnen hervorragenden Beispielen vertreten war, hat mit solchem gröberen oder feineren Protzentum nichts Verwandtes. Er scheut die Ostentation und den unnötigen Aufwand ebenso wie den bewußten Genuß seiner Macht und die ihm eher unbequeme Entgegennahme von äußeren Zeichen der gesellschaftlichen Achtung, die er genießt. Seine Lebensführung trägt m. a. W. oft – und es wird gerade auf die geschichtliche Bedeutung dieser für uns wichtigen Erscheinung einzugehen sein – einen gewissen asketischen Zug an sich, wie er ja in der früher zitierten »Predigt« FRANKLINS deutlich zutage tritt. Es ist namentlich keineswegs selten, sondern recht häufig bei ihm ein Maß von kühler Bescheidenheit zu finden, welches wesentlich aufrichtiger ist als jene Reserve, die BENJAMIN FRANKLIN so klug zu empfehlen weiß. Er »hat nichts« von seinem Reichtum für seine Person, – außer: der irrationalen Empfindung guter »Berufserfüllung«.

Das aber ist es eben, was dem präkapitalistischen Menschen so unfaßlich und rätselhaft, so schmutzig und verächtlich erscheint. Daß jemand zum Zweck seiner Lebensarbeit ausschließlich den Gedanken machen könne, dereinst mit hohem materiellen Gewicht an Geld und Gut belastet ins Grab zu sinken, scheint ihm nur als Produkt perverser Triebe: der »auri sacra fames«, erklärlich.

In der Gegenwart, unter unseren politischen, privatrechtlichen und Verkehrsinstitutionen, bei den Betriebsformen und der Struktur, die unserer Wirtschaft eigen ist, könnte nun dieser »Geist« des Kapitalismus, wie gesagt, als ein reines Anpassungsprodukt verständlich sein. Die kapitalistische Wirtschaftsordnung braucht diese Hingabe an den »Beruf« des Geldverdienens: sie ist eine Art des Sichverhaltens zu den äußeren Gütern, welche jener Struktur so sehr adäquat, so sehr mit den Bedingungen des Sieges im ökonomischen Daseinskampfe verknüpft ist, daß von einem notwendigen Zusammenhange jener »chrematistischen« Lebensführung mit irgendeiner einheitlichen »Weltanschauung« *heute* in der Tat gar keine Rede mehr sein kann. Sie hat es namentlich nicht mehr nötig, sich von der Billigung irgendwelcher religiöser Potenzen tragen zu lassen, und empfindet die Beeinflussung des Wirtschaftslebens durch die kirchlichen Normen, soweit sie überhaupt noch fühlbar ist, ebenso als Hemmnis wie dessen staatliche Reglementierung. Die handelspolitische und sozialpolitische Interessenlage pflegen dann die »Weltanschauung« zu bestimmen. Wer sich in seiner Lebensführung den Bedingungen kapitalistischen Erfolges nicht anpaßt, geht unter oder kommt nicht hoch. Aber das sind Erscheinungen einer Zeit, in welcher der moderne Kapitalismus, zum Siege gelangt, sich von den alten Stützen emanzipiert hat. Wie er dereinst nur im Bunde mit der werdenden modernen Staatsgewalt die alten Formen mittelalterlicher Wirtschaftsregulierung sprengte, so könnte – wollen wir vorläufig sagen – das gleiche auch für seine Beziehungen zu den religiösen Mächten der Fall gewesen sein. Ob und in welchem Sinne es etwa der Fall gewesen *ist*, das eben soll hier untersucht werden. Denn daß jene Auffassung des Gelderwerbs als eines den Menschen sich verpflichtenden Selbstzweckes, als »Beruf«, dem sittlichen Empfinden ganzer Epochen zuwiderlief, bedarf kaum des Beweises. In dem in das kanonische Recht* übergegangenen, damals

* Corpus Iuris Canonici, Decretum Gratiani, Pars I C. 11, Dist. LXXXVIII (nach Pseudo-Chrysostomus, Super Matthaeum). [Hrg.]

(ebenso wie die Stelle des Evangeliums vom Zins[50]) für echt gehaltenen Satz »Deo placere vix potest«, der von der Tätigkeit des Kaufmanns gebraucht wurde, in der Bezeichnung des Gewinnstrebens durch THOMAS als turpitudo (mit dem selbst das unvermeidliche und daher ethisch erlaubte Gewinnmachen belegt wurde), lag, gegenüber den radikal antichrematistischen Ansichten ziemlich breiter Kreise, schon ein hoher Grad von *Entgegenkommen* der katholischen Doktrin gegenüber den Interessen der mit der Kirche politisch so eng liierten Geldmächte der italienischen Städte.[51] Und auch wo die Doktrin noch mehr sich akkommodierte, wie namentlich etwa bei ANTONIN VON FLORENZ, schwand doch die Empfindung niemals ganz, daß es sich bei der auf Erwerb als Selbstzweck gerichteten Tätigkeit im Grunde um ein pudendum handele, welches nur die einmal vorhandenen Ordnungen des Lebens zu tolerieren nötigten. Einzelne damalige Ethiker vor allem der nominalistischen Schule nahmen die entwickelten Ansätze kapitalistischer Geschäftsformen als gegeben hin, und suchten sie als statthaft, vor allem den Handel als nötig, die darin entwickelte »industria« als legitime Gewinnquelle und ethisch unanstößig zu erweisen – nicht ohne Widerspruch –: aber den »Geist« des kapitalistischen Erwerbes lehnte die herrschende Lehre als turpitudo ab oder konnte ihn mindestens nicht positiv ethisch werten.

Eine »sittliche« Anschauung wie die BENJAMIN FRANKLINS wäre einfach undenkbar gewesen. Dies war vor allem die Auffassung der beteiligten kapitalistischen Kreise selbst: ihre Lebensarbeit war, wenn sie auf dem Boden der kirchlichen Tradition standen, günstigenfalls, etwas sittlich Indifferentes, Toleriertes, aber immerhin schon wegen der steten Gefahr, mit dem kirchlichen Wucherverbot zu kollidieren, für die Seligkeit Bedenkliches: ganz erhebliche Summen flossen, wie die Quellen zeigen, beim Tode reicher Leute als »Gewissensgelder« an kirchliche Institute, unter Umständen auch zurück an frühere Schuldner als zu Unrecht ihnen abgenommene »usura«. Anders standen – neben häretischen oder als bedenklich angesehenen Richtungen – nur die innerlich von der Tradition schon losgelösten patrizischen Kreise. Aber auch skeptische und unkirchliche Naturen pflegten, weil es zur Versicherung gegen die Ungewißheiten des Zustandes nach dem Tode immerhin besser so war und weil ja (wenigstens nach der sehr verbreiteten laxeren Auffassung) die äußere Unterwerfung unter die Gebote der Kirche zur Seligkeit genügte, sich durch Pauschsummen mit ihr für alle Fälle abzufinden.[52] Gerade hierin tritt das entweder *Außer*sittliche oder geradezu *Wider*sittliche, welches nach der *eigenen* Auffassung der Beteiligten ihrem Tun anhaftete, deutlich zutage.

Wie ist nun aus diesem, im günstigen Fall, sittlich tolerierten Gebaren ein »Beruf« im Sinne BENJAMIN FRANKLINS geworden? Wie ist es historisch erklärlich, daß im Zentrum der kapitalistischen Entwicklung der damaligen Welt, in Florenz im 14. und 15. Jahrhundert, dem Geld- und Kapitalmarkt aller politischen Großmächte, als sittlich bedenklich oder allenfalls tolerabel galt, was in den hinterwäldlerisch-kleinbürgerlichen Verhältnissen von Pennsylvanien im 18. Jahrhundert, wo die Wirtschaft aus purem Geldmangel stets in Naturaltausch zu kollabieren drohte, wo von größeren gewerblichen Unternehmungen kaum eine Spur, von Banken nur die ersten Anfänge zu bemerken waren, als Inhalt einer sittlich löblichen, ja gebotenen Lebensführung gelten konnte? – *Hier* von einer »Widerspiegelung« der »materiellen« Verhältnisse in dem »ideellen Überbau« reden zu wollen, wäre ja barer Unsinn. – Welchem Gedankenkreise entstammte also die Einordnung einer äußerlich rein auf *Gewinn* gerichteten Tätigkeit unter die Kategorie des »Berufs«, demgegenüber sich der Einzelne *verpflichtet* fühlte? Denn dieser Gedanke war es, welcher der Lebensführung des Unternehmers »neuen Stils« den ethischen Unterbau und Halt gewährte.

Man hat – so namentlich SOMBART in oft glücklichen und wirkungsvollen Ausführungen – als das Grundmotiv der modernen Wirtschaft überhaupt den »ökonomischen Rationalismus« bezeichnet. Mit unzweifelhaftem Recht, wenn darunter jene Ausweitung der Produktivität der Arbeit verstanden wird, welche durch die Gliederung des Produktionsprozesses unter *wissenschaftlichen* Gesichtspunkten dessen Gebundenheit an die natürlich gegebenen »organischen« Schranken der menschlichen Person beseitigt hat. Dieser Rationalisierungsprozeß auf dem Gebiete der Technik und Ökonomik bedingt nun unzweifelhaft auch einen wichtigen Teil der »Lebensideale« der modernen bürgerlichen Gesellschaft: die Arbeit im Dienste einer rationalen Gestaltung der materiellen Güterversorgung der Menschheit hat den Vertretern des »kapitalistischen Geistes« zweifellos immer auch als einer der richtungweisenden Zwecke ihrer Lebensarbeit vorgeschwebt. Man braucht z. B. FRANKLINS Schilderung seiner Bestrebungen im Dienst der kommunalen improvements von Philadelphia nur zu lesen, um diese sehr selbstverständliche Wahrheit mit Händen zu greifen. Und die Freude und der Stolz, zahlreichen Menschen »Arbeit gegeben«, mitgeschaffen zu haben am ökonomischen »Aufblühen« der Heimatstadt in jenem, an Volks- und Handelszahlen orientierten Sinn des Worts, den der Kapitalismus nun einmal damit verbindet, – dies alles gehört selbstverständlich zu der spezifischen und unzweifelhaft »idealistisch« gemeinten Lebensfreude des modernen Unternehmertums. Und ebenso ist es natürlich eine der fundamentalen Eigenschaften der kapitalistischen Privatwirtschaft, daß sie auf der Basis streng *rechnerischen* Kalküls rationalisiert, planvoll und nüchtern auf den erstrebten wirtschaftlichen Erfolg ausgerichtet ist, im Gegensatz zu dem von-der-Hand-in-den-Mund-Leben des Bauern, dem privilegierten Schlendrian des alten Zunfthandwerkers und dem »Abenteurerkapitalismus«, der an politischer Chance und irrationaler Spekulation orientiert war.

Es scheint also, als sei die Entwicklung des »kapitalistischen Geistes« am einfachsten als Teilerscheinung in der Gesamtentwicklung des Rationalismus zu verstehen und müsse aus dessen prinzipieller Stellung zu den letzten Lebensproblemen ableitbar sein. Dabei käme also der Protestantismus nur insoweit historisch in Betracht, als er etwa als »Vorfrucht« rein rationalistischer Lebensanschauungen eine Rolle gespielt hätte. Allein sobald man ernstlich den Versuch macht, zeigt sich, daß eine so einfache Problemstellung schon um deswillen nicht angeht, weil die Geschichte des Rationalismus *keineswegs* eine auf den einzelnen Lebensgebieten *parallel* fortschreitende Entwicklung zeigt. Die Rationalisierung des Privatrechts z. B. ist, wenn man sie als begriffliche Vereinfachung und Gliederung des Rechtsstoffes auffaßt, in ihrer bisher höchsten Form im römischen Recht des späteren Altertums erreicht, sie blieb am rückständigsten in einigen der ökonomisch am meisten rationalisierten Länder, speziell in England, wo die Renaissance des römischen Rechts seinerzeit an der Macht der großen Juristenzünfte scheiterte, während seine Herrschaft in den katholischen Gebieten Südeuropas stets fortbestanden hat. Die rein diesseitige rationale Philosophie hat im 18. Jahrhundert ihre Stätte durchaus nicht allein oder auch nur vorzugsweise in den kapitalistisch höchstentwickelten Ländern gefunden. Der Voltairianismus ist noch heute Gemeingut breiter oberer und – was praktisch wichtiger ist – mittlerer Schichten gerade in den romanisch-katholischen Ländern. Versteht man vollends unter »praktischem Rationalismus« jene Art der Lebensführung, welche die Welt bewußt auf die diesseitigen Interessen des *einzelnen Ich* bezieht und von hier aus beurteilt, so war und ist noch heute dieser Lebensstil erst recht typische Eigenart der Völker des »liberum arbitrium«, wie es dem Italiener und Franzosen in Fleisch und Blut steckt. Und wir konnten uns bereits überzeugen, daß dies keineswegs der Boden ist, auf welchem jene Beziehung des Menschen auf seinen »Beruf« als Aufgabe, wie sie der Kapitalismus braucht, vorzugsweise gediehen ist. Man kann eben – dieser einfache Satz, der oft vergessen wird, sollte an der Spitze jeder Studie stehen, die sich mit »Rationalismus« befaßt – das Leben unter höchst verschiedenen letzten Gesichtspunkten und nach sehr verschiedenen Richtungen hin »rationalisieren«. Der »Rationalismus« ist ein historischer Begriff, der eine Welt von Gegensätzen in sich schließt, und wir werden gerade zu untersuchen haben, wes Geistes Kind diejenige konkrete Form »rationalen« Denkens und Lebens war, aus welcher jener »Berufs«-Gedanke und jenes – wie wir sahen, vom Standpunkt der rein eudämonistischen Eigeninteressen aus so irrationale – Sichhingeben an die Berufs*arbeit* erwachsen ist, welches einer der charakteristischsten Bestandteile unserer kapitalistischen Kultur war und noch immer ist. *Uns* interessiert hier gerade die Herkunft jenes *irrationalen* Elements, welches in diesem wie in jedem »Berufs«-Begriff liegt.

3 *Luthers Berufskonzeption. Aufgabe der Untersuchung*

Nun ist unverkennbar, daß schon in dem deutschen *Worte* »Beruf«, ebenso wie in vielleicht noch deutlicherer Weise in dem englischen »calling«, eine religiöse Vorstellung: – die einer von Gott gestellten *Aufgabe* – wenigstens *mit*klingt und, je nachdrücklicher wir auf das Wort im konkreten Fall den Ton legen, desto fühlbarer wird. Und verfolgen wir nun das Wort geschichtlich und durch die Kultursprachen hindurch, so zeigt sich zunächst, daß die vorwiegend katholischen Völker für das, was wir »Beruf« (im Sinne von Lebensstellung, umgrenztes Arbeitsgebiet) nennen, einen Ausdruck ähnlicher Färbung ebensowenig kennen wie das klassische Altertum,[53] während es bei *allen* vorwiegend protestantischen Völkern existiert. Es zeigt sich ferner, daß nicht irgendeine ethnisch bedingte Eigenart der betreffenden Sprachen, etwa der Ausdruck eines »germanischen Volksgeistes« dabei beteiligt ist, sondern daß das Wort in seinem heutigen Sinn aus den *Bibelübersetzungen* stammt, und zwar aus dem Geist der Übersetzer, *nicht* aus dem Geist des Originals.[54] Es scheint in der lutherischen Bibelübersetzung zuerst an einer Stelle des Jesus Sirach (11, 20 u. 21) ganz in unserem heutigen Sinn verwendet zu sein.[55] Es hat dann sehr bald in der Profansprache aller protestantischen Völker seine heutige Bedeutung angenommen, während vorher in der profanen Literatur *keines* derselben irgendein Ansatz zu einem derartigen Wortsinn zu bemerken war und auch in der Predigtliteratur, soviel ersichtlich, nur bei einem der deutschen Mystiker [(TAULER, s. u.)], dessen Einfluß auf LUTHER bekannt ist.

Und wie die Wortbedeutung, so ist auch – das dürfte im ganzen ja bekannt sein – der *Gedanke* neu und ein Produkt der Reformation. Nicht als ob gewisse Ansätze zu jener Schätzung der weltlichen Alltagsarbeit, welche in diesem Berufsbegriff vorliegt, nicht schon im Mittelalter, ja selbst im (*spät*hellenistischen) Altertum, vorhanden gewesen wären: – davon wird später zu reden sein. Unbedingt *neu* war jedenfalls zunächst eins: die Schätzung der Pflichterfüllung innerhalb der weltlichen Berufe als des höchsten Inhaltes, den die sittliche Selbstbetätigung überhaupt annehmen könne. Dies war es, was die Vorstellung von der religiösen Bedeutung der weltlichen Alltagsarbeit zur unvermeidlichen Folge hatte und den Berufsbegriff in diesem Sinn erstmalig erzeugte. Es kommt also in dem Begriff »Beruf« jenes Zentraldogma aller protestantischen Denominationen zum Ausdruck, welches die katholische Unterscheidung der christlichen Sittlichkeitsgebote in »praecepta« und »consilia« verwirft und als das einzige Mittel, Gott wohlgefällig zu leben, nicht eine Überbietung der inner-weltlichen Sittlichkeit durch mönchische Askese, sondern ausschließlich die Erfüllung der innerweltlichen Pflichten kennt, wie sie sich aus der Lebensstellung des Einzelnen ergeben, die dadurch eben sein »Beruf« wird.

Bei LUTHER[56] entwickelt dieser Gedanke sich im Laufe des ersten Jahrzehntes seiner reformatorischen Tätigkeit. Anfangs gehört ihm, durchaus im Sinne der vorwiegenden mittelalterlichen Tradition, wie sie z. B. THOMAS VON AQUINO repräsentiert,[57] die weltliche Arbeit, obwohl von Gott gewollt, zum Kreatürlichen, sie ist die unentbehrliche Naturgrundlage des Glaubenslebens, sittlich an sich indifferent wie Essen und Trinken.[58] Aber mit der klareren Durchführung des »sola-fide«-Gedankens in seinen Konsequenzen und mit dem dadurch gegebenen, mit steigender Schärfe betonten Gegensatz gegen die »vom Teufel diktierten« katholischen »evangelischen Ratschläge« des Mönchtums steigt die Bedeutung des Berufs. Die mönchische Lebensführung ist nun nicht nur zur Rechtfertigung vor Gott selbstverständlich gänzlich wertlos, sondern sie gilt ihm auch als Produkt egoistischer, den Weltpflichten sich entziehender Lieblosigkeit. Im Kontrast dazu erscheint die weltliche Berufsarbeit als äußerer Ausdruck der Nächstenliebe, und dies wird in allerdings höchst weltfremder Art und in einem fast grotesken Gegensatz zu ADAM SMITHS bekannten Sätzen[59] insbesondere durch den Hinweis darauf begründet, daß die Arbeitsteilung jeden Einzelnen zwinge, für *andere* zu arbeiten. Indessen diese, wie man sieht, wesentlich scholastische Begründung verschwindet bald wieder, und es bleibt, mit steigendem Nachdruck betont, der Hinweis darauf, daß die Erfüllung der innerweltlichen Pflichten unter allen Umständen der einzige Weg sei, Gott wohlzugefallen, daß sie und nur sie Gottes Wille sei und daß deshalb jeder erlaubte Beruf vor Gott schlechterdings gleich viel gelte.[60]

Daß diese sittliche Qualifizierung des weltlichen Berufslebens eine der folgenschwersten Leistungen der Reformation und also speziell LUTHERS war, ist in der Tat zweifellos und darf nachgerade als ein Gemeinplatz gelten.[61] Weltenfern steht diese Auffassung von dem tiefen Haß, mit welchem PASCALS kontemplative Stimmung die, nach seiner tiefsten Überzeugung nur aus Eitelkeit oder Schlauheit überhaupt erklärbare, Schätzung des Wirkens in der Welt von sich wies,[62] – noch ferner freilich von der weitherzigen utilitarischen *Anpassung* an die Welt, welche der jesuitische Probabilismus vollzog. Aber wie nun im einzelnen die praktische Bedeutung jener Leistung des Protestantismus vorzustellen sei, das wird im allgemeinen wohl mehr dunkel empfunden als klar erkannt.

Zunächst ist kaum nötig zu konstatieren, daß nicht etwa LUTHER als mit dem »kapitalistischen Geist« in dem Sinne, den wir hier bisher mit diesem Wort verbunden haben, – oder, übrigens, in irgendeinem Sinn überhaupt – innerlich verwandt angesprochen werden darf. Schon diejenigen kirchlichen

Kreise, welche jene »Tat« der Reformation am eifrigsten zu rühmen pflegen, sind im ganzen heute keineswegs Freunde des Kapitalismus in irgendeinem Sinne. Erst recht aber würde LUTHER selbst ohne allen Zweifel jede Verwandtschaft mit einer Gesinnung, wie sie bei FRANKLIN zutagetritt, schroff abgelehnt haben. Natürlich darf man hier nicht seine Klagen über die großen Kaufleute, die FUGGER u. dgl., als Symptom heranziehen. Denn der Kampf gegen die rechtlich oder faktisch *privilegierte* Stellung einzelner großer Handelskompagnien im 16. und 17. Jahrhundert kann am ehesten dem modernen Feldzug gegen die Trusts verglichen werden und ist ebensowenig wie dieser schon an sich Ausdruck traditionalistischer Gesinnung. Gegen diese, gegen die Lombarden, die »Trapeziten«, die vom Anglikanismus, den Königen und Parlamenten in England und Frankreich begünstigten Monopolisten, Großspekulanten und Bankiers, führten auch die Puritaner ebenso wie die Hugenotten einen erbitterten Kampf.[64] CROMWELL schrieb nach der Schlacht von Dunbar (Sept. 1650) an das Lange Parlament: »Bitte stellt die Mißbräuche aller Berufe ab, und gibt es einen, der viele arm macht, um wenige reich zu machen: das frommt einem Gemeinwesen nicht«; – dagegen wird man ihn andererseits von ganz spezifisch »kapitalistischer« Denkweise erfüllt finden.[65] Unzweideutig tritt dagegen in LUTHERS zahlreichen Äußerungen gegen den Wucher und das Zinsennehmen überhaupt seine, gegenüber der Spätscholastik, direkt (vom kapitalistischen Standpunkt aus) »rückständige« Vorstellungsweise vom Wesen des kapitalistischen Erwerbes hervor.[66] Speziell das z. B. bei ANTONIN VON FLORENZ bereits überwundene Argument von der Unproduktivität des Geldes gehört natürlich dahin. Doch brauchen wir hier auf Einzelheiten gar nicht einzugehen, – denn vor allem: der Gedanke des »Berufes« im *religiösen* Sinn war in seinen Konsequenzen für die innerweltliche Lebensführung sehr verschiedener Gestaltung fähig. – Die Leistung der Reformation als solcher war zunächst nur, daß, im Kontrast gegen die katholische Auffassung, der sittliche Akzent und die religiöse *Prämie* für die innerweltliche, beruflich geordnete Arbeit mächtig schwoll. Wie der »Berufs«-Gedanke, der dies zum Ausdruck brachte, weiter entwickelt wurde, das hing von der näheren Ausprägung der Frömmigkeit ab, wie sie nunmehr in den einzelnen Reformationskirchen sich entfaltete. Die Autorität der Bibel, aus der LUTHER den Berufsgedanken zu entnehmen glaubte, war nun an sich im ganzen einer traditionalistischen Wendung günstiger. Speziell das Alte Testament, welches eine Überbietung der innerweltlichen Sittlichkeit in der genuinen Prophetie gar nicht und auch sonst nur in ganz vereinzelten Rudimenten und Ansätzen kannte, hat einen ganz ähnlichen religiösen Gedanken streng in diesem Sinn gestaltet: ein jeder bleibe bei seiner »Nahrung« und lasse die Gottlosen nach Gewinn streben; das ist der Sinn aller der Stellen, welche direkt von weltlicher Hantierung handeln. Erst der Talmud steht darin teilweise – aber auch nicht grundsätzlich – auf anderem Boden. Die persönliche Stellung von JESUS ist mit der typisch antikorientalischen Bitte: »Unser täglich Brot gib uns *heute*« in klassischer Reinheit gekennzeichnet, und der Einschlag von radikaler Welt-Ablehnung, wie er in dem »μαμωνᾶς τῆς ἀδικίας« zum Ausdruck gelangt, schloß jede *direkte* Anknüpfung des modernen Berufsgedankens an ihn persönlich aus.[67] Das im Neuen Testament zum Wort gelangende apostolische Zeitalter des Christentums, speziell auch PAULUS, steht dem weltlichen Berufsleben, infolge der eschatologischen Erwartungen, die jene ersten Generationen von Christen erfüllten, entweder indifferent oder ebenfalls wesentlich traditionalistisch gegenüber: da alles auf das Kommen des Herrn wartet, so mag jeder in dem Stande und in der weltlichen Hantierung bleiben, in der ihn der »Ruf« des Herrn gefunden hat, und arbeiten wie bisher: so fällt er den Brüdern nicht als Armer lästig, – und es ist ja nur noch eine kurze Weile. LUTHER las die Bibel durch die Brille seiner jeweiligen Gesamtstimmung, und diese ist im Laufe seiner Entwicklung zwischen etwa 1518 und etwa 1530 nicht nur traditionalistisch geblieben, sondern immer traditionalistischer geworden.[68]

In den ersten Jahren seiner reformatorischen Tätigkeit herrschte bei ihm, infolge der wesentlich kreatürlichen Schätzung des Berufes, in bezug auf die *Art* der innerweltlichen Tätigkeit eine der paulinischen eschatologischen Indifferenz, wie sie 1 Kor. 7 [v. 20–24] zum Ausdruck kommt,[69] innerlich verwandte Anschauung vor: man kann in jedem Stande selig werden, es ist auf der kurzen Pilgerfahrt des Lebens sinnlos, auf die *Art* des Berufes Gewicht zu legen. Und das Streben nach materiellem Gewinn, der den eigenen Bedarf übersteigt, muß deshalb als Symptom mangelnden Gnadenstandes und, da es ja nur auf Kosten anderer möglich erscheint, direkt als verwerflich gelten.[70] Mit steigender Verflechtung in die Händel der Welt geht steigende Schätzung der Bedeutung der Berufsarbeit Hand in Hand. Damit zugleich wird Luther aber nun der konkrete Beruf des Einzelnen zunehmend zu einem speziellen Befehl Gottes an ihn, *diese* konkrete Stellung, in die ihn göttliche Fügung gewiesen hat, zu erfüllen. Und als nach den Kämpfen mit den »Schwarmgeistern« und den Bauernunruhen die objektive historische Ordnung, in die der Einzelne von Gott hineingestellt ist, für Luther immer mehr zum direkten Ausfluß göttlichen Willens wird,[71] führt die nunmehr immer stärkere Betonung des Providentiellen auch in den Einzelvorgängen des Lebens zunehmend zu einer dem »Schickungs«-Gedanken entsprechenden traditionalistischen Färbung: der Einzelne soll grundsätzlich in dem Beruf und Stand *bleiben*, in den ihn Gott einmal gestellt hat, und sein irdisches Streben in den Schranken dieser seiner gegebenen Lebensstellung halten. War der ökonomische Traditionalismus anfangs Ergebnis paulinischer Indifferenz, so ist er also später Ausfluß des immer intensiver gewordenen Vorsehungsglaubens,[72] der den bedingungslosen Gehorsam gegen Gott[73] mit der bedingungslosen Fügung in die gegebene Lage identifiziert. Zu einer auf grundsätzlich neuer oder überhaupt prinzipieller Grundlage ruhenden Verknüpfung der Berufsarbeit mit *religiösen* Prinzipien ist Luther auf diese Art überhaupt nicht gelangt.[74] Die Reinheit der *Lehre* als einzig unfehlbares Kriterium der Kirche, wie sie nach den Kämpfen der 20er Jahre des 16. Jahrhunderts bei ihm immer unverrückbarer feststand, hemmte an sich schon die Entwicklung neuer Gesichtspunkte auf dem ethischen Gebiet.

So blieb also bei LUTHER der Berufsbegriff traditionalistisch gebunden.[75] Der Beruf ist das, was der Mensch als göttliche Fügung *hinzunehmen*, worein er sich »zu schicken« hat: – diese Färbung übertönt den auch vorhandenen anderen Gedanken, daß die Berufsarbeit eine oder vielmehr *die* von Gott gestellte Aufgabe sei.[76] Und die Entwicklung des orthodoxen Luthertums unterstrich diesen Zug noch weiter. Etwas Negatives: Wegfall der Überbietung der innerweltlichen durch asketische Pflichten, verbunden aber mit Predigt des Gehorsams gegen die Obrigkeit und der Schickung in die gegebene Lebenslage, war hier also zunächst der einzige ethische Ertrag.[77] – Es war, wie bei Besprechung der mittelalterlichen religiösen Ethik noch zu erörtern sein wird, dem Berufsgedanken in dieser lutherischen Prägung bei den deutschen Mystikern schon weitgehend vorgearbeitet, namentlich durch die prinzipielle Gleichwertung geistlicher und weltlicher Berufe bei TAULER und die *geringere* Bewertung der überlieferten Formen asketischen Werkverdienstes[78] infolge der allein entscheidenden Bedeutung der ekstatisch-kontemplativen Aufnahme des göttlichen Geistes durch die Seele. Das Luthertum bedeutet sogar in einem bestimmten Sinne gegenüber den Mystikern einen Rückschritt, insofern bei LUTHER – und mehr noch bei seiner Kirche – die psychologischen Unterlagen für eine rationale Berufsethik gegenüber den Mystikern (deren Anschauungen über diesen Punkt mehrfach teils an die pietistische, teils an die quäkerische Glaubenspsychologie erinnern[79]) ziemlich unsichere geworden sind und zwar, wie noch zu zeigen sein wird, gerade *weil* der Zug zur asketischen Selbstdisziplinierung ihm als Werkheiligkeit verdächtig war und daher in seiner Kirche immer mehr in den Hintergrund treten mußte.

Der bloße Gedanke des »Berufes« im lutherischen Sinn also – das allein sollte schon hier festgestellt werden[80] – war, soviel wir bisher sehen können, von jedenfalls nur problematischer Tragweite für das, was *wir* suchen. Damit ist nun nicht im mindesten gesagt, daß eine praktische Bedeutung auch der lutherischen Form der Neuordnung des religiösen Lebens für die Gegenstände unserer Betrachtung nicht bestanden hätte. Ganz im Gegenteil. Nur ist sie offenbar nicht *unmittelbar* aus der Stellung LUTHERS und seiner Kirche zum weltlichen Beruf ableitbar und überhaupt nicht so leicht greifbar, wie dies vielleicht bei anderen Ausprägungen des Protestantismus der Fall sein könnte. Es empfiehlt sich daher für uns, zunächst solche Formen desselben zu betrachten, bei denen ein Zusammenhang der Lebens*praxis* mit dem religiösen Ausgangspunkt leichter als beim Luthertum zu ermitteln ist. Schon früher wurde nun die auffällige Rolle des *Calvinismus* und der protestantischen *Sekten* in der Geschichte der kapitalistischen Entwicklung erwähnt. Wie LUTHER in ZWINGLI einen »anderen Geist« lebendig fand als bei sich selbst, so seine geistigen Nachfahren speziell im Calvinismus. Und erst recht hat der Katholizismus von jeher, und bis in die Gegenwart, den Calvinismus als den eigentlichen Gegner betrachtet. Zunächst hat das ja nun rein politische Gründe: wenn die Reformation ohne LUTHERS ganz persönliche religiöse Entwicklung nicht vorstellbar und geistig dauernd von seiner Persönlichkeit bestimmt worden ist, so wäre ohne den Calvinismus doch sein Werk nicht von äußerer Dauer gewesen. – Aber der Grund des, Katholiken und Lutheranern gemeinsamen, Abscheues liegt doch auch in der ethischen Eigenart des Calvinismus begründet. Schon der oberflächlichste Blick lehrt, daß hier eine ganz andersartige Beziehung zwischen religiösem Leben und irdischem *Handeln* hergestellt ist als sowohl im Katholizismus wie im Luthertum. Selbst in der nur spezifisch religiöse Motive verwendenden Literatur tritt das hervor. Man nehme etwa den Schluß der Divina Commedia, wo dem Dichter im Paradiese im wunschlosen Schauen der Geheimnisse Gottes die Sprache versagt, und halte daneben den Schluß jenes Gedichtes, welches man die »Göttliche Komödie des Puritanismus« zu nennen sich gewöhnt hat. MILTON schließt den letzten Gesang des »Paradise Lost« nach der Schilderung der *Ausstoßung* aus dem Paradiese wie folgt:

Sie wandten sich und sah'n des Paradieses
Östlichen Teil – noch jüngst ihr sel'ger Sitz –
Von Flammengluten furchtbar überwallt,
Die Pforte selbst von riesigen Gestalten,
Mit Feuerwaffen in der Hand, umschart.
Sie fühlten langsam Tränen niederperlen, –
Jedoch sie trockneten die Wangen bald:
Vor ihnen lag die große weite Welt,
Wo sie den Ruheplatz sich wählen konnten,
Die Vorsehung des Herrn als Führerin.
Sie wanderten mit langsam zagem Schritt
Und Hand in Hand aus Eden ihres Weges.

Und wenig vorher hatte Michael zu Adam gesagt:

..... Nur füge zu dem Wissen auch die Tat;
Dann füge Glauben, Tugend und Geduld
Und Mäßigkeit hinzu und jene Liebe,
Die einst als christliche gepriesen wird
Und Seele wird von allen Tugenden.
Dann läßt du ungern nicht dies Paradies,
Du trägst in dir ja ein viel sel'geres.

Jeder empfindet sofort, daß dieser mächtigste Ausdruck der ernsten puritanischen Weltzugewandtheit, das heißt: Wertung des innerweltlichen Lebens als *Aufgabe*, im Munde eines mittelalterlichen Schriftstellers unmöglich gewesen wäre. Aber auch dem Luthertum, wie es etwa in LUTHERS und PAUL GERHARDS Chorälen sich gibt, ist er ganz ebensowenig kongenial. An die Stelle dieser unbestimmten Empfindung gilt es nun hier, eine etwas genauere gedankliche *Formulierung* zu setzen und nach den inneren Gründen dieser Unterschiede zu fragen. Die Berufung auf den »Volkscharakter« ist nicht nur überhaupt lediglich das Bekenntnis des *Nicht*wissens, sondern in unserem Fall auch gänzlich hinfällig. Den Engländern des 17. Jahrhunderts einen einheitlichen »Volkscharakter« zuzuschreiben, wäre einfach historisch unrichtig. »Kavaliere« und »Rundköpfe« empfanden sich nicht einfach als zwei Parteien, sondern als radikal verschiedene Menschengattungen, und wer aufmerksam zusieht, muß ihnen darin recht geben.[81] Und andererseits: ein charakterologischer Gegensatz der englischen merchant adventurers gegen die alten Hanseaten ist ebensowenig auffindbar, wie überhaupt ein anderer tiefergehender Unterschied englischer von deutscher Eigenart am Ende des Mittelalters zu konstatieren ist, als er sich durch die verschiedenen politischen Schicksale unmittelbar erklären läßt.[82] Erst die Macht religiöser Bewegungen – nicht sie allein, aber sie zuerst – hat hier jene Unterschiede geschaffen, die wir heute empfinden.[83]

Wenn wir demgemäß bei der Untersuchung der Beziehungen zwischen der altprotestantischen Ethik und der Entwicklung des kapitalistischen Geistes von den Schöpfungen CALVINS, des Calvinismus und der anderen »puritanischen« Sekten ausgehen, so darf das nun aber nicht dahin verstanden werden, als erwarteten wir, bei einem der Gründer oder Vertreter dieser Religionsgemeinschaften die Erweckung dessen, was wir hier »kapitalistischen Geist« nennen, in irgendeinem Sinn als *Ziel* seiner Lebensarbeit vorzufinden. Daß das Streben nach weltlichen Gütern, als Selbstzweck gedacht, irgendeinem von ihnen geradezu als ethischer Wert gegolten hätte, werden wir nicht wohl glauben können. Und es ist überhaupt vor allem eines ein- für allemal festzuhalten: ethische Reformprogramme sind bei keinem der Reformatoren – zu denen wir für unsere Betrachtung auch Männer wie MENNO, GEORGE FOX, WESLEY zu rechnen haben – jemals der zentrale Gesichtspunkt gewesen. Sie waren keine Gründer von Gesellschaften für »ethische Kultur« oder Vertreter humanitärer sozialer Reformbestrebungen oder Kulturideale. Das Seelenheil und dies allein war der Angelpunkt ihres Lebens und Wirkens. Ihre ethischen Ziele und die praktischen Wirkungen ihrer Lehre waren alle hier verankert und nur *Konsequenzen* rein religiöser Motive. Und wir werden deshalb darauf gefaßt sein müssen, daß die

Kulturwirkungen der Reformation zum guten Teil – vielleicht sogar für unsere speziellen Gesichtspunkte überwiegend – unvorhergesehene und geradezu *ungewollte* Folgen der Arbeit der Reformatoren waren, oft weit abliegend oder geradezu im Gegensatz stehend zu allem, was ihnen selbst vorschwebte.

So könnte die nachfolgende Studie an ihrem freilich bescheidenen Teil vielleicht auch einen Beitrag bilden zur Veranschaulichung der Art, in der überhaupt die »Ideen« in der Geschichte wirksam werden. Damit aber nicht schon von vornherein Mißverständnisse über den Sinn, in dem hier ein solches Wirksamwerden rein ideeller Motive überhaupt behauptet wird, entstehen, mögen darüber als Abschluß dieser einleitenden Erörterungen noch einige wenige Andeutungen gestattet sein.

Es handelt sich bei solchen Studien – wie vor allem ausdrücklich bemerkt sein mag – in keiner Weise um den Versuch, den Gedankengehalt der Reformation in irgendeinem Sinn, sei es sozialpolitisch, sei es religiös zu *werten*. Wir haben es für unsere Zwecke stets mit Seiten der Reformation zu tun, welche dem eigentlich religiösen Bewußtsein als peripherisch und geradezu äußerlich erscheinen müssen. Denn es soll ja lediglich unternommen werden, den Einschlag, welchen religiöse Motive in das Gewebe der Entwicklung unserer aus zahllosen historischen Einzelmotiven erwachsenen modernen, spezifisch »diesseitig« gerichteten Kultur geliefert haben, etwas deutlicher zu machen. Wir fragen also lediglich, was von gewissen charakteristischen Inhalten dieser Kultur dem Einfluß der Reformation als historischer Ursache etwa *zuzurechnen* sein möchte. Dabei müssen wir uns freilich von der Ansicht emanzipieren: man könne aus ökonomischen Verschiebungen die Reformation als »entwicklungsgeschichtlich notwendig« deduzieren. Ungezählte historische Konstellationen, die nicht nur in kein »ökonomisches Gesetz«, sondern überhaupt in keinen ökonomischen Gesichtspunkt irgendwelcher Art sich einfügen, namentlich rein politische Vorgänge, mußten zusammenwirken, damit die neu geschaffenen Kirchen überhaupt fortzubestehen vermochten. Aber andererseits soll ganz und gar nicht eine so töricht-doktrinäre These[84] verfochten werden wie etwa die: daß der »kapitalistische Geist« (immer in dem provisorisch hier verwendeten Sinn dieses Wortes) *nur* als Ausfluß bestimmter Einflüsse der Reformation habe entstehen *können*, oder wohl gar: daß der Kapitalismus als *Wirtschaftssystem* ein Erzeugnis der Reformation sei. Schon daß gewisse wichtige *Formen* kapitalistischen Geschäftsbetriebs notorisch erheblich *älter* sind als die Reformation*, stände einer solchen Ansicht ein- für allemal im Wege. Sondern es soll nur festgestellt werden: ob und wieweit religiöse Einflüsse bei der qualitativen Prägung und quantitativen Expansion jenes »Geistes« über die Welt hin *mit*beteiligt gewesen sind und welche konkreten *Seiten* der auf kapitalistischer Basis ruhenden *Kultur* auf sie zurückgehen. Dabei kann nun angesichts des ungeheuren Gewirrs gegenseitiger Beeinflussungen zwischen den materiellen Unterlagen, den sozialen und politischen Organisationsformen und dem geistigen Gehalte der reformatorischen Kulturepochen nur so verfahren werden, daß *zunächst* untersucht wird, ob und in welchen Punkten bestimmte »Wahlverwandtschaften« zwischen gewissen Formen des religiösen Glaubens und der Berufsethik erkennbar sind. Damit wird zugleich die Art und allgemeine *Richtung*, in welcher infolge solcher Wahlverwandtschaften die religiöse Bewegung auf die Entwicklung der materiellen Kultur einwirkte, nach Möglichkeit verdeutlicht. *Alsdann* erst, wenn dies leidlich eindeutig feststeht, könnte der Versuch gemacht werden, abzuschätzen, in welchem Maße moderne Kulturinhalte in ihrer geschichtlichen Entstehung jenen religiösen Motiven und inwieweit sie anderen zuzurechnen sind.

* Hierzu sehe man Max Webers erste größere juristisch-sozialwissenschaftliche Untersuchung: »Zur Geschichte der Handelsgesellschaften [Norditaliens] im Mittelalter«, 1889 (abgedruckt in: Gesammelte Aufsätze zur Sozial- und Wirtschaftsgeschichte, 1924, S. 312 bis 443). [Hrg.]

1 Die abweichenden Fälle erklären sich – nicht immer, aber häufig – daraus, daß natürlich die Konfessionalität der Arbeiterschaft einer Industrie in *erster* Linie von der Konfession ihres Standorts bzw. des Rekrutierungsgebiets ihrer Arbeiterschaft abhängt. Dieser Umstand verschiebt oft auf den ersten Blick das Bild, welches manche Konfessionsstatistiken – etwa der Rheinprovinz – bieten. Überdies sind natürlich nur bei weitgehender Spezialisierung und Auszählung der einzelnen Berufe die Zahlen schlüssig. Sonst werden unter Umständen ganz große Unternehmer mit alleinarbeitenden »Meistern« in der Kategorie »Betriebsleiter« zusammengeworfen. Vor allem aber ist der *heutige* »Hochkapitalismus« überhaupt, namentlich bezüglich der breiten ungelernten Unterschicht seiner Arbeiterschaft, von denjenigen Einflüssen, welche die Konfession in der Vergangenheit haben *konnte,* unabhängig geworden. Darüber später.

2 Vgl. z. B. HERMAN SCHELL, Der Katholizismus als Prinzip des Fortschritts, Würzburg 1897, S. 31; GEORG FRHR. V. HERTLING, Das Prinzip des Katholizismus und die Wissenschaft, Freiburg 1899, S. 58.

3 Einer meiner Schüler hat s. Zt. das eingehendste statistische Material, welches wir über diese Dinge besitzen: die *badische* Konfessionsstatistik, durchgearbeitet. Vgl. MARTIN OFFENBACHER, Konfession und soziale Schichtung. Eine Studie über die wirtschaftliche Lage der Katholiken und Protestanten in Baden. Tübingen und Leipzig 1900 (Bd. IV, Heft 5 der Volkswirtschaftlichen Abhandlungen der badischen Hochschulen). Die Tatsachen und Zahlen, die nachstehend zur Illustration vorgeführt werden, entstammen alle dieser Arbeit.

4 Es kam z. B. im Jahre 1895 in Baden auf je 1000 Evangelische ein *Kapitalrenten*steuerkapital von 954 900 Mk., auf je 1000 Katholiken von 589 800 Mk. Die Juden mit über 4 Millionen auf 1000 marschieren freilich weit an der Spitze. (Die Zahlen nach OFFENBACHER, a. a. O. S. 21.)

5 Hierüber sind die gesamten Ausführungen der OFFENBACHERschen Arbeit zu vergleichen.

6 Auch hierfür nähere Darlegungen für Baden in den beiden ersten Kapiteln der OFFENBACHERschen Arbeit.

7 Von der Bevölkerung Badens waren 1895: 37,0 Proz. Protestanten, 61,3 Proz. Katholiken, 1,5 Proz. Juden. Die Konfessionalität der Schüler aber stellte sich 1885/95 auf den über die Volksschulen

hinausgehenden und *nicht* obligatorisch zu besuchenden Schulen wie folgt (nach OFFENBACHER, a. a. O. S. 16):

	Protestanten %		Katholiken %		Juden %	
Gymnasien	43	[44.04	46	[46.44	9.5	[9.22
Realgymnasien	**60**	59.75	31	30.22	9	9.67
Oberrealschulen	**52**	52.17	41	39.83	7	7.84
Realschulen	49	50.28	40	38.67	11	10.74
höhere Bürgerschulen	51	49.40	37	39.53	12	11.01
Durchschnitt	48	48.27]	42	41.55]	10	9.92]

Genau die gleichen Erscheinungen in Preußen, Bayern, Württemberg, den Reichslanden, Ungarn (s. d. Zahlen bei OFFENBACHER, a. a. O. S. 18 f.).

[Die OFFENBACHERschen Prozentzahlen dieser Tabelle wurden an Hand der absoluten Erhebungsziffern geprüft und die richtigen Angaben in Klammern beigefügt. Hinzu kommen Sonstige %: 0.30, 0.36, 0.16, 0.31, 0.06, Durchschnitt 0.26; Oberrealschulen wurden statistisch erst ab 1892 ausgewiesen. (Hrsg.)].

8 Siehe die Ziffern in voriger Note, wonach die hinter der katholischen Bevölkerungsquote um ein Drittel zurückbleibende katholische Gesamtfrequenz der mittleren Lehranstalten *nur* in den Gymnasien (wesentlich behufs Vorbildung zum theologischen Studium) um einige Prozente überschritten wird. Als charakteristisch sei mit Rücksicht auf spätere Ausführungen noch herausgehoben, daß in Ungarn die *Reformierten* die typischen Erscheinungen der protestantischen Mittelschulfrequenz in noch gesteigertem Maß aufweisen (OFFENBACHER, a. a. O. S. 19 Anm. a. E.).

9 Siehe die Nachweise bei OFFENBACHER, a. a. O. S. 54 und die Tabellen am Schluß der Arbeit.

10 Besonders gut an den später mehrfach zu zitierenden Stellen in SIR W. PETTY's Schriften.

11 Denn die gelegentliche Exemplifikation PETTY's auf *Irland* hat den sehr einfachen Grund, daß dort die protestantische Schicht nur als absentistische Landlords saß. Würde sie mehr behaupten, so wäre sie (bekanntlich) irrig gewesen, wie die Stellung der »Scotch-Irish« beweist. Die typische Beziehung zwischen Kapitalismus und Protestantismus bestand in Irland ebenso wie anderwärts. (Über die »Scotch-Irish« in Irland s. C. A. HANNA, The Scotch-Irish, 2 Bände, New York 1902.)

12 Das schließt natürlich nicht aus, daß auch die letztere höchst wichtige Konsequenzen gehabt hat, und steht namentlich damit nicht im Widerspruch, daß es, wie späterhin zu erörtern, für die Entwicklung der ganzen Lebensatmosphäre mancher protestantischer Sekten von ausschlaggebender, auch auf ihre Beteiligung am Wirtschaftsleben zurückwirkender Bedeutung war, daß sie kleine und deshalb homogene Minoritäten repräsentierten, wie dies z. B. bei den *strengen* Calvinisten außerhalb von Genf und Neu-England eigentlich überall, selbst da, wo sie politisch herrschten, der Fall war. – Daß *Emigranten* aller Konfessionen der Erde: indische, arabische, chinesische, syrische, phönikische, griechische, lombardische, »cawerzische« als Träger *kaufmännischer Schulung* hochentwickelter Länder in andere übersiedelten, war eine ganz universelle Erscheinung und hat mit unserem Problem nichts zu tun. (Brentano in dem öfter zu zitierenden Aufsatz über »Die Anfänge des modernen Kapitalismus« verweist auf seine eigene Familie. Aber: *Bankiers* fremder Provenienz als vorzugsweise Träger kaufmännischer Erfahrung und Beziehungen hat es zu *allen* Zeiten in allen Ländern gegeben. Sie sind kein Spezifikum des *modern*en Kapitalismus und wurden – s. später – von den Protestanten mit ethischem Mißtrauen betrachtet. Anders stand es mit den nach Zürich gewanderten Locarneser Protestantenfamilien Muralt, Pestalozzi usw., welche in Zürich sehr bald zu den Trägern einer spezifisch *modernen* kapitalistischen (*industriellen*) Entwicklung gehörten.)

13 Offenbacher, a. a. O. S. 68.

14 Ungemein feine Bemerkungen über die charakteristische Eigenart der Konfessionen in Deutschland und Frankreich und die Kreuzung dieser Gegensätze mit den sonstigen Kulturelementen im elsässischen Nationalitätenkampf in der vortrefflichen Schrift von W. Wittich, Deutsche und französische Kultur im Elsaß, Straßburg 1900 (aus: Illustrierte Elsäss. Rundschau, 1900).

15 *Dann* natürlich, soll das heißen: wenn die [objektive] *Möglichkeit* kapitalistischer Entwicklung in dem betreffenden Gebiet *überhaupt* gegeben war.

16 S. darüber z. B.: Dupin de St. André, L'ancienne église réformée de Tours. Les membres de l'église (in: Bulletin de la société de l'histoire du protestantisme, tome IV, 1856, p. 10). Man könnte auch hier wieder – und namentlich katholischen Beurteilern wird dieser Gedanke naheliegen – die Sucht nach *Emanzipation* von der klöster-

lichen oder überhaupt kirchlichen Kontrolle als das treibende Motiv ansehen. Aber dem steht nicht nur das Urteil auch gegnerischer Zeitgenossen (einschließlich RABELAIS') entgegen, sondern es zeigen z. B. die Gewissensbedenken der ersten Nationalsynoden der Hugenotten (z. B. I. Synode, C. partic., qu. 10 bei J. AYMON, Synodes nationaux de l'Église réformée de France, 1710, S. 10), ob ein *Bankier* Ältester einer Kirche werden dürfe, und die, trotz CALVINS unzweideutiger Stellungnahme, auf den Nationalsynoden stets wiederkehrende Erörterung der Erlaubtheit des Zinsennehmens anläßlich der Anfrage bedenklicher Gemeindeglieder zwar die starke Beteiligung der hieran interessierten Kreise, *zugleich* aber doch wohl auch, daß der Wunsch, die »usuraria pravitas« ohne Beichtkontrolle ausüben zu können, *nicht* maßgebend gewesen sein kann. (Das gleiche gilt – s. u. – in Holland. Das kanonische *Zinsverbot* spielt, um dies ausdrücklich zu sagen, in *diesen* Untersuchungen überhaupt keinerlei Rolle.)

17 Wirtschaftsgeschichte des Schwarzwaldes. I. Bd., Straßburg 1892, S. 674.

18 Daran anschließend die kurzen Bemerkungen SOMBARTS, Der moderne Kapitalismus, I. Bd., 1. Aufl. 1902, S. 380. Später hat SOMBART leider, in dem in diesen Partien m. E. weitaus schwächsten seiner größeren Werke (Der Bourgeois, München und Leipzig 1913), unter der Einwirkung einer ebenfalls, trotz vieler guter (aber in *dieser* Hinsicht nicht neuer) Bemerkungen, *unter* dem Niveau anderer modern-apologetischer katholischer Arbeiten bleibenden Schrift von FRANZ KELLER, Unternehmen und Mehrwert, Paderborn 1912 (Schriften der Görresgesellschaft, Heft 12) eine völlig verfehlte »These« verfochten, auf die gelegentlich zurückzukommen ist [s. u. Anm. 50].

19 Denn daß die bloße Tatsache des Heimatwechsels bei der Arbeit zu den mächtigsten Mitteln ihrer Intensivierung gehört, steht durchaus fest (vgl. auch vorst. Anm. 12). – Dasselbe polnische Mädchen, welches in der Heimat durch keine noch so günstigen Verdienstchancen aus seiner traditionalistischen Trägheit herauszubringen war, wandelt scheinbar seine ganze Natur und ist ungemessener Ausnutzung fähig, wenn es als Sachsengängerin in der Fremde arbeitet. Bei den italienischen Wanderarbeitern zeigte sich genau die gleiche Erscheinung. Daß hier keineswegs nur der erziehende Einfluß des Eintritts in ein höheres »Kulturmilieu« das Entscheidende ist, – so sehr er natürlich mitspielt, – zeigt sich darin, daß die gleiche Erscheinung eintritt, auch wo – wie in der Landwirtschaft – die *Art* der Beschäf-

tigung genau die gleiche ist wie in der Heimat und die Unterbringung in Wanderarbeiterkasernen usw. sogar ein temporäres Herabsteigen auf ein Niveau der Lebenshaltung bedingt, wie es in der Heimat nie ertragen werden würde. Die bloße Tatsache des Arbeitens in ganz anderen Umgebungen als den gewohnten bricht hier den Traditionalismus und ist das »Erziehliche«. Es braucht kaum angedeutet zu werden, wieviel von der amerikanischen ökonomischen Entwicklung auf solchen Wirkungen ruht. Für das Altertum ist die ganz ähnliche Bedeutung des babylonischen Exils für die Juden, man möchte sagen, mit Händen in den Inschriften zu greifen, und es trifft das Gleiche z. B. für die Parsen zu. – Aber für die Protestanten spielt, wie schon der unverkennbare Unterschied in der ökonomischen Eigenart der puritanischen Neu-England-Kolonien gegenüber dem katholischen Maryland, dem episkopalistischen Süden und dem interkonfessionellen Rhode Island zeigt, der Einfluß ihrer religiösen Eigenart ganz offenbar als *selbständiger* Faktor eine Rolle, ähnlich wie in Indien etwa bei den Jaina.

20 Sie ist bekanntlich in den meisten ihrer Formen ein mehr oder minder *temperierter* Calvinismus oder Zwinglianismus.

21 In dem fast rein lutherischen Hamburg ist das *einzige* bis in das 17. Jahrhundert zurückreichende Vermögen dasjenige einer bekannten *reformierten* Familie (freundlicher Hinweis von Prof. A. Wahl).

22 »Neu« ist also nicht, daß hier dieser Zusammenhang behauptet wird, über den schon E. de Laveleye (Protestantism and Catholicism in their bearing upon the Liberty and Prosperity of Nations, London 1875), Matthew Arnold (St. Paul and Protestantism, Neue Ausgabe, London 1906) u. a. gehandelt haben, sondern umgekehrt: seine ganz unbegründete Anzweiflung. Es gilt, ihn zu *erklären*.

23 Das schließt natürlich nicht aus, daß der offizielle Pietismus, ebenso wie auch andere religiöse Richtungen, sich gewissen »Fortschritten« kapitalistischer Wirtschaftsverfassung – z. B. dem Übergang aus der Hausindustrie zum Fabriksystem – aus patriarchalistischen Stimmungen heraus später widersetzt haben. Es ist eben das, was eine religiöse Richtung als Ideal *erstrebte*, und das, was ihr Einfluß auf die Lebensführung ihrer Anhänger faktisch *bewirkte*, scharf zu scheiden, wie wir noch oft sehen werden. (Über die spezifische Arbeitseignung pietistischer Arbeitskräfte finden sich von mir errechnete Beispiele aus einer westfälischen Fabrik in dem Aufsatz: »Zur Psychophysik der gewerblichen Arbeit«, Archiv f. Sozialwis-

senschaft, Band XXVIII (1909), S. 263 f. und öfter [abgedruckt in: Ges. Aufsätze zur Soziologie und Sozialpolitik, 1924, S. 61–255, speziell S. 160 f., 239 f.].)

24 Der Schlußpassus aus: Necessary hints to those that would be rich (geschrieben 1736), das übrige aus: Advice to a young tradesman (1748), Works, ed. Sparks (Chicago 1882), Vol. II p. 80–89.

25 »Der Amerikamüde« (Frankfurt 1855), bekanntlich eine dichterische Paraphrase der amerikanischen Eindrücke LENAUS. Das Buch wäre als Kunstwerk heute etwas schwer genießbar, aber es ist als Dokument der (heute längst verblaßten) Gegensätze deutschen und amerikanischen Empfindens, man kann auch sagen: jenes Innenlebens, wie es seit der deutschen Mystik des Mittelalters den deutschen Katholiken und Protestanten trotz alledem *gemeinsam* geblieben ist, gegen puritanisch-kapitalistische Tatkraft schlechthin unübertroffen [Neudr. Wien u. Leipzig 1927]. – KÜRNBERGERS etwas freie Übersetzung der FRANKLINschen Traktate ist hier nach dem Original korrigiert.

26 SOMBART hat dieses Zitat dem Abschnitt über »Die Genesis des modernen Kapitalismus« (in: Der moderne Kapitalismus, 1. Aufl. 1902, Band I, S. 193; vgl. auch S. 396) als Motto vorgesetzt.

27 Was selbstverständlich weder bedeutet, daß JAKOB FUGGER ein sittlich indifferenter oder irreligiöser Mann gewesen sei, noch, daß BENJAMIN FRANKLINS Ethik *überhaupt* sich in jenen Sätzen erschöpfe. Es hätte wohl nicht der Zitate BRENTANOS (Die Anfänge des modernen Kapitalismus, München 1916, S. 151 f.) bedurft, um diesen wohlbekannten Philanthropen dagegen zu schützen, so verkannt zu werden, wie BRENTANO es mir zuzutrauen scheint. Das Problem ist umgekehrt ja gerade: wie konnte ein solcher Philanthrop *eben diese Sätze* (deren besonders charakteristische Formung BRENTANO wiederzugeben unterlassen hat) im Stil eines *Moralisten* vortragen?

28 Darauf beruht die gegenüber SOMBART andere Problemstellung hier. Die sehr erhebliche praktische Bedeutung des Unterschieds wird später hervortreten. Es sei schon hier bemerkt, daß SOMBART diese ethische Seite des kapitalistischen Unternehmers keineswegs unbeachtet gelassen hat. Nur erscheint sie in seinem Gedankenzusammenhang als das vom Kapitalismus Bewirkte, während wir für unsere Zwecke hier die umgekehrte Hypothese in Betracht ziehen müssen. Endgültig kann erst am Abschluß der Untersuchung Stellung genommen werden. Für SOMBARTS Auffassung vgl. a. a. O. I. S. 357, 380 usw. Seine Gedankengänge knüpfen hier an die glänzenden

Bilder in SIMMELS »Philosophie des Geldes« (1900, letztes Kapitel) an. Auf die von ihm in seinem »Bourgeois« vorgetragene Polemik gegen mich komme ich weiterhin zu sprechen. An dieser Stelle muß zunächst jede eingehende Auseinandersetzung zurückgestellt werden.

29 In deutscher Übersetzung: »Ich überzeugte mich endlich, daß *Wahrheit, Ehrlichkeit* und *Aufrichtigkeit* im Verkehr zwischen Mensch und Mensch von höchster Wichtigkeit *für unser Lebensglück* seien, und entschloß mich von jenem Augenblick an, und *schrieb auch den Entschluß in mein Tagebuch,* sie mein Leben lang zu üben. Die Offenbarung als solche hatte jedoch in der Tat kein Gewicht bei mir, sondern ich war der Meinung, daß, obschon gewisse Handlungen nicht schlecht, bloß *weil* die offenbarte Lehre sie verbietet, oder gut deshalb seien, *weil* sie selbige vorschreibt, doch – in Anbetracht aller Umstände – jene Handlungen uns wahrscheinlich nur, *weil* sie ihrer Natur nach schädlich sind, verboten, oder *weil* sie wohltätig sind, uns anbefohlen worden seien.«

30 »Ich rückte mich soviel wie möglich aus den Augen und gab es« – nämlich die von ihm angeregte Schöpfung einer Bibliothek – »für ein Unternehmen einer ›Anzahl von Freunden‹ aus, welche mich gebeten hätten, herumzugehen und es denjenigen Leuten vorzuschlagen, welche sie für Freunde des Lesens hielten. Auf diese Weise ging mein Geschäft glatter vonstatten, und ich bediente mich dieses Verfahrens hernach immer bei derartigen Gelegenheiten und kann es nach meinen häufigen Erfolgen aufrichtig empfehlen. Das augenblickliche kleine Opfer der Eigenliebe, welches man dabei bringt, wird später reichlich vergolten werden. Wenn es *eine Zeitlang* unbekannt bleibt, wem das eigentliche Verdienst gebührt, wird irgend jemand, der eitler als der betreffende ist, ermutigt werden, das Verdienst zu beanspruchen, und dann wird der Neid selbst geneigt sein, dem ersteren Gerechtigkeit widerfahren zu lassen, indem er jene angemaßten Federn ausreißt und sie ihrem rechtmäßigen Eigentümer zurückgibt.«

31 BRENTANO (S. 125, 127 Anm. 1) nimmt diese Bemerkung zum Anlaß, um die späteren Ausführungen über jene »Rationalisierung und Disziplinierung«, welche die innerweltliche Askese an dem Menschen vorgenommen habe, zu kritisieren: das sei also eine »Rationalisierung« zu einer »irrationalen Lebensführung«. In der Tat ist dem so. »Irrational« ist etwas stets nicht an sich, sondern von

einem bestimmten »rationalen« *Gesichtspunkte* aus. Für den Irreligiösen ist jede religiöse, für den Hedoniker jede asketische Lebensführung »irrational«, mag sie auch, an *ihrem* letzten Wert gemessen, eine »Rationalisierung« sein. Wenn zu irgend etwas, so möchte dieser Aufsatz dazu beitragen, den nur scheinbar eindeutigen Begriff des »Rationalen« in seiner Vielseitigkeit aufzudecken.

32 Spr. Sal., c. 22 v. 29. Luther übersetzt: »in seinem Geschäft«, die älteren englischen Bibelübersetzungen sagen »business«. S. darüber unten Anm. 53.

33 Gegenüber Brentanos (a. a. O. S. 150 ff.) ausführlicher, aber etwas unpräziser Apologie des vermeintlich von mir in seinen ethischen Qualitäten verkannten Franklin verweise ich lediglich auf diese Bemerkung, welche m. E. hätte genügen dürfen, jene Apologie unnötig zu machen.

34 Ich benutze diese Gelegenheit, einige »antikritische« Bemerkungen schon hier vorweg einzuflechten. – Es ist eine unhaltbare Behauptung, wenn Sombart (Der Bourgeois, München und Leipzig 1913) gelegentlich versichert: diese »Ethik« Franklins sei die »wortwörtliche« Wiederholung von Ausführungen des großen Universalgenies der Renaissance: Leon Battista Albertis, der neben theoretischen Schriften über Mathematik, Plastik, Malerei, (vor allem:) Architektur und über die Liebe (er war persönlich Frauenfeind) auch über den Haushalt (Libri della famiglia) eine Schrift in 4 Büchern verfaßte (von der mir im Augenblick der Niederschrift leider nicht die Ausgabe von Gir. Mancini [1908], sondern nur die ältere von A. Bonucci [in den Opere volgari, 5 Bde., Florenz 1843–1849] vorliegt). [Dt. Übers. »Über das Hauswesen« von Walther Kraus, Einl. v. Fritz Schalk, Zürich u. Stuttgart 1962. (Hrg.)] – Die Stelle Franklins steht ja wörtlich abgedruckt oben, – wo finden sich denn nun entsprechende Stellen aus Albertis Werken, insbesondere die Maxime, die an der Spitze steht: »Zeit ist *Geld*« und die anschließenden Vermahnungen? Die einzige daran auch nur aus weitester Distanz erinnernde Stelle steht m. W. gegen Schluß des 1. Buchs Della famiglia (Ausg. v. Bonucci, Vol. II, p. 353), wo ganz allgemein von dem Gelde als dem nervus rerum des Haushalts die Rede ist, mit dem daher ganz besonders gut gewirtschaftet werden müsse, – ganz wie schon bei Cato, De re rustica. Die Behandlung Albertis, der allen Nachdruck darauf legt, aus einer der vornehmsten Kavaliersfamilien von Florenz zu stammen (»nobilissimi cavalieri«:

Della famiglia, p. 213, 228, 247 in der Ausgabe von BONUCCI), als eines Mannes mit »verpantschtem Blut«, eines mit Ressentiment gegen die Geschlechter erfüllten, weil – wegen seiner (ihn nicht im mindesten deklassierenden) außerehelichen Erzeugung – von den Signorengeschlechtern ausgeschlossenen Bürgerlichen, ist grundverkehrt. Für ALBERTI charakteristisch ist gewiß seine Empfehlung *großer* Geschäfte, die allein einer nobile e onesta famiglia und eines libero e nobile animo würdig seien (das. p. 209) und: weniger Arbeit kosten (vgl. Del governo della famiglia, IV, p. 55; ebenso in der Redaktion für die PANDOLFINI, p. 116: *darum* am besten Verlagsgeschäft in Wolle und Seide!), ferner einer geordneten und strengen Haushaltung, d. h. der Bemessung der Ausgaben nach den Einnahmen. Dies, also: primär ein Prinzip der *Haushalts*führung, nicht aber: des *Erwerbs* (wie gerade SOMBART recht gut hätte erkennen können) – ganz ebenso wie es sich bei der Diskussion über das Wesen des Geldes (a. a. O.) primär um *Vermögens*anlage (Geld oder possessioni) handelt, nicht um *Kapital*verwertung –, ist die »santa masserizia«, deren Vertretung dem Gianozzo in den Mund gelegt wird. Empfohlen wird – als Selbstschutz gegen die Unsicherheit der »Fortuna« – die frühe Gewöhnung an stete, übrigens auch (Della famiglia, p. 73–74) allein dauernd gesund erhaltende, Tätigkeit in cose magnifiche e ample (p. 192) und Meidung des stets für die Erhaltung der eigenen Stellung gefährlichen Müßiggangs, daher auch fürsorgliches Lernen eines standesgemäßen Métiers für den Fall von Wechselfällen (aber: jede opera mercenaria ist unstandesgemäß: Della famiglia, 1. Buch, p. 209 das.). Sein Ideal der »tranquillità dell' animo« und seine starke Hinneigung zum epikureischen »λάθε βιώσας« (vivere a sè stesso – das. p. 262), insbesondere die Abneigung gegen jedes Amt – das. p. 258 – als Quelle von Unruhe, Feindschaft, Verwicklung in schmutzige Geschäfte, das Ideal des Lebens auf der ländlichen Villa, seine Speisung des Selbstgefühls durch den Gedanken an die Ahnen, und die Behandlung der *Ehre der Familie* (die deshalb auch ihr Vermögen nach Florentiner Art zusammenhalten, nicht teilen, soll) als des entscheidenden Maßstabs und Zieles: dies alles wäre in den Augen jedes Puritaners eine sündhafte »Kreaturvergötterung«, in BENJAMIN FRANKLINS Augen aber eine diesem unbekannte aristokratische Pathetik gewesen. Man beachte noch die hohe Schätzung des Literatentums (denn auf literarisch-wissenschaftliche Arbeit ist die »industria« vor allem gerichtet, sie ist das eigentlich Menschenwürdige, und wesentlich nur dem Illiteraten Gianozzo wird die Vertretung der masserizia – im Sinn von »rationalem Haushalt« als dem Mittel, von anderen unabhängig zu leben und nicht ins Elend zu kommen – als gleichwertig in den Mund gelegt und dabei der Ursprung des der Mönchsethik (s. u.) entstammenden Begriffs auf einen alten Priester zurückgeführt: p. 249). Man stelle dies alles neben die Ethik und Lebensführung BENJAMIN FRANKLINS und, vollends, seiner puritanischen Ahnen, die an die humanistischen Patriziate sich wendenden Schriften des Renaissanceliteraten neben die an die Massen des bürgerlichen Mittelstandes – ausdrücklich: der Kommis – gerichteten Schriften FRANKLINS und neben die Traktate und Predigten der Puritaner, um die Tiefe des Unterschiedes zu ermessen. Der ökonomische Rationalismus ALBERTIS, überall durch Zitate aus antiken Schriftstellern gestützt, ist am wesensähnlichsten der Behandlung ökonomischer Stoffe in den Schriften XENOPHONS (den er nicht kannte), CATOS, VARROS und COLUMELLAS (die er zitiert), – nur daß insbesondere bei CATO und VARRO das *Erwerben* als solches ganz anders als bei ALBERTI im Vordergrund steht. Im übrigen wirken die freilich nur sehr gelegentlichen Ausführungen ALBERTIS über die Verwendung der fattori, ihre Arbeitsteilung und Disziplin, über die Unverläßlichkeit der Bauern usw. in der Tat ganz wie eine Übertragung catonischer Lebensklugheit aus dem Gebiet des Sklavenfronhofs auf das der freien Arbeit in Hausindustrie und Teilbau. Wenn SOMBART (dessen Bezugnahme auf die Ethik der Stoa entschieden verfehlt ist) den ökonomischen Rationalismus schon bei CATO »zu äußerster Konsequenz entwickelt« findet, so ist das, richtig verstanden, nicht geradezu unrichtig. Man wird den »diligens pater familias« der Römer mit dem Ideal des »massajo« bei ALBERTI in der Tat unter die gleiche Kategorie bringen können. Charakteristisch ist bei CATO vor allem, daß das Landgut als Objekt einer Vermögens-»*Anlage*« gewertet und beurteilt wird. Der Begriff der »industria« ist allerdings anders gefärbt infolge christlichen Einflusses. Und da zeigt sich eben der Unterschied. In der Konzeption der »industria«, die aus der Mönchsaskese stammt und von Mönchsschriftstellern entwickelt ist, liegt der Keim eines »Ethos«, der in der protestantischen, ausschließlich *inner*weltlichen »Askese« (s. später!) voll entwickelt wurde (*dahe*r, wie noch oft zu betonen sein wird, die Verwandtschaft beider, die übrigens zur offiziellen Kirchenlehre des Thomismus *geringer* ist als zu den Florentiner und

Sieneser Mendikanten-Ethikern). Bei Cato und auch in den eignen Darlegungen von Alberti fehlt dieses Ethos: um Lebens*klugheits*lehre handelt es sich bei beiden, nicht um Ethik. Um Utilitarismus handelt es sich auch bei Franklin. Aber die ethische Pathetik der Predigt an die jungen Kaufleute ist ganz unverkennbar und ist – worauf es ankommt – das Charakteristische. Mangel an Sorgfalt mit dem Gelde bedeutet ihm, daß man – sozusagen – Kapital-Embryonen »mordet«, und ist deshalb auch ein *ethischer* Defekt.

Eine innere Verwandtschaft beider (Albertis und Franklins) liegt dabei lediglich insofern tatsächlich vor, als bei Alberti – den Sombart »fromm« nennt, der aber in Wahrheit zwar die Weihen und eine römische Pfründe hatte, wie so viele Humanisten, aber seinerseits religiöse Motive (von zwei gänzlich farblosen Stellen abgesehen) *überhaupt nicht* als Orientierungspunkt für die von ihm empfohlene Lebensführung verwertet – *noch* nicht, bei Franklin *nicht mehr* religiöse Konzeptionen mit der Empfehlung der »Wirtschaftlichkeit« in Beziehung gesetzt sind. Der Utilitarismus – bei Albertis Empfehlung des Woll- und Seide-Verlagsbetriebs auch der merkantilistische Sozialutilitarismus (daß »viele Menschen in Arbeit gesetzt werden«, a. a. O. p. 292) – führt auf diesem Gebiete, formell wenigstens, allein das Wort, bei dem einen wie bei dem andern. Die hierhergehörigen Ausführungen Albertis sind ein sehr geeignetes Paradigma für diejenige Art von – sozusagen – immanentem ökonomischen »Rationalismus«, wie er als, in der Tat, »Widerspiegelung« ökonomischer Zustände, bei rein »an der Sache selbst« interessierten Schriftstellern sich überall und zu allen Zeiten, im chinesischen Klassizismus und in der Antike nicht minder als in der Renaissance und in der Aufklärungszeit, gefunden hat. Gewiß ist, wie in der Antike bei Cato, Varro, Columella, so hier bei Alberti und seinesgleichen, namentlich in der Lehre von der »industria«, wirtschaftliche *ratio* weitgehend entwickelt. Aber wie kann man nur glauben, daß eine solche Literaten*lehre* eine lebenumwälzende Macht entwickeln könne von der Art wie ein religiöser Glaube, der *Heilsprämien* auf eine bestimmte (in diesem Fall: methodisch-rationale) Lebensführung setzt? Wie demgegenüber eine *religiös* orientierte »Rationalisierung« der Lebensführung (und damit eventuell auch: der Wirtschaftsgebarung) aussieht, kann man, außer an den Puritanern aller Denominationen, in unter sich höchst verschiedenem Sinn an den Beispielen der Jaina, der Juden, gewisser asketischer Sekten des Mittelalters, an

Wyclif, den böhmischen Brüdern (einem Nachklang der Hussitenbewegung), den Skopzen und Stundisten in Rußland und zahlreichen Mönchsorden ersehen. Das Entscheidende des Unterschiedes ist (um das vorwegzunehmen): daß eine religiös verankerte Ethik auf das von ihr hervorgerufene Verhalten ganz bestimmte, und, solange der religiöse Glaube lebendig bleibt, höchst wirksame *psychologische Prämien* (*nicht* ökonomischen Charakters) setzt, welche eine bloße Lebenskunstlehre wie die Albertis eben *nicht* zur Verfügung hat. Nur soweit diese Prämien wirken und – vor allem – in derjenigen, oft (das ist das Entscheidende) von der Theologen-*Lehre* (die ihrerseits ja auch nur »Lehre« ist) weit abweichenden *Richtung*, in der sie wirken, gewinnt sie einen eigengesetzlichen Einfluß auf die Lebensführung und dadurch auf die Wirtschaft: dies ist, um es deutlich zu sagen, ja die Pointe dieses ganzen Aufsatzes, von der ich nicht erwartet hätte, daß sie so völlig übersehen werden würde. Auf die freilich von Sombart ebenfalls sehr stark mißverstandenen relativ »kapitalfreundlichen« theologischen Ethiker des Spätmittelalters (Antonin von Florenz und Bernhardin von Siena insbesondere) komme ich an anderem Ort zu sprechen. Jedenfalls gehörte L. B. Alberti absolut nicht in diesen Kreis. Nur den Begriff der »industria« hat er mönchischen Gedankengängen, gleichviel durch welche Mittelhände, entnommen. Alberti, Pandolfini und ihresgleichen sind Repräsentanten jener, trotz aller offiziellen Obödienz, doch innerlich von dem überlieferten Kirchentum schon emanzipierten, und bei aller Gebundenheit an die geltende christliche Ethik weitgehend antik-»heidnisch« orientierten Gesinnung, welche, wie Brentano meint, ich in ihrer Bedeutung für die Entwicklung der modernen Wirtschaftslehre (und auch: der modernen Wirtschaftspolitik) »ignoriert« habe. Die Tatsache, daß ich *diese* Kausalreihe *hier* nicht behandle, ist nun zwar völlig richtig: in eine Abhandlung über die »*protestantische Ethik* und den Geist des Kapitalismus« gehört sie eben nicht hinein. Weit entfernt, – wie sich bei anderer Gelegenheit wohl zeigen wird, – ihre Bedeutung zu leugnen, war und bin ich aber allerdings, aus guten Gründen, der Ansicht: daß ihre Wirkungssphäre und Wirkungsrichtung durchaus *andere* waren als die der protestantischen Ethik (deren praktisch keineswegs ganz unwichtige Vorläufer die Sekten und die Wyclifisch-hussitische Ethik gewesen sind). *Nicht* die *Lebensführung* (des entstehenden Bürgertums), sondern: die Politik der Staatsmänner und Fürsten hat sie beeinflußt, und diese beiden zwar teilweise, aber keineswegs überall konvergierenden Kausalreihen wollen zunächst einmal sauber auseinandergehalten werden. Was BENJAMIN FRANKLIN anlangt, so gehören seine – s. Zt. als Schullektüre in Amerika verwerteten – privatwirtschaftlichen Traktate in *diesem* Punkt, im Gegensatz zu ALBERTIS kaum über die Gelehrtenkreise hinaus bekannt gewordenem umfangreichen Werke, in der Tat der für die Lebens*praxis* einflußreichen Kategorie an. Aber ausdrücklich ist er von mir hier als ein Mann zitiert, der ganz ebenso schon jenseits der inzwischen verblaßten puritanischen Lebensreglementierung stand wie die englische »Aufklärung« überhaupt, deren Beziehungen zum Puritanismus ja öfter dargestellt worden sind.

35 Leider hat auch BRENTANO a. a. O. zunächst jede Art von Streben nach Erwerb (einerlei, ob kriegerisch oder friedlich) in einen Topf geworfen und dann als Spezifikum des »kapitalistischen« (im Gegensatz z. B. zum feudalen) Erwerbsstreben nur die Richtung auf *Geld* (statt auf Land) hingestellt, jede weitere Scheidung aber – die überhaupt erst zu klaren Begriffen führen könnte – nicht nur abgelehnt, sondern (S. 131) auch von dem hier, für die Zwecke dieser Untersuchung, gebildeten Begriff »Geist« des (modernen!) Kapitalismus die mir unverständliche Behauptung aufgestellt: er nehme schon in seine Voraussetzungen das auf, was bewiesen werden solle.

36 Vgl. die in jeder Hinsicht treffenden Bemerkungen SOMBARTS, Die deutsche Volkswirtschaft im neunzehnten Jahrhundert (1903), S. 123 oben. Überhaupt brauche ich – obwohl die nachfolgenden Studien in ihren sämtlichen entscheidenden Gesichtspunkten auf viel ältere Arbeiten zurückgehen [vgl. Archiv für Sozialwiss., XXX. Bd. 1910, S. 177 = GTB 119, S. 150] – wohl nicht besonders zu betonen, wieviel sie in ihrer Formulierung der bloßen Tatsache, daß SOMBARTS große Arbeiten mit ihren scharfen Formulierungen vorliegen, verdanken, auch – *und gerade* – da, wo sie andere Wege gehen. Auch wer durch SOMBARTS Meinungen sich immer wieder zu entschiedenstem Widerspruch angeregt fühlt und manche seiner Thesen direkt ablehnt, hat die Pflicht, sich dessen bewußt zu sein.

37 Auf die Frage, *wo* diese Schranken liegen, gehen wir hier natürlich so wenig ein wie auf eine Stellungnahme zu der bekannten, von THOMAS BRASSEY (Work and Wages, London 1872) zuerst aufgestellten, von LUJO BRENTANO (Über das Verhältnis von Arbeitslohn und Arbeitszeit zur Arbeitsleistung, Leipzig 1875, 2. Aufl. 1893)

theoretisch, von Gerhart von Schulze-Gaevernitz (Der Großbetrieb, Leipzig 1892) historisch und konstruktiv zugleich formulierten und vertretenen Theorie vom Zusammenhang zwischen hohem Lohn und hoher Arbeitsleistung. Die Diskussion wurde durch W. Hasbachs eindringende Studien (zur Charakteristik der englischen Industrie, Schmollers Jahrbuch, 27. Bd. 1903, S. 349 ff., 385 ff. und 417 ff.) wieder eröffnet und ist nicht endgültig erledigt. [Vgl. ferner Heinrich Herkner, Art. »Arbeitszeit« im Hdwb. d. StWiss.3, I. Bd. 1909, S. 1191 ff. (m. Lit.).] Für uns genügt hier die von niemandem bezweifelte und auch nicht bezweifelbare Tatsache, daß niederer Lohn und hoher Profit, niederer Lohn und günstige Chancen industrieller Entwicklung jedenfalls nicht einfach zusammenfallen, – daß überhaupt nicht einfach mechanische Geldoperationen die »Erziehung« zur kapitalistischen Kultur, und damit die Möglichkeit kapitalistischer Wirtschaft herbeiführen. Alle gewählten Beispiele sind rein illustrativ.

38 Die Einbürgerung *auch kapitalistischer* Gewerbe ist deshalb oft nicht ohne umfassende Zuwanderungsbewegungen aus Gebieten älterer Kultur möglich gewesen. So richtig Sombarts Bemerkungen über den Gegensatz der an die Person gebundenen »Fertigkeiten« und Gewerbegeheimnisse des Handwerkes gegenüber der wissenschaftlich objektivierten modernen Technik sind: für die Zeit der Entstehung des Kapitalismus ist der Unterschied kaum vorhanden, – ja, die (sozusagen) ethischen Qualitäten des kapitalistischen Arbeiters (und in gewissem Umfang auch: Unternehmers) standen an »Seltenheitswert« oft höher als die in jahrhundertelangem Traditionalismus erstarrten Fertigkeiten des Handwerkers. Und selbst die heutige Industrie ist von solchen durch lange Tradition und Erziehung zur intensiven Arbeit erworbenen Eigenschaften der Bevölkerung in der Wahl ihrer Standorte durchaus noch nicht schlechthin unabhängig. Es entspricht dem heutigen wissenschaftlichen Gesamtvorstellungskreis, daß, wo diese Abhängigkeit einmal beobachtet wird, man sie gern auf ererbte Rassenqualität, statt auf die Tradition und Erziehung schiebt, m. E. mit sehr zweifelhaftem Recht.

39 S. meine oben in Anm. 23 a. E. zitierte Arbeit.

40 Die vorstehenden Bemerkungen könnten mißverstanden werden. Die Neigung eines bekannten Typus von Geschäftsleuten, den Satz: »Dem Volke muß die Religion erhalten bleiben« in ihrer Weise zu fruktifizieren, und die früher nicht seltene Neigung breiter

Kreise, speziell der lutherischen Geistlichkeit, aus einer allgemeinen Sympathie für das Autoritäre heraus sich ihnen als »schwarze Polizei« zur Verfügung zu stellen, wo es galt, den Streik als Sünde, die Gewerkvereine als Förderer der »Begehrlichkeit« zu brandmarken usw., – das sind Dinge, womit die Erscheinungen, von denen hier die Rede ist, nichts zu tun haben. Es handelt sich bei den im Text berührten Momenten um nicht vereinzelte, sondern sehr häufige, und, wie wir sehen werden, in typischer Art wiederkehrende Tatsachen.

41 Der moderne Kapitalismus, Band I, 1. Aufl. 1902, S. 62.

42 A. a. O. S. 195.

43 Natürlich des dem Okzident spezifischen *modernen* rationalen *Betriebs,* nicht des seit 3 Jahrtausenden in der Welt, von China, Indien, Babylon, Hellas, Rom, Florenz bis in die Gegenwart verbreiteten Kapitalismus der Wucherer, Kriegslieferanten, Amts- und Steuerpächter, großen Handelsunternehmer und Finanzmagnaten. Siehe dazu die Vorbemerkung [zu dieser Aufsatzsammlung].

44 Es ist eben – nur das soll hier hervorgehoben werden – a priori durchaus nicht die Annahme geboten, daß einerseits die Technik des kapitalistischen Unternehmens und andererseits der Geist der »Berufsarbeit«, der dem Kapitalismus seine expansive Energie zu verleihen pflegt, in denselben sozialen Schichten ihren *ursprünglichen* Nährboden finden mußten. Entsprechend liegt es mit den sozialen Beziehungen religiöser Bewußtseinsinhalte. Der Calvinismus war historisch einer der Träger der Erziehung zum »kapitalistischen Geist«. Aber gerade die großen Geldbesitzer waren, in den Niederlanden z. B., aus Gründen, die später zu erörtern sein werden, überwiegend nicht Anhänger des Calvinismus strengster Observanz, sondern Arminianer. Das zum Unternehmer aufsteigende *Mittel-* und *Klein*bürgertum war hier und sonst »typischer« Träger kapitalistischer Ethik und calvinistischen Kirchentums. Aber eben das stimmt recht gut mit dem hier Vorgetragenen überein: große Geldbesitzer und Händler hat es zu allen Zeiten gegeben. Eine rationale kapitalistische Organisation der *gewerblichen* bürgerlichen Arbeit aber hat erst die Entwicklung vom Mittelalter zur Neuzeit gekannt.

45 Siehe darüber die gute Dissertation von Julian Maliniak, Die Entstehung der Exportindustrie und des Unternehmerstandes in Zürich im 16. und 17. Jahrhundert, Zürich 1913 (Zürcher volkswirtschaftliche Studien, Heft 2).

46 Das nachstehende Bild ist aus den Verhältnissen verschiedener Einzelbranchen an verschiedenen Orten »idealtypisch« kompiliert; es ist für den illustrativen Zweck, dem es hier dient, natürlich gleichgültig, daß der Vorgang in keinem der Beispiele, an die gedacht ist, sich gerade ganz genau in der geschilderten Art abgespielt hat.

47 Es ist auch aus diesem Grunde kein Zufall, daß diese erste Periode des beginnenden Rationalismus, der ersten Flügelschläge der deutschen Industrie z. B., mit einem gänzlichen Verfall des Stils der Bedarfsgegenstände des Alltagslebens Hand in Hand geht.

48 Damit soll die Bewegung des Edelmetallbestandes nicht etwa als ökonomisch gleichgültig bezeichnet werden.

49 Das soll nur heißen: derjenige Unternehmertypus, den *wir* hier zum Gegenstand unserer Betrachtung machen, nicht irgendein empirischer Durchschnitt (über den Begriff »Idealtypus« s. m. Ausf. im Archiv f. Sozialwissensch., Bd. XIX (1904), S. 64 ff. [abgedruckt in: Ges. Aufs. zur Wissenschaftslehre, S. 190 ff.]).

50 Es ist hier vielleicht der geeignete Ort, ganz kurz auf die Bemerkungen in der (Anm. 18) schon zitierten Schrift von F. Keller und die daran anknüpfenden Bemerkungen Sombarts (im »Bourgeois«) einzugehen, soweit sie hierhergehören. Daß ein Schriftsteller eine Abhandlung, in der das kanonische Zinsverbot (außer in *einer* beiläufigen Bemerkung und ohne *jede* Beziehung zu der ganzen Argumentation) *überhaupt nicht erwähnt* ist, unter der Voraussetzung kritisiert, daß eben dies Zinsverbot – welches doch fast in allen religiösen Ethiken der Erde Parallelen findet! – es sei, was hier als Unterscheidungsmerkmal der katholischen von der reformatorischen Ethik in Anspruch genommen würde, ist eigentlich ein starkes Stück: man darf doch Arbeiten nur kritisieren, die man wirklich gelesen oder deren Darlegungen, wenn man sie gelesen, man noch nicht wieder vergessen hat. Der Kampf gegen die *usuraria pravitas* durchzieht die hugenottische ebenso wie die niederländische Kirchengeschichte des 16. Jahrhunderts. »Lombarden«, also Bankiers, wurden oft als solche vom Abendmahl ausgeschlossen (s. oben Anm. 12). Die freiere Auffassung Calvins (die übrigens nicht hinderte, daß im ersten Entwurf der Ordonnanzen noch Wucherbestimmungen vorgesehen waren) ist erst durch Salmasius zum Siege gelangt. Also *hier* lag der Gegensatz nicht: im Gegenteil. – Aber noch übler sind die eigenen hierher gehörigen Argumentationen des Verfs., die gegenüber den (m. E. übrigens auch keineswegs nach Verdienst von ihm zitierten) Schriften

von F. X. Funk (Über die ökonomischen Anschauungen der mittelalterlichen Theologen, in: Zeitschr. f. d. ges. Staatswiss., 25. Bd. 1869) und anderen katholischen Gelehrten und gegenüber den heute im einzelnen veralteten, aber noch immer grundlegenden Untersuchungen von Wilhelm Endemann (Studien in der Roman.-Kanon. Wirtschafts- und Rechtslehre, 1874–1883 [2 Bde., Nachdr. 1962]) peinlich durch ihre Oberflächlichkeit auffallen. Zwar von Exzessen, wie den Bemerkungen Sombarts (a. a. O. p. 321): daß man den »frommen Männern« (Bernhardin v. Siena und Antonin von Florenz sind die im wesentlichen gemeinten) förmlich anmerke, »wie sie auf alle Weise den Unternehmungsgeist anstacheln möchten«, – indem sie nämlich, ganz ähnlich, wie das in aller Welt mit den Zinsverboten geschehen ist, das Wucherverbot so interpretierten, daß die (in unserer Terminologie) »produktive« Kapitalanlage unberührt blieb, – hat sich K. freigehalten. (Daß bei Sombart einerseits die Römer zu den »Heldenvölkern« gehören, andererseits – bei ihm sonst ein unversöhnlicher Gegensatz – angeblich der ökonomische Rationalismus schon bei Cato »zur äußersten Konsequenz« entwickelt war – S. 267 –, sei nur nebenher als Symptom dafür notiert: daß hier eben ein »Thesenbuch« im schlechten Sinn des Wortes vorliegt.) Aber die (hier nicht im einzelnen darzustellende, früher zunächst oft überschätzte, dann stark unterschätzte, jetzt, in der Aera auch katholischer Multimillionäre – zu apologetischen Zwecken – geradezu auf den Kopf gestellte) Bedeutung des Zinsverbots (welches bekanntlich – trotz biblischer Fundierung! – erst im letzten Jahrhundert durch Instruktion der Congregatio S. Officii außer Kraft gesetzt wurde, und zwar nur *temporum ratione habita* und *indirekt*, nämlich: durch Verbot, die Beichtkinder, wenn man sich ihres Gehorsams *auch für den Fall* der Wiederinkraftsetzung versehen könne, fernerhin durch Recherchen nach *usuraria pravitas* zu beunruhigen) hat auch er völlig verzerrt. Denn jemand, der irgendwelche eingehenderen Studien über die höchst verwickelte Geschichte der kirchlichen Wucherdoktrin gemacht hat, darf, angesichts der endlosen Kontroversen z. B. über die Erlaubtheit des Rentenkaufes, des Wechseldiskonts und der verschiedensten anderen Verträge (angesichts vor allem dessen, daß die oben erwähnte Verfügung der Congregatio S. Officii anläßlich einer *Stadt*anleihe erging) nicht (S. 24) behaupten, das Darlehnszinsverbot habe sich nur auf den Notkredit bezogen, es habe den Zweck der »Kapitalerhaltung« verfolgt, ja es sei der »kapitalistischen Unternehmung förderlich« gewesen (S. 25). Die Wahrheit ist, daß die Kirche sich erst ziemlich spät auf das Zinsverbot erneut besann, daß, als dies geschah, die üblichen rein geschäftlichen Kapitalanlageformen *nicht* festverzinsliche Darlehenshingaben, sondern foenus nauticum, commenda, societas maris und das dare ad proficuum de mari (nach der Risikoklasse in der Höhe der Gewinn- und Verlustanteile tarifierte Darlehen) waren (und bei dem Charakter des Unternehmerleihzinses sein *mußten*), die alle nicht (oder doch nur nach einzelnen, rigorosen Kanonisten) betroffen wurden, daß aber dann, als sowohl festverzinsliche Kapitalanlagen wie auch Diskontierungen möglich und üblich wurden, diesen (auch später) recht fühlbare Schwierigkeiten von seiten des Zinsverbotes erwuchsen: Schwierigkeiten, welche zu allerhand scharfen Maßregeln der Kaufmannsgilden (schwarze Listen!) führten, daß aber dabei die Behandlung des Zinsverbots durch die Kanonisten normalerweise *rein* juristisch-formal war, jedenfalls ohne alle und jede von K. ihnen unterstellte »kapitalschützende« Tendenz, daß endlich, *soweit* sich überhaupt einmal Stellungnahmen zum Kapitalismus als solchem feststellen lassen, einerseits traditionalistische, meist mehr dumpf empfundene, Abneigung gegen die um sich greifende *unpersönliche*, daher der Ethisierung schwer zugängliche, Macht des Kapitals (wie sie ja noch LUTHERS Äußerung über die FUGGER und über das Geldgeschäft widerspiegeln), andererseits die Notwendigkeit der Akkommodation bestimmend einwirkte. – Doch das gehört nicht hierher, denn, wie gesagt: das Zinsverbot und sein Schicksal haben für uns höchstens symptomatische Bedeutung und auch diese nur begrenzt.

Die Wirtschaftsethik der scotistischen und besonders gewisser quattrocentistischer mendikantischer Theologen, vor allem des BERNHARDIN VON SIENA und ANTONIN VON FLORENZ (spezifisch rational *asketisch* gerichteter Mönchsschriftsteller also), verdient unzweifelhaft ein besonderes Blatt und kann in unserem Zusammenhang nicht nebenher erledigt werden. Ich müßte sonst hier in einer Antikritik das vorwegnehmen, was ich erst bei der Darstellung der katholischen Wirtschaftsethik in ihrer *positiven* Beziehung zum Kapitalismus zu sagen habe. Diese Schriftsteller bemühen sich – und sind darin Vorläufer mancher Jesuiten –, den Unternehmergewinn des *Kaufmanns* als Entgelt für dessen »industria« ethisch als *erlaubt* (mehr kann auch K. selbstverständlich nicht behaupten) zu rechtfertigen.

Der Begriff und die Schätzung der »industria« ist selbstverständlich *letztlich* der Mönchsaskese entnommen, wohl auch der nach eigener, dem Gianozzo in den Mund gelegter, Angabe aus dem priesterlichen in den Sprachgebrauch ALBERTIS übernommene Begriff der masserizia. Über die Mönchsethik als Vorläuferin der innerweltlich asketischen Denominationen des Protestantismus ist eingehender erst später zu reden (in der Antike finden sich bei den Kynikern, auf späthellenistischen Grabschriften und – aus ganz anderen Bedingungen heraus – in Ägypten Ansätze ähnlicher Konzeptionen). Was *vollkommen fehlt* (ebenso wie bei ALBERTI), ist gerade das für uns Entscheidende: die, wie wir später sehen werden, für den asketischen Protestantismus charakteristische Konzeption der *Bewährung* des eigenen Heils, der *certitudo salutis*, im Beruf: die psychischen *Prämien* also, welche diese Religiosität auf die »industria« setzte und welche dem Katholizismus notwendig fehlen mußten, da seine Heilsmittel eben andere waren. Es handelt sich bei diesen Schriftstellern dem Effekte nach um ethische *Lehre*, nicht um praktische, durch Heilsinteressen bedingte individuelle Antriebe, und überdies um *Akkommodation* (wie sehr leicht zu sehen ist), nicht, wie bei der innerweltlichen Askese, um Argumentationen aus zentralen religiösen Positionen heraus. (ANTONIN und BERNHARDIN haben übrigens schon längst bessere Bearbeitungen erfahren als durch F. KELLER.) Und selbst diese Akkommodationen blieben bis in die Gegenwart hinein bestritten. Trotzdem ist die Bedeutung dieser mönchischen ethischen Konzeptionen *symptomatisch* keineswegs gleich Null zu schätzen. Die wirklichen »Ansätze« aber einer in den *modernen Berufs*begriff einmündenden religiösen Ethik lagen bei den Sekten und bei der Heterodoxie, vor allem bei WYCLIF, wenn auch allerdings dessen Bedeutung von BRODNITZ (Engl. Wirtschaftsgeschichte, 1. Bd. 1918) doch sehr stark überschätzt ist, der meint: sein Einfluß habe so stark gewirkt, daß der Puritanismus nichts mehr zu tun gefunden habe. Auf all das kann (und soll) hier nicht eingegangen werden. Denn hier kann nicht nebenher auseinandergesetzt werden, daß und inwiefern die christliche Ethik des Mittelalters *tatsächlich* bereits mit an der Schaffung der Vorbedingungen kapitalistischen Geistes gearbeitet hat.

51 Die Worte »μηδὲν ἀπελπίζοντες« (Luk. 6, 35) und die Übersetzung der Vulgata »nihil inde sperantes« sind vermutlich (nach A. MERX) aus μηδένα ἀπελπίζοντες (= *neminem* desperantes) entstellt, geboten also das Darlehen an *jeden*, auch den armen, Bruder, ohne überhaupt von Zins zu reden. Dem Satz »Deo placere vix po-

test« wird jetzt arianischer Ursprung nachgesagt (was sachlich für uns gleichgültig ist).

52 Wie man sich dabei mit dem Wucherverbot abfand, lehrt z. B. Buch I c. 65 des Statuts der Arte di Calimala (mir liegt augenblicklich nur die italienische Redaktion bei Emiliani-Giudici, Stor. dei Com. Ital. [Florenz 1866], Bd. III, S. 246 vor): »Procurino i consoli con *quelle frati, che parrà loro,* che perdono si faccia e come fare si possa il meglio per l'amore di ciascuno, del dono, merito o guiderdono, ovvero interesse per l'anno presente e secondo che altra volta fatto fue.« Also eine Art Beschaffung des Ablasses von seiten der Zunft für ihre Mitglieder von Amts wegen und im Submissionswege. Höchst charakteristisch für den außersittlichen Charakter des Kapitalgewinns sind auch die weiter folgenden Anweisungen, ebenso z. B. das unmittelbar vorhergehende Gebot (c. 63), alle Zinsen und Profite als »Geschenk« zu buchen. Den heutigen schwarzen Listen der Börse gegen solche, die den Differenzeinwand erheben, entsprach oft der Verruf gegen solche, die das geistliche Gericht mit der exceptio usurariae pravitatis angingen.

53 Von den antiken Sprachen hat *nur die hebräische* Ausdrücke ähnlicher Färbung. Zunächst in dem Wort מְלָאכָה : es wird gebraucht für *priesterliche* Funktionen (Ex. 35, 21; Neh. 11, 22; 1 Chr. 9, 13; 23, 4; 26, 30), für Geschäfte im Dienst des Königs (insbesondre 1 Sam. 8, 16; 1 Chr. 4, 23; 29, 6), Dienst eines *königlichen* Beamten (Esth. 3, 9; 9, 3), eines Arbeits*aufsehers* (2 Reg. 12, 12), eines Sklaven (Gen. 39, 11), von *Feld*arbeit (1 Chr. 27, 26), von *Handwerkern* (Ex. 31, 5; 35, 21; 1 Reg. 7, 14), Händlern (Ps. 107, 23) und für jede »Berufsarbeit« in der zu besprechenden Stelle: Sir. 11, 20. Das Wort ist vom Stamm לאך = senden, schicken, abgeleitet, bedeutete also ursprünglich »Aufgabe«. Seine Herkunft aus der fron- und liturgiebürokratischen Begriffswelt des ägyptischen und nach ägyptischen Mustern angelegten salomonischen Fronstaates scheint nach den vorstehenden Zitaten evident. Gedanklich war, wie A. Merx mich s. Zt. belehrte, schon im Altertum dieser Stammbegriff völlig verlorengegangen, das Wort wurde für jede »Arbeit« gebraucht und war in der Tat ganz so farblos geworden wie unser »Beruf«, mit dem es auch das Schicksal teilte, primär von geistlichen Funktionen gebraucht zu werden. Der Ausdruck חק = das »Bestimmte«, »Zugewiesene«, »*Pensum*«, welcher ebenfalls Sirach 11, 20 vorkommt und dort von der LXX mit »διαθήκη« übersetzt wird, entstammt ebenso der Spra-

che der Fron-Bürokratie wie דְּבַר־יוֹם (Ex. 5, 13, vgl. Ex. 5, 14, wo die LXX ebenfalls διαθήκη für »Pensum« hat; Sirach 43, 10 ist es in der LXX mit κρίμα übersetzt). Es wird Sirach 11, 20 offenbar von der Erfüllung von *Gottes* Geboten gebraucht, – also ebenfalls eine Verwandtschaft mit unserem »Beruf«. Über die Sirach-Stelle sei hier auf Rudolf Smends bekanntes Buch (Die Weisheit des Jesus Sirach, Berlin 1906) zu diesen Versen und auf dessen »Index zur Weisheit des Jesus Sirach« (Berlin 1907) zu den Worten διαθήκη, ἔργον, πόνος verwiesen. (Bekanntlich war der hebräische Text des Sirach-Buchs verloren, ist aber von Schechter wiederentdeckt und z. T. aus talmudischen Zitaten ergänzt [vgl. hierüber des Näheren: Solomon Schechter, The Wisdom of Ben Sira, Cambridge/England 1899]. Luther lag er nicht vor, und auf *seinen* Sprachgebrauch haben die beiden hebräischen Begriffe *keine* Wirkung geübt: s. u. über Spr. Sa. 22, 29.) – Im Griechischen fehlt eine dem deutschen Wort in der ethischen Färbung entsprechende Bezeichnung überhaupt. Wo Luther unserem heutigen Sprachgebrauch schon ganz entsprechend (s. u.) bei Jesus Sirach 11, 20 u. 21: »bleibe in deinem Beruf« übersetzt, hat die LXX das eine Mal: ἔργον, das andere Mal an einer allerdings, scheint es, völlig verderbten Stelle (im hebräischen Original ist vom Aufleuchten der göttlichen Hilfe die Rede!): πόνος. Sonst wird im Altertum τὰ προσήκοντα in dem allgemeinen Sinn von »Pflichten« verwendet. In der Sprache der Stoa trägt gelegentlich κάματος (auf welches mich s. Zt. Alb. Dieterich aufmerksam machte) eine ähnliche gedankliche Färbung bei sprachlich indifferenter Provenienz. Alle anderen Ausdrücke (wie τάξις usw.) sind nicht ethisch gefärbt. – Im Lateinischen drückt man das, was wir mit »Beruf« übersetzen: die arbeitsteilige dauernde Tätigkeit eines Menschen, welche (normalerweise) zugleich für ihn Einkommensquelle und damit dauernde ökonomische Existenzgrundlage ist, neben dem farblosen »opus«, mit einer dem ethischen Gehalt des deutschen Wortes wenigstens verwandten Färbung entweder durch officium (aus opificium, also ursprünglich ethisch farblos, später, so besonders bei Seneca, De benef. IV, 18 = Beruf) oder durch munus – von den Fronden der alten Bürgergemeinde abgeleitet – oder endlich durch professio aus, welch letzteres Wort in dieser Bedeutung charakteristischerweise ebenfalls von öffentlichrechtlichen Pflichten, nämlich den alten Steuerdeklarationen der Bürger abstammen dürfte, später speziell für die im modernen Sinn »liberalen Berufe« (so: professio bene dicendi) verwendet wird und auf *diesem* engeren Gebiete eine unserem Wort »Beruf« in jeder Hinsicht ziemlich ähnliche Gesamtbedeutung annimmt (auch im mehr innerlichen Sinn des Wortes; so wenn es bei Cicero von jemandem heißt: non intelligit quid profiteatur, in dem Sinn von: »er erkennt seinen eigentlichen Beruf nicht«), – nur daß es eben natürlich durchaus diesseitig, ohne jede *religiöse* Färbung gedacht ist. Dies ist bei »ars«, welches in der Kaiserzeit für »Handwerk« verwendet wird, natürlich erst recht der Fall. – Die *Vulgata* übersetzt die obigen Stellen bei Jesus Sirach das eine Mal mit »opus«, das andere Mal (v. 21) mit »locus«, was in diesem Fall etwa »soziale Stellung« bedeuten würde. Von einem *Asketen* wie Hieronymus stammt der Zusatz »mandatorum tuorum«, was Brentano [S. 137] ganz richtig hervorhebt, ohne hier – wie auch sonst – zu bemerken: daß *eben dies* charakteristisch für die *asketische* – vor der Reformation außerweltliche, nachher innerweltliche – Provenienz des Begriffs ist. Es ist im übrigen unsicher, nach welchem Text die hieronymische Übersetzung gemacht wurde; eine Einwirkung der alten liturgischen Namenbedeutung von מְלָאכָה scheint nicht ausgeschlossen. – In den romanischen Sprachen hat nur das spanische »vocación« im Sinne des *inneren* »Berufes« zu etwas: vom geistlichen Amt übertragen, eine dem deutschen Wortsinn teilweise entsprechende Färbung, wird aber nie vom »Beruf« im äußerlichen Sinn gebraucht. In den romanischen Bibelübersetzungen wird das spanische vocación, das italienische vocazione und chiamamento sonst in einer dem gleich zu erörternden lutherischen und calvinistischen Sprachgebrauch teilweise entsprechenden Bedeutung *nur* zur Übersetzung des neutestamentlichen κλῆσις, der Berufung durch das Evangelium zum ewigen Heil, verwendet, wo die Vulgata »vocatio« hat. (Seltsamerweise meint Brentano a. a. O., dieser von mir selbst *für* meine Ansicht angeführte Umstand spreche *für* die Existenz des »Berufs«-Begriffs in seiner nachreformatorischen Bedeutung auch schon vorher. Aber davon ist doch gar keine Rede: κλῆσις *mußte* ja durch »vocatio« übersetzt werden, – aber wo und wann wäre es im Mittelalter in unserem heutigen Sinne gebraucht? Die Tatsache dieser Übersetzung und das *Fehlen* der innerweltlichen Wortbedeutung *trotz* ihrer sind ja gerade das Beweisende.) »Chiamamento« verwendet in dieser Art z. B. die italienische Bibelübersetzung aus dem 15. Jahrhundert, die in der Collezione di opere inedite e rare, Bologna 1887, abgedruckt ist, neben »vocazione«, welches die modernen italienischen Bibelübersetzungen benutzen. Die für »Beruf« im *äußer-*

lichen, innerweltlichen Sinn von regelmäßiger Erwerbstätigkeit verwendeten Worte in den romanischen Sprachen tragen dagegen, wie aus dem lexikalischen Material und aus einer freundlichen eingehenden Darlegung meines verehrten Freundes Professor BAIST (Freiburg) hervorgeht, durchweg keinerlei religiöse Prägung an sich, mögen sie nun, wie die von ministerium oder officium abgeleiteten, ursprünglich eine gewisse ethische Färbung gehabt haben, oder wie die von ars, professio und implicare (impiego) abgeleiteten auch dieser von Anfang an völlig entbehren. Die eingangs erwähnten Stellen bei Jesus Sirach, wo LUTHER »Beruf« hat, werden übersetzt: französisch v. 20 office, v. 21 labeur (calvinistische Übersetzung), spanisch v. 20 obra, v. 21 lugar (nach der Vulgata), neue Übersetzungen: »posto« (protestantisch). Den Protestanten der romanischen Länder ist es, infolge ihrer Minderzahl, nicht gelungen, resp. sie haben gar nicht versucht, einen solchen sprachschöpferischen Einfluß zu üben, wie LUTHER ihn auf die noch weniger akademisch rationalisierte deutsche Kanzleisprache ausüben konnte.

54 Dagegen enthält die *Augsburger Konfession* den Begriff nur teilweise entwickelt und implicite. Wenn Art. XVI (s. die Ausg. v. KOLDE, S. 43) lehrt: »Denn das Evangelium ... stößt nicht um weltlich Regiment, Polizei und Ehestand, sondern will, daß man solches alles halte als Gottes Ordnung und in solchen Ständen christliche Liebe und rechte gute Werke, ein jeder *nach seinem Beruf,* beweise« (lateinisch heißt es nur: et in talibus ordinationibus exercere caritatem, eod. S. 42), so zeigt die daraus gezogene Konsequenz: daß man der Obrigkeit gehorchen müsse, daß hier, wenigstens in *erster* Linie, an »Beruf« als *objektive* Ordnung im Sinn der Stelle 1 Kor. 7, 20 gedacht ist. Und Art. XXVII spricht (bei KOLDE, S. 83 unten) von »Beruf« (lateinisch: in vocatione sua) nur in Verbindung mit den von Gott geordneten Ständen: Pfarrer, Obrigkeit, Fürsten- und Herrenstand u. dgl., und auch dies im Deutschen nur in der Fassung des Konkordienbuches, während in der deutschen Ed. princeps der betreffende Satz fehlt.

Nur Art. XXVI (KOLDE, S. 81) wird in der Wendung ... »daß Kasteiung dienen soll, nicht damit Gnade zu verdienen, sondern den Leib geschickt zu halten, daß er nicht verhindere, was einem nach seinem Beruf (lateinisch: juxta vocationem suam) zu schaffen befohlen ist«, – das Wort in einem unseren heutigen Begriff wenigstens *mit* umfassenden Sinn gebraucht.

55 Vor den lutherischen Bibelübersetzungen kommt, wie die Lexika ergeben und die Herren Kollegen Braune und Hoops mir freundlichst bestätigten, das Wort »Beruf« holländisch: »beroep«, englisch: »calling«, dänisch: »kald«, schwedisch: »kallelse«, in *keiner* der Sprachen, die es jetzt enthalten, in seinem heutigen *weltlich* gemeinten Sinn vor. Die mit »Beruf« gleich*lautenden* mittelhochdeutschen, mittelniederdeutschen und mittelniederländischen Worte *bedeuten* sämtlich »Ruf« in dessen heutiger deutscher Bedeutung, einschließlich *insbesondere* auch – in spätmittelalterlicher Zeit – der »Berufung« (= Vokation) eines Kandidaten zu einer *geistlichen Pfründe* durch den Anstellungsberechtigten, – ein Spezialfall, der auch bei den skandinavischen Sprachen in den Wörterbüchern hervorgehoben zu werden pflegt. In dieser letzteren Bedeutung braucht auch Luther das Wort gelegentlich. Allein, mag später diese Spezialverwendung des Wortes seiner Umdeutung ebenfalls zugute gekommen sein, so geht doch die Schöpfung des modernen »Berufs«-Begriffs auch sprachlich auf die Bibelübersetzungen, und zwar die *protestantischen*, zurück, und nur bei Tauler († 1361) finden sich später zu erwähnende Ansätze dazu. *Alle* Sprachen, welche durch die *protestantischen* Bibelübersetzungen beherrschend beeinflußt sind, haben das Wort gebildet, *alle*, bei denen dies nicht der Fall ist (wie die romanischen) nicht oder nicht in der heutigen Bedeutung. –

Luther übersetzt zweierlei zunächst ganz verschiedene Begriffe mit »Beruf«. *Einmal* die paulinische »κλῆσις« im Sinne der Berufung zum ewigen Heil durch Gott. Dahin gehören: 1 Kor. 1, 26; Eph. 1, 18; 4, 1; 4, 4; 2 Thess. 1, 11; Hebr. 3, 1; 2 Petri 1, 10. In allen diesen Fällen handelt es sich um den *rein* religiösen Begriff jener Berufung, die durch Gott vermittels des durch den Apostel verkündeten Evangeliums erfolgt ist, und hat der Begriff κλῆσις nicht das Mindeste mit weltlichen »Berufen« im heutigen Sinne zu tun. Die deutschen Bibeln vor Luther schreiben in diesem Fall: »ruffunge« (so sämtliche Inkunabeln der Heidelberger Bibliothek), brauchen auch wohl statt »von Gott geruffet«: »von Gott gefordert«. – *Zweitens* aber übersetzt er – wie schon früher erwähnt – die in der vorvorigen Note wiedergegebenen Worte Jesus Sirachs: in der Übertragung der LXX ἐν τῷ ἔργῳ σου παλαιώθητι und καὶ ἔμμενε τῷ πόνῳ σου mit: »beharre in deinem *Beruf*« und »bleibe in deinem *Beruf*«, statt: bleibe bei deiner *Arbeit*, und die späteren (autorisierten) katholischen Bibelübersetzungen (z. B. die von Fleischütz, Fulda 1781) haben sich hier (wie in den neutestamentlichen Stellen) ihm einfach angeschlossen. Die Lutherische Übersetzung bei dieser Sirachstelle ist, soviel ich sehe, der *erste* Fall, in welchem das deutsche Wort »Beruf« ganz in seinem heutigen *rein* weltlichen Sinn gebraucht wird. (Die vorhergehende Mahnung – v. 20: – στῆθι ἐν διαθήκῃ σου übersetzt er mit »bleibe in Gottes Wort«, obwohl Sirach 14, 1 und 43, 10 zeigen, daß – dem hebräischen Ausdruck חק, den (nach Talmud-Zitaten) Sirach gebraucht hatte, entsprechend – διαθήκη in der Tat etwas unserem »Beruf« Ähnliches, nämlich das »Schicksal« oder die »zugewiesene Arbeit« bedeuten sollte.) Im späteren und heutigen Sinne existierte das Wort »Beruf« vorher, wie oben erwähnt, in der deutschen Sprache *nicht*, auch – soviel ich sehe – nicht im Munde der älteren Bibelübersetzer oder Prediger. Die deutschen Bibeln vor Luther übersetzen in der Sirachstelle »Werk«. Berthold von Regensburg gebraucht in Predigten da, wo wir von »Beruf« sprechen würden, das Wort »Arbeit«. Der Sprachgebrauch ist hier also derselbe wie derjenige der Antike. Die erste mir bisher bekannte Stelle, wo zwar nicht »Beruf«, aber »*Ruf*« (als Übersetzung von κλῆσις) auf rein weltliche Arbeit angewendet wird, findet sich in der schönen Predigt Taulers über Ephes. 4 (Basler Ausg., Fol. 117 v): von Bauern, die »misten« gehen: sie fahren oft besser, »so sie folgen einfeltiglich irem Ruff denn die geistlichen Menschen, die auf ihren Ruf nicht Acht haben«. Dies Wort ist in diesem Sinne in die Profansprache nicht eingedrungen. Und trotzdem Luthers Sprachgebrauch anfangs (s. Werke, Erl. Ausg. 51, S. 51) zwischen »Ruf« und »Beruf« schwankt, ist eine direkte Beeinflussung durch Tauler durchaus nicht sicher, obwohl manche Anklänge gerade an diese Predigt Taulers sich z. B. in der »Freiheit eines Christenmenschen« finden. Denn in dem rein *weltlichen* Sinn wie Tauler l. c. hat Luther das Wort zunächst *nicht* verwendet (dies gegen Denifle, Luther, S. 163).

Offenbar nun enthält der Ratschlag bei Sirach, von der allgemeinen Mahnung zum Gottvertrauen abgesehen, in der Fassung der LXX keine Beziehung auf eine spezifische religiöse *Wertung* der weltlichen »Berufs«-Arbeit (der Ausdruck πόνος, Mühsal, in der verdorbenen zweiten Stelle wäre eher das Gegenteil einer solchen, wenn er nicht verderbt wäre). Was Jesus Sirach sagt, entspricht einfach der Mahnung des Psalmisten (Ps. 37, 3): bleibe im Lande und *nähre dich redlich*, wie auch die Zusammenstellung mit der Mahnung (v. 21), sich nicht von den Werken der Gottlosen blenden zu lassen, da Gott es leichtfalle, einen Armen reich zu machen, auf das deutlichste ergibt. Nur die Anfangsmahnung: in der חק zu bleiben (v. 20), hat eine gewisse Verwandtschaft mit der evangelischen κλῆσις, aber gerade hier verwendete LUTHER (für das griechische διαθήκη) das Wort »Beruf« *nicht*. Die Brücke zwischen jenen beiden anscheinend ganz heterogenen Verwendungen des Wortes Beruf bei LUTHER schlägt die Stelle im ersten Korintherbrief und ihre Übersetzung.

Bei LUTHER (in den üblichen modernen Ausgaben) lautet der ganze Zusammenhang, in dem diese Stelle steht, wie folgt: 1 Kor. 7, v. 17: »... ein jeglicher, wie ihn der Herr berufen hat, also wandle er... (18): Ist jemand beschnitten berufen, der zeuge keine Vorhaut. Ist jemand berufen in der Vorhaut, der lasse sich nicht beschneiden. (19): Die Beschneidung ist nichts und die Vorhaut ist nichts; sondern Gottes Gebot halten. (20): Ein jeglicher bleibe in dem Beruf, in dem er berufen ist (ἐν τῇ κλήσει ᾗ ἐκλήθη – wie Geheimrat A. MERX mir sagt, ein zweifelloser Hebraismus; – Vulgata: in qua vocatione vocatus est). (21): Bist du ein Knecht berufen, sorge des nicht; doch kannst du frei werden, so brauche des viel lieber. (22): Denn wer ein Knecht berufen ist, der ist ein Gefreiter des Herrn; desgleichen wer ein Freier berufen ist, der ist ein Knecht Christi. (23): Ihr seid teuer erkauft; werdet nicht der Menschen Knechte. (24): Ein jeglicher, lieben Brüder, worinnen er berufen ist, darinnen bleibe er bei Gott.« V. 29 folgt dann der Hinweis darauf, daß die Zeit »kurz« sei, worauf die bekannten, durch eschatologische Erwartungen (v. 31) motivierten Anweisungen folgen, die Weiber zu haben, als hätte man sie nicht, zu kaufen, als besitze man das Gekaufte nicht usw. In v. 20 hatte LUTHER im Anschluß an die älteren deutschen Übertragungen noch 1523 in seiner Exegese dieses Kapitels κλῆσις mit »Ruf« übersetzt (Erl. Ausgabe, Bd. 51, S. 51) und damals mit »*Stand*« interpretiert.

In der Tat ist offenbar, daß das Wort κλῆσις an dieser – und *nur* an dieser – Stelle so ziemlich dem lateinischen »status« und unserem »Stand« (Ehestand, Stand des Knechtes usw.) entspricht. (Aber doch gewiß nicht, wie BRENTANO a. a. O. p. 137 annimmt, im Sinn von »Beruf« im heutigen Sinne. BRENTANO hat sowohl die Stelle selbst, wie was ich darüber sage, schwerlich genau gelesen.) In einer wenigstens daran erinnernden Bedeutung findet sich dieses Wort – der Wurzel nach mit ἐκκλησία, »berufene Versammlung«, verwandt – in der griechischen Literatur, soweit das lexikalische Material reicht, nur einmal in einer Stelle des DIONYSIUS von Halikarnaß, wo es dem lateinischen classis – einem griechischen Lehnworte = die »einberufene«, aufgebotene Bürgerabteilung – entspricht. THEOPHYLAKTOS (11./12. Jahrh.) interpretiert 1 Kor. 7, 20: ἐν οἵῳ βίῳ καὶ ἐν οἵῳ τάγματι καὶ πολιτεύματι ὢν ἐπίστευσεν (Herr Kollege DEISSMANN machte mich auf die Stelle aufmerksam). – Unserem heutigen »Beruf« entspricht κλῆσις auch in unserer Stelle jedenfalls *nicht*. Aber LUTHER, der in der eschatologisch motivierten Mahnung, daß jeder in seinem gegenwärtigen Stande bleiben sollte, κλῆσις mit »Beruf« übersetzt hatte, hat dann, als er später die Apokryphen übersetzte, in dem traditionalistisch und antichrematistisch motivierten Rat des Jesus Sirach, daß jeder bei seiner Hantierung bleiben möge, schon wegen der *sachlichen Ähnlichkeit* des Ratschlages, πόνος ebenfalls mit »Beruf« übersetzt. (Das ist das Entscheidende und Charakteristische. Die Stelle 1 Kor. 7, 17 braucht κλῆσις, wie gesagt, überhaupt *nicht* im Sinn von »Beruf« = abgegrenztes Gebiet von Leistungen.) Inzwischen (oder etwa gleichzeitig) war 1530 in der Augsburger Konfession das protestantische Dogma über die Nutzlosigkeit der katholischen Überbietung der innerweltlichen Sittlichkeit festgelegt und dabei die Wendung »einem jeglichen nach seinem Beruf« gebraucht worden (s. vor. Anm.). Dies und jene gerade Anfang der 30er Jahre [des 16. Jahrhunderts bei ihm] sich wesentlich steigernde Schätzung der *Heiligkeit* der Ordnung, in die der Einzelne gestellt ist, die ein Ausfluß seines immer schärfer präzisierten Glaubens an die ganz spezielle göttliche Fügung auch in den Einzelheiten des Lebens war, zugleich aber seine sich steigernde Neigung zur Hinnahme der weltlichen Ordnungen als von Gott unabänderlich gewollt, treten hier in LUTHERS Übersetzung hervor. »Vocatio« war eben im überlieferten Latein = göttliche Berufung zu einem heiligen *Leben*, insbesondere im Kloster oder als Geistlicher, gebraucht, und diese Färbung nahm nun, unter dem Druck jenes Dogmas, für LUTHER die innerweltliche »Berufs«-Arbeit an. Denn während er jetzt πόνος und ἔργον bei Jesus Sirach mit »Beruf« übersetzt, wofür vorher *nur* die aus der *Mönchs*übersetzung stammende (lateinische) Analogie vorlag, hatte er einige Jahre vorher noch in Sprüche Salomon. 22, 29 das hebräische מְלָאכָה, welches dem ἔργον des griechischen Textes von Jesus Sirach zugrunde lag und – ganz wie das deutsche Beruf und das nordische kald, kallelse – insbesondere vom *geistlichen* »Beruf« ausgeht, ebenso wie an anderen Stellen (Gen. 39, 11) mit »*Geschäft*« übertragen (LXX: ἔργον, Vulg.: opus, englische Bibeln:

business, entsprechend auch die nordischen und alle sonstigen mir vorliegenden Übersetzungen). Die nunmehr von ihm vollzogene Schöpfung des Worts »Beruf« in unserem heutigen Sinne blieb zunächst durchaus *lutherisch*. Den Calvinisten galten die Apokryphen als unkanonisch. Sie haben erst im Gefolge jener Entwicklung, welche das »Bewährungs«-Interesse in den Vordergrund schob, den lutherischen Berufs-*Begriff* akzeptiert und nun scharf betont; in den ersten (romanischen) Übersetzungen aber hatten sie ein entsprechendes *Wort* nicht zur Verfügung und nicht die Macht, es in der schon stereotypierten Sprache sprachgebräuchlich zu schaffen.

Schon im 16. Jahrhundert ist dann der Begriff »Beruf« in der außerkirchlichen Literatur im heutigen Sinne eingebürgert. Die Bibelübersetzer *vor* LUTHER hatten für κλῆσις das Wort »Berufung« gebraucht (so z. B. in den Heidelberger Inkunabeln von 1462/66, 1485); die ECKsche Ingolstädter Übersetzung von 1537 sagt: »in dem Ruf, worin er beruft ist«. Die späteren katholischen Übersetzungen folgen meist direkt LUTHER. In England hat – als erste von allen – die WYCLIFsche Bibelübersetzung (1382) hier »cleping« (das altenglische Wort, welches später durch das Lehnwort »calling« ersetzt wurde), – also, was bei der Art der Lollarden-Ethik gewiß charakteristisch ist: ein dem späteren reformatorischen Sprachgebrauch schon entsprechendes Wort, – die TINDALsche von 1534 wendet dagegen den Gedanken ständisch: »in the same *state* wherein he was called«, ebenso die Geneva von 1557. Die offizielle CRANMERsche Übersetzung von 1539 ersetzte »state« durch »calling«, während die (katholische) Rheimser Bibel von 1582 ebenso wie die höfischen anglikanischen Bibeln der elisabethanischen Zeit charakteristischerweise wieder zu »vocation« in Anlehnung an die Vulgata zurückkehren. Daß für England die CRANMERsche Bibelübersetzung die Quelle des puritanischen Begriffes »calling« im Sinn von Beruf = trade ist, hat schon MURRAY s. v. calling zutreffend erkannt. Schon Mitte des 16. Jahrh. findet sich calling in jenem Sinn gebraucht, schon 1588 sprach man von »unlawful callings«, 1603 von »greater callings« im Sinne von »höhere« Berufe usw. (s. MURRAY a. a. O.). (Höchst merkwürdig ist BRENTANOS Vorstellung – a. a. O. p. 139 –, daß man im Mittelalter »vocatio« nicht als »Beruf« übersetzt und diesen Begriff nicht gekannt habe, weil nur *Freie* einem »Beruf« folgen konnten und freie Leute damals – in den bürgerlichen Berufen – *gefehlt* hätten. Da die ganze gesellschaftliche Gliederung des mittelalterlichen Gewerbes im

Gegensatz zur Antike auf freier Arbeit ruhte und die Kaufleute vor allem fast durchweg Freie waren, verstehe ich diese Behauptung nicht recht.)

56 Vgl. zum folgenden die lehrreiche Darstellung bei K. Eger, »Die Anschauung Luthers vom Beruf« (Gießen 1900), deren vielleicht einzige Lücke in der bei ihm, wie bei fast allen anderen theologischen Schriftstellern, noch nicht genügend klaren Analyse des Begriffes der *»lex naturae«* bestehen dürfte (s. dazu E. Troeltsch in der Besprechung von Seebergs Dogmengeschichte, Gött. Gel. Anz., 1902, und nunmehr vor allem in den betreffenden Partien seiner »Soziallehren der christlichen Kirchen«, 1912).

57 Denn wenn Thomas von Aquin die ständische und berufliche Gliederung der Menschen als Werk der göttlichen *Vorsehung* hinstellt, so ist damit der objektive *Kosmos* der Gesellschaft gemeint. Daß der *Einzelne* aber sich einem bestimmten konkreten »Beruf« (wie wir sagen würden; Thomas sagt: ministerium oder officium) zuwendet, hat seinen Grund in »causae naturales«. Quaest. quodlibetal., VII art. 17 c: »Haec autem diversificatio hominum in diversis officiis contingit primo ex divina providentia, quae ita hominum *status distribuit,* ... secundo etiam ex *causis naturalibus,* ex quibus *contingit,* quod in diversis hominibus sunt diversae *inclinationes ad diversa officia* ...« Ganz ebenso geht z. B. Pascals Bewertung des »Berufs« von dem Satz aus, daß der *Zufall* es sei, der über die Berufswahl entscheide (vgl. über Pascal: A. Köster, Die Ethik Pascals, 1907). Von den »organischen« religiösen Ethiken steht in dieser Hinsicht nur die geschlossenste von ihnen allen: die indische, anders. Der Gegensatz des thomistischen gegen den protestantischen (auch den sonst, namentlich in der Betonung des Providentiellen, nahe verwandten späteren lutherischen) Berufsbegriff liegt so klar zutage, daß es vorläufig bei dem obigen Zitat bewenden kann, da auf die Würdigung der katholischen Anschauungsweise später zurückzukommen ist. S. über Thomas: Maurenbrecher, Th. v. Aquinos Stellung zum Wirtschaftsleben seiner Zeit, 1898. Wo übrigens in Einzelheiten Luther mit Thomas übereinzustimmen scheint, ist es wohl mehr die allgemeine Lehre der Scholastik überhaupt, als Thomas speziell, was ihn beeinflußt hat. Denn Thomas scheint er, nach Denifles Nachweisungen, tatsächlich nur unzulänglich gekannt zu haben (s. Denifle, Luther und Luthertum, 1904, S. 501, und dazu Köhler, Ein Wort zu Denifles Luther, 1904, S. 25 f.).

58 In »Von der Freiheit eines Christenmenschen« wird zunächst 1. die »zweierlei Natur« des Menschen für die Konstruktion der innerweltlichen Pflichten im Sinne der lex naturae (hier = natürliche Ordnung der Welt) verwendet, die daraus folgt, daß (Erl. Ausg., 27, S. 188) der Mensch *faktisch* an seinen Leib und die soziale Gemeinschaft gebunden ist. – 2. In dieser Situation wird er (S. 196) – das ist eine daran angeknüpfte *zweite* Begründung –, *wenn* er ein gläubiger Christ ist, den Entschluß fassen, Gottes aus reiner Liebe gefaßten Gnadenentschluß durch Nächstenliebe zu *vergelten*. Mit dieser sehr lockeren Verknüpfung von »Glaube« und »Liebe« kreuzt sich 3. (S. 190) die alte asketische Begründung der Arbeit als eines Mittels, dem »inneren« Menschen die Herrschaft über den Leib zu verleihen. – 4. Das Arbeiten sei daher – so heißt es in Verbindung damit weiter, und hier kommt wieder der Gedanke der »lex naturae« (hier = natürliche Sittlichkeit) in anderer Wendung zur Geltung – ein schon dem *Adam* (vor dem Fall) eigener, von Gott ihm eingepflanzter *Trieb* gewesen, dem er »allein Gott zu gefallen« nachgegangen sei. – Endlich 5. (S. 161 und 199) erscheint im Anschluß an Matth. 7, 18 f. der Gedanke, daß tüchtige Arbeit im Beruf Folge des durch den Glauben gewirkten neuen Lebens sei und sein müsse, ohne daß jedoch daraus der entscheidende calvinistische Gedanke der »Bewährung« entwickelt würde. – Die mächtige Stimmung, von welcher die Schrift getragen ist, erklärt die Verwertung heterogener begrifflicher Elemente.

59 »Nicht vom Wohlwollen des Fleischers, Bäckers oder Bauers erwarten wir unser Mittagessen, sondern von ihrer Rücksicht auf ihren eigenen Vorteil; wir wenden uns nicht an ihre Nächstenliebe, sondern an ihre Selbstsucht, und sprechen ihnen nie von unseren Bedürfnissen, sondern stets nur von ihrem Vorteil« (Wealth of Nations, I. 2).

60 Omnia enim per te operabitur (Deus), mulgebit per te vaccam et servilissima quaeque opera faciet, ac maxima pariter et minima ipsi grata erunt (Exegese der Genesis, Op. lat. exeg., ed. ELSPERGER, VII, 213). Der Gedanke findet sich vor LUTHER bei TAULER, der geistlichen und weltlichen »Ruf« dem Wert nach prinzipiell gleichstellt. Der Gegensatz gegen den Thomismus ist der deutschen Mystik und LUTHER gemeinsam. In den Formulierungen kommt er darin zum Ausdruck, daß THOMAS – namentlich um den sittlichen Wert der Kontemplation festhalten zu können, aber auch vom Standpunkt des

Bettelmönches aus – sich genötigt fand, den paulinischen Satz: »Wer nicht arbeitet, soll nicht essen« so zu deuten, daß den Menschen als Gattung, nicht aber allen einzelnen die Arbeit, die ja lege naturae unentbehrlich ist, auferlegt sei. Die Gradation in der Schätzung der Arbeit, von den »opera servilia« der Bauern aufwärts, ist etwas, was mit dem spezifischen Charakter des aus materiellen Gründen an die Stadt als Domizil gebundenen Bettelmönchtums zusammenhängt und den deutschen Mystikern wie dem Bauernsohn LUTHER, welche bei unter sich gleicher Schätzung der Berufe die ständische Gliederung als gottgewollt betonten, gleich fernlag. – Die entscheidenden Stellen des THOMAS s. bei M. MAURENBRECHER, Th. v. Aquinos Stellung zum Wirtschaftsleben seiner Zeit (Leipzig 1898, S. 65 f.).

61 Um so erstaunlicher ist, daß einzelne Forscher glauben: eine solche Neuschöpfung könne am *Handeln* der Menschen spurlos vorübergehen. Ich gestehe, das nicht zu verstehen.

62 »Die Eitelkeit wurzelt so tief im menschlichen Herzen, daß ein Troßknecht, ein Küchenjunge, ein Lastträger sich rühmt und seine Bewunderer haben will...« (FAUGÈRES Ausgabe I, 208; vgl. KÖSTER a. a. O. S. 17, S. 136 ff.). Über die prinzipielle Stellung von Port Royal und des Jansenismus zum »Beruf«, auf die später noch kurz zurückzukommen ist, vgl. jetzt die vorzügliche Schrift von PAUL HONIGSHEIM, »Die Staats- und Soziallehren der französischen Jansenisten im 17. Jahrhundert« (Heidelberger historische Dissertation, 1914, Teildruck aus einem umfassenden Werke über die »Vorgeschichte der französischen Aufklärung«; vgl. insbes. p. 138 ff. des Teildruckes).

63 Bezüglich der FUGGER meint er: es könne »nicht recht und göttlich zugehen, wenn bei eines Menschen Leben sollte so großes und königliches Gut auf einen Haufen gebracht werden«. Das ist also wesentlich Bauernmißtrauen gegen das Kapital. Ebenso ist ihm (Gr. Sermon v. Wucher, Erl. Ausg., 20, S. 109) der Rentenkauf sittlich bedenklich, weil er »ein neues, behendes erfunden Ding ist«, – also weil er ihm ökonomisch *undurchsichtig* ist, ähnlich wie dem modernen Geistlichen etwa der Terminhandel.

64 Der Gegensatz ist von H. LEVY (in seiner Schrift über »Die Grundlagen des ökonomischen Liberalismus in der Geschichte der englischen Volkswirtschaft«, Jena 1912 [2. erw. Aufl.: »Der Wirtschaftsliberalismus in England«, Jena 1928]) zutreffend entwickelt. Vgl. auch z. B. die Petition der Leveller in CROMWELLS Heer gegen Monopole und Kompagnien von 1653 bei S. R. GARDINER, History of the

Commonwealth and Protectorate (London 1894–1903, II, S. 179). Das LAUDsche Regime erstrebte dagegen eine von König und Kirche geleitete »christlich-soziale« Wirtschaftsorganisation, – von welcher der König politische und fiskalisch-monopolistische Vorteile erwartete. Eben hiergegen richtete sich der Kampf der Puritaner.

65 Was hier darunter verstanden wird, mag an dem Beispiel des Manifestes an die Iren erläutert werden, mit dem CROMWELL im Januar 1650 seinen Vernichtungskrieg gegen sie eröffnete und welches die Entgegnung auf die Manifeste des irischen (katholischen) Klerus von Clonmacnoise vom 4. und 13. Dezember 1649 darstellte. Die Kernsätze lauten: »Englishmen had good inheritances (in Irland nämlich) which many of them *purchased with their money*... they had good leases from Irishmen for long time to come, *great stocks thereupon*; houses and plantations erected *at their cost and charge*... You broke the union ... at a time when Ireland was in perfect peace, and when through the *example of English industry, through commerce and traffic* that which was in the natives' hands was better to them than if all Ireland had been in their possession... *Is God, will God be with you?* I am confident He will not.« Dies, an englische Leitartikel zur Zeit des Burenkrieges erinnernde, Manifest ist nicht deshalb charakteristisch, weil hier das kapitalistische »Interesse« der Engländer als Rechtsgrund des Krieges hingestellt wird, – das hätte natürlich bei einer Verhandlung etwa zwischen Venedig und Genua über den Umfang ihrer Interessensphären im Orient als Argument sehr wohl ebenfalls gebraucht werden können (was – obwohl ich es hier hervorhob – seltsamerweise BRENTANO a. a. O. p. 142 mir entgegenhält). Sondern das Spezifische des Schriftstücks liegt eben darin, daß CROMWELL – wie jeder, der seinen Charakter kennt, weiß: mit tiefster subjektiver Überzeugtheit – den Iren selbst gegenüber die *sittliche* Berechtigung ihrer Unterjochung unter Anrufung *Gottes* auf den Umstand gründet, daß englisches *Kapital* die Iren zur *Arbeit* erzogen habe. – (Das Manifest ist, außer bei THOMAS CARLYLE, Oliver Cromwells Letters and Speeches, London 1845, in SAMUEL R. GARDINER, History of the Commonwealth and Protectorate, London 1894–1903, Bd. I, S. 163 f., abgedruckt und analysiert und in deutscher Übersetzung auch in FRITZ HÖNIG, Oliver Cromwell, Berlin 1887–89 zu finden.)

66 Dies näher auszuführen, ist hier noch nicht der Ort. Vgl. die in der zweitfolgenden Note zit. Schriftsteller.

67 S. die Bemerkungen in ADOLF JÜLICHERS schönem Buch »Die Gleich-

nisreden Jesu«, Freiburg 1886–1899, dort Bd. II, S. 108 f. und 636 [2. Aufl. 1899, Neudr. 1910 (2 Teile in einem Band)].

68 Zum folgenden vgl. wiederum vor allem die Darstellung bei Karl Eger a. a. O. Schon hier mag auf Matthias Schneckenburgers noch heute nicht veraltetes schönes Werk (Vergleichende Darstellung des lutherischen und reformierten Lehrbegriffs, Stuttgart 1855) verwiesen werden. (Christoph E. Luthardt, Die Ethik Luthers in ihren Grundzügen, Leipzig 1866, auf S. 84 der ersten Auflage, die mir allein vorlag, gibt keine wirkliche Darstellung der *Entwicklung*.) Vgl. ferner Reinhold Seebergs Lehrbuch der Dogmengeschichte, Erlangen 1899, Band II, S. 262 unten. – Wertlos ist der Artikel »Beruf« in der Realencyklopädie f. prot. Theologie und Kirche, der statt einer wissenschaftlichen Analyse des Begriffs und seiner Genesis allerhand ziemlich seichte Bemerkungen über alles mögliche, Frauenfrage und dgl., enthält. – Aus der nationalökonomischen Literatur über Luther seien hier nur die Arbeiten von Gustav Schmoller (Zur Geschichte der national-ökonomischen Ansichten in Deutschland während der Reformationsperiode, in: Zeitschr. f. d. ges. Staatswissenschaft, Bd. 16 (1860), S. 461–716), Heinrich Wiskemann, Darstellung der in Deutschland zur Zeit der Reformation herrschenden nationalökonomischen Ansichten, Leipzig 1861 (Jablonskische Preisschriften, Band 10) und die Arbeit von Frank G. Ward, Darstellung und Würdigung von Luthers Ansichten vom Staat und seinen wirtschaftlichen Aufgaben, Jena 1898 (Conrads Abh., Bd. 21) genannt. Die z. T. ausgezeichnete Lutherliteratur anläßlich der Vierhundertjahrfeier der Reformation hat, soviel ich sehe, über *diesen* besonderen Punkt nichts entscheidend Neues gebracht. Über Luthers (und die lutherische) Sozialethik sind natürlich vor allem die betreffenden Partien in Ernst Troeltschs »Soziallehren« [s. o. die dieser Studie vorangestellte Literaturübersicht, S. 28 a. E.] zu vergleichen.

69 Auslegung des 7. Kap. des 1. Korintherbriefes, 1523 (Erl. Ausg., 51, S. 1 f.). Hier wendet Luther den Gedanken der Freiheit »allen Berufs« vor Gott im Sinn dieser Stelle noch so, daß damit 1. *Menschen-Satzung* habe verworfen werden sollen (Mönchsgelübde, Verbot der gemischten Ehen usw.), 2. die (vor Gott an sich *indifferente*) Erfüllung der übernommenen, innerweltlichen Verpflichtungen gegen den Nächsten als Gebot der *Nächstenliebe* eingeschärft werde. In Wahrheit handelt es sich freilich bei den charakteristischen Ausführungen z. B. S. 55, 56 um den Dualismus der *lex naturae* gegenüber der Gerechtigkeit vor Gott.

70 Vgl. die von SOMBART mit Recht als Motto vor seine Darstellung des »Handwerksgeistes« (= Traditionalismus) gesetzte Stelle aus: »Von Kaufhandlung und Wucher« (1524): »Darum mußt du dir fürsetzen, nichts denn deine ziemliche Nahrung zu suchen in solchem Handel, danach Kost, Mühe, Arbeit und Gefahr rechnen und überschlagen und also dann die Ware selbst setzen, steigern oder niedern, daß du solcher Arbeit und Mühe Lohn davon habst.« Der Grundsatz ist durchaus in thomistischem Sinn formuliert.

71 Schon in dem Brief an H. v. STERNBERG, mit dem er ihm 1530 die Exegese des 117. Psalms dediziert, gilt der »Stand« des (niederen) Adels trotz seiner sittlichen Verkommenheit als von Gott gestiftet (Erl. Ausg., 40, S. 282 unten). Die entscheidende Bedeutung, welche die MÜNZERschen Unruhen für die Entwicklung dieser Auffassung gehabt hatten, geht aus dem Brief (S. 282 oben) deutlich hervor. Vgl. auch EGER a. a. O. S. 150.

72 Auch in der Auslegung des 111. Psalms, v. 5 und 6 (Erl. Ausg., 40, S. 215 und 216) wird 1530 von der Polemik gegen die Überbietung der weltlichen Ordnung durch Klöster usw. ausgegangen. Aber jetzt ist die lex naturae (im Gegensatz zum positiven Recht, wie es die Kaiser und Juristen fabrizieren) direkt mit »Gottes Gerechtigkeit« *identisch*: sie ist Stiftung Gottes, und umfaßt insbesondere die *ständische* Gliederung des Volks (S. 215 Abs. 2 a. E.), wobei nur die Gleichwertigkeit der Stände vor *Gott* scharf betont wird.

73 Wie er insbesondere in den Schriften »Von Konzilien und Kirchen« (1539) und »Kurzes Bekenntnis vom heiligen Sakrament« (1545) gelehrt wird.

74 Wie sehr namentlich der für uns so wichtige, den Calvinismus beherrschende Gedanke der *Bewährung* des Christen in seiner Berufsarbeit und Lebensführung bei LUTHER im Hintergrunde bleibt, zeigt die Stelle in »Von Konzilien und Kirchen« (1539, Erl. Ausg., 25, S. 376 unten): »Über diese sieben Hauptstücke« (an denen man die rechte Kirche erkennt) »sind nun *mehr äußerliche Zeichen*, dabei man die heilige christliche Kirche erkennt, ... wenn wir nicht unzüchtig und Säufer, stolz, hoffärtig, prächtig; sondern keusch, züchtig, nüchtern ... sind.« Diese Zeichen sind nach LUTHER deshalb nicht so gewiß als »die droben« (reine Lehre, Gebet usw.), »weil auch etliche Heiden sich in solchen Werken geübt und wohl zuweilen heiliger scheinen als Christen«. – CALVIN persönlich stand, wie weiterhin zu erörtern sein wird, nur wenig anders, wohl aber der Puritanismus.

Jedenfalls dient der Christ bei LUTHER Gott nur «in vocatione«, nicht »*per* vocationem« (EGER, S. 117 ff.). – Gerade für den *Bewährungs*gedanken (allerdings mehr in seiner pietistischen als in calvinistischer Wendung) finden sich dagegen bei den deutschen Mystikern wenigstens einzelne Ansätze (siehe z. B. die bei REINHOLD SEEBERG, Lehrbuch der Dogmengeschichte, Erlangen 1895, Bd. I, S. 195 oben zitierte Stelle aus SUSO (SEUSE), ebenso die früher zitierten Äußerungen TAULERS), wenn schon rein psychologisch gewendet.

75 Sein endgültiger Standpunkt ist dann wohl in einigen Ausführungen der Genesisexegese (in den Op. lat. exeget., ed. ELSPERGER) niedergelegt:

Vol. IV p. 109: »Neque haec fuit levis *tentatio*, intentum esse suae vocationi et de aliis non esse curiosum ... Paucissimi sunt, qui sua sorte vivant contenti ... (p. 111 eod.): Nostrum autem est, ut vocanti *Deo pareamus* ... (p. 112): Regula igitur haec servanda est, ut unusquisque *maneat in sua vocatione et suo dono contentus vivat*, de aliis autem non sit curiosus. – Das entspricht im *Ergebnis* durchaus der Formulierung des Traditionalismus bei THOMAS V. AQUIN (Summ. th., IIa IIac, q. 118 art. I): Unde necesse est, quod bonum hominis circa ea consistat in quadam mensura, dum scilicet homo ... quaerit habere exteriores divitias, prout sunt *necessariae ad vitam ejus secundum suam conditionem*. Et ideo in excessu hujus mensurae consistit *peccatum*, dum scilicet aliquis supra debitum modum vult eas vel acquirere vel retinere, quod pertinet ad avaritiam.« Das Sündliche der Überschreitung des durch den eigenen standesgemäßen Bedarf gegebenen Ausmaßes im Erwerbstrieb begründet THOMAS aus der lex naturae, wie sie im *Zweck* (ratio) der äußeren Güter zutage trete, LUTHER aus Gottes Fügung. Über die Beziehung von Glaube und Beruf bei LUTHER s. noch Vol. VII, p. 225: »... quando es fidelis, tum placent Deo etiam physica, carnalia, animalia, officia, sive edas, sive bibas, sive vigiles, sive dormias, quae mere corporalia et animalia sunt. *Tanta res est fides* ... Verum est quidem, placere *Deo etiam in impiis sedulitatem et industriam in officio* (diese *Aktivität* im Berufsleben ist eine Tugend *lege naturae*). Sed obstat incredulitas et vana gloria, ne possint opera sua referre ad gloriam Dei (an calvinistische Wendungen anklingend) ... *Merentur* igitur etiam impiorum bona opera in hac quidem vita praemia sua (Gegensatz gegen AUGUSTINS »vitia specie virtutum palliata«) sed non numerantur, non colliguntur in altero.«

76 In der Kirchenpostille (Erl. Ausg., 10, S. 233, 235/6) heißt es: »*Jeder* ist in irgendeinen Beruf berufen.« *Dieses* Berufes (S. 236 heißt es geradezu »Befehl«) soll er warten und darin Gott dienen. Nicht an der Leistung, sondern an dem darin liegenden *Gehorsam* hat Gott Freude.

77 Dem entspricht es, wenn – ein Gegenbild *gegen* das, was oben über die Wirkung des Pietismus auf die Wirtschaftlichkeit der Arbeiterinnen gesagt wurde, – von modernen Unternehmern zuweilen behauptet wird, daß z. B. streng lutherisch-kirchliche Hausindustrielle *heute* nicht selten, z. B. in Westfalen, in besonders hohem Maß traditionalistisch denken, Umgestaltungen der Arbeitsweise – auch ohne Übergang zum Fabriksystem – trotz des winkenden Mehrverdienstes abgeneigt seien und zur Begründung auf das Jenseits verwiesen, wo ja doch alles sich ausgleichen werde. Es zeigt sich, daß die bloße Tatsache der *Kirchlichkeit* und Gläubigkeit für die Gesamtlebensführung noch nicht von irgend wesentlicher Bedeutung ist: es sind viel konkretere religiöse Lebens*inhalte*, deren Wirkung in der Zeit des Werdens des Kapitalismus ihre Rolle gespielt haben und – in beschränkterem Maße – noch spielen.

78 Vgl. Tauler, Basler Ausg., Fol. 161 f.

79 Vgl. die eigentümlich stimmungsvolle Predigt Taulers a. a. O. und Fol. 17, 18 v., 20.

80 Weil dies an dieser Stelle der alleinige Zweck dieser Bemerkungen über Luther ist, begnügen sie sich mit einer so dürftigen vorläufigen Skizze, die natürlich vom Standpunkt einer Würdigung Luthers aus in keiner Art befriedigen kann.

81 Wer freilich die Geschichtskonstruktion der Leveller teilte, wäre in der glücklichen Lage, auch dies wieder auf Rassendifferenzen zu reduzieren: sie glaubten als Vertreter der Angelsachsen, ihr »birthright« gegen die Nachfahren Wilhelms des Eroberers und der Normannen zu verfechten. Erstaunlich genug, daß uns bisher noch niemand die plebejischen »Roundheads« als »Rundköpfe« im anthropometrischen Sinn gedeutet hat!

82 Insbesondere der englische Nationalstolz, eine Folge der Magna Charta und der großen Kriege. Die heute so typische Äußerung: »She looks like an English girl« beim Anblick ausländischer Mädchenschönheit wird ebenso schon aus dem 15. Jahrhundert berichtet.

83 Diese Unterschiede sind natürlich auch in England bestehen geblieben. Namentlich die »Squirearchie« blieb Träger des »merry old

England« bis in die Gegenwart hinein, und die ganze Zeit seit der Reformation kann als ein Kampf der beiden Typen des Engländertums miteinander aufgefaßt werden. In diesem Punkt gebe ich den Bemerkungen M. J. BONNS (in der »Frankfurter Zeitung«) zu der schönen Schrift von GERHART V. SCHULZE-GAEVERNITZ über »Britischer Imperialismus und englischer Freihandel zu Beginn des 20. Jahrhunderts« (Leipzig 1906) recht. Vgl. HERMANN LEVY, Studien über das englische Volk, in: Arch. f. Soz.-Wiss., 46. Bd. 1918/19, S. 422 bis 448, 636 bis 690 [Buchausgabe »Soziologische Studien über das englische Volk«, Jena 1920 (Hrg.)].

84 Eben diese ist mir – trotz dieser und der folgenden, unverändert stehengebliebenen, m. E. hinlänglich deutlichen Bemerkungen – seltsamerweise immer wieder unterstellt worden.

II Die Berufsethik des asketischen Protestantismus

1 *Die religiösen Grundlagen der innerweltlichen Askese*

Die geschichtlichen Träger des asketischen Protestantismus (im hier gebrauchten Sinn des Ausdrucks) sind in der Hauptsache viererlei: 1. der Calvinismus *in der Gestalt*, welche er in den westeuropäischen Hauptgebieten seiner Herrschaft im Laufe insbesondere des 17. Jahrhunderts annahm; 2. der Pietismus; 3. der Methodismus; 4. die aus der täuferischen Bewegung hervorgewachsenen Sekten.[1] Keine dieser Bewegungen stand der anderen absolut [getrennt] gegenüber, und auch die Absonderung von den nicht asketischen Reformationskirchen ist keine streng durchgeführte. Der Methodismus ist erst in der Mitte des 18. Jahrhunderts innerhalb der englischen Staatskirche entstanden, wollte nach der Absicht seiner Begründer nicht sowohl eine neue Kirche als eine Neuerweckung des asketischen Geistes innerhalb der alten sein und wurde erst im Laufe seiner Entwicklung, insbesondere beim Übergreifen nach Amerika, von der anglikanischen Kirche getrennt. Der Pietismus ist auf dem Boden des Calvinismus in England und besonders in Holland zuerst erwachsen, blieb durch ganz unmerkliche Übergänge mit der Orthodoxie verknüpft, und vollzog dann gegen Ende des 17. Jahrhunderts in der Wirksamkeit Speners seinen Eintritt in das Luthertum, teilweise dogmatisch umfundamentiert. Er blieb eine Bewegung *innerhalb* der Kirche, und nur die an Zinzendorf anknüpfende, durch Nachklänge hussitischer und calvinistischer Einflüsse in der mährischen Brüdergemeine mitbestimmte Richtung (»Herrnhuter«) wurde, wie der Methodismus, gegen ihren Willen zu einer eigentümlichen Art von Sektenbildung gedrängt. Calvinismus und Täufertum standen im Anfang ihrer Entwicklung sich schroff getrennt gegenüber, aber im Baptismus des späteren

17. Jahrhunderts berührten sie einander dicht, und schon in den independentischen Sekten Englands und Hollands zu Anfang desselben war der Übergang ein stufenweiser. Wie der Pietismus zeigt, ist auch der Übergang zum Luthertum ein allmählicher, und ebenso steht es zwischen dem Calvinismus und der, in ihrem äußeren Charakter und dem Geist ihrer konsequentesten Bekenner dem Katholizismus verwandten, anglikanischen Kirche. Jene asketische Bewegung, welche im weitesten Sinne dieses vieldeutigen Wortes als »Puritanismus« bezeichnet wurde,[2] griff zwar in der Masse ihrer Anhänger und namentlich in ihren konsequenten Verfechtern die Grundlagen des Anglikanismus an, aber auch hier verschärften sich die Gegensätze erst allmählich im Kampf. Und auch wenn wir die hier zunächst nicht interessierenden Fragen der Verfassung und Organisation vorerst gänzlich beiseite lassen – ja dann erst recht –, bleibt der Sachverhalt der gleiche. Die dogmatischen Differenzen, selbst die wichtigsten, wie die über die Prädestinations- und Rechtfertigungslehre, gingen in den mannigfaltigsten Kombinationen ineinander über und hinderten schon zu Anfang des 17. Jahrhunderts die Aufrechterhaltung kirchlicher Gemeinschaft zwar regelmäßig, aber doch nicht ausnahmslos. Und vor allem: die für uns wichtigen Erscheinungen der *sittlichen* Lebensführung finden sich bei den Anhängern der verschiedensten, aus einer der oben verzeichneten vier Quellen, oder einer Kombination mehrerer von ihnen, hervorgegangenen Denominationen in gleichartiger Weise. Wir werden sehen, daß ähnliche ethische Maximen mit verschiedenen dogmatischen Unterlagen verknüpft sein konnten. Auch die für den Betrieb der Seelsorge bestimmten einflußreichen literarischen Hilfsmittel, vor allem die kasuistischen Kompendien der verschiedenen Konfessionen, beeinflußten sich im Laufe der Zeit gegenseitig, und man findet in ihnen große Ähnlichkeiten trotz notorisch sehr verschiedener Praxis der Lebensführung. Es könnte also fast scheinen, als täten wir am besten, die dogmatischen Unterlagen ebenso wie die ethische Theorie ganz zu ignorieren und uns rein an die sittliche Praxis zu halten, so-

weit sie feststellbar ist. – Allein dem ist eben dennoch nicht so. Die untereinander verschiedenen dogmatischen Wurzeln der asketischen Sittlichkeit starben freilich, nach fürchterlichen Kämpfen, ab. Aber die ursprüngliche Verankerung an jenen Dogmen hat nicht nur in der »undogmatischen« späteren Ethik mächtige Spuren hinterlassen, sondern *nur* die Kenntnis des ursprünglichen Gedankengehalts lehrt verstehen, wie jene Sittlichkeit mit dem die innerlichsten Menschen jener Zeit absolut beherrschenden Gedanken an das *Jenseits* verknüpft war, ohne dessen alles überragende Macht damals *keinerlei*, die Lebens*praxis* ernstlich beeinflussende sittliche Erneuerung ins Werk gesetzt worden ist. Denn selbstverständlich nicht auf das, was etwa in ethischen Kompendien der Zeit theoretisch und offiziell *gelehrt* wurde – so gewiß auch dies durch den Einfluß von Kirchenzucht, Seelsorge und Predigt praktische Bedeutung hatte –, kommt es für uns an,[3] sondern auf etwas ganz anderes: auf die Ermittlung derjenigen, durch den religiösen Glauben und die Praxis des religiösen Lebens geschaffenen psychologischen *Antriebe*, welche der Lebensführung die Richtung wiesen und das Individuum in ihr festhielten. Diese Antriebe aber entsprangen nun einmal in hohem Maß auch der Eigenart der religiösen Glaubensvorstellungen. Der damalige Mensch grübelte über scheinbar abstrakte Dogmen in einem Maße, welches seinerseits wieder nur verständlich wird, wenn wir deren Zusammenhang mit praktisch-religiösen Interessen durchschauen. Der Weg durch einige dogmatische Betrachtungen,[4] welcher dem nicht theologischen Leser ebenso mühsam wie dem theologisch Gebildeten hastig und oberflächlich erscheinen muß, ist unvermeidlich. Dabei können wir freilich nur so verfahren, daß wir die religiösen Gedanken in einer »idealtypisch« kompilierten Konsequenz vorführen, wie sie in der historischen Realität nur selten anzutreffen war. Denn gerade *wegen* der Unmöglichkeit, in der historischen Wirklichkeit scharfe Grenzen zu ziehen, können wir nur bei Untersuchung ihrer *konsequentesten* Formen hoffen, auf ihre spezifischen Wirkungen zu stoßen.

Der Glaube[5] nun, um welchen in den kapitalistisch höchst entwickelten Kulturländern: den Niederlanden, England, Frankreich, im 16. und 17. Jahrhundert die großen politischen und Kulturkämpfe geführt worden sind und dem wir uns deshalb zuerst zuwenden, war der *Calvinismus.*[6] Als sein am meisten charakteristisches Dogma galt damals und gilt im allgemeinen auch heute die Lehre von der *Gnadenwahl.* Man hat zwar darüber gestritten, ob sie »das wesentlichste« Dogma der reformierten Kirche oder ein »Anhängsel« sei. Urteile über die Wesentlichkeit einer historischen Erscheinung sind nun aber entweder Wert- und Glaubensurteile – dann nämlich, wenn das an ihr allein »Interessierende« oder allein dauernd »Wertvolle« damit gemeint ist. Oder es ist das wegen seines Einflusses auf andere historische Hergänge *kausal* Bedeutsame gemeint: dann handelt es sich um historische Zurechnungsurteile. Geht man nun, wie dies hier zu geschehen hat, von diesem letzteren Gesichtspunkt aus und fragt also nach der Bedeutung, welche jenem Dogma nach seinen kulturgeschichtlichen *Wirkungen* zuzumessen ist, so müssen diese sicherlich hoch angeschlagen werden.[7] Der Kulturkampf, den Oldenbarnevelt führte, zerschellte an ihm, die Spaltung in der englischen Kirche wurde unter Jakob I. unüberbrückbar, seit Krone und Puritanismus auch dogmatisch – eben über diese Lehre – differierten, und überhaupt wurde *sie* in erster Linie als das Staatsgefährliche am Calvinismus aufgefaßt und obrigkeitlich bekämpft.[8] Die großen Synoden des 17. Jahrhunderts, vor allem Dordrecht und Westminster, daneben zahlreiche kleinere, stellten ihre Erhebung zu kanonischer Gültigkeit in den Mittelpunkt ihrer Arbeit; unzähligen der Helden der »ecclesia militans« hat sie als fester Halt gedient, und im 18. ebenso wie im 19. Jahrhundert hat sie Kirchenspaltungen hervorgerufen und bei großen Neuerweckungen das Schlachtgeschrei abgegeben. Wir können an ihr nicht vorbeigehen und lernen zunächst ihren Inhalt – da er heute nicht mehr als jedem Gebildeten bekannt gelten darf – authentisch aus den Sätzen der »Westminster Confession« von 1647 kennen, welche in diesem Punkt sowohl von independentischen als von baptistischen Glaubensbekenntnissen einfach wiederholt worden ist:[9]

Kapitel 9. (Vom freien Willen.) Nr. 3: Der Mensch hat durch seinen Fall in den Stand der Sünde gänzlich alle Fähigkeit seines Willens zu irgend etwas geistlich Gutem und die Seligkeit mit sich Führendem verloren, so sehr, daß ein natürlicher Mensch, als gänzlich abgewandt vom Guten und tot in Sünde, nicht fähig ist, sich zu bekehren oder sich auch nur dafür vorzubereiten.

Kapitel 3. (Von Gottes ewigem Ratschluß.) Nr. 3: Gott hat zur Offenbarung seiner Herrlichkeit durch seinen Beschluß einige Menschen ... bestimmt (predestinated) zu ewigem Leben und andere verordnet (foreordained) zu ewigem Tode. Nr. 5: Diejenigen aus dem Menschengeschlecht, welche bestimmt sind zum Leben, hat Gott, bevor der Grund der Welt gelegt wurde, nach seinem ewigen und unveränderlichen Vorsatz und dem geheimen Ratschluß und der Willkür seines Willens erwählt in Christus zu ewiger Herrlichkeit, und dies aus reiner freier Gnade und Liebe, nicht etwa so, daß die Voraussicht von Glauben oder guten Werken oder Beharrlichkeit in einem von beiden, oder irgend etwas anderes in den Geschöpfen, als Bedingung oder Ursache, ihn dazu bewogen hätten, sondern alles zum Preise seiner herrlichen Gnade. Nr. 7: Es gefiel Gott, die übrigen des Menschengeschlechts gemäß dem unerforschlichen Rat seines Willens, wonach er Gnade erteilt oder vorenthält, wie es ihm gefällt, zur Verherrlichung seiner unumschränkten Macht über seine Geschöpfe zu übergehen und sie zu ordnen zu Unehre und Zorn für ihre Sünde, zum Preise seiner herrlichen Gerechtigkeit.

Kapitel 10. (Von wirksamer Berufung.) Nr. 1: Es gefällt Gott, alle die, welche er bestimmt hat zum Leben, und nur sie, zu der von ihm festgesetzten und passenden Zeit durch sein Wort und seinen Geist wirksam zu berufen, ... indem er hinwegnimmt ihr steinernes Herz und ihnen gibt ein fleischernes Herz, indem er ihren Willen erneuert und durch seine allmächtige Kraft sie für das, was gut ist, entscheidet ...

Kapitel 5. (Von der Vorsehung.) Nr. 6: Was die bösen und gottlosen Menschen betrifft, welche Gott als ein gerechter Richter um früherer Sünden willen verblendet und verhärtet, so entzieht er ihnen nicht allein seine Gnade, durch welche ihr Verstand hätte erleuchtet und ihre Herzen ergriffen werden können, sondern zuweilen entzieht er ihnen auch die Gaben, die sie hatten, und bringt sie mit solchen Gegenständen in Beziehung, aus welchen ihre Verderbnis eine Gelegenheit zur Sünde macht, und übergibt sie außerdem ihren eigenen Lüsten, den Versuchungen der Welt und der Macht Satans, wodurch es geschieht, daß sie sich selbst verhärten, sogar durch dieselben Mittel, deren Gott sich zur Erweichung anderer bedient[10].

»Mag ich zur Hölle fahren, aber solch ein Gott wird niemals meine Achtung erzwingen« – war bekanntlich MILTONS Urteil über die Lehre.[11] Aber nicht auf eine Wertung, sondern auf die geschichtliche Stellung des Dogmas kommt es für uns hier an. Nur kurz können wir bei der Frage verweilen: wie diese Lehre entstand und welchen Gedankenzusammenhängen in der calvinistischen Theologie sie sich einfügte. Zwei Wege zu ihr waren möglich. Das Phänomen des religiösen Erlösungsgefühls verknüpft sich gerade bei den aktivsten und leidenschaftlichsten jener großen Beter, wie sie die Geschichte des Christentums seit AUGUSTIN immer wieder gesehen hat, mit der sicheren Empfindung, alles der ausschließlichen Wirksamkeit einer objektiven Macht, nicht das geringste dem eigenen Wert zu danken zu haben. Die mächtige Stimmung froher Sicherheit, in welche sich der ungeheure Krampf des Sündengefühls bei ihnen entlädt, bricht scheinbar gänzlich unvermittelt über sie herein und vernichtet jede Möglichkeit der Vorstellung, daß dieses unerhörte Gnadengeschenk irgendwelcher eigenen Mitwirkung verdankt werden oder mit Leistungen oder Qualitäten des eigenen Glaubens und Wollens verknüpft sein könnte. In jener Zeit seiner höchsten religiösen Genialität, in welcher LUTHER seine »Freiheit eines Christenmenschen« zu schreiben fähig war, stand auch ihm der »heimliche Ratschluß« Gottes als absolut alleinige, grundlose Quelle seines religiösen Gnadenstandes am festesten.[12] Er gab ihn auch später nicht förmlich auf, – aber nicht nur gewann der Gedanke keine zentrale Stellung bei ihm, sondern er tritt immer mehr in den Hintergrund, je »realpolitischer« er als verantwortlicher Kirchenpolitiker notgedrungen wurde. MELANCHTON vermied es ganz absichtlich, die »gefährliche und dunkle« Lehre in die Augsburger Konfession aufzunehmen, und für die Kirchenväter des Luthertums stand es dogmatisch fest, daß die Gnade verlierbar (amissibilis) ist und durch bußfertige Demut und gläubiges Vertrauen auf Gottes Wort und die Sakramente neu gewonnen werden kann. Gerade umgekehrt verlief der Prozeß bei CALVIN[13] in einer fühlbaren Steigerung der Bedeutung der Lehre im Verlauf seiner polemischen Auseinandersetzung mit dogmatischen Gegnern. Sie ist erst in der dritten Auflage seiner »Institutio« [1543] voll entfaltet und gewinnt ihre zentrale Stellung erst posthum in den großen Kulturkämpfen, welche die Synoden von Dordrecht und Westminster abzuschließen suchten. Bei CALVIN ist eben das »decretum horribile« *nicht* wie bei LUTHER *erlebt*, sondern *erdacht*, und deshalb in seiner Bedeutung gesteigert mit jeder weiteren Steigerung der gedanklichen Konsequenz in der Richtung seines lediglich Gott, nicht den Menschen, zugewendeten religiösen Interesses.[14] Nicht Gott ist um der Menschen, sondern die Menschen sind um Gottes willen da, und alles Geschehen – also auch die für CALVIN zweifellose Tatsache, daß nur ein kleiner Teil der Menschen zur Seligkeit berufen ist – kann seinen Sinn ausschließlich als Mittel zum Zweck der Selbstverherrlichung von Gottes Majestät haben. Maßstäbe irdischer »Gerechtigkeit« an seine souveränen Verfügungen anzulegen, ist sinnlos und eine Verletzung seiner Majestät,[15] da er, und er allein, *frei*, d. h. keinem Gesetz unterstellt, ist und seine Ratschlüsse uns nur soweit verständlich und überhaupt bekannt sein können, als er es für gut befand, sie uns mitzuteilen. An diese Fragmente der ewigen Wahrheit allein können wir uns halten, alles andere: – der *Sinn* unseres individuellen Schicksals – ist von dunklen Geheimnissen umgeben, die zu ergründen unmöglich und vermessen ist. Wenn etwa die Verworfenen über das ihrige als unverdient klagen wollten, so wäre das ähnlich, als wenn die Tiere sich beschweren würden, nicht als Menschen geboren zu sein. Denn alle Kreatur ist durch eine unüberbrückbare Kluft von Gott geschieden und verdient vor ihm, soweit er nicht zur Verherrlichung seiner Majestät ein anderes beschlossen hat, lediglich den ewigen Tod. Was wir wissen, ist nur: daß ein Teil der Menschen selig wird, ein anderer verdammt bleibt. Anzunehmen, daß menschliches Verdienst oder Verschulden dieses Schicksal mitbestimme, hieße Gottes absolut freie Entschlüsse, die von Ewigkeit her feststehen, als durch menschliche Einwirkung wandelbar ansehen: ein unmöglicher Gedanke. Aus dem menschlich verständlichen »Vater im Himmel« des Neuen Testaments, der sich über die Wiederkehr des Sünders freut wie ein Weib über den wiedergefundenen Groschen, ist hier ein jedem menschlichen Verständnis entzogenes transzendentes Wesen geworden, welches von Ewigkeit her nach gänzlich unerforschlichen Ratschlüssen jedem Einzelnen sein Geschick zugeteilt und über alles Kleinste im Kosmos verfügt hat.[16] Gottes Gnade ist, da seine Ratschlüsse unwandelbar feststehen, ebenso unverlierbar für die, welchen er sie zuwendet, wie unerreichbar für die, welchen er sie versagt.

In ihrer pathetischen Unmenschlichkeit mußte diese Lehre nun für die Stimmung einer Generation, die sich ihrer grandiosen Konsequenz ergab, vor allem eine Folge haben: das Gefühl einer unerhörten inneren *Vereinsamung des einzelnen Individuums.*[17] In der für die Menschen der Reformationszeit entscheidendsten Angelegenheit des Lebens: der ewigen Seligkeit, war der Mensch darauf verwiesen, seine Straße einsam zu ziehen, einem von Ewigkeit her feststehenden Schicksal entgegen. Niemand konnte ihm helfen. Kein Prediger: – denn nur der Erwählte kann das Gotteswort spiritualiter verstehen. Kein Sakrament: – denn die Sakramente sind zwar von Gott zur Mehrung seines Ruhms verordnet und deshalb unverbrüchlich zu halten, aber kein Mittel, Gottes Gnade zu erlangen, sondern subjektiv nur »externa subsidia« des Glaubens. Keine Kirche: – denn es gilt zwar der Satz »extra ecclesiam nulla salus« in dem Sinne, daß, wer sich von der wahren Kirche fernhält, nimmermehr zu den von Gott Erwählten gehören kann;[18] aber zur (äußeren) Kirche gehören auch die Reprobierten, ja sie *sollen* dazu gehören und ihren Zuchtmitteln unterworfen werden, nicht um dadurch zur Seligkeit zu gelangen – das ist unmöglich –, sondern weil auch sie zu Gottes Ruhm zur Innehaltung seiner Gebote gezwungen werden müssen. Endlich auch: kein Gott: – denn auch Christus ist nur für die Erwählten gestorben,[19] denen Gott seinen Opfertod zuzurechnen von Ewigkeit her beschlossen hatte. Dies: der absolute (im Luthertum noch keineswegs in allen Konsequenzen vollzogene) Fortfall kirchlich-*sakramentalen* Heils, war gegenüber dem Katholizismus das absolut Entscheidende. Jener große religionsgeschichtliche Prozeß der *Entzauberung* der Welt,[20] welcher mit der altjüdischen Prophetie einsetzte und, im Verein mit dem hellenischen wissenschaftlichen Denken, alle *magischen* Mittel der Heilssuche als Aberglaube und Frevel verwarf, fand hier seinen Abschluß. Der echte Puritaner verwarf ja sogar jede Spur von religiösen Zeremonien am Grabe und begrub die ihm Nächststehenden sang- und klanglos, um nur ja keinerlei »superstition«: kein Vertrauen auf Heilswirkungen magisch-sakramentaler Art, aufkommen zu lassen.[21] Es gab nicht nur kein magisches, sondern überhaupt kein Mittel, die Gnade Gottes dem zuzuwenden, dem Gott sie zu versagen sich entschlossen hatte. Verbunden mit der schroffen Lehre von der unbedingten Gottferne und Wertlosigkeit alles rein Kreatürlichen enthält diese innere Isolierung des Menschen einerseits den Grund für die absolut negative Stellung des Puritanismus zu allen sinnlich-*gefühls*mäßigen Elementen in der Kultur und subjektiven Religiösität – weil sie für das Heil unnütz und Förderer sentimentaler Illusionen und des kreaturvergötternden Aberglaubens sind – und damit zur grundsätzlichen Abwendung von aller Sinnenkultur überhaupt.[22] Andererseits aber bildet sie eine der Wurzeln jenes illusionslosen und pessimistisch gefärbten Individualismus,[23] wie er in dem »Volkscharakter« und den Institutionen der Völker mit puritanischer Vergangenheit sich noch heute auswirkt – in so auffälligem Gegensatz zu der ganz andersartigen Brille, durch welche später die »Aufklärung« die Menschen ansah.[24] Wir finden die Spuren dieses Einflusses der

Gnadenwahllehre in der uns beschäftigenden Zeit deutlich in elementaren Erscheinungen der Lebensführung und Lebensanschauung wieder, und zwar auch da, wo ihre Geltung als Dogma schon im Schwinden war: sie war ja eben auch nur die *extremste* Form jener *Exklusivität* des *Gott*vertrauens, auf deren Analyse es hier ankommt. So z. B. in der auffallend oft wiederkehrenden Warnung namentlich der englischen puritanischen Literatur vor jedem Vertrauen auf Menschenhilfe und Menschenfreundschaft.[25] Tiefes Mißtrauen auch gegen den nächsten Freund rät selbst der milde BAXTER an, und BAYLY empfiehlt direkt, niemandem zu trauen und niemanden etwas Kompromittierendes wissen zu lassen: nur Gott soll der Vertrauensmann sein.[26] Im auffälligsten Gegensatz gegen das Luthertum ist denn auch im Zusammenhang mit dieser Lebensstimmung in den Gebieten des voll entwickelten Calvinismus die Privatbeichte, gegen welche CALVIN selbst nur der möglichen sakramentalen Mißdeutung wegen Bedenken hatte, stillschweigend verschwunden: ein Vorgang von größter Tragweite. Zunächst als Symptom für die Art der Wirkung dieser Religiosität. Dann aber auch als psychologischer Entwicklungsreiz für ihre ethische Haltung. Das Mittel zum periodischen »Abreagieren« des affektbetonten Schuldbewußtseins[27] wurde beseitigt. Von den Konsequenzen für die sittliche Alltagspraxis wird noch zu reden sein. Auf der Hand aber liegen die Folgen für die religiöse Gesamtlage der Menschen. In tiefer innerlicher Isolierung vollzog sich, trotz der Heilsnotwendigkeit der Zugehörigkeit zur wahren Kirche,[28] der Verkehr des Calvinismus mit seinem Gott. Wer die spezifischen Wirkungen[29] dieser eigentümlichen Luft empfinden will, der sehe in dem weitaus gelesensten Buch der ganzen puritanischen Literatur: BUNYANS »Pilgrim's progress«,[30] die Schilderung von »Christians« Verhalten an, nachdem ihm das Bewußtsein, in der »Stadt des Verderbens« zu weilen, aufgegangen ist und ihn der Ruf, die Pilgerfahrt zur himmlischen Stadt unverweilt anzutreten, ereilt hat. Weib und Kinder hängen sich an ihn, – aber querfeldein, die Finger in die Ohren steckend, mit dem Ruf: »Life, eternal life!« stürzt er fort, und kein Raffinement könnte besser, als die naive Empfindung des in seinem Gefängnis dichtenden Kesselflickers, der dabei den Beifall einer gläubigen Welt fand, die Stimmung des im Grunde allein mit sich selbst beschäftigten, allein an sein eigenes Heil denkenden puritanischen Gläubigen wiedergeben, wie sie zum Ausdruck kommt in den etwas an GOTTFRIED KELLERS »Gerechte Kammacher« erinnernden salbungsvollen Gesprächen, die er mit Gleichstrebenden unterwegs führt. Erst als er selbst geborgen ist, erwacht der Gedanke, daß es schön wäre, nun auch die Familie bei sich zu haben. Es ist dieselbe qualvolle Angst vor dem Tode und dem Nachher, die wir bei ALFONS VON LIGUORI, wie DÖLLINGER ihn uns geschildert hat, so penetrant überall empfinden – weltweit entfernt von jenem Geist stolzer Diesseitigkeit, dem MACCHIAVELLI in dem Ruhm jener Florentiner Bürger Ausdruck gibt, denen – im Kampf gegen Papst und Interdikt – »die Liebe zur Vaterstadt höher stand als die Angst um das Heil ihrer Seelen«[30a] und, freilich, noch weiter entfernt von Empfindungen, wie sie RICHARD WAGNER Siegmund vor dem Todesgefecht in den Mund legt: »Grüße mir Wotan, grüß mir Walhall ... Doch von Walhall's spröden Wonnen sprich du wahrlich mir nicht«. Nur freilich sind eben die *Wirkungen* dieser Angst bei BUNYAN und LIGUORI so charakteristisch verschieden: dieselbe Angst, welche diesen zu jeder erdenklichen Selbsterniedrigung treibt, spornt jenen zu rastlosem und systematischem Kampf mit dem Leben. Woher dieser Unterschied?

Es scheint zunächst ein Rätsel, wie mit jener Tendenz zur innerlichen Lösung des Individuums aus den engsten Banden, mit denen es die Welt umfangen hält, die unbezweifelbare Überlegenheit des Calvinismus in der sozialen Organisation sich verknüpfen konnte.[31] Allein gerade sie folgt, so seltsam es zunächst scheint, aus der spezifischen Färbung, welche die christliche »Nächstenliebe« unter dem Druck der inneren Isolierung des Einzelnen durch den calvinistischen Glauben annehmen mußte. Sie folgt daraus zunächst dogmatisch.[32] Die

Welt ist dazu – und nur dazu – bestimmt: der Selbstverherrlichung Gottes zu dienen, der erwählte Christ ist dazu – und nur dazu – da, den Ruhm Gottes in der Welt durch Vollstrekkung seiner Gebote an seinem Teil zu mehren. Gott aber will die soziale Leistung des Christen, *denn* er will, daß die soziale Gestaltung des Lebens seinen Geboten gemäß und so eingerichtet werde, daß sie jenem Zweck entspreche. Die soziale[33] Arbeit des Calvinisten in der Welt ist lediglich Arbeit »in majorem gloriam *Dei*«. Diesen Charakter trägt daher auch die *Berufs*arbeit, welche im Dienste des diesseitigen Lebens der Gesamtheit steht. Schon bei LUTHER fanden wir die Ableitung der arbeitsteiligen Berufsarbeit aus der »Nächstenliebe«. Aber was bei ihm ein unsicherer, rein konstruktiv-gedanklicher Ansatz blieb, wurde nun bei den Calvinisten ein charakteristischer Teil ihres ethischen Systems. Die »Nächstenliebe« äußert sich – da sie ja nur Dienst am Ruhme *Gottes*,[34] nicht: der *Kreatur*, sein darf[35] – in *erster* Linie in der Erfüllung der durch die lex naturae gegebenen *Berufs*aufgaben, und sie nimmt dabei einen eigentümlich sachlich-*un*persönlichen Charakter an: den eines Dienstes an der rationalen Gestaltung des uns umgebenden gesellschaftlichen Kosmos. Denn die wunderbar zweckvolle Gestaltung und Einrichtung dieses Kosmos, welcher ja nach der Offenbarung der Bibel und ebenso nach der natürlichen Einsicht augenscheinlich darauf zugeschnitten ist, dem *»Nutzen«* des Menschengeschlechtes zu dienen, läßt die Arbeit im Dienst dieses unpersönlichen gesellschaftlichen Nutzens als Gottes Ruhm fördernd und also gottgewollt erkennen. Die völlige Ausschaltung des Theodizeeproblems und aller jener Fragen nach dem »Sinn« der Welt und des Lebens, an welchen sich andere zerrieben, verstand sich für den Puritaner ganz von selbst, ebenso wie – aus ganz anderen Gründen – für den Juden. Und übrigens in gewissem Sinn für die nichtmystische christliche Religiosität überhaupt. Zu dieser Kräfteökonomie trat beim Calvinismus noch ein weiterer, in gleicher Richtung wirkender Zug hinzu. Der Zwiespalt zwischen dem »Einzelnen« und der »Ethik« (in SÖREN KIERKEGAARDS Sinn) existierte für den Calvinismus nicht, obwohl er den Einzelnen in religiösen Dingen ganz auf sich selbst stellte. Die Gründe dafür und die Bedeutung dieser Gesichtspunkte für den politischen und ökonomischen Rationalismus des Calvinismus zu analysieren, ist hier nicht der Ort. Die Quelle des *utilitarischen* Charakters der calvinistischen Ethik liegt darin, und ebenso gingen wichtige Eigentümlichkeiten der calvinistischen Berufskonzeption daraus hervor.[36] – Hier kehren wir aber zunächst noch einmal zur Betrachtung speziell der Prädestinationslehre zurück.

Denn das für uns entscheidende Problem ist erst: wie wurde diese Lehre *ertragen*[37] in einer Zeit, welcher das Jenseits nicht nur wichtiger, sondern in vieler Hinsicht auch sicherer war als alle Interessen des diesseitigen Lebens?[38] Die eine Frage mußte ja alsbald für jeden einzelnen Gläubigen entstehen und alle anderen Interessen in den Hintergrund drängen: Bin *ich* denn erwählt? Und wie kann *ich* dieser Erwählung sicher werden?[39] – Für CALVIN selbst war dies kein Problem. Er fühlte sich als »Rüstzeug« und war seines Gnadenstandes sicher. Demgemäß hat er auf die Frage, wodurch der Einzelne seiner eigenen Erwählung gewiß werden könne, im Grunde genommen nur die Antwort: daß wir uns an der Kenntnis des Beschlusses Gottes und an dem durch den wahren Glauben bewirkten beharrlichen Zutrauen auf Christus genügen lassen sollen. Er verwirft prinzipiell die Annahme: man könne bei anderen aus ihrem Verhalten erkennen, ob sie erwählt oder verworfen seien, als einen vermessenen Versuch, in die Geheimnisse Gottes einzudringen. Die Erwählten unterscheiden sich in diesem Leben äußerlich in nichts von den Verworfenen,[40] und auch alle subjektiven Erfahrungen der Erwählten sind – als »ludibria spiritus sancti« – auch bei den Verworfenen möglich, mit einziger Ausnahme jenes »*finaliter*« beharrenden gläubigen Vertrauens. Die Erwählten sind und bleiben also Gottes *un*sichtbare Kirche. Anders ganz naturgemäß die Epigonen – schon THEODOR BEZA – und vor allem die breite Schicht der Alltagsmenschen. Für sie mußte die »certitudo salutis« im

Sinn der *Erkenn*barkeit des Gnadenstandes zu absolut überragender Bedeutung aufsteigen,[41] und so ist denn auch überall da, wo die Prädestinationslehre festgehalten wurde, die Frage nicht ausgeblieben, ob es sichere Merkmale gebe, an denen man die Zugehörigkeit zu den »electi« erkennen könne. Nicht nur in der Entwicklung des auf dem Boden der reformierten Kirche zuerst erwachsenen Pietismus hat diese Frage dauernd eine zentrale Bedeutung gehabt, ist in gewissem Sinne für ihn zeitweise geradezu konstitutiv gewesen, sondern wir werden, wenn wir die politisch und sozial so weittragende Bedeutung der reformierten Abendmahlslehre und Abendmahlspraxis betrachten, noch davon zu reden haben, welche Rolle auch außerhalb des Pietismus die Feststellbarkeit des Gnadenstandes des Einzelnen, z. B. für die Frage seiner Zulassung zum Abendmahl, d. h. zu der zentralen, für die soziale Stellung der Teilnehmer entscheidenden Kulthandlung, während des ganzen 17. Jahrhunderts gespielt hat.

Es war zum mindesten, soweit die Frage des *eigenen* Gnadenstandes auftauchte, unmöglich, bei CALVINS, von der orthodoxen Doktrin wenigstens im Prinzip nie förmlich aufgegebener,[42] Verweisung auf das Selbstzeugnis des beharrenden Glaubens, den die Gnade im Menschen wirkt, stehenzubleiben.[43] Vor allem die Praxis der Seelsorge, welche auf Schritt und Tritt mit den durch die Lehre geschaffenen Qualen zu tun hatte, konnte es nicht. Sie fand sich mit diesen Schwierigkeiten in verschiedener Art ab.[44] Soweit dabei nicht die Gnadenwahl uminterpretiert, gemildert und im Grunde aufgegeben wurde,[45] treten namentlich zwei miteinander verknüpfte Typen seelsorgerischer Ratschläge als charakteristisch hervor. Es wird einerseits schlechthin zur Pflicht gemacht, sich für erwählt zu *halten* und jeden Zweifel als Anfechtung des Teufels abzuweisen,[46] da ja mangelnde Selbstgewißheit Folge unzulänglichen Glaubens, also unzulänglicher Wirkung der Gnade sei. Die Mahnung des Apostels zum »Festmachen« der eigenen Berufung wird also hier als Pflicht, im täglichen Kampf sich die subjektive Gewißheit der eigenen Erwähltheit und Rechtfertigung zu erringen, gedeutet. An Stelle der demütigen Sünder, denen LUTHER, wenn sie in reuigem Glauben sich Gott anvertrauen, die Gnade verheißt, werden so jene selbstgewissen »Heiligen« gezüchtet,[47] die wir in den stahlharten puritanischen Kaufleuten jenes heroischen Zeitalters des Kapitalismus und in einzelnen Exemplaren bis in die Gegenwart wiederfinden. Und andererseits wurde, um jene Selbstgewißheit zu *erlangen,* als hervorragendstes Mittel *rastlose Berufsarbeit* eingeschärft.[48] Sie und sie allein verscheuche den religiösen Zweifel und gebe die Sicherheit des Gnadenstandes.

Daß die weltliche Berufsarbeit zu *dieser* Leistung für fähig galt – daß sie, sozusagen, als das geeignete Mittel zum Abreagieren der religiösen Angstaffekte behandelt werden konnte –, hat nun aber seinen Grund in tiefliegenden Eigentümlichkeiten des in der reformierten Kirche gepflegten religiösen Empfindens, welche in ihrem Gegensatz gegen das Luthertum am deutlichsten in der Lehre von der Natur des rechtfertigenden Glaubens zutage treten. Diese Unterschiede sind in SCHNECKENBURGERS schönem Vorlesungszyklus so fein und mit einer solchen Zurückstellung aller Werturteile rein sachlich analysiert,[49] daß die nachfolgenden kurzen Bemerkungen im wesentlichen einfach an seine Darstellung anknüpfen können.

Das höchste religiöse Erlebnis, welchem die lutherische Frömmigkeit, wie sie sich im Verlauf namentlich des 17. Jahrhunderts entwickelte, zustrebt, ist die »unio mystica« mit der Gottheit.[50] Wie schon die Bezeichnung, die in dieser Fassung der reformierten Lehre unbekannt ist, andeutet, handelt es sich um ein substantielles Gottesgefühl: die Empfindung eines realen Eingehens des Göttlichen in die gläubige Seele, welches qualitativ mit den Wirkungen der Kontemplation der deutschen Mystiker gleichartig ist, und durch seinen *passiven,* auf die Erfüllung der Sehnsucht nach *Ruhe* in Gott ausgerichteten Charakter und seine rein stimmungsmäßige Innerlichkeit gekennzeichnet ist. Nun ist an sich eine mystisch gewendete Religiosität nicht nur – wie aus der Geschichte der Philosophie bekannt – mit ausgeprägt realistischem Wirklichkeitssinn auf dem Gebiet des empirisch Gegebenen sehr gut vereinbar, ja, zufolge der Ablehnung dialektischer Doktrinen oft seine direkte Stütze. Sondern ebenso kann die Mystik auch indirekt der rationalen Lebensführung geradezu zugute kommen. Immerhin mangelt ihrer Beziehung zur Welt naturgemäß die positive Wertung äußerer Aktivität. Nun war aber im Luthertum überdies die »unio mystica« kombiniert mit jenem tiefen Gefühl erbsündlicher Unwürdigkeit, welches die auf Erhaltung der für die Sündenvergebung unentbehrlichen Demut und Einfalt gerichtete »poenitentia quotidiana« des lutherischen Gläubigen sorgsam bewahren sollte. Die spezifisch reformierte Religiosität dagegen stand der quietistischen Weltflucht PASCALS wie dieser lutherischen, rein nach innen gerichteten Stimmungsfrömmigkeit von Anfang an ablehnend gegenüber. Das reale Eingehen des Göttlichen in die Menschenseele war durch die absolute Transzendenz Gottes gegenüber allem Kreatürlichen ausgeschlossen: »finitum non est capax infiniti«. Die Gemeinschaft Gottes mit seinen Begnadeten konnte vielmehr nur so stattfinden und zum Bewußtsein kommen, daß Gott in ihnen *wirkte* (»operatur«) und daß sie sich dessen bewußt wurden, – daß also ihr *Handeln* aus dem durch Gottes Gnade gewirkten Glauben entsprang und dieser Glaube wiederum sich durch die Qualität jenes Handelns als von Gott gewirkt legitimierte. Tiefgehende, für die Klassifikation aller praktischen Religiosität überhaupt geltende Unterschiede der entscheidenden Heilszuständlichkeiten[51] kommen darin zum Ausdruck: der religiöse Virtuose kann seines Gnadenstandes sich versichern *entweder*, indem er sich als Gefäß, *oder*, indem er sich als Werkzeug göttlicher Macht fühlt. Im ersten Fall neigt sein religiöses Leben zu mystischer Gefühlskultur, im letzteren zu asketischem *Handeln*. Dem ersten Typus stand LUTHER näher, dem letztern gehörte der Calvinismus an. »Sola fide« wollte auch der Reformierte selig werden. Aber da schon nach CALVINS Ansicht alle bloßen Gefühle und Stimmungen, mögen sie noch so erhaben zu sein scheinen, trügerisch sind,[52] muß der Glaube sich in seinen objektiven *Wirkungen* bewähren, um der certitudo salutis als sichere Unterlage dienen zu können: er muß eine »fides efficax«,[53] die Berufung zum Heil ein »effectual calling« (Ausdruck der Savoy Declaration) sein. Stellt man nun weiter die Frage, an *welchen* Früchten der Reformierte denn den rechten Glauben unzweifelhaft zu erkennen vermöge, so wird darauf geantwortet: an einer Lebensführung des Christen, die zur Mehrung von *Gottes Ruhm* dient. Was dazu dient, ist aus seinem, direkt in der Bibel offenbarten oder indirekt aus den von ihm geschaffenen zweckvollen Ordnungen der Welt (lex naturae)[54] ersichtlichen, Willen zu entnehmen. Speziell durch Vergleichung des eigenen Seelenzustandes mit dem, welcher nach der Bibel den Erwählten, z. B. den Erzvätern eignete, kann man seinen eigenen Gnadenstand kontrollieren.[55] Nur ein Erwählter *hat* wirklich die fides efficax,[56] nur er ist fähig, vermöge der Wiedergeburt (regeneratio) und der aus dieser folgenden Heiligung (sanctificatio) seines ganzen Lebens Gottes Ruhm durch wirklich, nicht nur scheinbar, gute Werke zu mehren. Und indem er sich dessen bewußt ist, daß sein Wandel – wenigstens dem Grundcharakter und konstanten Vorsatz (propositum oboedientiae) nach – auf einer in ihm lebenden Kraft[57] zur Mehrung des Ruhmes Gottes ruht, also nicht nur gottgewollt, sondern vor allem gott*gewirkt* ist,[58] erlangt er jenes höchste Gut, nach dem diese Religiosität strebte: die Gnadengewißheit.[59] Daß sie zu erlangen sei, wurde aus 2 Kor. 13,5 erhärtet.[60] So absolut ungeeignet also gute Werke sind, als Mittel zur Erlangung der Seligkeit zu dienen – denn auch der Erwählte bleibt Kreatur, und alles, was er tut, bleibt in unendlichem Abstand hinter Gottes Anforderungen zurück –, so unentbehrlich sind sie als *Zeichen* der Erwählung.[61] Sie sind das technische Mittel, nicht: die Seligkeit zu erkaufen, sondern: die Angst um die Seligkeit loszuwerden. In diesem Sinn werden sie gelegentlich direkt als »zur Seligkeit unentbehrlich« bezeichnet[62] oder die »possessio salutis« an sie geknüpft.[63] Das bedeutet nun aber praktisch im Grunde: daß Gott dem hilft, der sich selber hilft,[64] daß also der Calvinist, wie es auch gelegentlich ausgedrückt wird, seine Seligkeit – korrekt müßte es heißen: die *Gewißheit* von derselben – *selbst* »*schafft*«,[65] daß aber dieses Schaffen *nicht* wie im Katholizismus in einem allmählichen Aufspeichern verdienstlicher Einzelleistungen bestehen *kann*, sondern in einer zu *jeder Zeit* vor der Alternative: »erwählt oder verworfen?« stehenden *systematischen* Selbst*kontrolle*. Damit gelangen wir zu einem sehr wichtigen Punkt unserer Betrachtungen.

Immer wieder ist bekanntlich jenem in den reformierten Kirchen und Sekten mit steigender Deutlichkeit[66] sich herausarbeitenden Gedankengang von lutherischer Seite der Vorwurf der »Werkheiligkeit« gemacht worden.[67] Und – so berechtigt der Widerspruch der Angegriffenen gegen die Identifikation ihrer *dogmatischen* Stellung mit der katholischen Lehre war – sicherlich mit Recht, sobald die *praktischen* Konsequenzen für das Alltagsleben der reformierten Durchschnittschristen damit gemeint sind.[68] Denn es hat vielleicht nie eine intensivere Form religiöser Schätzung des sittlichen *Handelns* gegeben, als die, welche der Calvinismus in seinen Anhängern erzeugte. Aber entscheidend für die praktische Bedeutung dieser Art »Werkheiligkeit« ist erst die Erkenntnis der *Qualitäten*, welche die ihr entsprechende Lebensführung charakterisierten und sie von dem Alltagsleben eines mittelalterlichen Durchschnittschristen unterschieden. Man kann sie wohl etwa so zu formulieren versuchen: der normale mittelalterliche katholische Laie[69] lebte in ethischer Hinsicht gewissermaßen »von der Hand in den Mund«. Er erfüllte zunächst gewissenhaft die traditionellen Pflichten. Seine darüber hinausgehenden »guten Werke« aber blieben normalerweise eine nicht notwendig zusammenhängende, zum wenigsten eine nicht notwendigerweise zu einem Lebens*system* rationalisierte Reihe *einzelner* Handlungen, die er je nach Gelegenheit, etwa zur Ausgleichung konkreter Sünden oder unter dem Einfluß der Seelsorge oder gegen Ende seines Lebens gewissermaßen als Versicherungsprämie vollzog. Natürlich war die katholische Ethik »Gesinnungs«ethik. Aber die konkrete »intentio« der *einzelnen* Handlung entschied über deren Wert. Und die *einzelne* – gute oder schlechte – Handlung wurde dem Handelnden angerechnet, beeinflußte sein zeitliches und ewiges Schicksal. Ganz realistisch rechnete die Kirche damit, daß der Mensch *keine* absolut eindeutig determinierte und zu bewertende Einheit, sondern daß sein sittliches Leben (normalerweise) ein durch streitende Motive beeinflußtes, oft sehr widerspruchsvolles Sichverhalten sei. Gewiß forderte auch sie von ihm als Ideal *prinzipielle* Wandlung des Lebens. Aber eben diese Forderung schwächte sie (für den Durchschnitt) durch eines ihrer allerwichtigsten Macht- und Erziehungsmittel wieder ab: durch das Bußsakrament, dessen Funktion tief mit der innersten Eigenart der katholischen Religiosität verknüpft war.

Die »Entzauberung« der Welt: die Ausschaltung der *Magie* als Heilsmittel,[70] war in der katholischen Frömmigkeit nicht zu den Konsequenzen durchgeführt wie in der puritanischen (und vor ihr nur in der jüdischen) Religiosität. Dem Katholiken[71] stand die *Sakramentsgnade* seiner Kirche als Ausgleichsmittel eigener Unzulänglichkeit zur Verfügung: der Priester war ein Magier, der das Wunder der Wandlung vollbrachte und in dessen Hand die Schlüsselgewalt gelegt war. Man konnte sich in Reue und Bußfertigkeit an ihn wenden, er spendete Sühne, Gnadenhoffnung, Gewißheit der Vergebung und gewährte damit die *Entlastung* von jener ungeheuren *Spannung,* in welcher zu leben das unentrinnbare und durch nichts zu lindernde Schicksal des Calvinisten war. Für diesen gab es jene freundlichen und menschlichen Tröstungen nicht, und er konnte auch nicht hoffen, Stunden der Schwäche und des Leichtsinns durch erhöhten guten Willen in anderen Stunden wettzumachen, wie der Katholik und auch der Lutheraner. Der Gott des Calvinismus verlangte von den Seinigen nicht einzelne »gute Werke«, sondern eine zum *System* gesteigerte Werkheiligkeit.[72] Von dem katholischen, echt menschlichen Auf und Ab zwischen Sünde, Reue, Buße, Entlastung, neuer Sünde oder von einem durch zeitliche Strafen abzubüßenden, durch kirchliche Gnadenmittel zu begleichenden

Saldo des Gesamtlebens war keine Rede. Die ethische Praxis des Alltagsmenschen wurde so ihrer Plan- und Systemlosigkeit entkleidet und zu einer konsequenten *Methode* der ganzen Lebensführung ausgestaltet. Es ist ja kein Zufall, daß der Name der »Methodisten« ebenso an den Trägern der letzten großen Wiederbelebung puritanischer Gedanken im 18. Jahrhundert haften geblieben ist, wie die dem Sinne nach durchaus gleichwertige Bezeichnung »Präzisisten« auf ihre geistigen Vorfahren im 17. Jahrhundert angewendet worden war.[73] Denn nur in einer fundamentalen Umwandlung des Sinnes des ganzen Lebens in jeder Stunde und jeder Handlung[74] konnte sich das Wirken der Gnade als einer Enthebung des Menschen aus dem status naturae in den status gratiae bewähren. Das Leben des »Heiligen« war ausschließlich auf ein transzendentes Ziel: die Seligkeit, ausgerichtet, aber *ebendeshalb* in seinem diesseitigen Verlauf durchweg *rationalisiert* und beherrscht von dem ausschließlichen Gesichtspunkt, Gottes Ruhm auf Erden zu mehren; – und niemals ist mit dem Gesichtspunkt »omnia in majorem dei gloriam« so bitterer Ernst gemacht worden.[75] Nur ein durch konstante Reflexion geleitetes Leben aber konnte als Überwindung des status naturalis gelten: DESCARTES' »cogito ergo sum« wurde in dieser ethischen Umdeutung von den zeitgenössischen Puritanern übernommen.[76] Diese Rationalisierung nun gab der reformierten Frömmigkeit ihren spezifisch *asketischen* Zug und begründete ebenso ihre innere Verwandtschaft[77] wie ihren spezifischen Gegensatz zum Katholizismus. Denn natürlich war ähnliches dem Katholizismus nicht etwa fremd.

Die christliche Askese enthielt in sich zweifellos sowohl der äußeren Erscheinung wie dem Sinn nach höchst Verschiedenartiges. Im Okzident aber trug sie in ihren höchsten Erscheinungsformen bereits im Mittelalter durchaus und in manchen Erscheinungen schon in der Antike einen *rationalen* Charakter. Die welthistorische Bedeutung der mönchischen Lebensführung im Okzident in ihrem Gegensatz zum orientalischen Mönchtum – nicht: seiner Gesamtheit, aber seinem allgemeinen Typus – beruht darauf. Sie war im Prinzip schon in der Regel des heiligen Benedikt, noch mehr bei den Cluniazensern, wiederum mehr bei den Zisterziensern, am entschiedensten endlich bei den Jesuiten, emanzipiert von planloser Weltflucht und virtuosenhafter Selbstquälerei. Sie war zu einer systematisch durchgebildeten Methode rationaler Lebensführung geworden, mit dem Ziel, den status naturae zu überwinden, den Menschen der Macht der irrationalen Triebe und der Abhängigkeit von Welt und Natur zu entziehen, der Suprematie des planvollen Wollens zu unterwerfen,[78] seine Handlungen beständiger Selbst*kontrolle* und der *Erwägung* ihrer ethischen Tragweite zu unterstellen und so den Mönch – objektiv – zu einem Arbeiter im Dienst des Reiches Gottes zu erziehen und dadurch wiederum – subjektiv – seines Seelenheils zu versichern. Diese – *aktive* – Selbstbeherrschung war, wie das Ziel der exercitia des heiligen Ignatius und der höchsten Formen rationaler mönchischer Tugenden überhaupt,[79] so auch das entscheidende praktische Lebensideal des Puritanismus.[80] Schon in der tiefen Verachtung, mit der in den Berichten über die Verhöre seiner Märtyrer das fassungslose Poltern der adligen Prälaten und Beamten der kühlen reservierten Ruhe seiner Bekenner entgegengehalten wird,[81] tritt jene in den besten Typen noch des heutigen englischen und angloamerikanischen »gentleman« vertretene Schätzung reservierter Selbstkontrolle hervor.[82] In der uns geläufigen Sprache:[83] Die puritanische – wie jede »rationale« – Askese arbeitete daran, den Menschen zu befähigen, seine »konstanten Motive«, insbesondere diejenigen, welche sie selbst ihm »einübte«, gegenüber den »Affekten« zu behaupten und zur Geltung zu bringen: – daran also, ihn zu einer »Persönlichkeit« in *diesem*, formal-psychologischen Sinne des Worts zu erziehen. Ein waches, bewußtes, helles Leben führen zu können, war, im Gegensatz zu manchen populären Vorstellungen, das Ziel – die Vernichtung der Unbefangenheit des triebhaften Lebensgenusses die dringendste Aufgabe –, *Ordnung* in die Lebensführung derer, die ihr anhingen, zu bringen, das wichtigste

Mittel der Askese. Alle diese entscheidenden Gesichtspunkte finden sich in den Regeln des katholischen Mönchtums ganz ebenso[84] ausgeprägt wie in den Grundsätzen der Lebensführung der Calvinisten.[85] Auf dieser methodischen Erfassung des ganzen Menschen beruht bei beiden ihre ungeheure weltüberwindende Macht, speziell beim Calvinismus gegenüber dem Luthertum seine Fähigkeit, als »ecclesia militans« den Bestand des Protestantismus zu sichern.

Worin andererseits der *Gegensatz* der calvinistischen gegen die mittelalterliche Askese bestand, liegt auf der Hand: es war der Wegfall der »consilia evangelica« und damit die Umgestaltung der Askese zu einer rein *inner*weltlichen. Nicht als ob innerhalb des Katholizismus das »methodische« Leben auf die Klosterzellen beschränkt geblieben wäre. Das war theoretisch keineswegs und auch in der Praxis nicht der Fall. Es ist vielmehr schon hervorgehoben worden, daß trotz der größeren moralischen Genügsamkeit des Katholizismus ein ethisch systemloses Leben *nicht* an die höchsten Ideale heranreicht, welche er – auch für das innerweltliche Leben – gezeitigt hat.[86] Der Tertiarierorden des heiligen FRANZ war z. B. ein mächtiger Versuch in der Richtung asketischer Durchdringung des Alltagslebens, und bekanntlich nicht etwa der einzige. Werke freilich, wie die »Nachfolge Christi«, zeigen gerade *durch* die Art ihrer starken Wirkung, wie die in ihnen gepredigte Weise der Lebensführung als ein *Höheres* gegenüber der als Minimum genügenden Alltagssittlichkeit empfunden wurde, und daß diese letztere eben *nicht* an Maßstäben, wie sie der Puritanismus bereithielt, gemessen wurde. Und die *Praxis* gewisser kirchlicher Institutionen, vor allem des Ablasses, der auch deshalb in der Reformationszeit nicht als ein peripherischer Mißbrauch, sondern als der entscheidende Grundschaden schlechthin empfunden wurde, mußte immer wieder die Ansätze systematischer innerweltlicher Askese kreuzen. Das Entscheidende aber war: daß der im religiösen Sinn methodisch lebende Mensch par excellence *eben doch allein der Mönch* war und blieb, daß also die Askese, je intensiver sie den Einzelnen erfaßte, desto *mehr* ihn aus dem Alltagsleben *heraus*drängte, weil eben in der *Überbietung* der innerweltlichen Sittlichkeit[87] das spezifisch heilige Leben lag. Das hatte zunächst – und zwar nicht als Vollstrecker irgendeiner »Entwicklungstendenz«, sondern aus ganz persönlichen Erfahrungen heraus, anfänglich übrigens in den praktischen Konsequenzen noch schwankend, dann durch die *politische* Situation weitergedrängt – LUTHER beseitigt, und der Calvinismus hat dies von ihm einfach übernommen.[88] Es traf für dessen Art von Religiosität in der Tat den Kern der Sache, wenn schon SEBASTIAN FRANCK die Bedeutung der Reformation darin fand, daß nun *jeder* Christ ein Mönch sein müsse sein Leben lang. Dem Herausfluten der Askese aus dem weltlichen Alltagsleben war ein Damm vorgebaut, und jene leidenschaftlich ernsten innerlichen Naturen, die bisher dem Mönchtum seine besten Repräsentanten geliefert hatten, waren nun darauf hingewiesen, *innerhalb* des weltlichen Berufslebens asketischen Idealen nachzugehen. Der Calvinismus fügte aber im Verlauf seiner Entwicklung etwas Positives: den Gedanken der Notwendigkeit der *Bewährung des Glaubens* im weltlichen Berufsleben[89] hinzu. Er gab damit den breiteren Schichten der religiös orientierten Naturen den *positiven Antrieb* zur Askese, und mit der Verankerung seiner Ethik an der Prädestinationslehre trat so an die Stelle der geistlichen Aristokratie der Mönche außer und über der Welt die geistliche Aristokratie der durch Gott von Ewigkeit her prädestinierten Heiligen *in* der Welt[90], eine Aristokratie, die mit ihrem character indelebilis von der übrigen, von Ewigkeit her verworfenen Menschheit durch eine prinzipiell unüberbrückbarere und in ihrer Unsichtbarkeit unheimlichere Kluft getrennt war[91] als der äußerlich von der Welt abgeschiedene Mönch des Mittelalters – eine Kluft, die in harter Schärfe in *alle* sozialen Empfindungen einschnitt. Denn diesem Gottesgnadentum der Erwählten und deshalb Heiligen war angesichts der Sünde des Nächsten nicht nachsichtige Hilfsbereitschaft im Bewußtsein der eigenen Schwäche, sondern der Haß und die Verachtung gegen ihn als einen Feind Gottes, der das Zeichen ewiger Verwerfung an sich trägt, adäquat.[92] Diese Empfindungsweise war einer solchen Steigerung fähig, daß sie unter Umständen in *Sekten*bildung ausmünden konnte. Dies war dann der Fall, wenn – wie bei den »independentischen« Richtungen des 17. Jahrhunderts – der genuin calvinistische Glaube: daß Gottes Ruhm es erfordere, die Verworfenen durch die Kirche unter das Gesetz zu beugen, überwogen wurde durch die Überzeugung: daß es Gott zur Schmach gereiche, wenn in seiner Herde ein Unwiedergeborener sich befinde und an den Sakramenten teilnehme oder sie gar – als angestellter Prediger – verwalte.[93] Wenn also, mit einem Wort, der donatistische Kirchenbegriff als Konsequenz des Bewährungsgedankens auftauchte, wie dies bei den calvinistischen Baptisten der Fall war. Und auch wo die volle Konsequenz der Forderung der »reinen« Kirche als der Gemeinschaft der als wiedergeboren Bewährten: die Sektenbildung, nicht gezogen wurde, gingen mannigfache Ausgestaltungen der Kirchenverfassung aus dem Versuch hervor, wiedergeborene und unwiedergeborene, zum Sakrament nicht reife, Christen zu scheiden, den ersteren das Kirchenregiment vorzubehalten oder ihnen sonst eine Sonderstellung einzuräumen, und nur wiedergeborene Prediger zuzulassen.[94]

Ihre feste Norm, an der sie sich stetig orientieren konnte und deren sie ja offensichtlich bedurfte, empfing nun diese asketische Lebensführung natürlich durch die Bibel. Und zwar ist an der oft geschilderten »Bibliokratie« des Calvinismus für uns das Wichtige: daß das *Alte* Testament, weil ebenso inspiriert wie das Neue, in seinen Moralvorschriften, soweit sie nicht ersichtlich nur für die historischen Verhältnisse des Judentums bestimmt oder durch Christus ausdrücklich abrogiert waren, an Dignität dem Neuen durchaus *gleich*stand. Gerade für die *Gläubigen* war das Gesetz als ideale, nie ganz erreichbare, aber doch geltende Norm gegeben,[95] während LUTHER umgekehrt – ursprünglich – die *Freiheit* von der Gesetzesknechtschaft als göttliches Privileg der Gläubigen gepriesen hatte.[96] Die Wirkung gottinniger und doch völlig nüchterner hebräischer Lebensweisheit, welche in den von den Puritanern am meisten gelesenen Büchern: den Sprüchen Salomos und manchen Psalmen, niedergelegt ist, fühlt man in ihrer ganzen Lebensstimmung. Speziell der *rationale* Charakter: die Unterbindung der mystischen, überhaupt der *Gefühls*seite der Religiosität, ist schon von SANFORD[97] mit Recht auf die Einwirkung des Alten Testamentes zurückgeführt worden. Immerhin war an sich dieser alttestamentliche Rationalismus als solcher wesentlich kleinbürgerlich-traditionalistischen Charakters, und nicht nur standen daneben das mächtige Pathos der Propheten und vieler Psalmen, sondern auch Bestandteile, welche für die Entwicklung spezifischer Gefühlsreligiosität schon im Mittelalter die Anknüpfungspunkte gegeben hatten.[98] Es war also letztlich doch wieder der *eigene*, und zwar eben: der asketische, Grundcharakter des Calvinismus selbst, welcher die ihm kongenialen Bestandteile alttestamentlicher Frömmigkeit auslas und sich assimilierte.

Jene Systematisierung der ethischen Lebensführung nun, welche die Askese des calvinistischen Protestantismus mit den rationalen Formen des katholischen Ordenslebens gemeinsam hat, tritt schon rein äußerlich in der Art zutage, wie der »präzise« puritanische Christ seinen Gnadenstand fortlaufend *kontrollierte*.[99] Zwar das religiöse Tagebuch, in welches Sünden, Anfechtungen und die in der Gnade gemachten Fortschritte fortlaufend oder auch tabellarisch eingetragen wurden, war der, in erster Linie von den Jesuiten geschaffenen, modernkatholischen Frömmigkeit (namentlich Frankreichs) mit derjenigen der kirchlich eifrigsten reformierten Kreise[100] gemeinsam. Aber während es im Katholizismus dem Zweck der Vollständigkeit der Beichte diente oder dem »directeur de l'âme« die Unterlage zu seiner autoritären Leitung des Christen bzw. (meist) der Christin bot, »fühlte sich« der reformierte Christ mit seiner Hilfe *selbst* »den Puls«. Von allen bedeutenden Moraltheologen wird es erwähnt; noch BENJAMIN FRANKLINS tabellarisch-statistische Buchführung über seine Fortschritte in den einzelnen Tugenden gibt ein klassisches Beispiel dafür.[101]

Und andererseits wurde das alte mittelalterliche (und schon antike) Bild von der Buchführung Gottes bei BUNYAN bis zu der charakteristischen Geschmacklosigkeit gesteigert, daß das Verhältnis des Sünders zu Gott mit dem eines Kunden zum shopkeeper verglichen wird: wer einmal in die Kreide geraten ist, wird mit dem Ertrag all seiner eigenen Verdienste allenfalls die auflaufenden Zinsen, niemals aber die Hauptsumme abtragen können.[102] Wie sein eigenes Verhalten, so kontrollierte aber der spätere Puritaner auch dasjenige Gottes und sah in allen Einzelfügungen des Lebens seinen Finger. Und, im Gegensatz zu CALVINS genuiner Lehre, wußte er daher, warum Gott diese oder jene Verfügung traf. Die Heiligung des Lebens konnte so fast den Charakter eines Geschäftsbetriebs annehmen.[103] Eine penetrante Christianisierung des ganzen Daseins war die Konsequenz dieser *Methodik* der ethischen Lebensführung, welche der Calvinismus im Gegensatz zum Luthertum erzwang. Daß diese *Methodik* für die Beeinflussung des Lebens das Entscheidende war, hat man sich zum richtigen Verständnis der Art der Wirkung des Calvinismus stets vor Augen zu halten. Einerseits ergibt sich daraus, daß eben erst *diese* Ausprägung jenen Einfluß üben konnte, andererseits aber, daß auch andere Bekenntnisse, wenn ihre ethischen Antriebe in diesem entscheidenden Punkt: dem Bewährungsgedanken, die gleichen waren, in der gleichen Richtung wirken mußten.

Wir haben bisher uns auf dem Boden der calvinistischen Religiosität bewegt und demgemäß die Prädestinationslehre als dogmatischen Hintergrund der puritanischen Sittlichkeit im Sinn methodisch rationalisierter ethischer Lebensführung vorausgesetzt. Dies geschah deshalb, weil jenes Dogma tatsächlich auch weit über die Kreise derjenigen religiösen Partei, welche in jeder Hinsicht streng auf dem Boden CALVINS sich gehalten hat: der »Presbyterianer«, als Eckstein der reformierten Lehre festgehalten wurde: nicht nur die independentische Savoy Declaration von 1658, sondern ebenso die baptistische Hanserd Knollys Confession von 1689 enthielten sie, und auch innerhalb des Methodismus war zwar JOHN WESLEY, das große organisatorische Talent seiner Bewegung, Anhänger der Universalität der Gnade, der große Agitator der ersten methodistischen Generation und ihr konsequentester Denker aber: WHITEFIELD, ebenso wie der um LADY HUNTINGDON gescharte, zeitweise doch recht einflußreiche Kreis Anhänger des »Gnadenpartikularismus«. In ihrer grandiosen Geschlossenheit war es diese Lehre, welche in der schicksalvollsten Epoche des 17. Jahrhunderts den Gedanken: Rüstzeug Gottes und Vollstrekker seiner providentiellen Fügungen zu sein,[104] in den kämpfenden Vertretern des »heiligen Lebens« aufrechterhielt und den vorzeitigen Kollaps in eine rein utilitarische Werkheiligkeit mit nur diesseitiger Orientierung hinderte, die ja zu so unerhörten Opfern um irrationaler und idealer Ziele willen niemals fähig gewesen wäre. Und die Verbindung des Glaubens an unbedingt geltende Normen mit absolutem Determinismus und völliger Transzendenz des Übersinnlichen, welche sie in einer in ihrer Art genialen Form herstellte, war ja gleichzeitig – im Prinzip – außerordentlich viel *»moderner«* als die dem Gefühl mehr zusagende mildere Lehre, welche auch Gott dem Sittengesetz unterstellte. Vor allem aber war der, wie sich immer wieder zeigen wird, für unsere Betrachtungen fundamentale *Bewährungs*gedanke als psychologischer Ausgangspunkt der methodischen Sittlichkeit gerade an der Gnadenwahllehre und ihrer Bedeutung für das Alltagsleben so sehr in »Reinkultur« zu studieren, daß wir, da dieser Gedanke als Schema der Verknüpfung von Glauben und Sittlichkeit bei den weiterhin zu betrachtenden Denominationen sehr gleichmäßig wiederkehrt, von jener Lehre als der konsequentesten Form auszugehen hatten. Innerhalb des Protestantismus bildeten die Konsequenzen, welche *sie* bei ihren ersten Anhängern für die asketische Gestaltung der Lebensführung haben mußte, die *prinzipiellste* Antithese zur (relativen) sittlichen Ohnmacht des Luthertums. Die lutherische »gratia amissibilis«, welche durch bußfertige Reue jederzeit wiedergewonnen werden konnte, enthielt *an sich* offenbar keinerlei Antrieb zu dem, was für uns hier als Produkt des asketischen Protestantismus wichtig ist:

zu einer systematischen rationalen Gestaltung des ethischen Gesamtlebens.[105] Die lutherische Frömmigkeit ließ demgemäß die unbefangene Vitalität triebmäßigen Handelns und naiven Gefühlslebens ungebrochener: es fehlte jener Antrieb zur konstanten Selbstkontrolle und damit überhaupt zur *plan*mäßigen Reglementierung des eigenen Lebens, wie ihn die unheimliche Lehre des Calvinismus enthielt. Der religiöse Genius, wie LUTHER, lebte in dieser Luft freier Weltoffenheit unbefangen und – solange die Kraft seiner Schwingen reichte! – ohne Gefahr des Versinkens in den »status naturalis«. Und jene schlichte, feine und eigentümlich stimmungsvolle Form der Frömmigkeit, welche manche der höchsten Typen des Luthertums geschmückt hat, findet, ebenso wie ihre gesetzesfreie Sittlichkeit, auf dem Boden des genuinen Puritanismus selten, weit eher dagegen z. B. innerhalb des milden Anglikanismus der HOOKER, CHILLINGSWORTH u. a., ihre Parallele. Aber für den lutherischen Alltagsmenschen, auch den tüchtigen, war nichts sicherer, als daß er aus dem status naturalis nur temporär – solange der Einfluß der einzelnen Beichte oder Predigt reichte, – herausgehoben wurde. Bekannt ist ja der den Zeitgenossen so auffällige Unterschied zwischen dem ethischen Standard der reformierten Fürstenhöfe gegenüber den so oft in Trunk und Roheit versunkenen lutherischen,[106] ebenso die Hilflosigkeit der lutherischen Geistlichkeit mit ihrer reinen Glaubenspredigt gegenüber der asketischen Bewegung des Täufertums. Was man an den Deutschen als »Gemütlichkeit« und »Natürlichkeit« empfindet, im Gegensatz zu der – bis auf die Physiognomie der Menschen – noch heute unter der Nachwirkung jener gründlichen Vernichtung der Unbefangenheit des »status naturalis« stehenden angloamerikanischen Lebensluft, und was Deutsche an dieser letzteren regelmäßig als Enge, Unfreiheit und innerliche Gebundenheit zu befremden pflegt – das sind Gegensätze der Lebensführung, welche ganz wesentlich auch jener *geringeren* asketischen Durchdringung des Lebens durch das Luthertum im Gegensatz zum Calvinismus entstammen. Die Antipathie des unbefangenen »Weltkindes« gegen das Asketische spricht sich in jenen Empfindungen aus. Dem Luthertum fehlte eben, und zwar infolge seiner Gnadenlehre, der psychologische Antrieb zum Systematischen in der Lebensführung, der ihre methodische Rationalisierung erzwingt. Dieser Antrieb, der den asketischen Charakter der Frömmigkeit bedingt, *konnte* an sich zweifellos durch verschieden geartete religiöse Motive erzeugt werden, wie wir bald sehen werden: die Prädestinationslehre des Calvinismus war nur *eine* von verschiedenen Möglichkeiten. Aber allerdings überzeugten wir uns, daß sie in ihrer Art nicht nur von ganz einzigartiger Konsequenz war, sondern auch von ganz eminenter psychologischer Wirksamkeit.[107] Die *nicht*calvinistischen asketischen Bewegungen erscheinen danach, rein unter dem Gesichtspunkt der religiösen Motivierung ihrer Askese betrachtet, als *Abschwächungen* der inneren Konsequenz des Calvinismus.

Aber auch in der Wirklichkeit der geschichtlichen Entwicklung lagen die Dinge, zwar nicht durchweg, aber doch meist so, daß die reformierte Form der Askese von den übrigen asketischen Bewegungen entweder nachgeahmt oder bei der Ausbildung der eigenen, davon abweichenden oder darüber hinausgehenden Grundsätze vergleichend und ergänzend herangezogen wurde. Wo trotz andersartiger Glaubensfundamentierung dennoch die gleiche asketische Konsequenz auftrat, war dies regelmäßig Folge der Kirchen*verfassung*, von der in anderem Zusammenhang zu reden ist.[108]

Historisch ist der Gedanke der Gnadenwahl jedenfalls der Ausgangspunkt für die üblicherweise als »*Pietismus*« bezeichnete asketische Richtung gewesen. Es ist, soweit sich diese Bewegung innerhalb der reformierten Kirche gehalten hat, nahezu unmöglich, eine bestimmte Grenze zwischen pietistischen und nicht pietistischen Calvinisten zu ziehen.[109] Fast alle pronozierten Vertreter des Puritanismus sind gelegentlich unter die Pietisten gerechnet worden, und es ist eine Auffassung durchaus statthaft, welche alle jene Zusammenhänge zwischen Prädestination und Bewährungsgedanken, mit dem ihnen zugrunde liegenden Interesse an der Gewinnung der subjektiven

»certitudo salutis«, wie sie oben dargestellt wurden, bereits als pietistische Fortbildung der genuinen Lehre CALVINS ansieht. Die Entstehung asketischer revivals innerhalb der reformierten Gemeinschaften ist, namentlich in Holland, ganz regelmäßig mit einem Wiederaufflammen der zeitweilig in Vergessenheit geratenen oder abgeschwächten Gnadenwahllehre verbunden gewesen. Für England pflegt man deshalb den Begriff »Pietismus« meist gar nicht zu brauchen.[110] Aber auch der kontinentale reformierte (niederländisch-niederrheinische) Pietismus war wenigstens dem Schwerpunkt nach ganz ebenso wie etwa die Religiosität BAYLYS zunächst einfach Steigerung der reformierten Askese. Auf die »praxis pietatis« rückte der entscheidende Nachdruck so stark, daß darüber die dogmatische Rechtgläubigkeit in den Hintergrund trat, zuweilen direkt indifferent erschien. Dogmatische Irrtümer konnten die Prädestinierten ja gelegentlich ebenso befallen wie andere Sünden, und es lehrte die Erfahrung, daß zahlreiche, über die Schultheologie gänzlich unorientierte Christen die offenbarsten Früchte des Glaubens zeitigten, während sich auf der anderen Seite zeigte, daß das bloße theologische Wissen keineswegs die Sicherheit der Bewährung des Glaubens im Wandel mit sich führte.[111] Am theologischen Wissen konnte also die Erwählung überhaupt nicht bewährt werden.[112] Daher begann der Pietismus in tiefem Mißtrauen gegen die Theologenkirche,[113] welcher er – das gehört zu seinen Merkmalen – offiziell dennoch angehörig blieb, die Anhänger der »praxis pietatis« in Absonderung von der Welt in »Konventikeln« zu sammeln.[114] Er wollte die unsichtbare Kirche der Heiligen sichtbar auf die Erde herabziehen und, ohne doch die Konsequenz der Sektenbildung zu ziehen, in dieser Gemeinschaft geborgen ein den Einflüssen der Welt abgestorbenes, in allen Einzelheiten an Gottes Willen orientiertes Leben führen und dadurch der eigenen Wiedergeburt auch in täglichen äußeren Merkmalen der Lebensführung sicher bleiben. Die *»ecclesiola«* der wahrhaft Bekehrten möchte so – das war ebenfalls allem spezifischen Pietismus gemeinsam – in gesteigerter Askese schon im Diesseits die Gemeinschaft mit Gott in ihrer Seligkeit kosten. Dies letztere Bestreben hatte nun etwas mit der lutherischen »unio mystica« innerlich Verwandtes und führte sehr oft zu einer stärkeren Pflege der *Gefühls*seite der Religion, als sie dem reformierten Durchschnittschristentum normalerweise eignete. *Dies* wäre dann auf dem Boden der reformierten Kirche als das entscheidende Merkmal des »Pietismus« anzusprechen, soweit *unsere* Gesichtspunkte in Betracht kommen. Denn jenes, der calvinistischen Frömmigkeit im ganzen ursprünglich fremde, dagegen gewissen Formen mittelalterlicher Religiosität innerlich verwandte Gefühlsmoment lenkte die praktische Religiosität in die Bahn diesseitigen Genusses der Seligkeit statt des asketischen Kampfes um ihre Sicherung für die jenseitige Zukunft. Und das Gefühl *konnte* dabei eine solche Steigerung erfahren, daß die Religiosität direkt hysterischen Charakter annahm und daß dann durch jene, aus zahllosen Beispielen bekannte, neuropathisch begründete, Abwechslung von halbsinnlichen Zuständen religiöser Verzükkung mit Perioden nervöser Erschlaffung, die als »Gottferne« empfunden wurden, im *Effekt* das direkte Gegenteil der nüchternen und strengen Zucht, in welche das systematisierte heilige Leben des Puritaners den Menschen nahm, erzielt wurde: eine Schwächung jener »Hemmungen«, welche die rationale Persönlichkeit des Calvinisten gegenüber den »Affekten« stützten.[115] Ebenso *konnte* dabei der calvinistische Gedanke an die Verworfenheit des Kreatürlichen, *gefühls*mäßig – z. B. in der Form des sog. »Wurmgefühls« – erfaßt, zu einer Ertötung der Tatkraft im Berufsleben führen.[116] Und auch der Prädestinationsgedanke *konnte* zum Fatalismus werden, wenn er – im Gegensatz zu den genuinen Tendenzen der calvinistischen rationalen Religiosität – Gegenstand stimmungs- und *gefühls*mäßiger Aneignung wurde.[117] Und endlich der Trieb zur Abgeschiedenheit der Heiligen von der Welt *konnte* bei starker *gefühls*mäßiger Steigerung zu einer Art von klösterlicher Gemeinschaftsorganisation halb kommunistischen Charakters führen, wie sie der Pietismus immer wieder und auch in der reformierten Kirche gezeitigt hat.[118] Aber solange dieser extreme, eben durch jene Pflege der *Gefühls*mäßigkeit bedingte Effekt nicht erzielt wurde, der reformierte Pietismus also innerhalb des weltlichen *Berufs*lebens seiner Seligkeit sich zu versichern strebte, war der praktische Effekt pietistischer Grundsätze lediglich eine *noch* striktere asketische Kontrolle der Lebensführung im Beruf und eine noch festere religiöse Verankerung der Berufssittlichkeit, als sie die von den »feinen« Pietisten als Christentum zweiten Ranges angesehene bloße weltliche »Ehrbarkeit« der normalen reformierten Christen zu entwickeln vermochte. Die religiöse Aristokratie der Heiligen, die ja in der Entwicklung aller reformierten Askese, je ernster sie genommen wurde, um so sicherer hervortrat, wurde alsdann – wie dies in Holland geschah – innerhalb der Kirche voluntaristisch in der Form der Konventikelbildung organisiert, während sie im englischen Puritanismus teils zur förmlichen Unterscheidung von Aktiv- und Passivchristen in der *Verfassung* der Kirche, teils – entsprechend dem schon früher Gesagten – zur Sektenbildung drängte.

Die Entwicklung des mit den Namen Spener, Francke, Zinzendorf verknüpften, auf dem Boden des Luthertums stehenden *deutschen* Pietismus führt uns nun vom Boden der Prädestinationslehre ab. Aber damit keineswegs notwendig aus dem Bereich jener Gedankengänge fort, deren konsequente Krönung sie bildete, wie denn speziell Speners Beeinflussung durch den englisch-niederländischen Pietismus von ihm selbst bezeugt ist und z. B. in der Lektüre von Bayly in seinen ersten Konventikeln zutage trat.[119] Für *unsere* speziellen Gesichtspunkte jedenfalls bedeutet der Pietismus lediglich das Eindringen methodisch gepflegter und kontrollierter, d. h. also *asketischer Lebensführung* auch in die Gebiete der nicht calvinistischen Religiosität.[120] Das Luthertum mußte aber diese rationale Askese als Fremdkörper empfinden, und die mangelnde Konsequenz der deutschen pietistischen Doktrin war Folge der daraus erwachsenden Schwierigkeiten. Für die dogmatische Fundamentierung der systematischen religiösen Lebensführung sind bei SPENER lutherische Gedankengänge kombiniert mit dem spezifisch reformierten Merkmal der guten Werke als solcher, die mit der »Absicht auf die *Ehre* Gottes« unternommen sind,[121] und mit dem ebenfalls reformiert anklingenden Glauben an die Möglichkeit für die Wiedergeborenen, zu einem relativen Maße christlicher Vollkommenheit zu gelangen.[122] Nur fehlte eben die Konsequenz der Theorie: der systematische Charakter der christlichen Lebensführung, der auch für seinen Pietismus wesentlich ist, wurde bei dem stark durch die Mystiker beeinflußten[123] SPENER in ziemlich unbestimmter, aber wesentlich lutherischer Weise mehr zu beschreiben als zu begründen versucht, die certitudo salutis nicht aus der Heiligung abgeleitet, sondern für sie statt des Bewährungsgedankens die früher erwähnte lockere lutherische Verknüpfung mit dem Glauben gewählt.[124] Aber immer wieder erzwangen sich, soweit das rational-asketische Element im Pietismus über die Gefühlsseite die Oberhand behielt, die für unsere Gesichtspunkte entscheidenden Vorstellungen ihr Recht: daß nämlich 1. methodische Entwicklung der eigenen Heiligkeit zu immer höherer, am *Gesetz* zu kontrollierender Befestigung und Vollkommenheit *Zeichen* des Gnadenstandes sei,[125] und daß 2. Gottes Vorsehung es sei, welche in den so Vervollkommneten *»wirke«*, indem er bei geduldigem Harren und *methodischer Überlegung* ihnen seine Winke gebe.[126] Die Berufsarbeit war auch für A. H. FRANCKE das asketische Mittel par excellence;[127] daß Gott selbst es sei, der durch den Erfolg der Arbeit die Seinen segne, stand ihm ebenso fest, wie wir dies bei den Puritanern sehen werden. Und als Surrogat des »doppelten Dekrets« schuf sich der Pietismus Vorstellungen, welche in wesentlich gleicher, nur matterer Weise wie jene Lehre eine auf Gottes besonderer Gnade beruhende Aristokratie der Wiedergeborenen[128] – mit allen den oben für den Calvinismus geschilderten psychologischen Konsequenzen – etablierten. Dazu gehört z. B. der von den Gegnern des Pietismus diesem (freilich zu Unrecht) generell imputierte sog. »Terminismus«[129], d. h. die Annahme, daß zwar die Gnade universell angeboten werde, aber für jeden entweder nur einmal in einem ganz bestimmten Moment im Leben oder doch irgendwann ein letztes Mal.[130] Wer diesen Moment verpaßt hatte, dem half also der Gnadenuniversalismus nicht mehr: er war in der Lage des von Gott Übergangenen in der calvinistischen Lehre. Im Effekt kam dieser Theorie auch die z. B. von FRANCKE aus persönlichen Erlebnissen abstrahierte und im Pietismus sehr weit verbreitete – man kann wohl sagen: vorherrschende – Annahme, daß die Gnade nur unter spezifischen einmaligen und einzigartigen Erscheinungen, nämlich nach vorherigem »Bußkampf«, zum »Durchbruch« gelangen könne, ziemlich nahe.[131] Da zu jenem Erlebnis nach der eigenen Ansicht der Pietisten nicht jeder disponiert war, blieb derjenige, welcher es trotz der nach pietistischer Anweisung auf seine Herbeiführung zu verwendenden asketischen Methode nicht an sich erfuhr, in den Augen der Wiedergeborenen eine Art passiver Christ. Andererseits wurde durch die Schaffung einer *Methode* für die Herbeiführung des »Bußkampfes« im Effekt auch die Erlangung der göttlichen Gnade Objekt *rationaler* menschlicher Veranstaltung. Auch die nicht von allen – z. B. von FRANCKE nicht –, aber doch von vielen Pietisten, namentlich aber, wie die immer wiederkehrenden Anfragen bei SPENER zeigen, gerade von pietistischen *Seelsorgern* gehegten Bedenken gegen die Privatbeichte, welche dazu beitrugen, auch im Luthertum ihr die Wurzeln abzugraben, gingen aus diesem Gnadenaristokratismus hervor: die sichtbare *Wirkung* der durch Buße erlangten Gnade im heiligen *Wandel* mußte ja über die Zulässigkeit der Absolution entscheiden, und es war also unmöglich, sich für deren Erteilung mit der bloßen »contritio« zu begnügen.[132]

ZINZENDORFS religiöse *Selbst*beurteilung mündete, wenn schon schwankend gegenüber den Angriffen der Orthodoxie, immer wieder in die »Rüstzeug«-Vorstellung ein. Aber im übrigen freilich scheint der gedankliche Standpunkt dieses merkwürdigen »religiösen Dilettanten«, wie RITSCHL ihn nennt, in den für uns wichtigen Punkten kaum eindeutig erfaßbar.[133] Er selbst hat sich wiederholt als Vertreter des »paulinisch-lutherischen Tropus« *gegen* den »pietistisch-jakobischen«, der am *Gesetz* hafte, bezeichnet. Die Brüdergemeine selbst aber und ihre Praxis, die er trotz seines stets betonten Luthertums[134] zuließ und förderte, stand schon in ihrem notariellen Protokoll vom 12. August 1729 auf einem Standpunkt, welcher dem der calvinistischen Heiligenaristokratie in vieler Hinsicht durchaus entsprach.[135] Die viel erörterte Übertragung des Ältestenamts auf Christus am 12. November 1741 brachte etwas Ähnliches auch äußerlich zum Ausdruck. Von den drei »Tropen« der Brüdergemeine war überdies der calvinistische und der mährische von Anfang an im wesentlichen an der reformierten Berufsethik orientiert. Auch ZINZENDORF sprach ganz nach puritanischer Art JOHN WESLEY gegenüber die Ansicht aus, daß, wenn auch nicht immer der Gerechtfertigte selbst, so doch *andere* an der Art seines Wandels seine Rechtfertigung *erkennen* könnten.[136] Aber andererseits tritt in der spezifisch herrnhuterischen Frömmigkeit das Gefühlsmoment sehr stark in den Vordergrund, und speziell ZINZENDORF persönlich suchte die Tendenz zur asketischen Heiligung in puritanischem Sinn in seiner Gemeinde immer wieder geradezu zu durchkreuzen[137] und die Werkheiligkeit lutherisch umzubiegen.[138] Auch entwickelte sich, unter dem Einfluß der Verwerfung der Konventikel und der Beibehaltung der Beichtpraxis, eine wesentlich lutherisch gedachte Gebundenheit an die sakramentale Heilsvermittlung. Dann wirkte auch der spezifisch ZINZENDORFsche Grundsatz: daß die *Kindlichkeit* des religiösen Empfindens Merkmal seiner Echtheit sei, ebenso z. B. der Gebrauch des *Loses* als Mittel der Offenbarung von Gottes Willen, doch dem Rationalismus der Lebensführung so stark entgegen, daß im ganzen, soweit der Einfluß des Grafen reichte,[139] die antirationalen, *gefühls*mäßigen Elemente in der Frömmigkeit der Herrnhuter weit mehr als sonst im Pietismus überwogen.[140] Die Verknüpfung von Sittlichkeit und Sündenvergebung in SPANGENBERGS »Idea fidei fratrum« ist ebenso locker[141] wie im Luthertum überhaupt. ZINZENDORFS Ablehnung des methodistischen Vollkommenheitsstrebens entspricht – hier wie überall – seinem im Grunde eudämonistischen Ideal, die Menschen schon in der *Gegenwart*[142] die Seligkeit (er sagt: »Glückseligkeit«) *gefühls*mäßig empfinden zu lassen, statt sie anzuleiten, ihrer durch rationales Arbeiten an sich für das *Jenseits* sicher zu werden.[143] Andererseits ist der Gedanke, daß der entscheidende Wert der Brüdergemeine im Gegensatz zu anderen Kirchen in der Aktivität des christlichen Lebens, in Mission und – was damit in Verbindung gebracht wurde – Berufsarbeit[144] liege, auch hier lebendig geblieben. Zudem war doch die praktische Rationalisierung des Lebens unter dem Gesichtspunkt der *Nützlichkeit* ein ganz wesentlicher Bestandteil auch von ZINZENDORFS Lebensanschauung.[145] Sie folgte für ihn – wie für andere Vertreter des Pietismus – einerseits aus der entschiedenen Abneigung gegen die dem Glauben gefährlichen philosophischen Spekulationen und aus der dementsprechenden Vorliebe für das empirische Einzelwissen,[146] andererseits aus dem weltklugen Sinn des berufsmäßigen Missionars. Die Brüdergemeine war als Missionsmittelpunkt zugleich Geschäftsunternehmen und leitete so ihre Glieder in die Bahnen der innerweltlichen Askese, welche auch im Leben überall zuerst nach »Aufgaben« fragt und es im Hinblick auf diese nüchtern und planmäßig gestaltet. Nur steht als Hemmnis wieder die aus dem Vorbild des Missionslebens der Apostel hergeleitete Glorifizierung des Charisma der apostolischen *Besitz*losigkeit bei den von Gott durch »Gnadenwahl« erwählten »Jüngern«[147] da, welches eben doch im Effekt eine teilweise Repristination der »consilia evangelica« bedeutete. Die Schaffung einer rationalen Berufsethik nach Art der calvinistischen wurde dadurch immerhin hintangehalten, wenn schon – wie das Beispiel der Umwandlung der Täuferbewegung zeigt – nicht ausgeschlossen, vielmehr durch den Gedanken der Arbeit *lediglich* »um des Berufes willen« innerlich stark vorbereitet.

Alles in allem werden wir, wenn wir den deutschen Pietismus unter den *für uns* hier in Betracht kommenden Gesichtspunkten betrachten, in der religiösen Verankerung seiner Askese ein Schwanken und eine Unsicherheit zu konstatieren haben, welche gegen die eherne Konsequenz des Calvinismus erheblich abfällt und teils durch lutherische Einflüsse, teils durch den *Gefühls*charakter seiner Religiosität bedingt ist. Denn es ist zwar eine große Einseitigkeit, dieses gefühlsmäßige Element als das dem Pietismus im Gegensatz zum *Luther*tum Spezifische hinzustellen.[148] Aber im Vergleich mit dem *Calvinismus* mußte allerdings die Intensität der Rationalisierung des Lebens notwendig geringer sein, weil der innere Antrieb des Gedankens an den stets von neuem zu bewährenden Gnadenstand, der die ewige *Zukunft* verbürgt, gefühlsmäßig auf die *Gegenwart* abgelenkt und an Stelle der Selbstgewißheit, welche der Prädestinierte in rastloser und erfolgreicher Berufsarbeit stets neu zu erwerben trachtete, jene Demut und Gebrochenheit[149] des Wesens gesetzt wurde, welche die Folge teils der rein auf innere Erlebnisse gerichteten Gefühlserregung, teils des vom Pietismus zwar vielfach mit schweren Bedenken betrachteten, aber doch meist geduldeten lutherischen Beichtinstituts war.[150] Denn in alledem manifestiert sich eben jene spezifisch lutherische Art, das Heil zu suchen, für welche die »Vergebung der Sünden«, nicht: die praktische »Heiligung«, das Entscheidende ist. An Stelle des planmäßigen rationalen Strebens darnach: das sichere *Wissen* von der künftigen (jenseitigen) Seligkeit zu erlangen und festzuhalten, steht hier das Bedürfnis, die Versöhnung und Gemeinschaft mit Gott jetzt (diesseitig) zu *fühlen*. Wie aber im ökonomischen Leben die Neigung zum Gegenwartsgenuß streitet gegen die rationale Gestaltung der »Wirtschaft«, die ja eben an der Fürsorge für die Zukunft verankert ist, – so verhält es sich, in gewissem Sinne, auch auf dem Gebiet des religiösen Lebens. Ganz offenbar enthielt also die Ausrichtung des religiösen Bedürfnisses auf eine gegenwärtige innerliche *Gefühls*affektion ein *minus* an Antrieb zur Rationalisierung des innerweltlichen *Handelns* gegenüber dem nur auf das Jenseits ausgerichteten Bewährungsbedürfnis der reformierten »Heiligen«, während sie freilich gegenüber der traditionalistisch an Wort und Sakrament haftenden Gläubigkeit des orthodoxen Lutheraners immerhin ein Mehr an *methodischer* religiöser Durchdringung der Lebensführung zu entwickeln geeignet war. Im ganzen bewegte sich der Pietismus von FRANCKE und SPENER zu ZINZENDORF hin in *zunehmender* Betonung des Gefühlscharakters. Es war aber nicht irgendeine ihm immanente »Entwicklungstendenz«, welche sich darin äußerte. Sondern jene Unterschiede folgten aus Gegensätzlichkeiten des religiösen (und: sozialen) Milieus, dem ihre führenden Vertreter entstammten. Darauf kann an dieser Stelle nicht eingegangen, ebenso auch nicht davon gesprochen werden: wie die Eigenart des deutschen Pietismus in seiner sozialen und geographischen *Verbreitung* zum Ausdruck kommt.[151] Hier haben wir uns noch einmal daran zu erinnern, daß natürlich die Abschattierung dieses Gefühlspietismus gegenüber der religiösen Lebensführung der puritanischen Heiligen sich in ganz allmählichen Übergängen vollzieht. Wenn eine praktische Konsequenz des Unterschiedes wenigstens provisorisch charakterisiert werden soll, so kann man die Tugenden, welche der Pietismus züchtete, mehr als solche bezeichnen, wie sie einerseits der »berufstreue« Beamte, Angestellte, Arbeiter und Hausindustrielle[152] und andererseits vorwiegend patriarchal gestimmte Arbeitgeber in Gott wohlgefälliger *Herablassung* (nach ZINZENDORFS Art) entfalten konnten. Der Calvinismus erscheint im Vergleich damit dem harten rechtlichen und aktiven Sinn bürgerlich-kapitalistischer Unternehmer wahlverwandter.[153] Der *reine* Gefühlspietismus endlich ist – wie schon RITSCHL[154] hervorgehoben hat – eine religiöse Spielerei für *»leisure classes«*. So wenig erschöpfend diese Charakterisierung ist, so entsprechen ihr doch noch heute gewisse Unterschiede auch in der ökonomischen Eigenart der Völker, die unter dem Einfluß der einen oder anderen dieser beiden asketischen Richtungen gestanden haben.

Die Verbindung gefühlsmäßiger und dabei doch asketischer Religiosität mit zunehmender Indifferenz oder Ablehnung der dogmatischen Fundamente der calvinistischen Askese charakterisiert nun auch das englisch-amerikanische Seitenstück des kontinentalen Pietismus: den *Methodismus*.[155] Schon sein Name zeigt, was den Zeitgenossen als Eigenart seiner Anhänger auffiel: die »methodische« Systematik der Lebensführung zum Zweck der Erreichung der certitudo salutis; denn um *diese* handelt es sich von Anfang an auch hier, und sie blieb Mittelpunkt des religiösen Strebens. Die trotz aller Unterschiede unbezweifelbare Verwandtschaft mit gewissen Richtungen des deutschen Pietismus[156] zeigt sich nun vor allem darin, daß diese Methodik speziell auch auf die Herbeiführung des *gefühls*mäßigen Aktes der »Bekehrung« übertragen wurde. Und zwar nahm hier die – bei JOHN WESLEY durch herrnhuterisch-lutherische Einflüsse erweckte – Gefühlsmäßigkeit, da der Methodismus von Anfang an auf Mission unter den Massen abgestellt war, einen stark *emotionellen* Charakter an, speziell auf amerikanischem Boden. Ein unter Umständen bis zu den fürchterlichsten Ekstasen gesteigerter Bußkampf, in Amerika mit Vorliebe auf der »Angstbank« vollzogen, führte zum Glauben an Gottes unverdiente Gnade und zugleich damit unmittelbar zum Bewußtsein der Rechtfertigung und Versöhnung. Diese emotionelle Religiosität ging nun, unter nicht geringen inneren Schwierigkeiten, mit der durch den Puritanismus ein- für allemal *rational* abgestempelten asketischen Ethik eine eigentümliche Verbindung ein. Zunächst wurde im Gegensatz zum Calvinismus, der alles nur Gefühlsmäßige für der Täuschung verdächtig hielt, prinzipiell eine rein *gefühlte*, aus der Unmittelbarkeit des Geisteszeugnisses fließende, absolute Sicherheit des Begnadeten – deren Entstehung wenigstens normalerweise auf Tag und Stunde feststehen sollte – als das einzig zweifellose Fundament der certitudo salutis angesehen. Ein dergestalt Wiedergeborener kann nun nach der Lehre WESLEYS, die eine konsequente Steigerung der Heiligungsdoktrin, aber eine entschiedene Abweichung von der orthodoxen Fassung derselben darstellt, schon in diesem Leben kraft des Wirkens der Gnade in ihm durch einen zweiten, regelmäßig gesondert eintretenden und ebenfalls oft plötzlichen inneren Vorgang, die »Heiligung«, zum Bewußtsein der *Vollkommenheit* im Sinne der Sündlosigkeit gelangen. So schwer dies Ziel erreicht wird – meist erst gegen Ende des Lebens –, so unbedingt ist danach – weil es die certitudo salutis endgültig verbürgt und frohe Sicherheit an die Stelle der »mürrischen« Sorge der Calvinisten setzt[157] – zu streben, und es muß jedenfalls der wirklich Bekehrte sich als solcher vor sich selbst und anderen dadurch ausweisen, daß zum mindesten die Sünde »keine Macht mehr über ihn hat«. Trotz der entscheidenden Bedeutung des Selbstzeugnisses des *Gefühls* wurde daher natürlich doch der am *Gesetz* orientierte heilige Wandel festgehalten. Wo WESLEY gegen die Werkgerechtigkeit seiner Zeit kämpfte, belebte er lediglich den altpuritanischen Gedanken wieder, daß die Werke nicht Realgrund, sondern nur Erkenntnisgrund des Gnadenstandes sind, und auch dies nur dann, wenn sie ausschließlich zu Gottes Ruhm getan werden. Der korrekte Wandel *allein* tat es nicht – wie er an sich selbst erfahren hatte –: das *Gefühl* des Gnadenstandes mußte dazu treten. Er selbst bezeichnete gelegentlich die Werke als »Bedingung« der Gnade und betonte auch in der Deklaration vom 9. August 1771,[158] daß, wer keine guten Werke tue, kein wahrer Gläubiger sei, und stets ist von den Methodisten betont worden, daß sie sich nicht in der Lehre, sondern durch die Art der Frömmigkeit von der offiziellen Kirche unterscheiden. Die Bedeutung der »Frucht« des Glaubens wurde meist aus 1 Joh. 3,9 begründet und der Wandel als deutliches *Zeichen* der Wiedergeburt hingestellt. Trotz alledem ergaben sich Schwierigkeiten.[159] Für diejenigen Methodisten, welche Anhänger der Prädestinationslehre waren, bedeutete die Verlegung der certitudo salutis statt in das aus der asketischen Lebensführung selbst in stets neuer Bewährung folgende Gnadenbewußtsein in das unmittelbare Gnaden- und Vollkommenheits*gefühl*[160] – weil ja dann an den *einmaligen* Bußkampf sich die Sicherheit der »perseverantia« knüpfte – eins von zwei Dingen: entweder, bei schwachen Naturen, antinomistische

Deutung der »christlichen Freiheit«, also Kollaps der methodischen Lebensführung, oder, wo diese Konsequenz abgelehnt wurde, eine zu schwindelnder Höhe sich aufgipfelnde Selbstgewißheit des Heiligen:[161] eine *gefühls*mäßige Steigerung des puritanischen Typus. Diesen Folgen suchte man, angesichts der Angriffe der Gegner, einerseits durch gesteigerte Betonung der normativen Geltung der Bibel und der Unentbehrlichkeit der Bewährung entgegenzutreten,[162] andererseits aber führten sie im Erfolg zu einer Verstärkung der anticalvinistischen, die Verlierbarkeit der Gnade lehrenden Richtung Wesleys innerhalb der Bewegung. Die starken lutherischen Einflüsse, denen, unter Vermittlung der Brüdergemeine, Wesley ausgesetzt gewesen war,[163] verstärkten diese Entwicklung und vermehrten die *Unbestimmtheit* der religiösen Orientierung der methodistischen Sittlichkeit.[164] Im Ergebnis wurde schließlich wesentlich nur der Begriff der »regeneration«: – einer unmittelbar als Frucht des *Glaubens* auftretenden gefühlsmäßigen Sicherheit der Errettung – als unentbehrlichen Fundaments und der Heiligung mit ihrer Konsequenz der (wenigstens virtuellen) Freiheit von der Macht der Sünde als des aus jener folgenden Erweises des Gnadenstandes konsequent festgehalten und die Bedeutung der äußeren Gnadenmittel, insbesondere der Sakramente, entsprechend entwertet. Und jedenfalls bezeichnet das »general awakening« im Gefolge des Methodismus überall, auch z. B. in Neu-England, eine Steigerung der Lehre von Gnade und Erwählung.[165]

Der Methodismus erscheint danach für *unsere* Betrachtung als ein in seiner Ethik ähnlich schwankend fundamentiertes Gebilde wie der Pietismus. Aber auch ihm diente das Streben nach dem »higher life«, dem »zweiten Segen«, als eine Art Surrogat der Prädestinationslehre, und, auf dem Boden Englands erwachsen, orientierte sich die Praxis seiner Ethik durchaus an derjenigen des dortigen reformierten Christentums, dessen »revival« er ja sein wollte. *Methodisch* wurde der emotionelle Akt der Bekehrung herbeigeführt. Und, nachdem er erzielt war, fand nicht ein frommes Genießen der Gemeinschaft mit Gott nach Art des gefühlsmäßigen Pietismus ZINZENDORFS statt, sondern alsbald wurde das erweckte Gefühl in die Bahn rationalen Vollkommenheitsstrebens geleitet. Der emotionelle Charakter der Religiosität führte daher nicht zu einem innerlichen Gefühlschristentum nach Art des deutschen Pietismus. Daß dies mit der (zum Teil gerade infolge des emotionellen Ablaufs der Bekehrung) geringeren Entwicklung des *Sünden*gefühls zusammenhing, hat schon SCHNECKENBURGER gezeigt und ist ein stehender Punkt in der Kritik des Methodismus geblieben. Hier blieb der *reformierte* Grundcharakter des religiösen Empfindens maßgebend. Die Gefühlserregung nahm den Charakter eines nur gelegentlich, dann aber »korybantenartig« geschürten Enthusiasmus an, der den rationalen Charakter der Lebensführung im übrigen keineswegs beeinträchtigte.[166] Die »regeneration« des Methodismus schuf so lediglich eine *Ergänzung* der reinen Werkheiligkeit: eine religiöse Verankerung der asketischen Lebensführung, nachdem die Prädestination aufgegeben worden war. Die Kennzeichen des Wandels, unentbehrlich als Kontrolle der wahren Bekehrung, als ihre »Bedingung«, wie WESLEY gelegentlich sagt, waren in der Sache ganz die gleichen wie im Calvinismus. Als einen Spätling[167] können wir den Methodismus im folgenden bei der Erörterung der Berufsidee, zu deren Entfaltung er nichts Neues beisteuerte,[168] im wesentlichen beiseite lassen.

Der Pietismus des europäischen Kontinents und der Methodismus der angelsächsischen Völker sind nach ihrem Gedankengehalt sowohl als nach ihrer geschichtlichen Entwicklung betrachtet, sekundäre Erscheinungen.[169] Dagegen stehen als zweiter *selbständiger* Träger protestantischer Askese neben dem Calvinismus das *Täufertum* und die aus ihm im Laufe des 16. und 17. Jahrhunderts direkt oder durch Aufnahme seiner religiösen Denkformen hervorgegangenen Sekten[170] der *Baptisten, Mennoniten* und, vor allem, der *Quäker*.[171] Mit ihnen gelangen wir zu religiösen Gemeinschaften, deren Ethik auf einer prinzipiell gegenüber der reformierten Lehre heterogenen Grundlage ruht. Die nachfolgende Skizze, die ja nur das für *uns* hier Wichtige heraushebt, vermag von der Vielgestalt dieser Bewegung keinen Begriff zu geben. Wir legen natürlich wieder das Hauptgewicht auf die Entwicklung in den altkapitalistischen Ländern. – Der historisch und prinzipiell wichtigste Gedanke aller dieser Gemeinschaften, dessen Tragweite für die Kulturentwicklung freilich erst in einem anderen Zusammenhang ganz deutlich werden kann, ist uns in Ansätzen bereits begegnet: die »believers' church«.[172] Das heißt: daß die religiöse Gemeinschaft, die »sichtbare Kirche« nach dem Sprachgebrauch der Reformationskirchen,[173] nicht mehr aufgefaßt wurde als eine Art Fideikommißstiftung zu überirdischen Zwecken, eine, notwendig Gerechte und Ungerechte umfassende, *Anstalt* – sei es zur Mehrung des Ruhmes Gottes (calvinistisch), sei es zur Vermittlung von Heilsgütern an die Menschen (katholisch und lutherisch) –, sondern ausschließlich als eine Gemeinschaft der *persönlich Gläubigen und Wiedergeborenen* und nur dieser: mit anderen Worten nicht als eine »Kirche«, sondern als eine »Sekte«.[174] Nur dies sollte ja auch das an sich rein äußerliche Prinzip, ausschließlich Erwachsene zu taufen, die persönlich den Glauben sich innerlich erworben und bekannt haben, symbolisieren.[175] Die »Rechtfertigung« *durch* diesen Glauben war nun bei den Täufern, wie sie bei allen Religionsgesprächen beharrlich wiederholt haben, radikal verschieden von dem Gedanken einer »forensischen« *Zurechnung* des Verdienstes Christi, wie er die orthodoxe Dogmatik des alten Protestantismus beherrschte.[176] Sie bestand vielmehr in der *innerlichen Aneignung* seines Erlösungswerkes. Diese aber erfolgte durch individuelle *Offenbarung*: durch die Wirkung des göttlichen Geistes im Einzelnen, und *nur* durch diese. Sie wurde jedem angeboten, und es genügte, auf den Geist zu harren und nicht durch sündliches Kleben an der Welt seinem Kommen zu widerstreben. Die Bedeutung des Glaubens im Sinn der Kenntnis der Kirchenlehre, ebenso aber auch im Sinn bußfertigen Ergreifens der göttlichen Gnade, trat demgegenüber folglich ganz zurück, und es fand eine – natürlich stark umbildende – Renaissance urchristlicher pneumatischreligiöser Gedanken statt. Die Sekte z. B., welcher MENNO SIMONS in seinem Fondamentboek (1539) als erster eine leidlich geschlossene Lehre schuf, wollte ebenso wie die anderen täuferischen Sekten *die* wahre unsträfliche Kirche Christi sein: wie die Urgemeinde ausschließlich aus *persönlich* von Gott Erweckten und Berufenen bestehend. Die Wiedergeborenen, und nur sie, sind Christi Brüder, weil, wie er, von Gott geistig direkt gezeugt.[177] Strenge *Meidung* der »Welt«, d. h. alles nicht unbedingt nötigen Verkehrs mit den Weltleuten, in Verbindung mit striktester Bibliokratie im Sinn der Vorbildlichkeit des Lebens der ersten Christengeneration ergaben sich daraus für die ersten Täufergemeinschaften, und dieser Grundsatz der Weltmeidung ist, solange der alte Geist lebendig blieb, nie ganz verschwunden.[178] Als bleibenden Besitz nahmen die täuferischen Sekten aus diesen ihre Anfänge beherrschenden Motiven jenes Prinzip mit, welches wir – etwas anders begründet – schon beim Calvinismus kennenlernten und dessen fundamentale Wichtigkeit immer wieder hervortreten wird: die unbedingte *Verwerfung aller »Kreaturvergötterung«* als einer Entwertung der Gott allein geschuldeten Ehrfurcht.[179] Die biblische Lebensführung war bei der ersten schweizerisch-oberdeutschen Täufergeneration ähnlich radikal gedacht wie ursprünglich beim heiligen FRANZ: als ein schroffer Bruch mit aller Weltfreude und ein Leben strikt nach dem Vorbild der Apostel. Und wirklich erinnert das Leben vieler ihrer ersten Vertreter an dasjenige des heiligen ÄGIDIUS. Aber diese strikteste Bibelobservanz[180] stand gegenüber dem pneumatischen Charakter der Religiosität auf nicht allzu festen Füßen. Was Gott den Propheten und Aposteln offenbart hatte, war ja nicht alles, was er offenbaren konnte und wollte. Im Gegenteil: die Fortdauer des Worts, nicht als einer geschriebenen Urkunde, sondern als einer im täglichen Leben der Gläubigen wirkenden Kraft des Heiligen Geistes, der direkt zu dem Einzelnen, der ihn hören will, spricht, war – wie schon SCHWENCKFELD gegen LUTHER und später FOX gegen die Presbyterianer lehrte – nach dem Zeugnis der Urgemeinden das alleinige Kennzeichen der wahren Kirche. Es hat sich aus diesem Gedanken der fortdauernden Offenbarung die bekannte, später bei den Quäkern konsequent entwickelte Lehre von der in letzter Instanz entscheidenden Bedeutung des innerlichen Zeugnisses des Geistes in Vernunft und *Gewissen* ergeben. Damit war nicht die Geltung, wohl aber die Alleinherrschaft der Bibel beseitigt und zugleich eine Entwicklung eingeleitet, welche mit allen Resten der kirchlichen Heilslehre, schließlich, bei den Quäkern, auch mit Taufe und Abendmahl, radikal aufräumte.[181] Die täuferischen Denominationen vollzogen, neben den Prädestinatianern, vor allem den strengen Calvinisten, die radikalste Entwertung aller Sakramente als Heilsmittel und führten so die religiöse »Entzauberung« der Welt in ihren letzten Konsequenzen durch. Nur das »innere Licht« der fortdauernden Offenbarung befähigte überhaupt zum wahren Verständnis auch der biblischen Offenbarungen Gottes.[182] Seine Wirkung konnte sich andererseits, wenigstens nach der Lehre der Quäker, welche hier die volle Konsequenz zogen, erstrecken auf Menschen, die niemals die biblische Form der Offenbarung kennengelernt hatten. Der Satz: »extra ecclesiam nulla salus« galt nur für diese *un*sichtbare Kirche der vom Geist Erleuchteten. *Ohne* das innere Licht blieb der natürliche, auch der von der natürlichen Vernunft geleitete,[183] Mensch rein kreatürliches Wesen, dessen Gottferne die Täufer, auch die Quäker, fast noch schroffer empfanden als der Calvinismus. Die Wiedergeburt andererseits, welche der Geist, wenn wir *auf ihn harren* und uns ihm innerlich hingeben, herbeiführt, *kann,* weil gottgewirkt, zu einem Zustand so völliger Überwindung der Macht der Sünde führen,[184] daß Rückfälle oder gar der Verlust des Gnadenstandes faktisch unmöglich werden, obwohl, wie später im Methodismus, die Erreichung jenes Zustandes nicht als die Regel, der Grad der Vollkommenheit des Einzelnen vielmehr als der Entwicklung unterworfen galt. *Alle* täuferischen Gemeinschaften wollten aber *»reine«* Gemeinden im Sinn des tadellosen Wandels ihrer Mitglieder sein. Die innere Abscheidung von der Welt und ihren Interessen und die unbedingte Unterstellung unter die Herrschaft des im Gewissen zu uns redenden Gottes war auch allein untrügliches Merkmal wirklicher Wiedergeburt und der dementsprechende Wandel also Erfordernis der Seligkeit. Sie konnte nicht verdient werden, sondern war Gnadengeschenk Gottes, aber nur der nach seinem Gewissen Lebende durfte sich als wiedergeboren ansehen. Die »guten Werke« in diesem Sinn waren »causa sine qua non«. Man sieht: diese letzteren Gedankenreihen BARCLAYS, an den wir uns gehalten haben, kamen der reformierten Lehre praktisch doch wieder gleich und waren sicherlich entwickelt noch unter dem Einfluß der calvinistischen Askese, welche die täuferischen Sekten in England und den Niederlanden vorfanden und deren ernstliche und innerliche Aneignung zu predigen die ganze erste Zeit der Missionstätigkeit von G. Fox ausfüllte.

Psychologisch ruhte aber – da die Prädestination verworfen wurde – der spezifisch *methodische* Charakter der täuferischen Sittlichkeit vor allem auf dem Gedanken des *»Harrens«* auf die Wirkung des Geistes, welcher noch heute dem quäkerischen *»meeting«* seinen Charakter aufprägt und von BARCLAY schön analysiert ist: Zweck dieses schweigenden Harrens ist die Überwindung des Triebhaften und Irrationalen, der Leidenschaften und Subjektivitäten des »natürlichen« Menschen; *er* soll schweigen, um so jene tiefe Stille in der Seele zu schaffen, in welcher allein Gott zu Worte kommen kann. Freilich *konnte* die Wirkung dieses »Harrens« in hysterische Zustände, Prophetie und, solange eschatologische Hoffnungen bestanden, unter Umständen selbst in einen Ausbruch von enthusiastischem Chiliasmus ausmünden, wie dies bei allen ähnlich fundierten Arten von Frömmigkeit möglich ist und bei der in Münster vernichteten Richtung tatsächlich eintrat. Aber mit dem Einströmen des Täufertums in das normale weltliche Berufsleben bedeutete der Gedanke: daß Gott nur redet, wo die Kreatur schweigt, offenbar eine Erziehung zur ruhigen *Erwägung* des Handelns und zu dessen Orientierung an sorgsamer individueller *Gewissens*erforschung.[185] Diesen ruhigen, nüchternen, hervorragend *gewissen*haften Charakter hat denn auch die Lebenspraxis der späteren täuferischen Gemeinschaften, in ganz spezifischem Maße die der Quäker, sich zu eigen gemacht. Die radikale Entzauberung der Welt ließ einen anderen Weg als die innerweltliche Askese innerlich nicht zu. Für Gemeinschaften, welche mit den politischen Gewalten und ihrem Tun nichts zu schaffen haben wollten, folgte daraus auch äußerlich das Einströmen dieser asketischen Tugenden in die Berufsarbeit. Während die Führer der ältesten Täuferbewegung in ihrer Weltabgewandtheit rücksichtslos radikal gewesen waren, war natürlich doch schon in der ersten Generation die strikt apostolische Lebensführung *nicht* unbedingt bei *allen* als erforderlich für den Erweis der Wiedergeburt festgehalten worden. Schon dieser Generation gehörten wohlhabende bürgerliche Elemente an, und schon vor MENNO, der durchaus auf dem Boden der innerweltlichen Berufstugend und der Privateigentumsordnung stand, hatte die ernste Sittenstrenge der Täufer sich diesem durch die reformierte Ethik gegrabenen Bette praktisch zugewendet,[186] *weil* eben die Entwicklung zur *außer*weltlichen mönchischen Form der Askese seit LUTHER, dem hierin auch die Täufer folgten, als unbiblisch und werkheilig ausgeschlossen war. Immerhin hat – von den hier nicht zu erörternden halbkommunistischen Gemeinschaften der Frühzeit abgesehen – nicht nur bis in die Gegenwart eine täuferische Sekte – die sog. »Tunker« (dompelaers, dunckers) – an der Verwerfung der Bildung und jedes, das zur Lebensfristung Unentbehrliche übersteigenden Besitzes festgehalten, sondern es ist z. B. auch bei BARCLAY die Berufstreue nicht in calvinistischer oder auch nur lutherischer, sondern eher in thomistischer Art als »naturali ratione« unvermeidliche *Konsequenz* der Verflochtenheit des Gläubigen in die Welt aufgefaßt.[187] Lag in diesen Anschauungen eine ähnliche Abschwächung der calvinistischen Berufskonzeption, wie in vielen Äußerungen SPENERS und der deutschen Pietisten, so wurde andererseits die Intensität des ökonomischen Berufsinteresses bei den täuferischen Sekten durch verschiedene Momente wesentlich *gestei-*

gert. Einmal durch die, ursprünglich als eine aus der Abscheidung von der Welt folgende religiöse Pflicht aufgefaßte, Ablehnung der Übernahme von Staatsämtern, welche, auch nach der Aufgabe als Prinzip, doch wenigstens bei Mennoniten und Quäkern praktisch fortbestand infolge der strikten Ablehnung des Waffengebrauchs und Eides, da hieraus die Disqualifikation für öffentliche Ämter sich ergab. Mit ihr ging die bei allen täuferischen Denominationen unüberwindliche Gegnerschaft gegen jede Art aristokratischen Lebensstils Hand in Hand, teils, wie bei den Calvinisten, eine Folge des Verbotes der Kreaturverherrlichung, teils ebenfalls Konsequenz jener unpolitischen oder geradezu antipolitischen Grundsätze. Die ganze nüchterne und gewissenhafte Methodik der täuferischen Lebensführung wurde dadurch in die Bahn des *un*politischen Berufslebens gedrängt. Dabei prägte nun die ungeheure Bedeutung, welche die täuferische Heilslehre der Kontrolle durch das Gewissen, als der individuellen Offenbarung Gottes, beimaß, ihrer Gebarung im Berufsleben einen Charakter auf, dessen große Tragweite für die Entfaltung wichtiger Seiten des kapitalistischen Geistes wir erst weiterhin näher und auch dann nur soweit kennenlernen werden, als dies ohne Erörterung der gesamten politischen und Sozialethik der protestantischen Askese hier möglich ist. Wir werden dann – um wenigstens dies vorwegzunehmen – sehen, daß die spezifische Form, welche jene innerweltliche Askese bei den Täufern, speziell den Quäkern, annahm,[188] schon nach dem Urteil des 17. Jahrhunderts in der praktischen Bewährung jenes wichtigen Prinzips der kapitalistischen »Ethik« sich äußerte, welches man dahin zu formulieren pflegt: »honesty is the best policy«,[189] und welches ja auch in FRANKLINS früher zitiertem Traktat sein klassisches Dokument gefunden hat. Dagegen werden wir die Wirkungen des Calvinismus mehr in der Richtung der Entfesselung der privatwirtschaftlichen Energie des Erwerbs vermuten: denn trotz aller formalen Legalität des »Heiligen« galt im Ergebnis doch oft genug auch für den Calvinisten der GOETHEsche Satz: »Der Handelnde ist immer gewissenlos; es hat niemand Gewissen als der Betrachtende.«[190]

Ein weiteres wichtiges Element, welches der Intensität der innerweltlichen Askese der täuferischen Denominationen zugute kam, kann in seiner vollen Bedeutung ebenfalls nur in anderem Zusammenhang zur Erörterung gelangen. Immerhin seien auch darüber einige Bemerkungen, zugleich zur Rechtfertigung des hier gewählten Ganges der Darstellung, vorangeschickt. Es ist hier ganz absichtlich vorläufig *nicht* von den objektiven sozialen Institutionen der altprotestantischen Kirchen und deren ethischen Einflüssen ausgegangen worden, insbesondere nicht von der so wichtigen *Kirchenzucht*, sondern von den Wirkungen, welche die *subjektive* Aneignung der asketischen Religiosität seitens der *Einzelnen* auf die Lebensführung hervorzubringen geeignet war. Dies nicht nur deshalb, weil diese Seite der Sache bisher die weitaus weniger beachtete ist. Sondern auch, weil die Wirkung der Kirchenzucht keineswegs immer in der gleichen Richtung lag. Die kirchenpolizeiliche Kontrolle des Lebens des Einzelnen, wie sie in den Gebieten der calvinistischen Staatskirchen bis dicht an die Grenze der Inquisition getrieben wurde, *konnte* vielmehr jener Entbindung der individuellen Kräfte, welche durch das asketische Streben nach methodischer Heilsaneignung bedingt war, geradezu *entgegen*wirken und hat dies unter Umständen tatsächlich getan. Genau wie die merkantilistische Reglementierung [seitens] des Staats zwar Industrien züchten konnte, aber, wenigstens für sich allein, nicht den kapitalistischen »Geist« – den sie vielmehr, wo sie polizeilich-autoritären Charakter annahm, vielfach direkt lähmte –, so konnte die gleiche Wirkung auch von der kirchlichen Reglementierung der Askese ausgehen, wenn sie sich allzu überwiegend polizeilich entwickelte: sie erzwang dann ein bestimmtes äußeres Verhalten, lähmte aber unter Umständen die subjektiven Antriebe zur methodischen Lebensführung. Jede Erörterung dieses Punktes[191] muß den großen Unterschied beachten, welcher zwischen der Wirkung der autoritären Sittenpolizei der

Staats*kirchen* und der auf freiwilliger Unterwerfung ruhenden Sittenpolizei der *Sekten* bestand. Daß die Täuferbewegung in allen ihren Denominationen grundsätzlich »Sekten«, nicht »Kirchen« schuf, kam jedenfalls der Intensität ihrer Askese ebenso zustatten, wie dies – in verschieden starkem Maße – auch bei jenen calvinistischen, pietistischen, methodistischen Gemeinschaften der Fall war, die *faktisch* auf die Bahn der voluntaristischen Gemeinschaftsbildung gedrängt wurden.[192] –

Wir haben nunmehr die puritanische Berufsidee in ihrer Wirkung auf das *Erwerbs*leben zu verfolgen, nachdem die vorstehende Skizze ihre religiöse Fundierung zu entwickeln versucht hat. Bei allen Abweichungen im einzelnen und bei aller Verschiedenheit in dem Nachdruck, welcher bei den verschiedenen asketischen Religionsgemeinschaften auf den für uns entscheidenden Gesichtspunkten liegt, zeigten sich diese letzteren doch bei ihnen allen vorhanden und wirksam.[193] Entscheidend aber für unsere Betrachtung war immer wieder, um es zu rekapitulieren, die bei allen Denominationen wiederkehrende Auffassung des religiösen »Gnadenstandes« eben als eines Standes (status), welcher den Menschen von der Verworfenheit des Kreatürlichen, von der »Welt« abscheidet,[194] dessen Besitz aber – wie immer er nach der Dogmatik der betreffenden Denomination erlangt wurde – *nicht* durch irgendwelche magisch-sakramentalen Mittel oder durch Entlastung in der Beichte oder durch einzelne fromme Leistungen garantiert werden konnte, sondern nur durch die *Bewährung* in einem spezifisch gearteten, von dem Lebensstil des »natürlichen« Menschen unzweideutig verschiedenen Wandel. Daraus folgte für den Einzelnen der *Antrieb* zur *methodischen Kontrolle* seines Gnadenstandes in der Lebensführung und damit zu deren *asketischer* Durchdringung. Dieser asketische Lebensstil aber bedeutete eben, wie wir sahen, eine an Gottes Willen orientierte *rationale* Gestaltung des ganzen Daseins. Und diese Askese war *nicht* mehr ein *opus supererogationis*, sondern eine Leistung, die jedem zugemutet wurde, der seiner

Seligkeit gewiß sein wollte. Jenes religiös geforderte, vom »natürlichen« Leben verschiedene Sonderleben der Heiligen spielte sich – das ist das Entscheidende – nicht mehr außerhalb der Welt in Mönchsgemeinschaften, sondern *innerhalb* der Welt und ihrer Ordnungen ab. Diese *Rationalisierung* der Lebensführung innerhalb der Welt im Hinblick auf das Jenseits war die Wirkung der *Berufskonzeption* des asketischen Protestantismus. –

Die christliche Askese, anfangs aus der Welt in die Einsamkeit flüchtend, hatte bereits aus dem Kloster heraus, indem sie der Welt entsagte, die Welt kirchlich beherrscht. Aber dabei hatte sie im ganzen dem weltlichen Alltagsleben seinen natürlich unbefangenen Charakter gelassen. Jetzt trat sie auf den Markt des Lebens, schlug die Tür des Klosters hinter sich zu und unternahm es, gerade das weltliche *Alltags*leben mit ihrer Methodik zu durchtränken, es zu einem rationalen Leben *in* der Welt und doch *nicht von* dieser Welt oder *für* diese Welt umzugestalten. Mit welchem Ergebnis, wollen unsere weiteren Darlegungen zu zeigen versuchen.

2 *Askese und kapitalistischer Geist*

Um die Zusammenhänge der religiösen Grundvorstellungen des asketischen Protestantismus mit den Maximen des ökonomischen Alltagslebens zu durchschauen, ist es nötig, vor allem solche theologischen Schriften heranzuziehen, die sich als aus der seelsorgerischen *Praxis* herausgewachsen erkennen lassen. Denn in einer Zeit, in welcher das Jenseits alles war, an der Zulassung zum Abendmahl die soziale Position des Christen hing, die Einwirkung des Geistlichen in Seelsorge, Kirchenzucht und Predigt einen Einfluß übte, von dem – wie jeder Blick in die gesammelten »consilia«, »casus conscientiae« usw. ergibt – wir modernen Menschen uns *einfach keine Vorstellung mehr* zu machen vermögen, sind die in *dieser*

Praxis sich geltend machenden religiösen Mächte die entscheidenden Bildner des »Volkscharakters«. –

Wir können nun für die Erörterungen *dieses* Abschnittes, im Gegensatz zu späteren Erörterungen, den asketischen Protestantismus als *eine* Gesamtmasse behandeln. Da aber der aus dem Calvinismus hervorgewachsene englische Puritanismus die konsequenteste Fundierung der *Berufsidee* bietet, stellen wir unserem Prinzip gemäß einen seiner Vertreter in den Mittelpunkt. Richard Baxter zeichnet sich vor vielen anderen literarischen Vertretern der puritanischen Ethik durch seine eminent praktische und irenische Stellung, zugleich auch durch die universelle Anerkennung seiner immer wieder neu aufgelegten und übersetzten Arbeiten aus. Presbyterianer und Apologet der Westminster-Synode, dabei aber – wie so viele der besten Geister der Zeit – dogmatisch allmählich dem Hochcalvinismus entwachsend, innerlich ein Gegner der Usurpation Cromwells, weil jeder Revolution, dem Sektentum und zumal dem fanatischen Eifer der »Heiligen« abhold, aber von großer Weitherzigkeit gegenüber äußerlichen Sonderheiten und objektiv gegenüber dem Gegner, suchte er sein Arbeitsfeld ganz wesentlich in der Richtung der praktischen Förderung des kirchlich-sittlichen Lebens, und hat sich – einer der erfolgreichsten Seelsorger, welche die Geschichte kennt – im Dienst dieser Arbeit der Parlamentsregierung ebenso wie Cromwell und der Restauration zur Verfügung gestellt,[195] bis er unter der letzteren – schon vor dem »Bartholomäustage« – aus dem Amte wich. Sein »Christian Directory« ist das umfassendste Kompendium der puritanischen Moraltheologie und dabei überall an den *praktischen* Erfahrungen der eigenen Seelsorge orientiert. – Als Repräsentant des deutschen Pietismus werden Speners »Theologische Bedenken«, für das Quäkertum Robert Barclays »Apology« und daneben andere Vertreter der asketischen Ethik,[196] der Raumersparnis halber möglichst in den Anmerkungen, vergleichend herangezogen.[197]

Nimmt man nun Baxters »Ewige Ruhe der Heiligen« und sein »Christian Directory« oder auch verwandte Arbeiten anderer[198] zur Hand, so fällt auf den ersten Blick in den Urteilen über den Reichtum[199] und seinen Erwerb die Betonung gerade der ebionitischen Elemente der neutestamentlichen Verkündigung auf.[200] Der Reichtum als solcher ist eine schwere Gefahr, seine Versuchungen sind unausgesetzte, das Streben[201] danach ist nicht nur sinnlos, gegenüber der überragenden Bedeutung des Gottesreichs, sondern auch sittlich bedenklich. Weit schärfer als bei Calvin, der in dem Reichtum der Geistlichen kein Hindernis für ihre Wirksamkeit, im Gegenteil eine durchaus erwünschte Steigerung ihres Ansehens erblickte [und] ihnen gestattete, ihr Vermögen gewinnbringend anzulegen, nur unter Vermeidung von Ärgernis, scheint hier die Askese *gegen* jedes Streben nach Erwerb zeitlicher Güter gerichtet. Man kann die Beispiele der Verdammung des Strebens nach Geld und Gut aus puritanischen Schriften ganz beliebig häufen und mit der darin viel unbefangeneren spätmittelalterlichen ethischen Literatur kontrastieren. Und es ist mit diesen Bedenken auch durchaus ernst gemeint, – nur bedarf es etwas näheren Zusehens, um ihren entscheidenden ethischen Sinn und Zusammenhang zu bemerken. Das sittlich wirklich Verwerfliche ist nämlich das *Ausruhen* auf dem Besitz,[202] der *Genuß* des Reichtums mit seiner Konsequenz von Müßigkeit und Fleischeslust, vor allem der Ablenkung von dem Streben nach »heiligem« Leben. Und *nur weil* der Besitz die Gefahr dieses Ausruhens mit sich bringt, ist er bedenklich. Denn die »ewige Ruhe der Heiligen« liegt im Jenseits, auf Erden aber muß auch der Mensch, um seines Gnadenstandes sicher zu werden, »wirken die Werke dessen, der ihn gesandt hat, solange es Tag ist«.* Nicht Muße und Genuß, sondern *nur Handeln* dient nach dem unzweideutig geoffenbarten Willen Gottes zur Mehrung seines Ruhms.[203] *Zeitvergeudung* ist also die erste und prinzipiell schwerste aller Sünden. Die Zeitspanne des Lebens ist unendlich kurz und kostbar, um die eigene Beru-

* Joh. 9 v. 4; zu vgl. Goethe: »Noch ist es Tag, da rühre sich der Mann, die Nacht tritt ein, wo niemand wirken kann« (Westöstlicher Divan, Buch der Sprüche). [Hrg.]

fung »festzumachen«. Zeitverlust durch Geselligkeit, »faules Gerede«,[204] Luxus,[205] selbst durch mehr als der Gesundheit nötigen Schlaf[206] – 6 bis höchstens 8 Stunden – ist sittlich absolut verwerflich.[207] Es heißt noch nicht wie bei BENJAMIN FRANKLIN: »Zeit ist Geld«, aber der Satz gilt gewissermaßen im spirituellen Sinn: sie ist unendlich wertvoll, weil jede verlorene Stunde der Arbeit im Dienst des Ruhmes Gottes entzogen ist.[208] Wertlos und eventuell direkt verwerflich ist daher auch untätige Kontemplation, mindestens wenn sie auf Kosten der Berufsarbeit erfolgt.[209] Denn sie ist *Gott minder* wohlgefällig als das aktive Tun seines Willens im Beruf.[210] Überdies ist für sie der Sonntag da, und es sind nach BAXTER immer diejenigen, die in ihrem Berufe müßig sind, welche auch für Gott keine Zeit haben, wenn die Stunde dafür da ist.[211]

Demgemäß zieht sich eine immer wiederholte, zuweilen fast leidenschaftliche Predigt harter, stetiger, körperlicher oder geistiger *Arbeit* durch BAXTERS Hauptwerk.[212] Zwei Motive wirken hier zusammen.[213] Die Arbeit ist zunächst das alterprobte *asketische Mittel*, als welches sie in der Kirche des Abendlandes, in scharfem Gegensatz nicht nur gegen den Orient, sondern gegen fast alle Mönchsregeln der ganzen Welt,[214] von jeher geschätzt war.[215] Sie ist namentlich das spezifische Präventiv gegen alle jene Anfechtungen, welche der Puritanismus unter dem Begriff »unclean life« zusammenfaßt, – und deren Rolle ist keine geringe. Die sexuelle Askese ist ja im Puritanismus nur dem Grade, nicht dem zugrundeliegenden Prinzip nach von der mönchischen verschieden und infolge der Erfassung auch des ehelichen Lebens weitreichender als jene. Denn der Geschlechtsverkehr ist auch *in* der Ehe *nur* als das von Gott gewollte Mittel zur Mehrung seines Ruhmes, entsprechend dem Gebot: »Seid fruchtbar und mehret euch«, zulässig.[216] Wie gegen religiöse Zweifel und skrupulöse Selbstquälerei, so wird auch gegen alle sexuellen Anfechtungen – neben nüchterner Diät, Pflanzenkost und kalten Bädern – verschrieben: »Arbeite hart in deinem Beruf.«[217]

Aber die Arbeit ist darüber hinaus, und vor allem, von Gott

vorgeschriebener *Selbst*zweck des Lebens überhaupt.[218] Der paulinische Satz: »Wer nicht arbeitet, soll nicht essen«, gilt bedingungslos und für jedermann.[219] Die Arbeitsunlust ist Symptom fehlenden Gnadenstandes.[220]

Deutlich zeigt sich hier die Abweichung von der mittelalterlichen Haltung. Auch THOMAS VON AQUIN hatte jenen Satz interpretiert. Aber nach ihm[221] ist die Arbeit nur naturali ratione notwendig zur Erhaltung des Lebens des Einzelnen und der Gesamtheit. Wo dieser Zweck wegfällt, zessiert auch die Geltung der Vorschrift. Sie trifft nur die Gattung, nicht jeden Einzelnen. Wer ohne Arbeit von seinem Besitz leben kann, auf den bezieht sie sich nicht, und ebenso steht natürlich die Kontemplation als eine geistliche Form des Wirkens im Gottesreich über dem Gebot in seiner wörtlichen Auslegung. Für die Populartheologie vollends lag ja die höchste Form mönchischer »Produktivität« in der Mehrung des »thesaurus ecclesiae« durch Gebet und Chordienst. Nicht nur diese Durchbrechungen der ethischen Arbeitspflicht aber fallen bei BAXTER selbstverständlich fort, sondern mit größtem Nachdruck schärft er den Grundsatz ein, daß auch der Reichtum von jener bedingungslosen Vorschrift nicht entbinde.[222] Auch der Besitzende soll nicht essen, ohne zu arbeiten; denn wenn er auch zur Deckung seines Bedarfs der Arbeit nicht benötigt, so besteht doch Gottes Gebot, dem er ebenso zu gehorchen hat wie der Arme.[223] Denn für jeden ohne Unterschied hält Gottes Vorsehung einen Beruf (calling) bereit, den er erkennen und in dem er arbeiten soll, und dieser Beruf ist nicht wie im Luthertum[224] eine Schickung, in die man sich zu fügen und mit der man sich zu bescheiden hat, sondern ein Befehl Gottes an den Einzelnen, zu seiner Ehre zu wirken. Diese scheinbar leichte Nuance hatte weittragende psychologische Konsequenzen und hing mit einer Weiterbildung jener *providentiellen* Deutung des ökonomischen Kosmos zusammen, welche schon der Scholastik geläufig war.

Das Phänomen der Arbeitsteilung und Berufsgliederung der Gesellschaft hatte, wie andere, schon THOMAS VON AQUIN, an den wir wieder am bequemsten anknüpfen, als direkten Ausfluß des göttlichen Weltplanes aufgefaßt. Aber die Eingliederung der Menschen in diesen Kosmos erfolgt ex causis naturalibus und ist zufällig (»contingent«, nach dem scholastischen Sprachgebrauch). Für LUTHER wurde, wie wir sahen, die aus der objektiven historischen Ordnung folgende Eingliederung der Menschen in die gegebenen Stände und Berufe zum direkten Ausfluß göttlichen Willens und also das *Verharren* des Einzelnen in der Stellung und in den Schranken, die Gott ihm zugewiesen hat, religiöse Pflicht.[225] Dies um so mehr, als eben die Beziehungen der lutherischen Frömmigkeit zur »Welt« überhaupt von Anfang an unsichere waren und blieben. Ethische Prinzipien waren von LUTHERS, die paulinische Weltindifferenz niemals ganz abstreifenden, Gedankenkreisen aus für die Gestaltung der Welt nicht zu gewinnen, und man mußte sie deshalb eben nehmen, wie sie war, und konnte nur *dies* zur religiösen Pflicht stempeln. – Wiederum anders nuanciert sich der providentielle Charakter des Ineinanderspielens der privatwirtschaftlichen Interessen in der puritanischen Anschauung. Welches der providentielle Zweck der Berufsgliederung ist, erkennt man, getreu dem puritanischen Schema pragmatischer Deutung, an ihren *Früchten*. Über diese nun läßt sich BAXTER in Ausführungen aus, welche in mehr als einem Punkte direkt an ADAM SMITHS bekannte Apotheose der Arbeitsteilung erinnern.[226] Die Spezialisierung der Berufe führt, weil sie die Übung (skill) des Arbeiters ermöglicht, zur quantitativen und qualitativen Steigerung der Arbeitsleistung und dient also dem allgemeinen Wohl (common best), welches mit dem Wohl möglichst Vieler identisch ist. Ist insoweit die Motivierung rein utilitarisch und durchaus verwandt mit manchen in der weltlichen Literatur der Zeit bereits üblichen Gesichtspunkten,[227] so tritt der charakteristisch puritanische Einschlag alsbald hervor, wenn BAXTER an die Spitze seiner Auseinandersetzungen das Motiv stellt: »Außerhalb eines festen Berufs sind die Arbeitsleistungen eines Menschen nur unstete Gelegenheitsarbeit, und er verbringt mehr Zeit in

Faulheit als in Arbeit«, und wenn er sie folgendermaßen beschließt: »und er (der Berufsarbeiter) wird seine Arbeit *in Ordnung* vollbringen, während ein anderer in ewiger Verwirrung steckt und sein Geschäft nicht Ort noch Zeit kennt[228] ...; darum ist ein fester Beruf (»certain calling«, an anderen Stellen heißt es »stated calling«) für jedermann das beste.« Die unstete Arbeit, zu welcher der gewöhnliche Tagelöhner gezwungen ist, ist ein oft unvermeidlicher, aber stets unerwünschter Zwischenzustand. Es fehlt eben dem Leben des »Beruflosen« der systematisch-methodische Charakter, den, wie wir sahen, die innerweltliche Askese verlangt. Auch nach der Quäkerethik soll das Berufsleben des Menschen eine konsequente asketische Tugendübung, eine Bewährung seines Gnadenstandes an seiner *Gewissen*haftigkeit sein, die in der Sorgfalt[229] und Methode, mit welcher er seinem Beruf nachgeht, sich auswirkt. Nicht Arbeit an sich, sondern rationale Berufsarbeit ist eben das von Gott Verlangte. Auf diesem methodischen Charakter der Berufsaskese liegt bei der puritanischen Berufsidee stets der Nachdruck, nicht, wie bei LUTHER, auf dem Sichbescheiden mit dem einmal von Gott zugemessenen Los.[230] Daher wird nicht nur die Frage, ob jemand mehrere callings kombinieren dürfe, unbedingt bejaht, – wenn es für das allgemeine Wohl oder das eigene[231] zuträglich und niemandem sonst abträglich ist und wenn es nicht dazu führt, daß man in einem der kombinierten Berufe ungewissenhaft (»unfaithful«) wird. Sondern es wird auch der *Wechsel* des Berufs als keineswegs an sich verwerflich angesehen, wenn er nicht leichtfertig, sondern um einen Gott wohlgefälligeren,[232] und das heißt dem allgemeinen Prinzip entsprechend: nützlicheren, Beruf zu ergreifen, erfolgt. Und vor allem: die Nützlichkeit eines Berufs und seine entsprechende Gottwohlgefälligkeit richtet sich zwar in erster Linie nach sittlichen und demnächst nach Maßstäben der Wichtigkeit der darin zu produzierenden Güter für die »Gesamtheit«, aber alsdann folgt als dritter und natürlich praktisch wichtigster Gesichtspunkt: die privatwirtschaftliche *»Profitlichkeit«*.[233] Denn wenn jener

Gott, den der Puritaner in allen Fügungen des Lebens wirksam sieht, einem der Seinigen eine Gewinnchance zeigt, so hat er seine Absichten dabei. Und mithin hat der gläubige Christ diesem Rufe zu folgen, indem er sie sich zunutze macht.[234] »Wenn Gott Euch einen Weg zeigt, auf dem Ihr ohne Schaden für Eure Seele oder für andere in gesetzmäßiger Weise *mehr gewinnen könnt* als auf einem anderen Wege, und Ihr dies zurückweist und den minder gewinnbringenden Weg verfolgt, dann *kreuzt Ihr einen der Zwecke Eurer Berufung* (calling), *Ihr weigert Euch, Gottes Verwalter* (stewart) zu sein und seine Gaben anzunehmen, um sie für ihn gebrauchen zu können, wenn er es verlangen sollte. Nicht freilich für Zwecke der Fleischeslust und Sünde, *wohl aber für Gott dürft Ihr arbeiten, um reich zu sein.*«[235] Der Reichtum ist eben nur als Versuchung zu faulem Ausruhen und sündlichem Lebensgenuß bedenklich und das Streben danach nur dann, wenn es geschieht, um später sorglos und lustig leben zu können. Als Ausübung der Berufspflicht aber ist es sittlich nicht nur gestattet, sondern geradezu geboten.[236] Das Gleichnis von jenem Knecht, der verworfen wurde, weil er mit dem ihm anvertrauten Pfunde nicht gewuchert hatte, schien das ja auch direkt auszusprechen.[237] Arm sein *wollen*, hieße, wie häufig argumentiert wurde, dasselbe wie krank sein wollen;[238] es wäre als Werkheiligkeit verwerflich und Gottes Ruhm abträglich. Und vollends das Betteln eines zur Arbeit Befähigten ist nicht nur als Trägheit sündlich, sondern auch nach des Apostels Wort gegen die Nächstenliebe.[239]

Wie die Einschärfung der asketischen Bedeutung des festen Berufs das moderne *Fachmenschentum* ethisch verklärt, so die providentielle Deutung der Profitchancen den *Geschäftsmenschen*.[240] Die vornehme Lässigkeit des Seigneurs und die parvenümäßige Ostentation des Protzen sind der Askese gleichermaßen verhaßt. Dagegen trifft ein voller Strahl ethischer Billigung den nüchternen bürgerlichen Selfmademan:[241] »God blesseth his trade« ist eine stehende Wendung für diejenigen Heiligen,[242] welche mit Erfolg jenen göttlichen Fügungen gefolgt waren, und die ganze Wucht des *alttestamentlichen Gottes*, der den Seinen gerade in *diesem* Leben ihre Frömmigkeit entgilt,[243] mußte ja für den Puritaner, der, nach BAXTERS Rat, den eigenen Gnadenstand durch Vergleich mit der Seelenverfassung der biblischen Helden kontrollierte[244] und dabei die Aussprüche der Bibel »wie die Paragraphen eines Gesetzbuches« interpretierte, in der gleichen Richtung wirken. – Ganz eindeutig waren die Aussprüche des Alten Testaments an sich ja nicht. Wir sahen, daß LUTHER sprachlich den Begriff »Beruf« im weltlichen Sinn zuerst bei der Übersetzung einer Sirachstelle anwendete. Das Buch Jesus Sirach gehört aber nach der ganzen Stimmung, die darin lebt, trotz seiner hellenistischen Beeinflussung doch zu den traditionalistisch wirkenden Bestandteilen des (erweiterten) Alten Testaments. Es ist charakteristisch, daß bei den lutherischen deutschen Bauern noch bis in die Gegenwart dies Buch sich oft besonderer Beliebtheit zu erfreuen scheint,[245] wie auch der lutherisch gebundene Charakter breiter Strömungen im deutschen Pietismus sich in der Vorliebe für Jesus Sirach zu äußern pflegte.[246] Die Puritaner verwarfen die Apokryphen als nicht inspiriert, gemäß ihrem schroffen Entweder-Oder zwischen Göttlichem und Kreatürlichem.[247] Um so stärker wirkte unter den kanonischen Büchern das Buch Hiob mit seiner Kombination einerseits einer großartigen Verherrlichung von Gottes absolut souveräner, menschlichen Maßstäben entzogener Majestät, die ja calvinistischen Anschauungen so höchst kongenial war, mit der im Schluß doch wieder hervorbrechenden, für CALVIN ebenso nebensächlichen wie für den Puritanismus wichtigen, Gewißheit, daß Gott die Seinigen auch und gerade – im Buch Hiob: nur! – in diesem Leben und auch in materieller Hinsicht zu segnen pflege.[248] Der orientalische Quietismus, welcher in manchen der stimmungsvollsten Verse der Psalmen und der Sprüche Salomos hervortritt, wurde ebenso weggedeutet, wie BAXTER dies mit der traditionalistischen Färbung der für den Berufsbegriff konstitutiven Stelle des 1. Korintherbriefes tat. Dafür legte man um so mehr den Nachdruck auf jene Stellen des Alten Testaments, welche die *formale Rechtlichkeit* als Kennzeichen gottwohlgefälligen Wandels rühmen. Die Theorie, daß das mosaische Gesetz durch den neuen Bund nur soweit seiner Geltung entkleidet sei, als es zeremonielle oder geschichtlich bedingte Vorschriften für das jüdische Volk enthalte, im übrigen aber als Ausdruck der »lex naturae« seine Geltung von jeher besessen und daher auch behalten habe,[249] ermöglichte einerseits die Eliminierung solcher Vorschriften, welche in das moderne Leben schlechterdings nicht einzufügen waren, und ließ andererseits doch der mächtigen Verstärkung jenes Geistes selbstgerechter und nüchterner Legalität, welcher der innerweltlichen Askese dieses Protestantismus eigen war, durch die zahlreichen verwandten Züge der alttestamentlichen Sittlichkeit freie Bahn.[259] Wenn also, wie mehrfach schon die Zeitgenossen, so auch neuere Schriftsteller die ethische Grundstimmung speziell des englischen Puritanismus als »English Hebraism« bezeichnen,[251] so ist dies, richtig verstanden, durchaus zutreffend. Man darf dabei nur nicht an das palästinensische Judentum aus der Zeit der Entstehung der alttestamentlichen Schriften, sondern muß an das Judentum, wie es unter dem Einfluß der vielen Jahrhunderte formalistisch-gesetzlicher und talmudischer Erziehung allmählich wurde, denken und muß auch dann äußerst vorsichtig mit Parallelen sein. Die im ganzen der unbefangenen Schätzung des Lebens als solchen zugewendete Stimmung des alten Judentums lag weit ab von der spezifischen Eigenart des Puritanismus. Ebenso fern lag ihm – und auch das darf nicht übersehen werden – die Wirtschaftsethik des mittelalterlichen und neuzeitlichen Judentums in den Zügen, welche für die Stellung beider innerhalb der Entwicklung des kapitalistischen *Ethos* entscheidend waren. Das Judentum stand auf der Seite des politisch oder spekulativ orientierten »Abenteurer«-Kapitalismus: sein Ethos war, mit einem Wort, das des *Paria*-Kapitalismus, – der Puritanismus trug das Ethos des rationalen bürgerlichen *Betriebs* und der rationalen Organisation der *Arbeit*. Er entnahm der jüdischen Ethik nur, was in diesen Rahmen paßte.

Die charakterologischen Folgen der Durchdringung des Lebens mit alttestamentlichen Normen aufzuzeigen – eine reizvolle Aufgabe, die aber bisher nicht einmal für das Judentum selbst wirklich gelöst ist[252] –, wäre im Rahmen dieser Skizze unmöglich. Neben den angedeuteten Beziehungen kommt für den inneren Gesamthabitus des Puritaners vor allem auch in Betracht, daß der Glaube, das auserwählte Volk Gottes zu sein, in ihm eine grandiose Renaissance erlebte.[253] Wie selbst der milde BAXTER Gott dafür dankt, daß er ihn in England und in der wahren Kirche habe zur Welt kommen lassen und nicht anderswo, so durchdrang dieser Dank für die eigene, durch Gottes Gnade gewirkte Tadellosigkeit die Lebensstimmung[254] des puritanischen Bürgertums und bedingte jenen formalistisch korrekten harten Charakter, wie er den Vertretern jener heroischen Epoche des Kapitalismus eigen war.

Wir suchen uns nun noch speziell die Punkte zu verdeutlichen, in welchen die puritanische Auffassung des Berufs und die Forderung asketischer Lebensführung *direkt* die Entwicklung des kapitalistischen Lebensstils beeinflussen mußte. Mit voller Gewalt wendet sich die Askese, wie wir sahen, vor allem gegen eins: das *unbefangene Genießen* des Daseins und dessen, was es an Freuden zu bieten hat. Am charakteristischsten kommt dieser Zug wohl in dem Kampf um das »Book of sports«[255] zum Ausdruck, welches JAKOB I. und KARL I. zu dem ausgesprochenen Zweck der Bekämpfung des Puritanismus zum Gesetz erhoben und dessen Verlesung von allen Kanzeln der letztere anbefahl. Wenn die Puritaner die Verfügung des Königs, daß am Sonntag gewisse volkstümliche Vergnügungen außerhalb der Kirchzeit gesetzlich erlaubt sein sollten, wie rasend bekämpften, so war es *nicht* nur die Störung der Sabbathruhe, sondern die ganze geflissentliche Ablenkung von der geordneten Lebensführung des Heiligen, was sie aufbrachte. Und wenn der König jeden Angriff auf die Gesetzlichkeit jener Sports mit schwerer Strafe bedrohte, so war der Zweck gerade, jenen dem Staat gefährlichen, weil *antiautoritären asketischen* Zug zu brechen. Die monarchisch-feudale Gesellschaft schützte die »Vergnügungswilligen« gegen die entstehende bürgerliche Moral und das autoritätsfeindliche asketische Konventikel ebenso, wie heute die kapitalistische Gesellschaft die »Arbeitswilligen« gegen die Klassenmoral der Arbeiter und den autoritätsfeindlichen Gewerkverein zu schützen pflegt. Die Puritaner vertraten demgegenüber ihre entscheidendste Eigenart: das Prinzip asketischer Lebensführung. Denn im übrigen war die Abneigung des Puritanismus gegen den Sport, selbst bei den Quäkern, keine schlechthin grundsätzliche. Nur mußte er einem rationalen Zweck: der für die physische Leistungsfähigkeit erforderlichen Erholung, dienen. Als Mittel rein unbefangenen Sich-Auslebens ungebändigter Triebe dagegen war er ihm verdächtig, und soweit er zum reinen Genußmittel wurde oder gar den agonalen Ehrgeiz, rohe Instinkte oder die irrationale Lust zum Wetten weckte, war er selbstverständlich schlechthin verwerflich. Der *trieb*hafte Lebensgenuß, der von der Berufsarbeit wie von der Frömmigkeit gleichermaßen abzieht, war eben als solcher der Feind der rationalen Askese, mochte er sich als »seigneurialer« Sport oder als Tanzboden- und Kneipenbesuch des gemeinen Mannes darstellen.[256]

Mißtrauisch und vielfach feindlich ist demgemäß auch die Stellung zu den nicht direkt religiös zu wertenden Kulturgütern. Nicht als ob ein düsteres kulturverachtendes Banausentum im Lebensideal des Puritanismus enthalten gewesen wäre. Das gerade Gegenteil ist wenigstens für die Wissenschaft – mit Ausnahme der verabscheuten Scholastik – richtig. Und die größten Vertreter der puritanischen Bewegung sind überdies tief in die Bildung der Renaissance getaucht: die Predigten des presbyterianischen Flügels der Bewegung triefen von Klassizismen,[257] und selbst diejenigen der Radikalen verschmähen, obzwar sie allerdings gerade daran Anstoß nahmen, derartige Gelehrsamkeit doch in der theologischen Polemik nicht. Nie vielleicht ist ein Land so überreich an »graduates« gewesen wie Neu-England in der ersten Generation seines Bestehens. Die Satire der Gegner, wie z. B. Samuel

Butlers »Hudibras«, setzt ebenfalls gerade bei der Stubengelehrsamkeit und geschulten Dialektik der Puritaner ein: dies hängt *teil*weise mit der religiösen Schätzung des Wissens zusammen, welche aus der Stellung zur katholischen »fides implicita« folgte. – Schon anders steht es, sobald man das Gebiet der nicht wissenschaftlichen Literatur[258] und weiterhin der Sinnenkunst betritt. Hier freilich legte sich die Askese wie ein Reif auf das Leben des fröhlichen alten England. Und nicht nur die weltlichen Feste wurden davon betroffen. Der zornige Haß der Puritaner gegen alles, was nach »superstition« roch, gegen alle Reminiszenzen von magischer oder hierurgischer Gnadenspendung, verfolgte das christliche Weihnachtsfest ganz ebenso wie den Maibaum[259] und die unbefangene kirchliche Kunstübung. Daß in Holland für die Entwicklung einer großen, oft derb realistischen, Kunst Raum blieb,[260] beweist lediglich, wie wenig exklusiv die dortige autoritär gehandhabte Sittenreglementierung nach diesen Richtungen gegenüber dem Einfluß des Hofes und des Regentenstandes (einer *Rentner*schicht), aber auch der Lebenslust reich gewordener Kleinbürger zu wirken vermochte, nachdem die kurze Herrschaft der calvinistischen Theokratie sich in ein nüchternes Staatskirchentum aufgelöst und damit der Calvinismus an asketischer Werbekraft merklich verloren hatte.[261] Das Theater war dem Puritaner verwerflich,[262] und bei der strikten Ausscheidung des Erotischen und der Nuditäten aus dem Kreise des Möglichen blieb in Literatur wie Kunst die radikalere Auffassung nicht stehen. Die Begriffe des »idle talk«, der »superfluities«,[263] der »vain ostentation« – alles Bezeichnungen eines irrationalen, ziellosen, daher nicht asketischen und überdies nicht zum Ruhme Gottes, sondern des Menschen dienenden Gebarens – waren schnell bei der Hand, um gegen jede Verwendung künstlerischer Motive die nüchterne Zweckmäßigkeit entschieden zu begünstigen. Vollends galt dies da, wo es sich um den direkten Schmuck der Person, z. B. die Tracht,[264] handelte. Jene mächtige Tendenz zur Uniformierung des Lebensstils, welcher heute das kapitalistische Interesse an der »standardization« der Produktion[265] zur Seite steht, hatte in der Ablehnung der »Kreaturvergötterung« ihre ideelle Grundlage.[266] Gewiß darf man dabei nicht vergessen, daß der Puritanismus eine Welt von Gegensätzen in sich schloß, daß der instinktive Sinn für das zeitlos Große in der Kunst bei seinen Führern sicher höher stand als in der Lebensluft der »Kavaliere«,[267] und daß ein einzigartiger Genius wie REMBRANDT, so wenig sein »Wandel« durchweg vor den Augen des puritanischen Gottes Gnade gefunden hätte, doch in der Richtung seines Schaffens durch sein sektiererisches Milieu ganz wesentlich mitbestimmt wurde.[268] Aber am Gesamtbild ändert das insofern nichts, als die mächtige *Verinnerlichung* der Persönlichkeit, welche die weitere Fortbildung der puritanischen Lebensluft mit sich bringen konnte und tatsächlich mitbestimmt hat, doch vorwiegend der Literatur und auch da erst späteren Geschlechtern zugute gekommen ist.

Ohne auf die Erörterung der Einflüsse des Puritanismus nach allen diesen Richtungen hier näher eingehen zu können, vergegenwärtigen wir uns nur, daß die Statthaftigkeit der Freude an den rein dem ästhetischen oder sportlichen Genuß dienenden Kulturgütern jedenfalls immer *eine* charakteristische Schranke findet: sie *dürfen nichts kosten*. Der Mensch ist ja nur Verwalter der durch Gottes Gnade ihm zugewendeten Güter, er hat, wie der Knecht der Bibel, von jedem anvertrauten Pfennig Rechenschaft abzulegen,[269] und es ist zum mindesten bedenklich, davon etwas zu verausgaben zu einem Zweck, der nicht Gottes Ruhm, sondern dem eigenen Genuß gilt.[270] Wem, der die Augen offen hat, wären Repräsentanten dieser Auffassung nicht bis in die Gegenwart hinein begegnet?[271] Der Gedanke der *Verpflichtung* des Menschen gegenüber seinem anvertrauten Besitz, dem er sich als dienender Verwalter oder geradezu als »Erwerbsmaschine« unterordnet, legt sich mit seiner erkältenden Schwere auf das Leben. Je größer der Besitz wird, desto schwerer wird – *wenn* die asketische Lebensstimmung die Probe besteht – das Gefühl der Verantwortung dafür, ihn zu Gottes Ruhm ungeschmälert zu erhalten und durch rastlose Arbeit zu vermehren. Auch die Genesis dieses Lebensstils reicht in einzelnen Wurzeln, wie so viele Bestandteile des modernen kapitalistischen Geistes, in das Mittelalter zurück,[272] aber erst in der Ethik des asketischen Protestantismus fand er seine konsequente ethische Unterlage. Seine Bedeutung für die Entwicklung des Kapitalismus liegt auf der Hand.[273]

Die innerweltliche protestantische Askese – so können wir das bisher Gesagte wohl zusammenfassen – wirkte also mit voller Wucht gegen den unbefangenen *Genuß* des Besitzes, sie schnürte die *Konsumtion*, speziell die Luxuskonsumtion, ein. Dagegen *entlastete* sie im psychologischen Effekt den *Gütererwerb* von den Hemmungen der traditionalistischen Ethik, sie sprengte die Fesseln des Gewinnstrebens, indem sie es nicht nur legalisierte, sondern (in dem dargestellten Sinn) direkt als gottgewollt ansah. Der Kampf gegen Fleischeslust und das Hängen an äußeren Gütern war, wie neben den Puritanern auch der große Apologet des Quäkertums, BARCLAY, ausdrücklich bezeugt, *kein* Kampf gegen rationalen *Erwerb*, sondern gegen irrationale Verwendung des Besitzes. Diese aber lag vor allem in der Wertschätzung der als Kreaturvergötterung[274] verdammlichen *ostensiblen* Formen des Luxus, wie sie dem feudalen Empfinden so nahe lagen, anstatt der von Gott gewollten rationalen und utilitarischen Verwendung für die Lebenszwecke des Einzelnen und der Gesamtheit. *Nicht Kasteiung*[275] wollte sie dem Besitzenden aufzwingen, sondern Gebrauch seines Besitzes für notwendige und *praktisch nützliche* Dinge. Der Begriff des »*comfort*« umspannt in charakteristischer Weise den Kreis der ethisch statthaften Verwendungszwecke, und es ist natürlich kein Zufall, daß man die Entwicklung des Lebensstils, der sich an jenen Begriff heftet, gerade bei den konsequentesten Vertretern dieser ganzen Lebensanschauung: den Quäkern, am frühesten und deutlichsten beobachtet hat. Dem Flitter und Schein chevaleresken Prunkes, der, auf unsolider ökonomischer Basis ruhend, die schäbige Eleganz der nüchternen Einfachheit vorzieht, setzten sie die saubere und solide Bequemlichkeit des bürgerlichen »home« als Ideal entgegen.[276]

Auf der *Seite der Produktion* des privatwirtschaftlichen Reichtums kämpfte die Askese gegen Unrechtlichkeit ebenso wie gegen rein *trieb*hafte Habgier, – denn diese war es, welche sie als »covetousness«, als »Mammonismus« usw. verwarf: das Streben nach Reichtum zu dem Endzweck, reich zu *sein*. Denn der Besitz als solcher war Versuchung. Aber hier war nun die Askese die Kraft, »die stets das Gute will und stets das Böse« – das in ihrem Sinn Böse: den Besitz und seine Versuchungen – »schafft«*. Denn nicht nur sah sie, mit dem Alten Testament und in voller Analogie zu der ethischen Wertung der »guten Werke«, zwar in dem Streben nach Reichtum als *Zweck* den Gipfel des Verwerflichen, in der Erlangung des Reichtums als *Frucht* der Berufsarbeit aber den Segen Gottes. Sondern, was noch wichtiger war: die religiöse Wertung der rastlosen, stetigen, systematischen, weltlichen Berufsarbeit als schlechthin höchsten asketischen Mittels und zugleich sicherster und sichtbarster Bewährung des wiedergeborenen Menschen und seiner Glaubensechtheit mußte ja der denkbar mächtigste Hebel der Expansion jener Lebensauffassung sein, die wir hier als »Geist« des Kapitalismus bezeichnet haben.[277] Und halten wir nun noch jene Einschnürung der Konsumtion mit dieser Entfesselung des Erwerbsstrebens *zusammen*, so ist das äußere Ergebnis naheliegend: *Kapitalbildung* durch *asketischen Sparzwang*.[278] Die Hemmungen, welche dem konsumtiven Verbrauch des Erworbenen entgegenstanden, mußten ja seiner produktiven Verwendung: als *Anlage*kapital, zugute kommen. Wie stark diese Wirkung gewesen ist, entzieht sich ziffernmäßig naturgemäß jeder exakten Bestimmung. In Neu-England tritt der Zusammenhang so greifbar hervor, daß er bereits dem Auge eines so vortrefflichen Historikers wie John Doyle nicht entgangen ist.[279] Aber auch in dem vom strikten Calvinismus nur 7 Jahre wirklich be-

* Zu vgl. Goethe, Faust 1, v. 1337. [Hrg.]

herrschten Holland führte die in den religiös ernsteren Kreisen herrschende größere Einfachheit des Lebens bei enormen Reichtümern zu einer exzessiven Kapitalaufsammlungssucht.[280] Daß ferner die zu allen Zeiten und überall vorhanden gewesene, auch bei uns heute recht wirksame, Tendenz zur »Veradligung« bürgerlicher Vermögen durch die Antipathie des Puritanismus gegen feudale Lebensformen fühlbar gehemmt werden mußte, liegt auf der Hand. Englische merkantilistische Schriftsteller des 17. Jahrhunderts führten die Überlegenheit der holländischen Kapitalmacht gegenüber England darauf zurück, daß dort nicht wie hier neu erworbene Vermögen regelmäßig durch Anlage in Land und – denn darauf, nicht auf den Landankauf allein kommt es an – den Übergang zu feudalen Lebensgewohnheiten Nobilitierung suchten und dadurch der kapitalistischen Verwertung entzogen würden.[281] Die auch bei den Puritanern nicht fehlende Schätzung der *Landwirtschaft* als eines besonders wichtigen, auch der Frömmigkeit besonders zuträglichen Erwerbszweigs galt (z. B. bei BAXTER) nicht dem Landlord, sondern dem Yeoman und Farmer, und im 18. Jahrhundert nicht dem Junker, sondern dem »rationellen« *Landwirt*.[282] Durch die englische Gesellschaft der Zeit seit dem 17. Jahrhundert zieht sich der Zwiespalt zwischen der »Squirearchie«, der Trägerin des »fröhlichen alten Englands«, und den in ihrer gesellschaftlichen Macht stark schwankenden puritanischen Kreisen.[283] Beide Züge: der einer ungebrochenen naiven Lebensfreude und der einer streng geregelten und reservierten Selbstbeherrschung und konventionellen ethischen Bindung stehen noch heute im Bilde des englischen »Volkscharakters« nebeneinander.[284] Und ebenso zieht sich durch die älteste Geschichte der nordamerikanischen Kolonisation der scharfe Gegensatz der »adventurers«, die mit der Arbeitskraft von »indentured servants« Plantagen einrichteten und seigneurial leben wollten, gegen die spezifisch bürgerliche Gesinnung der Puritaner.[285]

Soweit die Macht puritanischer Lebensauffassung reichte, kam sie unter allen Umständen – und dies ist natürlich weit wichtiger als die bloße Begünstigung der Kapitalbildung – der Tendenz zu bürgerlicher, ökonomisch *rationaler* Lebensführung zugute; sie war ihr wesentlichster und vor allem: ihr einzig konsequenter Träger. Sie stand an der Wiege des modernen »Wirtschaftsmenschen«. Gewiß: diese puritanischen Lebensideale versagten bei einer allzu starken Belastungsprobe durch die den Puritanern selbst ja sehr wohlbekannten »Versuchungen« des Reichtums. Sehr regelmäßig finden wir die genuinsten Anhänger puritanischen Geistes in den Reihen der erst im *Aufsteigen begriffenen* Schichten[286] der Kleinbürger und Farmer, und die »beati possidentes«, selbst bei den Quäkern, recht oft zur Verleugnung der alten Ideale bereit.[287] Es war das ja das gleiche Schicksal, welchem die Vorgängerin der innerweltlichen Askese: die klösterliche Askese des Mittelalters, immer wieder erlag: wenn die rationelle Wirtschaftsführung hier, an der Stätte streng geregelten Lebens und gehemmter Konsumtion, ihre Wirkung voll entfaltet hatte, so verfiel der gewonnene Besitz entweder direkt – wie in der Zeit vor der Glaubensspaltung – der Veradligung, oder es drohte doch die klösterliche Zucht in die Brüche zu gehen, und eine der zahlreichen Kloster-»Reformationen« mußte eingreifen. Ist doch die ganze Geschichte der Ordensregeln in gewissem Sinne ein stets erneutes Ringen mit dem Problem der säkularisierenden Wirkung des Besitzes. Das gleiche gilt in grandiosem Maßstabe auch für die innerweltliche Askese des Puritanismus. Der mächtige »revival« des Methodismus, welcher dem Aufblühen der englischen Industrie gegen Ende des 18. Jahrhunderts vorangeht, kann mit einer solchen Klosterreformation recht wohl verglichen werden. Von John Wesley selbst möge nun hier eine Stelle[288] Platz finden, welche wohl geeignet wäre, als Motto über allem bisher Gesagten zu stehen. Denn sie zeigt, wie die Häupter der asketischen Richtungen selbst sich über die hier dargelegten, scheinbar so paradoxen Zusammenhänge vollkommen, und zwar durchaus in dem hier entwickelten Sinn, klar waren.[289] Er schreibt:

»Ich fürchte: wo immer der Reichtum sich vermehrt hat,

da hat der Gehalt an Religion in gleichem Maße abgenommen. Daher sehe ich nicht, wie es, nach der Natur der Dinge, möglich sein soll, daß irgendeine Wiedererweckung echter Religiosität lange Dauer haben kann. Denn Religion *muß notwendig* sowohl Arbeitsamkeit (industry) als Sparsamkeit (frugality) erzeugen, und diese können nichts anderes als Reichtum hervorbringen. Aber wenn Reichtum zunimmt, so nehmen Stolz, Leidenschaft und Weltliebe in allen ihren Formen zu. Wie soll es also möglich sein, daß der Methodismus, das heißt eine Religion des Herzens, mag sie jetzt auch wie ein grünender Baum blühen, in diesem Zustand verharrt? Die Methodisten werden überall fleißig und sparsam; folglich vermehrt sich ihr Güterbesitz. Daher wachsen sie entsprechend an Stolz, Leidenschaft, an fleischlichen und weltlichen Gelüsten und Lebenshochmut. So bleibt zwar die Form der Religion, der Geist aber schwindet allmählich. Gibt es keinen Weg, diesen fortgesetzten Verfall der reinen Religion zu hindern? Wir dürfen die Leute nicht hindern, fleißig und sparsam zu sein. *Wir müssen alle Christen ermahnen, zu gewinnen, was sie können, und zu sparen, was sie können, das heißt im Ergebnis: reich zu werden.*« (Folgt die Ermahnung, daß die, die »alles gewinnen, was sie können, und alles sparen, was sie können«, auch »alles, was sie können, geben« sollen, um so in der Gnade zu wachsen und einen Schatz im Himmel zu sammeln.) – Man sieht, es ist das bis in alle Einzelheiten der hier beleuchtete Zusammenhang.[290]

Ihre volle *ökonomische* Wirkung entfalteten, ganz wie es hier Wesley sagt, jene mächtigen religiösen Bewegungen, deren Bedeutung für die wirtschaftliche Entwicklung ja in erster Linie in ihren asketischen *Erziehungs*wirkungen lag, regelmäßig erst, nachdem die Akme des *rein* religiösen Enthusiasmus bereits überstiegen war, der Krampf des Suchens nach dem Gottesreich sich allmählich in nüchterne Berufstugend aufzulösen begann, die religiöse Wurzel langsam abstarb und utilitarischer Diesseitigkeit Platz machte, – wenn, um mit Dowden zu reden, in der populären Phantasie »Robinson Crusoe«, der *isolierte Wirtschaftsmensch*, welcher nebenher Missionsarbeit treibt,[291] an die Stelle des in innerlich einsamem Streben nach dem Himmelreich durch den »Jahrmarkt der Eitelkeit« eilenden BUNYANschen »Pilgers« getreten war. Wenn dann weiterhin der Grundsatz herrschend wurde: »to make the best of *both* worlds«, so mußte schließlich – wie ebenfalls schon DOWDEN bemerkt hat – das gute Gewissen einfach in die Reihe der Mittel komfortablen bürgerlichen Lebens eingereiht werden, wie dies ja auch das deutsche Sprichwort vom »sanften Ruhekissen« recht hübsch zum Ausdruck bringt. Was jene religiös lebendige Epoche des 17. Jahrhunderts ihrer utilitarischen Erbin vermachte, war aber eben vor allem ein ungeheuer gutes – sagen wir getrost: ein *pharisäisch* gutes – Gewissen beim Gelderwerb, wenn anders er sich nur in legalen Formen vollzog. Jeder Rest des »Deo placere vix potest« war verschwunden.[292] Ein spezifisch *bürgerliches Berufsethos* war entstanden. Mit dem Bewußtsein, in Gottes voller Gnade zu stehen und von ihm sichtbar gesegnet zu werden, vermochte der bürgerliche Unternehmer, wenn er sich innerhalb der Schranken formaler Korrektheit hielt, sein sittlicher Wandel untadelig und der Gebrauch, den er von seinem Reichtum machte, kein anstößiger war, seinen Erwerbsinteressen zu folgen und *sollte* dies tun. Die Macht der religiösen Askese stellte ihm überdies nüchterne, gewissenhafte, ungemein arbeitsfähige und an der Arbeit als gottgewolltem Lebenszweck [haftende] Arbeiter zur Verfügung.[293] Sie gab ihm dazu die beruhigende Versicherung, daß die ungleiche Verteilung der Güter dieser Welt ganz spezielles Werk von Gottes Vorsehung sei, der mit diesen Unterschieden ebenso wie mit der nur partikulären Gnade seine geheimen, uns unbekannten Ziele verfolge.[294] Schon CALVIN hatte den oft zitierten Ausspruch getan, daß nur, wenn das »Volk«, d. h. die Masse der Arbeiter und Handwerker, arm erhalten werde, es Gott gehorsam bleibe.[295] Die Niederländer (PIETER DE LA COURT und andere) hatten dies dahin »säkularisiert«: daß die Masse der Menschen nur *arbeite*, wenn die Not sie dazu treibe, und diese

Formulierung eines Leitmotivs kapitalistischer Wirtschaft mündete dann weiterhin in den Strom der Theorie von der »Produktivität« niederer Löhne. Auch hier schob sich die utilitarische Wendung dem Gedanken unvermerkt mit dem Absterben seiner religiösen Wurzel unter, ganz nach dem Entwicklungsschema, welches wir immer wieder beobachtet haben. Die mittelalterliche Ethik hatte den Bettel nicht nur geduldet, sondern in den Bettelorden geradezu glorifiziert. Auch die weltlichen Bettler wurden, da sie ja dem Besitzenden Gelegenheit zu guten Werken durch Almosen gaben, gelegentlich geradezu als »Stand« bezeichnet und gewertet. Noch die anglikanische Sozialethik der STUARTS stand dieser Haltung innerlich sehr nahe. Es war der puritanischen Askese vorbehalten, an jener harten englischen Armengesetzgebung mitzuarbeiten, welche hierin grundsätzlichen Wandel schuf. Und sie konnte das, weil die protestantischen Sekten und die streng puritanischen Gemeinschaften überhaupt in ihrer eigenen Mitte den Bettel tatsächlich *nicht kannten.*[296]

Denn andererseits: Von der anderen Seite, derjenigen der Arbeiter, gesehen, glorifizierte z. B. die ZINZENDORFsche Spielart des Pietismus den berufstreuen Arbeiter, der nicht nach Erwerb trachtet, als nach dem Vorbild der Apostel lebend und also mit dem Charisma der Jüngerschaft begabt.[297] Noch radikaler waren ähnliche Anschauungen anfangs bei den Täufern verbreitet gewesen. Nun ist natürlich die gesamte asketische Literatur fast *aller* Konfessionen von dem Gesichtspunkt durchtränkt, daß treue Arbeit auch bei niederen Löhnen seitens dessen, dem das Leben sonst keine Chancen zugeteilt hat, etwas Gott höchst Wohlgefälliges sei. *Darin* brachte die protestantische Askese an sich keine Neuerung. Aber: sie vertiefte nicht nur diesen Gesichtspunkt aufs mächtigste, sondern sie erschuf jener Norm das, worauf es ja schließlich doch für deren Wirkung *allein ankam*: den psychologischen *Antrieb* durch die Auffassung dieser Arbeit als *Beruf*, als des vorzüglichsten, ja letztlich oft als *einzigen* Mittels, des Gnadenstandes sicher zu werden.[298] Und sie legalisierte auf der anderen Seite die Ausbeutung dieser spezifischen Arbeitswilligkeit, indem sie auch den Gelderwerb des Unternehmers als »Beruf« deutete.[299] Es liegt auf der Hand, wie mächtig das *ausschließliche* Streben nach dem Gottesreich durch Erfüllung der Arbeitspflicht als Beruf und die strenge Askese, welche die Kirchenzucht naturgemäß gerade den besitzlosen Klassen aufnötigte, die »Produktivität« der Arbeit im kapitalistischen Sinn des Wortes fördern mußten. Die Behandlung der Arbeit als »Beruf« wurde für den modernen Arbeiter ebenso charakteristisch wie für den Unternehmer die entsprechende Auffassung des Erwerbes. Es war eine Wiedergabe dieses damals neuen Tatbestandes, wenn ein so scharfer anglikanischer Beobachter wie Sir William Petty die holländische Wirtschaftsmacht des 17. Jahrhunderts darauf zurückführte, daß die dort besonders zahlreichen »Dissenters« (Calvinisten und Baptisten) Leute seien, welche *»Arbeit und Gewerbsfleiß für ihre Pflicht gegen Gott«* ansähen. Der »organischen« Sozialverfassung in jener fiskalisch-monopolistischen Wendung, welche sie im Anglikanismus unter den Stuarts, namentlich in den Konzeptionen William Lauds annahm: – diesem Bündnis von Staat und Kirche mit den »Monopolisten« auf dem Boden eines christlich-sozialen Unterbaus, stellte der Puritanismus, dessen Vertreter durchweg zu den leidenschaftlichen Gegnern *dieser* Art von staatlich priviligiertem Händler-, Verleger- und Kolonialkapitalismus gehörten, die individualistischen *Antriebe* des rationalen legalen Erwerbs kraft eigener Tüchtigkeit und Initiative gegenüber, welche – während die staatlich privilegierten Monopolindustrien in England bald sämtlich wieder verschwanden – am Aufbau der ohne, zum Teil trotz und gegen die obrigkeitlichen Gewalten entstehenden Industrien entscheidend mitbeteiligt waren.[300] Die Puritaner (Prynne, Parker) lehnten jede Gemeinschaft mit den »Höflingen und Projektenmachern« großkapitalistischen Gepräges als mit einer ethisch verdächtigen Klasse ab, im Stolz auf ihre eigene überlegene bürgerliche Geschäftsmoral, welche den wahren Grund der Verfolgungen bilde, denen sie von jenen Kreisen ausgesetzt seien. Den Kampf gegen den Dissent schlug noch DANIEL DEFOE vor, durch Boykott gegen die Bankwechsel und durch Depotkündigungen zu gewinnen. Der Gegensatz der beiden Arten kapitalistischer Gebarung ging sehr weitgehend mit den religiösen Gegensätzen Hand in Hand. Die Gegner der Nonkonformisten haben auch im 18. Jahrhundert immer wieder diese als die Träger des »spirit of shopkeepers« verhöhnt und als den Verderb der altenglischen Ideale verfolgt. *Hier* lag auch der Gegensatz des puritanischen gegen das jüdische Wirtschaftsethos verankert, und schon die Zeitgenossen (PRYNNE) wußten, daß das erstere, nicht das letztere, das *bürgerliche* Wirtschaftsethos war.[301] –

Einer der konstitutiven Bestandteile des modernen kapitalistischen Geistes, und nicht nur dieses, sondern der modernen Kultur: die rationale Lebensführung auf Grundlage der *Berufsidee,* ist – das sollten diese Darlegungen erweisen – geboren aus dem Geist der *christlichen Askese.* Man lese jetzt noch einmal den im Eingang dieses Aufsatzes zitierten Traktat FRANKLINS nach, um zu sehen, daß die wesentlichen Elemente der dort als »Geist des Kapitalismus« bezeichneten Gesinnung eben die sind, die wir vorstehend als Inhalt der puritanischen Berufsaskese ermittelten,[302] nur ohne die religiöse Fundierung, die eben bei FRANKLIN schon abgestorben war. – Der Gedanke, daß die moderne Berufsarbeit ein *asketisches* Gepräge trage, ist ja auch nicht neu. Daß die Beschränkung auf Facharbeit, mit dem Verzicht auf die faustische Allseitigkeit des Menschentums, welchen sie bedingt, in der heutigen Welt Voraussetzung wertvollen Handelns überhaupt ist, daß also »Tat« und »Entsagung« einander heute unabwendbar bedingen: dieses asketische Grundmotiv des bürgerlichen Lebensstils – wenn er eben Stil und nicht Stillosigkeit sein will – hat auf der Höhe seiner Lebensweisheit, in den »Wanderjahren« und in dem Lebensabschluß, den er seinem Faust gab, auch GOETHE uns lehren wollen.[303] Für ihn bedeutete diese Erkenntnis einen entsagenden Abschied von einer Zeit vollen und schönen Menschentums, welche im Verlauf unserer Kulturentwicklung ebensowenig sich wiederholen wird wie die Zeit der Hochblüte Athens im Altertum. Der Puritaner *wollte* Berufsmensch sein, – wir *müssen* es sein. Denn indem die Askese aus den Mönchszellen heraus in das Berufsleben übertragen wurde und die innerweltliche Sittlichkeit zu beherrschen begann, half sie an ihrem Teile mit daran, jenen mächtigen Kosmos der modernen, an die technischen und ökonomischen Voraussetzungen mechanisch-maschineller Produktion gebundenen, Wirtschaftsordnung zu erbauen, der heute den Lebensstil aller Einzelnen, die in dieses Triebwerk hineingeboren werden – *nicht* nur der direkt ökonomisch Erwerbstätigen –, mit überwältigendem Zwange bestimmt und vielleicht bestimmen wird, bis der letzte Zentner fossilen Brennstoffs verglüht ist. Nur wie »ein dünner Mantel, den man jederzeit abwerfen könnte«, sollte nach Baxters Ansicht die Sorge um die äußeren Güter um die Schultern seiner Heiligen liegen.[304] Aber aus dem Mantel ließ das Verhängnis ein stahlhartes Gehäuse werden. Indem die Askese die Welt umzubauen und in der Welt sich auszuwirken unternahm, gewannen die äußeren Güter dieser Welt zunehmende und schließlich unentrinnbare Macht über den Menschen, wie niemals zuvor in der Geschichte. Heute ist ihr Geist – ob endgültig, wer weiß es? – aus diesem Gehäuse entwichen. Der siegreiche Kapitalismus jedenfalls bedarf, seit er auf mechanischer Grundlage ruht, dieser Stütze nicht mehr. Auch die rosige Stimmung ihrer lachenden Erbin: der Aufklärung, scheint endgültig im Verbleichen, und als ein Gespenst ehemals religiöser Glaubensinhalte geht der Gedanke der »Berufspflicht« in unserm Leben um. Wo die »Berufserfüllung« nicht direkt zu den höchsten geistigen Kulturwerten in Beziehung gesetzt werden kann – oder wo nicht umgekehrt: sie auch subjektiv einfach als ökonomischer Zwang empfunden werden muß –, da verzichtet der Einzelne heute meist auf ihre Ausdeutung überhaupt. Auf dem Gebiet seiner höchsten Entfesselung, in den Vereinigten Staaten, neigt das seines religiös-ethischen Sinnes entkleidete Erwerbsstreben heute dazu, sich mit rein agonalen Leidenschaften zu assoziieren, die ihm nicht selten geradezu den Charakter des Sports aufprägen.[305] Niemand weiß noch, wer künftig in jenem Gehäuse wohnen wird und ob am Ende dieser ungeheuren Entwicklung ganz neue Prophetien oder eine mächtige Wiedergeburt alter Gedanken und Ideale stehen werden, *oder* aber – wenn keins von beiden – mechanisierte Versteinerung, mit einer Art von krampfhaftem Sich-wichtig-nehmen verbrämt. Dann allerdings könnte für die »letzten Menschen« dieser Kulturentwicklung das Wort zur Wahrheit werden: »Fachmenschen ohne Geist, Genußmenschen ohne Herz: dies Nichts bildet sich ein, eine nie vorher erreichte Stufe des Menschentums erstiegen zu haben.«*

Doch wir geraten damit auf das Gebiet der Wert- und Glaubensurteile, mit welchen diese rein historische Darstellung nicht belastet werden soll. Die *Aufgabe* wäre vielmehr: die in der vorstehenden Skizze ja nur angeschnittene Bedeutung des asketischen Rationalismus nun auch für den Inhalt der *sozialpolitischen* Ethik, also für die Art der Organisation und der Funktionen der sozialen Gemeinschaften vom Konventikel bis zum Staat aufzuzeigen. Alsdann müßte seine Beziehung zu dem humanistischen Rationalismus[306] und dessen Lebensidealen und Kultureinflüssen, ferner zur Entwicklung des philosophischen und wissenschaftlichen Empirismus, zu der technischen Entwicklung und zu den geistigen Kulturgütern analysiert werden. Dann endlich wäre sein geschichtliches Werden von den mittelalterlichen Ansätzen einer innerweltlichen Askese an und seine Auflösung in den reinen Utilitarismus *historisch* und durch die einzelnen Verbreitungsgebiete der asketischen Religiosität hindurch zu verfolgen. Daraus erst könnte sich das *Maß* der Kulturbedeutung des asketischen Protestantismus im Verhältnis zu anderen plastischen Elementen der modernen Kultur ergeben. Hier ist ja erst versucht worden,

* Es ist dem Herausgeber nicht gelungen, die Herkunft des Zitats auszumachen, weder bei FRIEDRICH NIETZSCHE, noch bei FR. TH. VISCHER.

die Tatsache und *Art* seiner Einwirkung in *einem*, wenn auch wichtigen, Punkt auf ihre Motive zurückzuführen. Weiter aber müßte dann auch die Art, wie die protestantische Askese ihrerseits durch die Gesamtheit der gesellschaftlichen Kulturbedingungen, insbesondere auch der *ökonomischen*, in ihrem Werden und ihrer Eigenart beeinflußt worden ist, zutage treten.[307] Denn obwohl der moderne Mensch im ganzen selbst beim besten Willen nicht imstande zu sein pflegt, sich die Bedeutung, welche religiöse Bewußtseinsinhalte für die Lebensführung, die Kultur und die Volkscharaktere gehabt haben, *so* groß vorzustellen, wie sie tatsächlich gewesen ist, – so kann es dennoch natürlich nicht die Absicht sein, an Stelle einer einseitig »materialistischen« eine ebenso einseitig spiritualistische kausale Kultur- und Geschichtsdeutung zu setzen. *Beide* sind *gleich möglich*,[308] aber mit beiden ist, wenn sie nicht Vorarbeit, sondern Abschluß der Untersuchung zu sein beanspruchen, der historischen Wahrheit gleich wenig gedient.[309]

1 Den Zwinglianismus behandeln wir nicht gesondert, da er nach kurzer großer Machtstellung schnell an Bedeutung zurückging. – Der »Arminianismus«, dessen *dogmatische* Eigenart in der Ablehnung des Prädestinationsdogmas in seiner schroffen Formulierung bestand und der die »innerweltliche Askese« ablehnte, ist als Sekte nur in Holland (und den Ver. Staaten) konstituiert und in diesem Kapitel für uns ohne Interesse bzw. nur von dem negativen Interesse: daß er die Konfession des kaufmännischen Patriziats in Holland war (s. darüber später). Seine Dogmatik galt in der anglikanischen Kirche und in den meisten methodistischen Denominationen. Seine »erastianische« (d. h. die Souveränität des Staates auch in Kirchensachen vertretende) Haltung war aber die *aller* rein politisch interessierten Instanzen, des Langen Parlaments in England ganz ebenso wie der ELISABETHS und der niederländischen Generalstaaten, vor allem: OLDENBARNEVELTS.

2 Über die Entwicklung des Begriffs »Puritanismus« siehe statt anderer: JOHN L. SANFORD, Studies and Illustrations of the Great Rebellion, London 1858, S. 65 f. Wir brauchen hier den Ausdruck, wo wir ihn überhaupt anwenden, stets in dem Sinn, den er in der populären Sprache des 17. Jahrhunderts angenommen hatte: die asketisch gerichteten religiösen Bewegungen in Holland und England, ohne Unterschied der Kirchenverfassungsprogramme und Dogmen, also mit Einschluß der »Independenten«, Kongregationalisten, Baptisten, Mennoniten und Quäker bezeichnend.

3 Das ist in den Erörterungen dieser Fragen sehr arg verkannt worden. Namentlich SOMBART, aber auch BRENTANO, zitieren stets die ethischen Schriftsteller (meist solche, die sie bei mir kennenlernten) wie Kodifikationen von Lebensregeln, ohne *je* zu fragen, für welche von diesen denn die psychologisch allein wirksamen *Heilsprämien* gegeben waren.

4 Ich brauche kaum besonders zu betonen, daß diese Skizze, soweit sie sich auf rein dogmatischem Gebiet bewegt, überall an die Formulierungen der kirchen- und dogmengeschichtlichen Literatur, also an die »zweite Hand« angelehnt ist und insoweit schlechterdings keinerlei »Originalität« beansprucht. Selbstverständlich habe ich mich nach Vermögen in die Quellen der Reformationsgeschichte zu vertiefen gesucht. Aber dabei die intensive und feinsinnige theolo-

gische Arbeit vieler Jahrzehnte ignorieren zu wollen, statt sich – wie das ganz unvermeidlich ist – von ihr zum Verständnis der Quellen *leiten* zu lassen, wäre eine starke Anmaßung gewesen. Ich muß hoffen, daß die notgedrungene Kürze der Skizze nicht zu inkorrekten Formulierungen geführt hat und daß ich wenigstens sachlich erhebliche Mißverständnisse vermieden habe. »Neues« enthält die Darstellung für jeden, mit der wichtigsten theologischen Literatur Vertrauten sicherlich nur insofern, als natürlich alles auf die für *uns* wichtigen Gesichtspunkte abgestellt ist, von denen manche gerade entscheidend bedeutsame – wie z. B. der *rationale Charakter der Askese* und ihre Bedeutung für den modernen »Lebensstil« – theologischen Darstellern naturgemäß ferner lagen. Auf diese und überhaupt auf die *soziologische* Seite der Sache ist, seit dieser Aufsatz erschien (1905), durch das oben (Literaturangaben vor Teil I, S. 28 a. E.) zit. Werk von E. Troeltsch, – dessen »Gerhard und Melanchthon« [1891] sowie zahlreiche Rezensionen in den Gött. Gel. Anz. bereits manche Vorläufer seiner großen Arbeit enthalten, – systematisch eingegangen worden; [die Arbeit begann zunächst seit 1908 im Archiv für Sozialwissenschaft zu erscheinen: s. daselbst Bd. 26–30]. – Zitiert ist, schon aus Raumgründen, nicht alles Mitbenutzte, sondern [sind] jeweils *nur* diejenigen Arbeiten, denen der betreffende Teil des Textes folgt oder an die er anknüpft. Dies sind nicht selten gerade ältere Autoren, wenn ihnen die hier interessierenden Gesichtspunkte näher lagen. Die ganz ungenügende pekuniäre Ausstattung der deutschen Bibliotheken bringt es mit sich, daß man in der »Provinz« die allerwichtigsten Quellenschriften und Arbeiten nur auf kurze Wochen leihweise von Berlin oder anderen großen Bibliotheken erhalten kann. So etwa Voët, Baxter, Tyermans, Wesley, alle methodistischen, baptistischen und Quäker-Schriftsteller und viele nicht im Corpus Reformatorum enthaltenen Schriftsteller der ersten Zeit überhaupt. Vielfach ist der Besuch englischer und namentlich amerikanischer Bibliotheken für jedes *eingehende* Studium unerläßlich. Für die nachstehende Skizze mußte (und konnte auch) natürlich im allgemeinen genügen, was in Deutschland erhältlich war. – In Amerika führt seit einiger Zeit die charakteristische geflissentliche Verleugnung der eigenen »sektiererischen« Vergangenheit durch die Universitäten dazu, daß die Bibliotheken wenig oder oft geradezu nichts Neues an derartiger Literatur anschaffen, – ein Einzelzug aus jener allgemeinen Tendenz zur »Säkularisation« des amerikanischen

Lebens, welche in nicht langer Zeit den historisch überkommenen Volkscharakter aufgelöst und den Sinn mancher grundlegenden Institutionen des Landes völlig und endgültig verändert haben wird. Man muß zu den orthodoxen kleinen Sekten-Colleges auf das Land gehen.

5 Wir interessieren uns nachstehend *zunächst* in keiner Weise für Herkunft, Antezedentien und Entwicklungsgeschichte der asketischen Richtungen, sondern nehmen ihren Gedankengehalt so, wie er, voll entwickelt, war, als gegebene Größe hin.

6 Über CALVIN und den Calvinismus im allgemeinen unterrichtet neben der grundlegenden Arbeit von F. W. KAMPSCHULTE (JOHANN CALVIN, seine Kirche und sein Staat in Genf, Leipzig 1869–1899) mit am besten die Darstellung von ERICH MARCKS (GASPARD VON COLIGNY, Sein Leben und das Frankreich seiner Zeit, Stuttgart 1892). Nicht überall kritisch und tendenzfrei ist D. CAMPBELL (The Puritans in Holland, England, and America, London 1892). Eine stark anticalvinistische Parteischrift sind A. PIERSONS »Studiën over Johannes Kalvijn« (Amsterdam 1880–1891). Für die holländische Entwicklung sind neben J. L. MOTLEY die niederländischen Klassiker, speziell G. GROEN VAN PRINSTERER (Handboek der Geschiedenis van het Vaderland, 1841–46; La Hollande et l'influence de Calvin, 1864; und für das *moderne* Holland: Le parti antirévolutionnaire et confessionnel dans l'église des Pays-Bas, 1860), ferner vor allem R. J. FRUIN's »Tien jaren uit de tachtig jarigen oorlog« (1857) und besonders J. NABER's »Calvinist of Libertijnsch« (1884) zu vergleichen; daneben W. J. F. NUYENS »Geschiedenis der kerkelijke en politieke geschillen in de Republiek der Vereenigde Provinciën« (Amsterdam 1886–1887); A. KÖHLER, Die niederländische reformierte Kirche (Erlangen 1856) für das 19. Jahrhundert; für Frankreich neben G. v. POLENZ (Geschichte des französischen Calvinismus, Gotha 1857–1869) jetzt HENRY M. BAIRD (History of the Rise of the Huguenots of France, New York 1879); für England neben TH. CARLYLE, TH. B. MACAULAY, DAVID MASSON und – last not least – LEOPOLD V. RANKE jetzt vor allem die verschiedenen, später zu zitierenden Arbeiten von GARDINER und FIRTH, ferner z. B. J. J. TAYLOR, A retrospect of the religious life of England (1845) und das vortreffliche Buch von HERMANN WEINGARTEN, Die Revolutionskirchen Englands (Leipzig 1868), dazu der Aufsatz über die englischen »Moralisten« von E. TROELTSCH in der Realencyklopädie für Prot. Theol. und Kirche, 3. Aufl.; ferner – selbstverständlich –

dessen »Soziallehren der christlichen Kirchen und Gruppen« und ED. BERNSTEINS ausgezeichneter Essay (Kommunistische und demokratisch-sozialistische Strömungen während der englischen Revolution des 17. Jahrhunderts) in der »Geschichte des Sozialismus« (Stuttgart 1895, Bd. I, 2. Teil, S. 507 ff. [2. Aufl. unter dem Titel »Sozialismus und Demokratie in der großen engl. Revolution«, Intern. Bibl., 44. Bd., Stuttgart 1908]). Beste Bibliographie (über 7000 Nummern) bei H. M. DEXTER, Congregationalism of the last 300 Years, New York 1880 (freilich vornehmlich – aber doch nicht ausschließlich – Kirchen*verfassungs*fragen behandelnd). Das Buch steht ganz wesentlich höher als TH. PRICE (The History of Protestant Nonconformity in England, London 1836–38), H. S. SKEATS (History of the free Churches of England 1688–1891, London 1891) und andere Darstellungen. Für Schottland vgl. z. B. KARL H. SACK, Die Kirche von Schottland (1844) und die Literatur über JOHN KNOX. Für die amerikanischen Kolonien ragt aus der zahlreichen Einzelliteratur das Werk von JOHN A. DOYLE, The English in America (London 1882–1907) hervor. Ferner s. DANIEL W. HOWE, The Puritan Republic of the Massachusetts Bay in New England, Indianapolis 1899; JOHN BROWN, The Pilgrim Fathers of New England, New York 1895. Weitere Zitate am gegebenen Ort. Für die *Lehr*unterschiede ist die nachfolgende Darstellung ganz besonders MATTHIAS SCHNECKENBURGERS (Teil I, Anm. 68 zitiertem) Vorlesungszyklus verpflichtet. – ALBR. RITSCHLS grundlegendes Werk: Die christliche Lehre von der Rechtfertigung und Versöhnung, Bonn 1870–1874 (3 Bde., hier nach der 3. Aufl. zitiert) zeigt in der starken Untermischung der historischen Darstellung mit Werturteilen die ausgeprägte Eigenart des Verfassers, welche bei aller Großartigkeit der gedanklichen Schärfe dem Benutzer nicht immer die volle Sicherheit der »Objektivität« gibt. Wo er z. B. SCHNECKENBURGERS Darstellung ablehnt, ist mir das Recht dazu oft zweifelhaft geblieben, so wenig ich mir im übrigen ein eigenes Urteil anmaße. Was ferner z. B. für ihn aus der großen Mannigfaltigkeit der religiösen Gedanken und Stimmungen, schon bei LUTHER selbst, als »lutherische« Lehre gilt, scheint oft durch Werturteile festgestellt: es ist das, was für RITSCHL *dauernd wertvoll* am Luthertum ist. Es ist Luthertum, wie es (nach Ritschl) sein *sollte*, nicht immer wie es *war*. Daß die Werke von KARL MÜLLER, REINHOLD SEEBERG u. ä. *überall* benutzt sind, bedarf wohl nicht der besonderen Erwähnung. – Wenn ich nachstehend dem Leser ebenso *wie mir* *selbst* die Pönitenz einer bösen Fußnotengeschwulst auferlegt habe, so war dafür eben die Nötigung entscheidend, eine wenigstens vorläufige Nachprüfung der Gedanken dieser Skizze, auch durch Andeutung mancher daran sich anschließender Gesichtspunkte, speziell den *nicht*theologischen Lesern zu ermöglichen.

7 Zu der folgenden Skizze mag von vornherein nachdrücklich darauf hingewiesen werden, daß wir hier *nicht* die persönlichen Ansichten Calvins, sondern den *Calvinismus* betrachten, und auch diesen in *derjenigen Gestalt*, zu welcher er sich Ende des 16. und im 17. Jahrhundert in den großen Gebieten seines beherrschenden Einflusses, die zugleich Träger kapitalistischer Kultur waren, entwickelt hat. Deutschland bleibt vorerst *ganz beiseite*, da der reine Calvinismus hier nirgends große Gebiete *beherrscht* hat. »Reformiert« ist natürlich keineswegs identisch mit »calvinistisch«.

8 Schon die von der Universität Cambridge mit dem Erzbischof von Canterbury vereinbarte Deklaration des 17. Artikels des anglikanischen Bekenntnisses, die sog. Lambeth-Artikel von 1595, welche (im Gegensatz zur offiziellen Fassung) ausdrücklich auch die Prädestination zum Tode lehrten, wurde von der Königin nicht ratifiziert. Auf die ausdrückliche Prädestination zum Tode (nicht nur: die »Zulassung« der Verdammnis, wie die mildere Lehre wollte) legten gerade die Radikalen entscheidendes Gewicht (so die Hanserd Knollys Confession).

9 Den Wortlaut der hier und weiterhin zitierten calvinistischen Symbole s. bei Karl Müller, Die Bekenntnisschriften der reformierten Kirche, Leipzig 1903. Weitere Zitate am gegebenen Ort.

10 Vgl. die Savoy und die (amerikanische) Hanserd Knollys Declaration. Über den Prädestinatianismus der Hugenotten s. u. a. Polenz, a. a. O., Bd. I, S. 545 ff.

11 Über Miltons Theologie siehe den Aufsatz von R. Eibach, (John Milton als Theologe, in: Theolog. Studien und Kritiken, Band 52, 1879). Oberflächlich ist darüber Thomas Macaulays Essay (in: Critical and Historical Essays, Vol. 1, 1843) anläßlich der Sumnerschen Übersetzung der 1823 wiedergefundenen »Doctrina Christiana«, Tauchnitz Ed., 185, S. 1 ff.; vgl. für alles Nähere natürlich das, etwas allzu schematisch gegliederte, sechsbändige englische Hauptwerk von David Masson (The Life of John Milton, London 1859–1894) und die auf ihm ruhende deutsche Biographie Miltons von Alfred Stern (Milton und seine Zeit, 1877–1899). – Milton begann früh

über die Prädestinationslehre in der Form des doppelten Dekrets herauszuwachsen bis zu der schließlich ganz freien Christlichkeit seines Greisenalters. In seiner Loslösung von aller Gebundenheit an die eigene Zeit läßt er sich in gewissem Sinn mit SEBASTIAN FRANCK vergleichen. Nur war MILTON eine praktisch-positive, FRANCK eine wesentlich kritische Natur. MILTON ist »Puritaner« nur in jenem weiteren Sinn *rationaler* Orientierung des Lebens innerhalb der Welt am göttlichen Willen, welche die dauernde Erbschaft des Calvinismus für die Nachwelt dargestellt hat. In ganz ähnlichem Sinne könnte man FRANCK einen »Puritaner« nennen. Beide bleiben, als »Einspänner«, für uns im einzelnen außer Betracht.

12 »Hic est fidei summus gradus: credere Deum esse clementem, qui tam paucos salvat, – justum, qui sua voluntate nos damnabiles facit« – lautet die berühmte Stelle in der Schrift De servo arbitrio.

13 Beide, LUTHER und CALVIN, kannten eben im Grunde – siehe A. RITSCHLS Bemerkungen in der »Geschichte des Pietismus« (Bonn, 1880–1886) und KÖSTLIN im Artikel »Gott« in: Realencyklopädie f. Prot. Theol. u. Kirche, 3. Aufl. – einen doppelten Gott: den geoffenbarten gnädigen und gütigen Vater des N. T., – denn dieser beherrscht die ersten Bücher der Institutio christ. rel., – und dahinter den »Deus absconditus« als willkürlich schaltenden Despoten. Bei LUTHER behielt der Gott des Neuen Testaments ganz die Oberhand, weil er die *Reflexion* über das Metaphysische, als nutzlos und gefährlich, zunehmend mied, bei CALVIN gewann der Gedanke an die transzendente Gottheit Macht über das Leben. In der populären Entwicklung des Calvinismus freilich konnte sie sich nicht halten, – aber nicht der himmlische Vater des Neuen Testaments, sondern der Jehova des Alten trat nunmehr an ihre Stelle.

14 Vgl. zum Folgenden: MAX SCHEIBE, Calvins Prädestinationslehre, Halle 1897. Zur calvinistischen Theologie überhaupt: HEINR. HEPPE, Dogmatik der evangelisch-reformierten Kirche, Elberfeld 1861.

15 Corpus Reformatorum, Vol. 77, p. 186 ff.

16 Man kann die vorstehende Darstellung des calvinistischen Lehrbegriffs ziemlich in der hier gegebenen Form z. B. in HOORNBEEKS Theologia practica (Utrecht 1663), L. II c. 1: de praedestinatione – der Abschnitt steht charakteristischerweise *direkt* hinter dem Titel: De Deo – nachlesen. Schriftgrundlage ist bei H. hauptsächlich das erste Kapitel des Epheserbriefes. – Die verschiedenen inkonsequenten Versuche, mit der Prädestination und Vorsehung Gottes die

Verantwortlichkeit des Individuums zu kombinieren und die empirische »Freiheit« des Willens zu retten, – wie sie schon beim ersten Ausbau der Lehre bei AUGUSTIN begannen, – haben wir hier nicht nötig zu analysieren.

17 »The deepest community (mit Gott) is found not in institutions or corporations or churches, but in the secrets of a solitary heart«, formuliert EDWARD DOWDEN in seinem schönen Buch »Puritan and Anglican« (London 1900, S. 234) den entscheidenden Punkt. Diese tiefe innere Vereinsamung des Einzelnen ist ganz ebenso auch bei den Jansenisten von Port Royal eingetreten, welche Prädestinatianer waren.

18 Contra qui hujusmodi coetum (nämlich eine Kirche, in der reine Lehre, Sakramente und Kirchenzucht bestehen) contemnunt... salutis suae certi esse non possunt; et qui in illo contemptu perseverat electus non est (OLEVIAN, De substantia foederis gratuiti inter Deum et electos [1558], p. 222).

19 »Man sagt wohl, daß Gott seinen Sohn gesandt habe, um das Menschengeschlecht zu erlösen, – aber das war sein Zweck nicht, er wollte nur einigen aus dem Fall aufhelfen... und ich sage euch, daß Gott nur für die Auserlesenen gestorben ist...« (Predigt, gehalten 1609 zu Broek, bei H. C. ROGGE, Johannes Uytenbogaert (1874 bis 1876), II, p. 9. Vgl. NUYENS a. a. O., II, S. 232). Verwickelt ist auch die Begründung der Mittlerschaft Christi in der Hanserd Knollys Confession. Daß Gott dieses Mittels eigentlich gar nicht bedurft hätte, wird eigentlich überall vorausgesetzt.

20 [Der Ausdruck wird FRIEDRICH SCHILLER zugeschrieben. (Hrg.)] – Üb. diesen Prozeß s. m. Aufsätze über die »Wirtschaftsethik der Weltreligionen«. Schon die Sonderstellung der altisraelitischen Ethik gegenüber der ihr inhaltlich nahe verwandten ägyptischen und babylonischen und ihre Entwicklung seit der Prophetenzeit beruhte, wie sich dort zeigen wird, ganz und gar auf diesem Grundsachverhalt: der Ablehnung der sakramentalen Magie als Heilsweg.

21 Ebenso war nach der konsequentesten Ansicht die Taufe nur kraft positiver Vorschrift verbindlich, aber nichts Heilsnotwendiges. *Deshalb* vermochten ja die streng puritanischen schottischen und englischen Independenten den Grundsatz durchzuführen: daß Kinder von offenbar *Reprobierten* nicht getauft werden sollten (z. B. Kinder von Trunkenbolden). Einen Erwachsenen, der die Taufe begehrte, aber noch nicht »reif« zum Abendmahl ist, empfahl die Synode von

Edam 1586 (Art. 32, 1), nur dann zu taufen, wenn sein Wandel tadellos sei und er das Begehren »zonder superstitie« stelle.

22 Dies negative Verhältnis zur »Sinnenkultur« ist, wie DOWDEN a. a. O. schön ausgeführt hat, geradezu ein konstitutives Element des Puritanismus.

23 Der Ausdruck »Individualismus« umfaßt das denkbar Heterogenste. Was *hier* darunter verstanden ist, wird hoffentlich durch die weiter folgenden Andeutungen klar. Man hat – in einem anderen Sinne des Wortes – das Luthertum »individualistisch« genannt, weil es eine asketische Lebensreglementierung *nicht* kennt. Wieder in einem ganz anderen Sinne braucht z. B. DIETRICH SCHÄFER das Wort, wenn er in seiner Schrift »Zur Beurteilung des Wormser Konkordats« (Abh. d. Berl. Akad., 1905) das *Mittelalter* die Zeit »ausgeprägter Individualität« nennt, weil für das für den Historiker *relevante* Geschehen irrationale Momente damals von einer Bedeutung gewesen seien, wie heute nicht mehr. Er hat Recht, aber diejenigen, denen er seine Beobachtungen entgegenhält, vielleicht auch, denn beide meinen etwas ganz Verschiedenes, wenn sie von »Individualität« und »Individualismus« sprechen. – JACOB BURCKHARDTS geniale Formulierungen sind heute teilweise überholt und eine gründliche, historisch orientierte Begriffsanalyse wäre gerade jetzt wieder wissenschaftlich höchst wertvoll. Das gerade Gegenteil davon ist es natürlich, wenn der Spieltrieb gewisse Historiker veranlaßt, den Begriff, nur um eine Geschichtsepoche mit ihm als Etikette bekleben zu können, im Plakatstil zu »definieren«.

24 Und ebenso in – natürlich weniger scharfem – Gegensatz gegen die spätere katholische Lehre. Der tiefe, gleichfalls auf der Gnadenwahllehre ruhende, Pessimismus PASCALS dagegen ist jansenistischer Provenienz, und sein daraus hervorgehender weltflüchtiger Individualismus stimmt mit der offiziellen katholischen Stellungnahme keineswegs zusammen. S. darüber die oben (Teil I, Anm. 62) zitierte Schrift von HONIGSHEIM über die französischen Jansenisten.

25 Ganz ebenso die Jansenisten.

26 L. BAYLY, Praxis pietatis (deutsche Ausg., Leipzig 1724), S. 187. Auch PH. J. SPENER in seinen »Theologischen Bedenken« (hier nach der 3. Ausgabe, Halle 1712, zitiert) steht auf ähnlichem Standpunkt: der Freund gibt seinen Rat selten mit Rücksicht auf die Ehre Gottes, sondern meist aus fleischlichen (nicht notwendig: egoistischen) Absichten. – »He« – the »knowing man« – »is blind in no man's

cause, but best sighted in his own. He confines himself to the circle of his own affairs, and thrusts not his fingers in needless fires ... He sees the falseness of it (der Welt) and therefore learns to trust himself ever, others so far, as not to be damaged by their disappointment«, philosophiert TH. ADAMS (Works of Puritan Divines, p. LI). [Diese und die im folgenden mit »Works of Pur. Div.« zitierten Arbeiten sind erschienen unter dem Titel: Works of the English Puritan Divines, 10 Bde., London, Verlag Nelson, 1845–1847 (Hrg.).] – BAYLY (Praxis pietatis, a. a. O. S. 176) empfiehlt ferner, sich jeden Morgen vor dem Ausgehen unter die Leute vorzustellen, man gehe in einen wilden Wald voller Gefahren, und Gott um den »Mantel der *Vorsicht* und Gerechtigkeit« zu bitten. – Die Empfindung geht schlechterdings durch in allen asketischen Denominationen und führte bei manchen Pietisten direkt zu einer Art Einsiedlerleben innerhalb der Welt. Selbst SPANGENBERG in der (herrnhuterischen) Idea fidei fratrum (1779, p. 328) erinnert nachdrücklich an Jer. 17, 5: »Verflucht ist der Mann, der sich auf Menschen verläßt.« – Man beachte, um die eigentümliche Menschenfeindlichkeit dieser Lebensanschauung zu ermessen, auch etwa die Erläuterung J. HOORNBEEKS (Theol. pract., I, p. 882) über die Pflicht der *Feindesliebe*: Denique hoc magis nos ulciscimur, quo proximum, inultum nobis, *tradimus ultori Deo* ... Quo quis plus se ulciscitur, eo minus id pro ipso agit Deus – die gleiche »Verschiebung der Rache«, wie sie sich in den nachexilischen Teilen des A. T. findet: eine raffinierte Steigerung und Verinnerlichung des Rachegefühls gegenüber dem alten »Auge um Auge«. Über die »Nächstenliebe« s. auch weiter unten Anm. 35.

27 Freilich hat der Beichtstuhl durchaus nicht *nur* als ein solches gewirkt; die Formulierungen z. B. von A. MUTHMANN (Psychiatrisch-theologische Grenzfragen, in: Zeitschr. f. Religionspsychologie, Bd. I, Heft 2, 1907, S. 65) sind allzu einfach für das höchst komplizierte psychologische Problem der Beichte.

28 Gerade *diese* Kombination ist für die Beurteilung der psychologischen Unterlagen der calvinistischen sozialen *Organisationen* so wichtig. Sie ruhen *alle* auf innerlich »individualistischen«, »zweck«- oder »wertrationalen« Motiven. Nie geht das Individuum *gefühlsmäßig* in sie ein. »Gottes Ruhm« und das *eigene Heil* bleiben stets *über* der »Bewußtseinsschwelle«. Das prägt der Eigenart der sozialen Organisation bei Völkern mit puritanischer Vergangenheit noch heute bestimmte charakteristische Züge auf.

29 Der *antiautoritäre* Grundzug der Lehre, der ja im Grunde alle und jede kirchliche und staatliche Fürsorge für Ethik und Seelenheil als zwecklos entwertete, führte stets erneut zu ihrem Verbot, so namentlich durch die niederländischen Generalstaaten. Die Folge war stets: Konventikelbildung (so nach 1614).

30 Über John Bunyan vgl. die Biographie von James A. Froude, Bunyan, London 1880 (in der Morleyschen Sammlung: English Men of Letters), ferner Thomas B. Macaulay's (oberflächliche) Skizze: John Bunyan, in: Critical and miscellaneous essays, vol. II, p. 227, Phil. 1841. – Bunyan ist indifferent gegenüber den denominationellen Differenzen innerhalb des Calvinismus, seinerseits jedoch strikter calvinistischer Baptist.

30a [Florentinische Geschichten, dt. v. Alfred Reumont (1846), I. Teil, 3. Buch, S. 195 (Hrsg.).]

31 Der Hinweis auf die unzweifelhaft große Wichtigkeit des calvinistischen Gedankens von der, aus dem Erfordernis der »Einverleibung in Christi Körper« (Calvin, Institutio christianae religionis, III, 11, 10) folgenden Heilsnotwendigkeit der Aufnahme in eine den göttlichen Vorschriften entsprechende *Gemeinschaft* für den *sozialen* Charakter des reformierten Christentums liegt nahe. Für *unsere* speziellen Gesichtspunkte liegt aber der Schwerpunkt des Problems etwas anders. Jener dogmatische Gedanke hätte auch bei einem rein anstaltsmäßigen Charakter der Kirche sich ausbilden können und hat dies, wie bekannt, getan. Er hat an sich nicht die psychologische Kraft, gemeinschaftsbildende *Initiative* zu wecken und ihr vollends eine solche Stärke zu verleihen, wie der Calvinismus sie besaß. Gerade auch *außerhalb* der göttlich vorgeschriebenen kirchlichen Gemeindeschemata in der »Welt« wirkte sich diese seine gemeinschaftsbildende Tendenz aus. Hier ist eben der Glaube: daß der Christ durch *Wirken* »in majorem Dei gloriam« seinen Gnadenstand bewähre (s. u.), maßgebend, und die scharfe Perhorreszierung der Kreaturvergötterung und alles Haftens an den *persönlichen* Beziehungen zu Menschen mußte diese Energie unvermerkt in die Bahnen sachlichen (unpersönlichen) Wirkens lenken. Der Christ, dem die Bewährung seines Gnadenstandes am Herzen liegt, wirkt für die Zwecke *Gottes*, und diese können nur *un*persönliche sein. Jede rein gefühlsmäßige – also nicht rational bedingte – *persönliche* Beziehung von Mensch zu Mensch verfällt eben in der puritanischen, wie in jeder asketischen, Ethik sehr leicht dem Verdacht, Kreaturvergöt-

terung zu sein. Für die *Freundschaft* zeigt dies – neben dem früher schon Gesagten – z. B. folgende Warnung deutlich genug: It is an irrational act and not fit for a rational creature to love any one farther than *reason* will allow us ... It very often taketh up mens minds so as to *hinder* their *love of God* (R. BAXTER, Christian Directory, IV, p. 253). Wir werden solchen Argumenten immer wieder begegnen. Den Calvinisten begeistert der Gedanke, daß Gott in der Weltgestaltung, auch der sozialen Ordnung, das *sachlich Zweckvolle* als Mittel der Verherrlichung seines Ruhms wollen müsse: nicht die Kreatur um ihrer selbst willen, aber die *Ordnung* des Kreatürlichen unter seinem Willen. Der durch die Gnadenwahllehre entbundene Tatendrang der Heiligen strömt daher ganz in das Streben nach Rationalisierung der Welt ein. Namentlich auch der Gedanke, daß der *»öffentliche«* Nutzen, oder auch »the good *of the many*«, wie BAXTER (Christian Directory, IV, p. 262, mit dem etwas gezwungenen Zitat: Röm. 9,3) es ganz im Sinne des späteren liberalen Rationalismus formuliert, allem »persönlichen« oder »privaten« Wohl Einzelner voranzustellen sei, folgte – so wenig es an sich neu war – für den Puritanismus aus der Ablehnung der Kreaturvergötterung. – Die traditionelle amerikanische Perhorreszierung persönlicher *Dienst*leistungen hängt neben anderen massiven Gründen, die aus »demokratischen« Empfindungen folgen, immerhin (in indirekter Art) wohl auch mit jener Tradition zusammen. Ebenso aber die *relativ* große Immunität puritanisch gewesener Völker gegen den Cäsarismus, und überhaupt die innerlich freiere, einerseits mehr zum »Geltenlassen« der Großen geneigte, andererseits aber alle hysterische Verliebtheit in sie und den naiven Gedanken: man könne jemandem zu politischer Obödienz aus »Dankbarkeit« verpflichtet sein, ablehnende Stellung der Engländer zu ihren großen Staatsmännern, – gegenüber manchem, was wir davon von 1878 an in Deutschland, positiv und negativ, erlebten. – Über die Sündhaftigkeit des Autoritätsglaubens, – der eben nur als *un*persönlicher, auf den Inhalt der Schrift gerichteter zulässig ist, – und ebenso der übermäßigen Schätzung selbst der heiligsten und hervorragendsten Menschen, – weil dadurch eventuell der Gehorsam gegen *Gott* gefährdet wird, – s. BAXTER, Christian Directory (2. Aufl. 1678), I, p. 56. – Was die Ablehnung der »Kreaturvergötterung« und das Prinzip, daß, zunächst in der Kirche, letztlich aber im Leben überhaupt, nur Gott »herrschen« solle, *politisch* bedeutete, gehört nicht in unseren Zusammenhang.

32 Über das Verhältnis dogmatischer und praktisch-psychologischer »Konsequenzen« wird noch oft zu reden sein. Daß beides nicht identisch ist, bedarf wohl kaum der Bemerkung.

33 »Sozial« natürlich ohne jeden Anklang an den modernen Sinn des Wortes, lediglich im Sinn der Betätigung innerhalb der politischen, kirchlichen und anderer Gemeinschafts-Organisationen.

34 Gute Werke, die zu *irgend*einem andern Zweck, als um der Ehre *Gottes* willen, getan werden, sind *sündhaft*: Hanserd Knollys Confession, ch. XVI.

35 Was eine solche, durch die alleinige Beziehung des Lebens auf Gott bedingte »Unpersönlichkeit« der »Nächstenliebe« auf dem eigenen Gebiet des religiösen Gemeinschaftslebens bedeutet, kann man sich recht gut etwa an dem Gebaren der »China Inland Mission« und der »International Missionaries' Alliance« verdeutlichen (s. hierüber Warneck, Gesch. d. prot. Mission, 5. Aufl. 1899, S. 99, 111). Mit riesigen Kosten wurden gewaltige Scharen von Missionaren ausgerüstet, z. B. an die 1000 für China allein, um durch Wanderpredigt das Evangelium allen Heiden im strikt wörtlichen Sinne »anzubieten«, weil Christus dies geboten und seine Wiederkunft davon abhängig gemacht hat. Ob die dergestalt Angepredigten dem Christentum gewonnen und also der Seligkeit teilhaftig werden, ja ob sie selbst die Sprache des Missionars auch nur grammatisch *verstehen*, – das ist prinzipiell durchaus nebensächlich und Angelegenheit Gottes, der ja darüber allein verfügt. China habe, meint Hudson Taylor (S. Warneck a. a. O.), ca. 50 Millionen Familien. 1000 Missionare könnten 50 Familien täglich(!) »erreichen«, und so könnte das Evangelium in 1000 Tagen oder weniger als 3 Jahren allen Chinesen »angeboten« sein. – Es ist genau das Schema, nach welchem der Calvinismus z. B. seine Kirchenzucht betrieb: *nicht* das Seelenheil der Zensurierten – welches lediglich Gottes (und in praxi: ihre eigene) Sache war und durch kirchliche Zuchtmittel ja in gar keiner Weise beeinflußt werden konnte –, sondern die Mehrung des Ruhmes Gottes war der Zweck. – Für jene modernen Missionsleistungen ist, da sie auf interdenominationeller Grundlage ruhen, nicht der Calvinismus als solcher verantwortlich. (Calvin selbst lehnt die Pflicht zur Heidenmission ab, da die weitere Ausbreitung der Kirche »unius Dei opus« sei.) Aber allerdings entstammen sie offensichtlich jenem, durch die puritanische Ethik sich hinziehenden Vorstellungskreis, wonach man der Nächstenliebe Genüge leistet,

wenn man *Gottes* Gebote zu dessen Ruhme erfüllt. Damit ist auch dem Nächsten gegeben, was ihm gebührt, und das weitere ist nun Gottes eigene Angelegenheit. – Die »Menschlichkeit« der Beziehungen zum »Nächsten« ist sozusagen abgestorben. Das äußert sich in den verschiedensten Verhältnissen. So etwa – um noch ein solches Rudiment jener Lebensluft anzuführen – auf dem Gebiet der in gewisser Beziehung mit Recht berühmten reformierten Caritas: die Amsterdamer Waisen, mit ihren noch im 20. Jahrhundert senkrecht in eine schwarze und rote, oder rote und grüne Hälfte gespaltenen Röcken und Hosen – einer Art Narrenkleidung – angetan und in Parade zur Kirche geführt, waren für die Empfindung der Vergangenheit sicher ein höchst erbauliches Schauspiel, und sie dienten in eben dem Grade zum Ruhme Gottes, als alle persönlich-»menschliche« Empfindung dabei sich hätte beleidigt fühlen müssen. Und so – wir werden das noch sehen – bis in alle Einzelheiten der privaten Berufstätigkeit. – Natürlich bezeichnet das alles nur eine *Tendenz*, und wir werden später selbst bestimmte Einschränkungen zu machen haben. Aber *als* eine – und zwar sehr wichtige – Tendenz dieser asketischen Religiosität mußte sie hier festgestellt werden.

36 In allen diesen Hinsichten ganz anders steht die prädestinatianisch determinierte Ethik von Port Royal infolge ihrer mystischen und *außer*weltlichen, insoweit also: katholischen, Orientiertheit (s. HONIGSHEIM a. a. O.).

37 KARL BERNHARD HUNDESHAGEN (Beitr. zur Kirchenverfassungsgeschichte und Kirchenpolitik, insbes. des Protestantismus, Wiesbaden 1864, I, S. 37) vertritt den – seitdem oft wiederholten – Standpunkt, daß das Prädestinationsdogma Theologenlehre, nicht Volkslehre gewesen sei. Das ist doch nur richtig, wenn man den Begriff »Volk« mit der *Masse* der bildungslosen unteren Schichten identifiziert. Und selbst da trifft es nur höchst begrenzt zu. KÖHLER (a. a. O.) fand in den 40er Jahren des 19. Jahrhunderts gerade die »Massen« (gemeint ist: das Kleinbürgertum in Holland) streng prädestinatianisch gesonnen; jeder, der das doppelte Dekret leugnete, war ihnen ein Ketzer und Verworfener. Er selbst wurde nach dem *Zeitpunkt* seiner (prädestinatianisch gefaßten) Wiedergeburt gefragt. DA COSTA und die DE KOCKSCHE Separation waren dadurch mitbedingt. Nicht nur CROMWELL, – an dem schon ZELLER (Das theologische System Zwinglis, 1853, S. 17) als an einem Paradigma die Wirkung des Dogmas exemplifiziert hatte, – sondern auch seine Heiligen

wußten alle sehr wohl, um was es sich handelte, und die Canones der Synoden von Dordrecht und Westminster über die Lehre waren nationale Angelegenheit großen Stils. CROMWELLS tryers und ejectors ließen nur Prädestinatianer zu, und BAXTER (Life I, p. 72) beurteilt, obwohl sonst Gegner, ihre Wirkung auf die Qualität des Klerus als erheblich. Daß die reformierten Pietisten, die Teilnehmer der englischen und holländischen Konventikel, über die Lehre im Unklaren gewesen wären, ist ganz ausgeschlossen; eben *sie* war es ja, die sie zusammentrieb, um die certitudo salutis zu suchen. Was die Prädestination bedeutete resp. nicht bedeutete, wo sie *Theologen*lehre war, kann der kirchlich korrekte Katholizismus, dem sie ja als esoterische Lehre und in schwankender Form keineswegs fremd geblieben ist, zeigen. (Das Entscheidende war dabei, daß die Ansicht: der *Einzelne* habe sich für erwählt zu *halten* und zu bewähren, stets verworfen wurde. Vgl. die katholische Lehre z. B. bei AD. VAN WYCK, Tract. de praedestinatione, Cöln 1708. Inwieweit PASCALS Prädestinationsglaube korrekt war, ist hier nicht zu untersuchen.) – H., dem die Lehre unsympathisch ist, schöpft seine Eindrücke offenbar vorwiegend aus deutschen Zuständen. Jene seine Antipathie hat ihren Grund in der rein deduktiv gewonnenen Meinung, sie müsse zum sittlichen Fatalismus und Antinomismus führen. Diese Meinung hat schon ZELLER a. a. O. widerlegt. Daß eine solche Wendung *möglich* war, ist andererseits nicht zu leugnen, MELANCHTHON wie WESLEY sprechen von ihr: aber es ist charakteristisch, daß in beiden Fällen es sich um eine Kombination mit der *gefühls*mäßigen »Glaubens«-Religiosität handelte. Für diese, welcher der rationale *Bewährungs*gedanke fehlte, lag diese Folge in der Tat im Wesen der Sache. – Im *Islâm* sind diese fatalistischen Konsequenzen eingetreten. Aber weshalb? Weil die islâmische Vorherbestimmung prä*deterministisch* (nicht prädestinatianisch) auf die Schicksale im *Diesseits*, nicht auf das *jenseitige* Heil bezogen war, weil infolgedessen das ethisch Entscheidende: die »Bewährung« als Prädestinierter, im Islâm keine Rolle spielte, also nur die *kriegerische* Furchtlosigkeit (wie bei der »Moira«), nicht aber lebens*methodische* Konsequenzen daraus folgen konnten, für die ja die religiöse »Prämie« fehlte. Siehe die Arbeit von F. ULLRICH: Die Vorherbestimmungslehre im Islâm und Christentum, Theol. Diss., Heidelberg 1912. – Die Abschwächungen der Lehre, welche die Praxis – z. B. BAXTER – brachte, traten ihrem Wesen so lange nicht zu nahe, als der Gedanke des auf das *konkrete*

*Einzel*individuum bezüglichen Erwählungsentschlusses Gottes und dessen *Erprobung* nicht berührt wurde. – Vor allem sind endlich aber doch alle großen Gestalten des Puritanismus (im weitesten Sinne des Wortes) von dieser Lehre, deren finsterer Ernst ihre Jugendentwicklung beeinflußte, ausgegangen: MILTON ebenso wie – in freilich zunehmend sich abschwächendem Maße – BAXTER und noch der später sehr freidenkende FRANKLIN. Ihre spätere Emanzipation von ihrer strikten Interpretation entspricht im einzelnen ganz der Entwicklung, welche in gleicher Richtung auch die religiöse Bewegung als Ganzes durchmachte. *Alle* großen kirchlichen Revivals mindestens in Holland und die meisten auch in England knüpften aber stets wieder gerade an sie an.

38 Wie dies wiederum in so überwältigender Weise noch in BUNYANS »The Pilgrim's progress« die Grundstimmung bildet.

39 Diese *Frage* schon lag dem Lutheraner der Epigonenzeit, auch abgesehen vom Prädestinationsdogma, ferner als dem Calvinisten, nicht weil er sich weniger für sein Seelenheil interessiert hätte, sondern weil bei der Entwicklung, die das lutherische Kirchentum genommen hatte, der *Heilsanstalts*charakter der Kirche in den Vordergrund trat, der Einzelne also sich als Objekt ihrer Tätigkeit und in ihr geborgen fühlte. Erst der Pietismus erweckte – charakteristischerweise – auch im Luthertum das Problem. Die Frage der certitudo salutis *selbst* aber war für jegliche nicht sakramentale Erlösungsreligion – mochte sie Buddhismus, Jainismus oder was immer sein – schlechthin zentral; das möge man nicht verkennen. *Hier* entsprangen alle psychologischen Antriebe rein *religiösen* Charakters.

40 So ausdrücklich in dem Brief an BUCER, Corpus Reformatorum, 29, 883 f. Vgl. dazu wiederum SCHEIBE a. a. O., S. 30.

41 Die Westminster Confession stellt denn auch (XVIII, 2) den Erwählten die *untrügliche* Gnaden*gewißheit* in Aussicht, obwohl wir mit allem unseren Tun »unnütze Knechte« bleiben (XVI, 2) und der Kampf gegen das Böse lebenslang dauert (XVIII, 3). Nur hat auch der Erwählte oft lange zu ringen, um die certitudo zu erlangen, die das Bewußtsein der Pflichterfüllung ihm gibt, deren der Gläubige nie völlig beraubt sein wird.

42 S. z. B. C. OLEVIAN, De substantia foederis gratuiti inter Deum et electos (1585), 257. – HEIDEGGER, Corpus Theologiae, XXIV, 87 f., und andere Stellen bei HEPPE, Dogmatik der ev.-ref. Kirche (1861), p. 425.

43 Die genuine calvinistische Lehre verwies auf den *Glauben* und das Bewußtsein der Gemeinschaft mit Gott in den Sakramenten und erwähnte die »anderen Früchte des Geistes« nur nebenher. S. die Stellen bei HEPPE, Dogmatik d. ev.-reform. Kirche, p. 425. Mit großem Nachdruck hat CALVIN selbst die Werke, obwohl sie ihm, wie den Lutheranern, Früchte des Glaubens sind, als *Merkmale* der Geltung vor Gott abgelehnt (Instit. III, 2, 37, 38). Die praktische Wendung zu der Bewährung des Glaubens in den Werken, welche eben die *Askese* charakterisiert, geht parallel mit der allmählichen Abwandlung der Lehre CALVINS, wonach (wie bei LUTHER) in *erster* Linie reine Lehre und Sakramente die wahre Kirche kennzeichnen, zur Gleichstellung der »disciplina« als Merkmal mit jenen beiden. Diese Entwicklung mag man etwa in den Stellen bei HEPPE a. a. O., p. 194/195, verfolgen, ebenso auch in der Art, wie schon Ende des 16. Jahrhs. in den Niederlanden die Gemeindemitgliedschaft erworben wurde (ausdrückliche vertragsmäßige Unterwerfung unter die *Disziplin* als zentrale Bedingung).

44 S. darüber u. a. die Bemerkungen SCHNECKENBURGERS a. a. O., S. 48.

45 So tritt bei BAXTER z. B. der Unterschied zwischen »mortal« und »venial sin« wieder – ganz in katholischer Art – hervor. Erstere ist Zeichen fehlenden bzw. nicht aktuellen Gnadenstandes und nur eine »conversion« des ganzen Menschen kann alsdann die Gewähr seines Besitzes geben. Letztere ist mit dem Gnadenstand nicht unvereinbar.

46 So – in mannigfacher Abschattierung – BAXTER, BAYLY, SEDGWICK, HOORNBEEK. S. ferner die Beispiele bei SCHNECKENBURGER a. a. O., S. 262.

47 Die Auffassung des »Gnadenstandes« als einer Art von *ständischer* Qualität (so etwa wie die des Asketenstandes in der alten Kirche) findet sich oft, u. a. noch bei W. SCHORTINGHUIS (Het innige Christendom, 1740, – von den Generalstaaten *verboten*!).

48 So – wie später zu erörtern sein wird – in zahllosen Stellen des BAXTERschen Christian Directory und in dessen Schlußpassus. – Diese Empfehlung der Berufsarbeit zur Ablenkung von der Angst vor der eigenen sittlichen Minderwertigkeit erinnert an PASCALS psychologische Interpretation des Geldtriebes und der Berufsaskese als zur Hinwegtäuschung über die eigene sittliche Nichtigkeit erfundener Mittel. Bei ihm ist eben der Prädestinationsglaube zusammen mit der Überzeugung von der erbsündlichen Nichtigkeit alles Kreatür-

lichen ganz in den Dienst der Absage an die Welt und der Empfehlung der Kontemplation gestellt, als des einzigen Mittels der Entlastung vom Sündendruck und der Erlangung der Heilsgewißheit. – Über die korrekt katholische und die jansenistische Ausprägung des Berufsbegriffs hat PAUL HONIGSHEIM in seiner schon zitierten Dissertation (Teil einer größeren, hoffentlich fortgesetzten Arbeit) eindringende Bemerkungen gemacht. Es fehlt bei den Jansenisten jede Spur einer Verknüpfung der Heilsgewißheit mit innerweltlichem *Handeln.* Ihre »Berufs«-Konzeption hat noch weit stärker als die lutherische und selbst die genuin katholische durchaus den Sinn eines Sich-*Schickens* in die gegebene Lebenslage, geboten nicht nur, wie im Katholizismus, durch die soziale Ordnung, sondern durch die eigene Stimme des Gewissens (HONIGSHEIM a. a. O., S. 139 f. [Teil I, Anm. 62]).

49 An seine Gesichtspunkte knüpft auch die sehr durchsichtig geschriebene Skizze P. LOBSTEINS (Zum evangelischen Lebensideal in seiner lutherischen und reformierten Ausprägung, in: Theologische Abhandlungen für H. J. HOLTZMANN, Tübingen 1902) an, die zum Folgenden ebenfalls zu vergleichen ist. Man hat ihr die zu scharfe Betonung des Leitmotives der »certitudo salutis« vorgeworfen. Allein hier ist eben CALVINS Theologie von dem *Calvinismus* und das theologische System von den Bedürfnissen der Seelsorge zu unterscheiden. Von der Frage: »wie kann ich meiner Seligkeit *gewiß* werden?«, gingen *alle* religiösen Bewegungen aus, welche breitere Schichten erfaßten. Sie spielt, wie gesagt, nicht nur in diesem Falle, sondern in der Religionsgeschichte überhaupt, z. B. auch in der indischen, eine zentrale Rolle. Und wie könnte es auch anders sein?

50 Es ist allerdings wohl nicht zu leugnen, daß die *Voll*entwicklung dieses *Begriffs* erst in *spät*lutherischer Zeit (PRAETORIUS, NICOLAI, MEISNER) erfolgt ist. (Vorhanden ist er auch bei JOHANN GERHARD und zwar ganz in dem hier eröterten Sinne.) RITSCHL im vierten Buch seiner »Geschichte des Pietismus« (Bd. II, S. 3 f.) nimmt daher die Einführung dieses Begriffs in die lutherische Religiosität als Wiederaufleben bzw. Übernahme katholischer Frömmigkeit in Anspruch. Er bestreitet nicht (S. 10), daß das Problem der individuellen Heilsgewißheit bei LUTHER und den katholischen Mystikern das gleiche gewesen sei, glaubt aber, daß die Lösung auf beiden Seiten die gerade entgegengesetzte sei. Ich darf mir sicherlich kein eigenes Urteil darüber zutrauen. Daß die Luft, welche in der »Freiheit eines Christen-

menschen« weht, eine andere ist, als einerseits das süßliche Tändeln mit dem »lieben Jesulein« in der späteren Literatur, und andererseits auch als TAULERS religiöse Stimmung, empfindet natürlich jeder. Und ebenso hat das Festhalten des mystisch-magischen Elementes in der lutherischen Abendmahlslehre gewiß andere religiöse Motive als jene »bernhardinische« Frömmigkeit – die »Hohe-Lied-Stimmung« –, auf welche RITSCHL immer wieder als Quelle der Züchtung des »bräutlichen« Verkehrs mit Christus zurückgreift. Aber sollte nicht dennoch u. a. auch jene Abendmahlslehre das Wiedererwachen mystischer Stimmungsreligiosität *mitbegünstigt* haben? – Es ist ferner, um dies gleich hier zu bemerken, keinesfalls zutreffend, daß (S. 11 a. a. O.) die Freiheit des Mystikers schlechthin in der *Abgezogenheit* von der Welt bestanden habe. Speziell TAULER hat in religions-psychologisch sehr interessanten Ausführungen als *praktischen* Effekt jener nächtlichen Kontemplationen, die er u. a. bei Schlaflosigkeit empfiehlt, die *Ordnung*, welche dadurch auch in die der weltlichen Berufsarbeit zugewandten Gedanken gebracht werde, hingestellt: »Nur hierdurch (durch die mystische Vereinigung mit Gott in der Nacht vor dem Schlafen) wird die *Vernunft geläutert und das Hirn wird dadurch gestärkt* und der Mensch allen den Tag desto friedlicher und göttlicher gefaßt von der innerlichen Übung, daß er sich wahrlich mit Gott vereint hat: dann werden alle seine Werke *geordnet*. Und darum wenn der Mensch sich also vorgewarnet (= vorbereitet) hat seiner Werk und sich also auf die *Tugend* hat gestiftet, – wenn er dann zu der Wirklichkeit kommt, so werden die Werke *tugendlich und göttlich*« (Predigten, Fol. 318). Man sieht jedenfalls, und wir werden darauf noch zurückkommen: mystische Kontemplation und rationale Berufsauffassung *schließen sich* an sich *nicht aus*. Das Gegenteil tritt erst da ein, wo die Religiosität direkt hysterischen Charakter annimmt, was weder bei allen Mystikern noch gar bei allen Pietisten der Fall war.

51 Darüber siehe meine Aufsätze über die »Wirtschaftsethik der Weltreligionen«, Einleitung.

52 In dieser Voraussetzung berührt sich der Calvinismus mit dem offiziellen Katholizismus. Aber für die Katholiken ergab sich daraus die Notwendigkeit des Bußsakramentes, für die Reformierten die der praktischen *Bewährung* durch Wirken innerhalb der Welt.

53 So z. B. schon THEODOR BEZA (De praedestinationis doctrina et vero usu tractatio (...) ex (...) praelectionibus in nonum Epistolae

ad Romanos caput, a Raphaele Eglino (...) excerpta, Genevae 1582), p. 133: ... »sicut ex operibus vere bonis ad sanctificationis donum, a sanctificatione ad fidem ... ascendimus: ita ex certis illis effectis non quamvis vocationem, sed efficacem illam, et ex hac vocatione electionem et ex electione donum praedestinationis in Christo tam firmam quam immotus est Dei thronus certissima connexione effectorum et causarum colligimus ...« Nur bezüglich der Zeichen der *Verwerfung* müsse man, da es auf den *Final*zustand ankomme, vorsichtig sein. (Hierin dachte erst der Puritanismus anders.) – S. ferner darüber die eingehenden Erörterungen SCHNECKENBURGERS a. a. O., der freilich nur eine begrenzte Kategorie von Literatur zitiert. In der ganzen puritanischen Literatur tritt dieser Zug immer wieder hervor. »It will not be said: did you believe? – but: were you Doers, or Talkers only?«, sagt BUNYAN. Der Glaube ist nach BAXTER (The saints' everlasting rest, Kap. XII), der die mildeste Form der Prädestination lehrt, die Unterwerfung unter Christus von Herzen und *mit der Tat*. »Do what you are able first, and then complain of God for denying you grace if *you have cause*« antwortete er auf den Einwand, daß der Wille unfrei und Gott allein es sei, der die Fähigkeit zur Heiligung vorenthalte (Works of Puritan Divines, IV, p. 155). Die Examination FULLERS (des Kirchenhistorikers) beschränkte sich auf die eine Frage nach der praktischen Bewährung und den Selbstzeugnissen seines Gnadenstandes im Wandel. Nicht anders HOWE in der anderwärts schon zitierten Stelle. Jede Durchmusterung der »Works of Puritan Divines« ergibt auf Schritt und Tritt Belege. Nicht selten waren es direkt *katholische* asketische Schriften, welche die »Bekehrung« zum *Puritanismus* zur Folge hatten, – so bei BAXTER ein jesuitischer Traktat. – Eine völlige Neuerung waren diese Konzeptionen gegenüber CALVINS eigener Lehre nicht (cf. Inst. christ. rel., c. I, Orig. Ausg. v. 1536, p. 97, 112). Nur war die Gnadengewißheit bei CALVIN selbst auch auf diesem Wege nicht sicher zu erlangen (147 das.). Üblicherweise berief man sich auf 1 Joh. 3, 5 und ähnliche Stellen. Das Verlangen der fides efficax ist – um dies hier vorwegzunehmen – nicht auf die Calvinisten i. e. S. beschränkt. *Baptistische* Glaubensbekenntnisse behandeln im Artikel über die Prädestination ganz ebenso die Früchte des Glaubens (»and that its« – der regeneration – »proper evidence appears in the holy fruits of repentance and faith and *newness of life*«: – Art. 7 des in The Baptist Church Manual by J. N. BROWN D. D. Philadelphia, Am. Bapt.

Publ. Soc., 1876–99, abgedruckten Bekenntnisses). Ebenso beginnt der *mennonitisch* beeinflußte Traktat: OLIJF-TACXKEN, den die Harlemer Synode 1649 annahm, S. 1 mit der Frage: woran *erkennt* man die Kinder Gottes, und antwortet (p. 10): Nu al is't dat dasdanigh *vruchtbare* ghelove alleene zii het seker fondamentale kennteeken ... om de conscientien der gelovigen in het nieuwe verbondt der genade Gods te *versekeren*.

54 Über die Bedeutung *dieser* für den materiellen Inhalt der sozialen Ethik wurde schon oben einiges angedeutet. Hier kommt es uns nicht auf den *Inhalt*, sondern auf den *Antrieb* zum sittlichen *Handeln* an.

55 Wie diese Vorstellung das Eindringen alttestamentlich-jüdischen Geistes in den Puritanismus befördern mußte, liegt auf der Hand.

56 So sagt die Savoy Declaration von den members der ecclesia pura: sie seien »saints by *effectual* calling, *visibly manifested* by their profession *and walking*«.

57 »A principle of goodness«: CHARNOCK in den Works of Pur. Div., p. 175.

58 Die Bekehrung ist, wie SEDGWICK gelegentlich es ausdrückt, eine »gleichlautende Abschrift des Gnadenwahldekretes«. – Und: wer erwählt ist, der ist auch zum Gehorsam berufen *und befähigt*, lehrt BAYLY. – *Nur* diejenigen, welche *Gott* zum (im Wandel zum Ausdruck kommenden) Glauben beruft, sind wirkliche Gläubige, nicht bloße »temporary believers«, lehrt die (baptistische) Hanserd Knollys Confession.

59 Man vergleiche etwa den Schluß von BAXTERS Christian Directory.

60 So z. B. bei CHARNOCK, Self-examination, p. 183, zur Widerlegung der katholischen Doktrin von der »dubitatio«.

61 Diese Argumentation kehrt z. B. bei JOH. HOORNBEEK, Theologia practica, immer wieder, z. B. II, p. 70, 72, 182; I, p. 160.

62 Z. B. sagt Conf. Helvet. 16 »et improprie his (den Werken) *salus adtribuitur*«.

63 S. zu allem Vorstehenden SCHNECKENBURGER a. a. O., S. 80 f.

64 »Si non es praedestinatus fac ut praedestineris« – sollte angeblich schon AUGUSTIN gesagt haben.

65 Man wird an GOETHES dem Wesen nach gleichbedeutenden Spruch erinnert: »Wie kann man sich selbst kennenlernen? Durch

Betrachten niemals, wohl aber durch Handeln. Versuche, deine Pflicht zu tun, und du weißt gleich, was an dir ist. – Was aber ist deine Pflicht? Die Forderung des Tages.« [Maximen u. Reflexionen, ed. MAX HECKER, Weimar 1907, Nr. 442 u. 443 (Hrg.).]

66 Denn bei CALVIN selbst steht zwar fest, daß die »Heiligkeit« auch in die *Erscheinung* treten muß (Institutio christianae religionis, IV, 1, § 2, 7, 9), aber die Grenze zwischen Heiligen und Unheiligen bleibt für menschliches Wissen unerforschlich. Wir haben zu glauben, daß da, wo Gottes Wort in einer nach seinem Gesetz organisierten und verwalteten Kirche rein verkündet wird, auch Erwählte – wenn auch für uns unerkennbar – vorhanden sind.

67 Die calvinistische Frömmigkeit ist eines der vielen in der Religionsgeschichte sich findenden Beispiele für das Verhältnis *logisch* und *psychologisch* vermittelter Konsequenzen aus bestimmten religiösen Gedanken für das praktisch-religiöse Sich*verhalten*. *Logisch* wäre natürlich der Fatalismus [s. o. Anm. 37] als Konsequenz der Prädestination deduzierbar. Die *psychologische Wirkung* war aber infolge der Einschaltung des »Bewährungs«-Gedankens die gerade umgekehrte. (Aus prinzipiell gleichartigem Grunde nehmen bekanntlich die Anhänger NIETZSCHES für den Gedanken der ewigen Wiederkehr positive ethische Bedeutung in Anspruch. Nur handelt es sich hier um die Verantwortlichkeit für ein mit dem Handelnden durch keinerlei Bewußtseinskontinuität verbundenes Zukunftsleben, – während es bei dem Puritaner hieß: Tua res agitur.) Hübsch setzt das Verhältnis von Gnadenwahl und Handeln schon – in der Sprache der Zeit – HOORNBEEK (Theol. pract., Vol. I, p. 159) auseinander: die electi sind eben kraft ihrer Erwählung dem Fatalismus unzugänglich, gerade in ihrer *Abweisung* der fatalistischen Konsequenzen *bewähren sie sich*, *»quos ipsa electio* sollicitos reddit et diligentes officiorum«. Die *praktische* Interessenverschlingung zerschneidet die *logisch* zu erschließenden (übrigens trotz allem gelegentlich auch faktisch eingetretenen) fatalistischen Konsequenzen. – Andererseits aber ist der *Gedankengehalt* einer Religion – wie gerade der Calvinismus zeigt – von *weitaus* größerer Bedeutung, als z. B. WILLIAM JAMES (The varieties of religious experience, 1902, p. 444 f.) zuzugestehen geneigt ist. Gerade die Bedeutung des Rationalen in der religiösen Metaphysik zeigt sich in klassischer Weise in den grandiosen Wirkungen, welche speziell die *gedankliche* Struktur des calvinistischen Gottesbegriffs auf das Leben geübt hat. Wenn der Gott der Purita-

ner in der Geschichte gewirkt hat wie nur irgendein anderer vor oder nach ihm, so haben ihn dazu vornehmlich jene Attribute befähigt, mit denen die Macht des *Gedankens* ihn ausgestattet hatte. (JAMES' »pragmatische« Wertung der Bedeutung religiöser Ideen nach dem Maß ihrer Bewährung im Leben ist übrigens ja selbst ein echtes Kind jener Gedankenwelt der puritanischen Heimat dieses hervorragenden Gelehrten.) – Das religiöse Erlebnis als solches ist selbstverständlich irrational wie *jedes* Erlebnis. In seiner höchsten, mystischen Form ist es geradezu *das* Erlebnis κατ' ἐξοχὴν und – wie JAMES sehr schön ausgeführt hat – durch seine absolute Inkommunikabilität ausgezeichnet: es hat *spezifischen* Charakter und tritt als *Erkenntnis* auf, läßt sich aber nicht adäquat mit den Mitteln unseres Sprach- und Begriffsapparates reproduzieren. Und es ist ferner richtig: daß *jedes* religiöse Erlebnis bei dem Versuch *rationaler* Formulierung alsbald an Gehalt einbüßt, um so mehr, je weiter die begriffliche Formulierung vorschreitet. Darin liegt der Grund zu tragischen Konflikten aller rationalen Theologie, wie bereits im 17. Jahrhundert die täuferischen Sekten wußten. – Aber jene Irrationalität, – welche ja übrigens *keineswegs nur* dem *religiösen* »Erlebnis« eignet, sondern (in verschiedenem *Sinn* und Maße) *jedem*, – hindert nicht, daß es gerade praktisch von der allerhöchsten Wichtigkeit ist, von welcher *Art* das *Gedanken*system ist, welches das unmittelbar religiös »Erlebte« nun für sich, sozusagen, konfisziert und in seine Bahnen lenkt; denn *darnach* entwickeln sich in Zeiten intensiver Beeinflussung des Lebens durch die Kirche und starker Entwicklung dogmatischer Interessen in der letzteren die meisten jener praktisch so wichtigen Unterschiede in den ethischen Konsequenzen, wie sie zwischen den verschiedenen Religionen der Erde bestehen. Wie ganz unglaublich intensiv – mit heutigem Maßstab gemessen – das dogmatische Interesse auch des Laien im Zeitalter der großen Religionskämpfe war, weiß jeder, der die historischen Quellen kennt. Man kann damit nur die im Grunde auch abergläubische Vorstellung des heutigen Proletariats von dem, was »die Wissenschaft« leisten und beweisen könne, in Parallele stellen.

68 BAXTER, The Saints' Everlasting rest, I, 6, antwortet auf die Frage: Whether to make salvation our end be not mercenary or legal? – It is properly mercenary when we expect it as *wages* for work done ... Otherwise it is only such a mercenarism as Christ commandeth ... and if seeking Christ be mercenary, I desire to be so

mercenary... Übrigens fehlt bei manchen als orthodox geltenden Calvinisten auch der Kollaps in ganz krasse Werkheiligkeit nicht. Nach BAYLY, Praxis pietatis, p. 262, sind Almosen ein Mittel zur Abwendung *zeitlicher* Strafe. Andere Theologen empfahlen den *Verworfenen* gute Werke mit der Motivierung, daß die Verdammnis dann doch vielleicht erträglicher würde, den *Erwählten* aber, weil Gott sie dann nicht nur grundlos, sondern ob causam lieben würde, was irgendwie schon seinen Lohn finden werde. Gewisse leise Konzessionen an die Bedeutung guter Werke für den Grad der Seligkeit hatte doch auch die Apologie gemacht (SCHNECKENBURGER a. a. O., S. 101).

69 Auch hier *muß*, um zunächst die charakteristischen Differenzen herauszuheben, notgedrungen in einer »idealtypischen« Begriffssprache geredet werden, welche der historischen Realität in gewissem Sinn Gewalt antut, – aber ohne dies wäre vor lauter Verklausulierung eine klare Formulierung überhaupt ausgeschlossen. Inwieweit die hier möglichst scharf gezeichneten Gegensätze nur relative sind, wäre gesondert zu erörtern. Es versteht sich von selbst, daß die katholische offizielle *Lehre* schon im Mittelalter auch ihrerseits das Ideal der systematischen Heiligung des *gesamten Lebens* aufstellte. Aber ebenso zweifellos ist es, daß 1. die kirchliche Alltagspraxis, gerade durch ihr wirksamstes Zuchtmittel: die Beichte, die im Text angezogene »unsystematische« Lebensführung *erleichterte*, ferner daß 2. der grundlegende rigoristisch kalte Stimmungsgehalt und die gänzlich auf sich selbst gestellte Isoliertheit der Calvinisten dem mittelalterlichen Laienkatholizismus dauernd fehlen mußten.

70 Die absolut zentrale Bedeutung *dieses* Moments wird, wie schon einmal erwähnt, erst in den Aufsätzen über die »Wirtschaftsethik der Weltreligionen« allmählich hervortreten.

71 Und, in gewissem Maß, *auch* dem Lutheraner. LUTHER *wollte* diesen letzten Rest von sakramentaler Magie nicht ausrotten.

72 Vgl. z. B. SEDGWICK, Buß- und Gnadenlehre (deutsch v. RÖSCHER, 1689): der Bußfertige hat *»eine feste Regel«*, an die er sich genau hält und wonach er sein ganzes Leben einrichtet und wandelt (S. 591). Er lebt – klug, wachsam und vorsichtig – nach dem Gesetz (S. 596). *Nur* eine dauernde Veränderung des *ganzen* Menschen kann, weil Folge der Gnadenwahl, dies bewirken (S. 852). Wirkliche Buße drückt sich stets im Wandel aus (S. 361). – Der Unterschied der nur »moralisch« guten Werke und der »opera spiritualia« liegt, wie z. B.

HOORNBEEK a. a. O., L. IX, c. 2, ausführt, eben darin, daß diese Folge eines wiedergeborenen *Lebens* sind, daß (a. a. O., Vol. I, S. 160) ein stetiger Fortschritt darin wahrnehmbar ist, wie er nur durch die übernatürliche Einwirkung der Gnade Gottes (a. a. O., S. 150) erzielt werden kann. Die Heiligkeit ist Verwandlung des *ganzen* Menschen durch Gottes Gnade (a. a. O., S. 190 f.), – Gedanken, die ja dem ganzen Protestantismus gemeinsam sind, die sich natürlich ebenso auch in den höchsten Idealen des Katholizismus finden; *aber* eben in den auf *inner*weltliche Askese abgesteckten puritanischen Richtungen erst ihre Konsequenzen für die Welt zeigen konnten und, vor allem, nur dort hinlänglich stark psychologisch *prämiiert* waren.

73 Der letztere Name ist in Holland allerdings speziell von dem präzis nach den Vorschriften der *Bibel* geführten Leben der »Feinen« abgeleitet (so bei VOËT). – Übrigens kommt auch für die Puritaner im 17. Jahrh. vereinzelt der Name »Methodisten« vor.

74 Denn – wie die puritanischen Prediger (z. B. BUNYAN in »The Pharisee and the Publican«, Works of Pur. Div., S. 126) hervorheben: – *jede* einzelne Sünde vernichtet *alles*, was im Lauf eines ganzen Lebens an »Verdienst« durch »gute Werke« aufgehäuft sein könnte, wenn – undenkbarerweise – der Mensch überhaupt von sich aus dazu fähig wäre, etwas zu leisten, was Gott ihm als Verdienst *anrechnen* müßte, oder gar dauernd vollkommen leben könnte. Es findet eben nicht, wie im Katholizismus, eine Art Kontokorrent mit Saldo-Abrechnung statt, – ein Bild, das schon dem Altertum geläufig war, – sondern für das *ganze Leben* gilt das schroffe Entweder-Oder: Gnadenstand oder Verwerfung. – Anklänge an die Kontokorrent-Auffassung s. u. Anm. 103.

75 Darin liegt der Unterschied gegen die bloße »Legality« und »Civility«, welche bei BUNYAN als Genossen des Mr. »Worldly-Wiseman« in der City, welche »Morality« genannt ist, hausen.

76 ST. CHARNOCK, Self-examination (Works of Pur. Div., S. 172): *Reflection* and knowledge of self is a prerogative of a *rational* nature. Dazu die Fußnote: Cogito, ergo sum, is the first principle of the new philosophy.

77 Es ist hier noch nicht der Ort, die Verwandtschaft der – nie zur Herrschaft gelangten, stets nur geduldeten, zuweilen nur verketzerten – Theologie des DUNS SCOTUS mit gewissen Gedankengängen des asketischen Protestantismus zu erörtern. Die spätere spezifische Ab-

neigung der Pietisten gegen die aristotelische Philosophie teilte, wie – in etwas anderem Sinn – LUTHER, auch CALVIN in bewußtem Gegensatz gegen den Katholizismus (cf. Institutio christianae religionis, II c. 2, s. 4; IV c. 17, s. 24). Der »Primat des Willens«, – wie WILH. KAHL das genannt hat [Die Lehre vom Primat des Willens, 1886], – ist allen diesen Richtungen gemeinsam.

78 Ganz so definiert z. B. der Artikel »Ascese« des katholischen »Kirchenlexikons« ihren Sinn, durchaus in Übereinstimmung mit ihren höchsten historischen Erscheinungsformen. Ebenso SEEBERG in der R. E. f. Prot. Th. u. K. Es muß gestattet sein, für die Zwecke dieser Abhandlung den Begriff so zu verwenden, wie es hier geschieht. Daß man ihn anders – weiter sowohl als enger – fassen kann und meist zu fassen pflegt, ist mir wohlbekannt.

79 Im Hudibras [S. BUTLERS] wurden die Puritaner (1. Gesang 18, 19) den Barfüßern verglichen. Ein Bericht des genuesischen Gesandten FIESCHI nennt CROMWELLS Heer eine Versammlung von »Mönchen«.

80 Angesichts dieser ganz ausgesprochenermaßen von mir behaupteten innerlichen Kontinuität zwischen außerweltlicher Mönchsaskese und innerweltlicher Berufsaskese bin ich überrascht, von BRENTANO (a. a. O., p. 134 und sonst) die Arbeitsaskese der *Mönche* und ihre Empfehlung *gegen* mich angeführt zu finden! Sein ganzer »Exkurs« gegen mich kulminiert darin. Eben jene Kontinuität ist aber, wie jeder sehen kann, eine Grundvoraussetzung meiner ganzen Aufstellung: die Reformation trug die rationale christliche Askese und Lebensmethodik aus den Klöstern hinaus in das weltliche Berufsleben. Vgl. die folgenden, unverändert stehen gebliebenen Ausführungen.

81 So in den vielen, in D. NEAL, The History of the Puritans (London 1732–38) und in THOM. CROSBY, The History of the English Baptists (London 1738–1740) wiedergegebenen Berichten über die Verhöre der puritanischen Häretiker.

82 Schon SANFORD a. a. O. (und vor wie nach ihm viele andere) haben die Entstehung des Ideals der »reserve« aus dem Puritanismus abgeleitet. Vgl. über jenes Ideal etwa auch die Bemerkungen von JAMES BRYCE über das amerikanische College in Bd. II seines »American Commonwealth« (1888). – Das asketische Prinzip der »Selbstbeherrschung« machte den Puritanismus auch mit zum Vater der modernen *militärischen Disziplin.* (S. über MORITZ VON ORANIEN als Schöpfer moderner Heeresinstitutionen: G. ROLOFF in den Preuß. Jahrb. 1903, Bd. 111, S. 255.) CROMWELLS »Ironsides«, mit der ge-

spannten Pistole in der Hand, ohne Schuß, in scharfem Trabe an den Feind geführt, waren nicht durch derwischartige Leidenschaft, sondern umgekehrt durch ihre nüchterne Selbstbeherrschung, welche sie stets in der Hand des Führers bleiben ließ, den »Cavalieren« überlegen, deren ritterlich-stürmische Attacke jedesmal die eigene Truppe in Atome auflöste. Manches darüber bei CHARLES FIRTH, Cromwells Army (1902).

83 S. dafür besonders: WILH. WINDELBAND, Über Willensfreiheit (1904), S. 77 f.

84 Nur nicht so unvermischt. Kontemplationen, gelegentlich mit Gefühlsmäßigkeit verbunden, sind mit diesen rationalen Elementen mehrfach gekreuzt. Aber dafür ist wiederum auch die Kontemplation *methodisch* reglementiert.

85 *Sündig* ist nach RICHARD BAXTER *alles*, was gegen die von Gott als normgebend uns anerschaffene »reason« ist: nicht etwa nur inhaltlich sündige Leidenschaften, sondern alle irgendwie sinn- oder maßlosen Affekte *als solche*, weil sie die »countenance« vernichten und als rein kreatürliche Vorgänge uns von der rationalen Beziehung alles Handelns und Empfindens auf Gott abziehen und ihn beleidigen. Vgl. z. B. was über die Sündlichkeit des Ärgers gesagt ist (Christian Directory, 2. Aufl. 1678, I, S. 285. Dazu wird S. 287 TAULER zitiert). Über die Sündlichkeit der *Angst* ebenda, S. 287 Sp. 2. Daß es Kreaturvergötterung (idolatry) ist, wenn unser *Appetit* die »rule or measure of eating« ist, wird sehr nachdrücklich (a. a. O., I S. 310, 316 Sp. 1 und öfter) auseinandergesetzt. Zitiert werden bei Gelegenheit solcher Ausführungen neben den überall in erster Reihe stehenden Sprüchen Salomos auch PLUTARCHS De tranquillitate animi, nicht selten aber auch die asketischen Schriften des Mittelalters, ST. BERNHARD, BONAVENTURA u. a. – Der Gegensatz gegen das »Wer nicht liebt Wein, Weib und Gesang ...« konnte kaum schärfer formuliert werden als durch die Ausdehnung des Begriffes der idolatry auf *alle* Sinnenfreuden, *soweit* sie sich nicht durch *hygienische* Gründe rechtfertigen, in welchem Fall sie (wie, innerhalb dieser Grenzen, der Sport, aber auch andere »recreations«) statthaft sind (darüber noch weiter unten). Man wolle beachten, daß die hier und sonst zitierten Quellen weder dogmatische noch erbauliche Werke, sondern aus der Praxis der Seelsorge erwachsen und also ein gutes Bild der Richtung sind, in welcher diese *wirkte*.

86 Ich würde es, beiläufig gesagt, bedauern, wenn aus der Dar-

stellung irgendwelche *Bewertung*, es sei der einen oder der anderen Form von Religiosität, herausgelesen würde. Sie liegt hier ganz fern. Es kommt nur auf die *Wirkung* bestimmter, vielleicht für die rein religiöse Bewertung relativ peripherischer, für das praktische *Verhalten* aber wichtiger, Züge an.

87 S. hierzu namentlich den Artikel »Moralisten, englische«, von E. TROELTSCH in der R. E. f. Prot. Th. u. K., 3. Aufl. [XIII. Bd. 1903].

88 Wie sehr *ganz konkrete* religiöse Bewußtseinsinhalte und Situationen, die als »historische Zufälligkeit« erscheinen, gewirkt haben, zeigt sich besonders deutlich darin, daß in den Kreisen des auf reformierter Grundlage entstandenen Pietismus z. B. das Fehlen der Klöster gelegentlich direkt *bedauert* wurde und daß die »kommunistischen« Experimente LABADIES u. a. ja lediglich ein Surrogat für das Klosterleben waren.

89 Und zwar schon in manchen Bekenntnissen des Reformationszeitalters selbst. Auch RITSCHL (Pietismus, I, S. 258 f.) bestreitet, trotzdem er die spätere Entwicklung als Entartung der reformatorischen Gedanken ansieht, dennoch nicht, daß z. B. Conf. Gall. 25, 26, Conf. Belg. 29, Conf. Helv. post. 17 »die reformierte Partikularkirche mit ganz empirischen Merkmalen umschrieben und daß zu dieser wahren Kirche die Gläubigen *nicht ohne das Merkmal sittlicher Aktivität* gerechnet werden«. (S. dazu oben Anm. 43.)

90 Bless God that we are not of the many (TH. ADAMS, Works of Pur. Div., p. 138).

91 Der historisch so wichtige »birthright«-Gedanke erfuhr dadurch in England eine erhebliche Unterstützung: »The first born which are written in heaven ... As the first born is not to be defeated in his inheritance and the enrolled names are never to be oblitterated, so certainly shall they inherit eternal life« (TH. ADAMS, Works of Pur. Div., p. XIV).

92 Das lutherische Gefühl bußfertiger *Reue* ist dem asketisch entwickelten Calvinismus zwar nicht in der Theorie, wohl aber in der Praxis innerlich fremd: es ist ja für ihn ethisch wertlos, nutzt den Verworfenen nichts, und für den seiner Erwählung Sicheren ist die eigene Sünde, die er sich etwa eingesteht, Symptom rückständiger Entwicklung und unvollständiger Heiligung, die er, statt sie zu bereuen, zu Gottes Ruhme durch die Tat zu überwinden trachtet und *haßt*. Vgl. die Ausführungen HOWES (der von 1656–1658 CROMWELLS Kaplan war) in »Of men's enmity against God and of reconciliation

between God and Man«, Works of Pur. Div., p. 237: »The carnal mind is *enmity* against God. It is the mind, therefore, not as speculative merely, but as practical and active, that must be renewed.« (eod. l., p. 246): »Reconciliation ... must begin in 1) a deep conviction ... of your former *enmity* ... I have been *alienated* from God ... 2) (p. 251) a clear and lively apprehension ... of the monstrous iniquity and wickedness thereof«. Hier wird nur von Haß gegen die Sünde, nicht den Sünder, gesprochen. Aber schon der berühmte Brief der Herzogin RENATA VON ESTE (»Leonorens« Mutter) an CALVIN, – worin sie u. a. von dem »*Haß*« spricht, den sie gegen Vater und Gatten hegen würde, *falls* sie überzeugt sein müßte, daß sie zu den Reprobierten gehörten, – zeigt die Übertragung auf die Person und ist zugleich ein Beispiel für das, was oben (S. 124 f.) von der inneren Loslösung des Individuums aus den Banden der durch das »natürliche« Gefühl geknüpften Gemeinschaften durch die Gnadenwahllehre gesagt wurde.

93 »None but those who give evidence of being *regenerated or holy* persons, ought to be received or counted fit members of visible churches. Where this is wanting, *the very essence of a church is lost*«, formuliert OWEN, der independentisch-calvinistische Vize-Kanzler von Oxford unter CROMWELL, den Grundatz (Inv. into the origin of Ev. Ch.). S. ferner den folgenden Artikel.

94 S. den folgenden Artikel.

95 Catéchisme genevois, 149. BAYLY, Praxis pietatis, S. 125: »Im Leben sollen wir tun, als ob niemand als Moses über uns zu gebieten habe.«

96 »Den Reformierten schwebt das Gesetz als ideale Norm vor, den Lutheraner schlägt es als unerreichbare Norm nieder.« Im lutherischen Katechismus steht es, um die nötige *Demut* zu erwecken, *voran*, in den reformierten Katechismen regelmäßig *hinter* dem Evangelium. Den Lutheranern warfen die Reformierten vor, daß sie eine »wahre Scheu vor dem Heiligwerden haben« (MÖHLER), die Lutheraner den Reformierten »unfreie Gesetzesknechtschaft« und Hochmut.

97 Studies and Illustrations of the Great Rebellion (1858), p. 79 f.

98 Von solchen ist dabei namentlich das – von den Puritanern meist einfach ignorierte – *Hohe Lied* nicht zu vergessen, dessen orientalische Erotik ja z. B. die Entwicklung des Frömmigkeitstypus des hl. BERNHARD mitbestimmt hat.

99 Über die Notwendigkeit dieser Selbst-Kontrolle s. z. B. die schon

zitierte Predigt CHARNOCKS über 2 Kor. 13,5 (Works of Pur. Div., p. 161 f.).

100 Die meisten Moraltheologen raten es an. So BAXTER, Christ. Directory II, p. 77 ff., der jedoch die »Gefahren« nicht verhehlt.

101 Die sittliche Buchführung ist natürlich auch sonst weit verbreitet gewesen. Aber der *Akzent*, der darauf lag: alleiniges *Erkenntnis*mittel der von Ewigkeit her beschlossenen Erwählung oder Verwerfung zu sein, fehlte und damit die entscheidende psychologische *Prämie* auf die Sorgfalt und Beachtung dieser »Kalkulation«.

102 *Dies* war der entscheidende Unterschied gegen andere äußerlich ähnliche Verhaltungsweisen.

103 Auch BAXTER (Saints' everlasting rest, c. XII) erläutert Gottes *Unsichtbarkeit* durch die Bemerkung: wie man im Wege der Korrespondenz gewinnbringenden Handel mit einem nicht gesehenen Fremden treiben könne, so könne man auch durch einen »seligen Handel« mit dem unsichtbaren Gott die »eine köstliche Perle« erwerben. – Diese kommerziellen anstatt der bei den älteren Moralisten und im Luthertum üblichen forensischen Gleichnisse sind recht charakteristisch für den Puritanismus, der im Effekt eben den Menschen selbst seine Seligkeit »erhandeln« läßt. – Vgl. ferner etwa folgende Predigtstelle: We reckon the value of a thing by that which a wise man will give for it, who is not ignorant of it nor under necessity. Christ, the Wisdom of God, gave himself, his own precious blood, to redeem souls and he knew what they were and had no need of them (MATTHEW HENRY, The worth of the soul, Works of Pur. Div., p. 313).

104 Demgegenüber sagte schon LUTHER selbst: »Weinen geht vor Wirken, und Leiden übertrifft alles Tun.«

105 Auch in der Entwicklung der ethischen Theorie des Luthertums zeigt sich dies aufs deutlichste. Über diese siehe G. HOENNICKE, Studien zur altprotestantischen Ethik, Berlin 1902, und dazu die lehrreiche Besprechung von E. TROELTSCH, Gött. Gel. Anz. 1902, Nr. 8. Die Annäherung der lutherischen Doktrin namentlich an die ältere *orthodox*-calvinistische war dabei in der Fassung oft sehr weitgehend. Aber die andersartige religiöse Orientierung brach sich immer wieder Bahn. Durch MELANCHTHON war, um für die Anknüpfung der Sittlichkeit an den Glauben eine Handhabe zu gewinnen, der *Buß*begriff in den Vordergrund gestellt worden. Die durch das Gesetz gewirkte Buße muß dem Glauben vorangehen, gute Werke aber ihm nachfolgen, sonst

kann er – fast puritanisch formuliert – nicht der wahre rechtfertigende Glaube sein. Ein gewisses Maß relativer Vollkommenheit galt ihm auch auf Erden für erreichbar, ja MELANCHTHON hat ursprünglich sogar gelehrt: die Rechtfertigung erfolge, um den Menschen zu guten Werken tüchtig zu machen, und in der steigenden Vervollkommnung liege wenigstens dasjenige Maß schon diesseitiger Seligkeit, welches der Glaube gewähren könne. Und auch bei den späteren lutherischen Dogmatikern wurde der Gedanke, daß gute Werke die notwendigen *Früchte* des Glaubens sind, daß der Glaube ein neues Leben wirke, äußerlich ganz ähnlich wie bei den Reformierten ausgeführt. Die Frage, was »gute Werke« seien, beantwortete schon MELANCHTHON, noch mehr aber die späteren Lutheraner, zunehmend durch Verweisung auf das Gesetz. Als Reminiszenz an LUTHERS ursprüngliche Gedanken blieb nunmehr nur der geringere Ernst, der mit der Bibliokratie, speziell mit der Orientierung an den Einzelnormen des Alten Testaments, gemacht wurde. Wesentlich der Dekalog blieb – als Kodifikation der wichtigsten Grundsätze des *natürlichen* Sittengesetzes – Norm für das menschliche Handeln. – *Aber*: es führte keine sichere Brücke von seiner statutarischen Geltung hinüber zu der immer wieder eingeschärften ausschließlichen Bedeutung des *Glaubens* für die Rechtfertigung, schon weil dieser Glaube eben – s. o. – einen ganz anderen psychologischen Charakter hatte als der calvinistische. Der genuine lutherische Standpunkt der ersten Zeit war verlassen, und mußte von einer Kirche, die sich als Heilsanstalt betrachtete, verlassen werden, ein anderer aber nicht gewonnen. Speziell konnte man, schon aus Scheu, die dogmatische Grundlage (»sola fide«!) zu verlieren, nicht zur asketischen Rationalisierung des Gesamtlebens als sittlicher Aufgabe des Einzelnen kommen. Denn es fehlte eben ein Antrieb, den *Bewährungs*-Gedanken zu einer solchen Bedeutung aufwachsen zu lassen, wie dies im Calvinismus die Gnadenwahllehre bewirkte. Auch die – mit dem Ausfallen dieser *Lehre* zusammenstimmende – magische Deutung der Sakramente, namentlich die Verlegung der regeneratio – oder doch ihres Anfanges – in die *Taufe* mußte, bei Annahme des Gnaden*universalismus*, der Entwicklung methodischer Sittlichkeit entgegen wirken, weil sie den Abstand des status naturalis vom Gnadenstand, zumal bei der starken lutherischen Betonung der Erbsünde, für das Empfinden abschwächte. Nicht minder die *ausschließlich forensische* Deutung des Rechtfertigungsakts, welche die Wandelbarkeit der Entschlüsse Gottes durch die Einwirkung des *konkreten* Bußaktes des bekehrten Sünders voraussetzte. Gerade sie aber wurde von MELANCHTHON zunehmend betont. Jene ganze Wandlung seiner Lehre, welche in dem zunehmenden Gewicht der *Buße* hervortritt, hing eben auch mit seinem Bekenntnis zur »Willensfreiheit« innerlich zusammen. Alles das entschied den *un*methodischen Charakter der lutherischen Lebensführung. *Konkrete* Gnadenakte für konkrete Sünden mußten in der Vorstellung des Durchschnittslutheraners – schon infolge des Fortbestandes der Beichte – den Inhalt des Heils ausmachen, nicht die Entwicklung einer ihre Heilsgewißheit sich selbst schaffenden Heiligenaristokratie. So konnte es weder zu einer gesetzes*freien* Sittlichkeit noch zu einer am Gesetz orientierten rationalen *Askese* kommen, sondern das Gesetz blieb unorganisch neben dem »Glauben« als Statut und ideale Forderung bestehen, überdies, da man die strikte Bibliokratie als Werkheiligkeit scheute, recht unsicher und unpräzis, vor allem unsystematisch in seinem näheren Inhalt. – Das Leben aber blieb, ebenso wie TROELTSCH (a. a. O.) es von der ethischen Theorie gesagt hat, eine »Summe bloßer, niemals ganz gelingender Anläufe«, welche in der »Zerstückelung einzelner unsicherer Anweisungen festgehalten«, nicht auf »Auswirkung in einem zusammenhängenden Lebensganzen« gerichtet waren, sondern im wesentlichen, gemäß der Entwicklung, die schon LUTHER selbst (s. o.) genommen hatte, ein Sich-Schicken in die gegebene Lebenslage im Kleinen wie im Großen darstellten. – Das so viel beklagte »Sich-Schicken« des Deutschen in fremde Kulturen, ihr schneller Nationalitätswechsel ist – *neben* bestimmten politischen Schicksalen der Nation – *auch* recht wesentlich auf Rechnung dieser, in allen unseren Lebensbeziehungen noch heute nachwirkenden Entwicklung zu setzen. Die subjektive Aneignung der Kultur blieb schwach, *weil* sie wesentlich auf dem Wege passiver Entgegennahme des »autoritär« Dargebotenen erfolgte.

106 S. über diese Dinge etwa das Plauderbuch von AUG. THOLUCK: Vorgeschichte des Rationalismus, Berlin 1865.

107 Über die ganz andersartige Wirkung der *islâmischen* Prädestinations- (richtiger: Prä*determinations*-)Lehre und ihre Gründe s. die früher zitierte (Heidelberger theologische) Dissertation von F. ULLRICH: Die Vorherbestimmungslehre im Islâm und Christentum, 1912 [oben S. 204 Anm. 37]. Über die Prädestinationslehre der Jansenisten s. P. HONIGSHEIM a. a. O. [Teil I, Anm. 62].

108 S. darüber den folgenden Artikel dieser Sammlung.

109 Ritschl, Geschichte des Pietismus, I, S. 152, sucht sie für die Zeit vor Labadie (übrigens nur auf Grund niederländischer specimina) darin, daß bei den Pietisten: I. Konventikel gebildet, – II. der Gedanke der »Nichtigkeit des geschöpflichen Daseins« in einer »dem evangelischen Seligkeitsinteresse widersprechenden Weise« gepflegt, – III. »die Versicherung der Gnade in dem zärtlichen Umgang mit dem Herrn Jesus« in unreformatorischer Weise gesucht worden sei. Das letzte Merkmal trifft für diese Frühzeit nur auf *einen* der von ihm behandelten Vertreter zu, der Gedanke der »Nichtigkeit der Kreatur« war an sich echtes Kind calvinistischen Geistes und erst, wo er zur praktischen Weltflucht führte, lenkte er aus den Bahnen des normalen Protestantismus heraus. Die Konventikel endlich hatte die Synode von Dordrecht in bestimmtem Umfang (insbesondere zu katechetischen Zwecken) selbst angeordnet. – Von den in Ritschls vorangehender Darstellung analysierten Merkmalen pietistischer Frömmigkeit kämen etwa in Betracht: 1. der »Präzisismus« in dem in allen *Äußerlichkeiten* des Lebens stärker dem Bibelbuchstaben verknechteten Sinn, den Gisbert Voët zuweilen vertritt; – 2. die Behandlung der Rechtfertigung und Versöhnung mit Gott nicht als Selbstzweck, sondern als bloßes *Mittel* zum asketisch heiligen Leben, wie sie bei Lodensteyn vielleicht zu finden, aber bei Melanchthon z. B. auch angedeutet (s. Anm. 105) ist; – 3. die hohe Schätzung des »Bußkampfes« als Merkmal echter Wiedergeburt, wie sie als erster W. Teellinck lehrte; – 4. die Abstinenz vom Abendmahl bei Teilnahme unwiedergeborener Personen daran (von der in anderem Zusammenhang noch zu reden sein wird) und die damit zusammenhängende, nicht in den Schranken der Dordrechter canones sich haltende Konventikelbildung mit Wiederbelebung der »Prophetie«, d. h. der Schriftauslegung auch durch Nichttheologen, selbst Frauen (Anna Maria Schürmann). Alles das sind Dinge, die Abweichungen, zum Teil erheblicher Art, von der Lehre und Praxis der Reformatoren darstellen. Aber gegenüber den von Ritschl in seine Darstellung nicht einbezogenen Richtungen, besonders der englischen Puritaner, stellen sie, *außer* Nr. III, doch nur eine Steigerung von Tendenzen dar, welche in der ganzen Entwicklung dieser Frömmigkeit lagen. Die Unbefangenheit von Ritschls Darstellung leidet daran, daß der große Gelehrte seine kirchen- oder vielleicht besser gesagt: religionspolitisch orientierten Werturteile hineinträgt und in seiner Antipathie

gegen alle spezifisch *asketische* Religiosität überall da, wo die Wendung zu dieser hin sich vollzieht, Rückfälle in den »Katholizismus« hineininterpretiert. Aber wie der Katholizismus, so schließt auch der alte Protestantismus an sich »all sorts and conditions of men« [SIR WALTER BESANT] ein, *und doch* hat den Rigorismus der innerweltlichen Askese die katholische *Kirche* in Gestalt des Jansenismus ebenso abgelehnt, wie der Pietismus den spezifisch katholischen Quietismus des 17. Jahrhunderts zurückwies. – Für unsere speziellen Betrachtungen schlägt jedenfalls der Pietismus erst da in etwas nicht graduell, sondern qualitativ anders Wirkendes um, wo die gesteigerte Angst vor der »Welt« zur Flucht aus dem privatwirtschaftlichen Berufsleben, also zur Konventikelbildung auf klösterlich-kommunistischer Grundlage (LABADIE), oder – wie dies einzelnen extremen Pietisten von den Zeitgenossen nachgesagt wurde – zur absichtlichen *Vernachlässigung* der weltlichen Berufsarbeit zugunsten der Kontemplation führte. Diese Folge trat naturgemäß besonders häufig da ein, wo die Kontemplation jenen Zug anzunehmen begann, den RITSCHL als »Bernhardinismus« bezeichnet, weil er in der Auslegung des »Hohen Liedes« durch den hl. BERNHARD zuerst anklingt: eine mystische Stimmungsreligiosität, welche die krypto-sexuell gefärbte »unio mystica« erstrebt. Sie stellt schon rein religions-psychologisch gegenüber der reformierten Frömmigkeit, aber *auch* gegenüber deren *asketischer* Ausprägung bei Männern wie VOËT, unzweifelhaft ein »aliud« dar. RITSCHL sucht nun aber überall diesen Quietismus mit der pietistischen *Askese* zu kopulieren und so die letztere in die gleiche Verdammnis zu bringen, und er legt den Finger auf jedes Zitat aus der katholischen Mystik oder Asketik, welches er in der pietistischen Literatur findet. Allein auch ganz »unverdächtige« englische und niederländische Moraltheologen zitieren BERNHARD, BONAVENTURA, THOMAS A KEMPIS. – Das Verhältnis zu der katholischen Vergangenheit war bei allen Reformationskirchen ein sehr komplexes, und je nach dem Gesichtspunkt, den man in den Vordergrund stellt, erscheint hier die eine, dort die andere als die dem Katholizismus – resp. bestimmten Seiten desselben – näherstehende.

110 Der recht lehrreiche Artikel »Pietismus« von K. TH. MIRBT in der 3. Aufl. der Realenc. f. Prot. Theol. u. K. behandelt unter gänzlicher Beiseitelassung der reformierten Antezedenzien die Entstehung des Pietismus lediglich als ein persönliches religiöses Erlebnis SPENERS, was doch etwas befremdend wirkt. – Lesenswert ist zur Einführung

in den Pietismus noch immer Gustav Freytags Schilderung in den »Bildern aus der deutschen Vergangenheit«. Für die Anfänge des englischen Pietismus in der zeitgenössischen Literatur zu vgl. etwa: W. Whitaker, Prima institutio disciplinaque pietatis (1570).

111 Diese Anschauung hat den Pietismus bekanntlich befähigt, einer der Hauptträger des *Toleranz*gedankens zu sein. Über diesen sei bei dieser Gelegenheit einiges eingeschaltet. Historisch entsprang er im Okzident, wenn wir die humanistisch-aufklärerische *Indifferenz* hier einmal beiseite lassen – für sich allein hat sie nirgends *große* praktische Wirkungen geübt –, folgenden Hauptquellen: 1. rein politischer Staatsraison (Archetypos: Wilhelm von Oranien), – 2. dem Merkantilismus (so z. B. besonders deutlich bei der Stadt Amsterdam und bei den zahlreichen Städten, Grundherren und Potentaten, welche die Sektierer als schätzenswerte Träger des ökonomischen Fortschrittes aufnahmen), – 3. der radikalen Wendung calvinistischer Frömmigkeit. Die Prädestination schloß es ja im Grunde aus, daß der Staat durch Intoleranz die Religion wirklich förderte. Er vermochte ja dadurch doch keine Seelen zu retten; nur der Gedanke an *Gottes Ehre* veranlaßte die Kirche, seinen Beistand zur Unterdrückung der Häresie zu beanspruchen. Je größerer Nachdruck nun aber auf die Zugehörigkeit des Predigers und aller Abendmahlsgenossen zu den Erwählten gelegt wurde, desto unerträglicher wurde jede staatliche Einmischung in die Besetzung des Predigtamts und jede Vergebung der Pfarrstellen als Pfründen an vielleicht unwiedergeborene Zöglinge der Universitäten, nur weil sie theologisch gebildet waren, überhaupt jede Einmischung der oft in ihrem Wandel anfechtbaren politischen Machthaber in die Gemeindeangelegenheiten. Der reformierte Pietismus stärkte diesen Gesichtspunkt durch Entwertung der dogmatischen Korrektheit und allmähliche Durchlöcherung des Satzes »Extra ecclesiam nulla salus«. Calvin hatte die *Unterwerfung* auch der Verworfenen unter die göttliche Stiftung der Kirche als allein mit Gottes Ruhm verträglich erachtet; in Neu-England suchte man die Kirche als Aristokratie der bewährten Heiligen zu konstituieren; schon die radikalen Independenten aber lehnten jede Einmischung der bürgerlichen und ebenso irgendwelcher hierarchischer Gewalten in die nur innerhalb der *Einzel*gemeinde mögliche Prüfung der »Bewährung« ab. Der Gedanke, daß Gottes Ruhm es erfordere, auch die Reprobierten unter die Zucht der Kirche zu bringen, wurde durch den – von Anfang an ebenfalls vorhandenen, aber allmählich

immer leidenschaftlicher betonten – Gedanken verdrängt, daß es Gottes Ruhm verletze, mit einem von Gott Verworfenen das Abendmahl zu teilen. Das mußte zum Voluntarismus führen, denn es führte zur »believers' Church«, der nur die Wiedergeborenen umfassenden religiösen Gemeinschaft. Der calvinistische Baptismus, dem z. B. der Leiter des »Parlamentes der Heiligen«, PRAISEGOD BAREBONE, angehörte, zog die Konsequenzen aus dieser Gedankenreihe am entschlossensten. CROMWELLS Heer trat für die Gewissensfreiheit und das Parlament der »Heiligen« sogar für Trennung von Staat und Kirche ein, *weil* seine Angehörigen fromme Pietisten waren, also aus *positiv*-religiösen Gründen. – 4. Die nachher zu erörternden *täuferischen Sekten*, und sie weitaus am stärksten und innerlich konsequentesten, haben von Beginn ihres Bestehens an stets an dem Grundsatz festgehalten: daß nur persönlich Wiedergeborene in die Gemeinschaft der Kirche aufgenommen werden können, und daher jeden »Anstalts«-Charakter der Kirche und jede Einmischung der weltlichen Macht perhorresziert. Auch hier war es also ein *positiv-religiöser* Grund, der die Forderung unbedingter Toleranz erzeugte. – Der erste, der aus solchen Gründen, fast eine Generation vor den Baptisten, zwei Generationen vor ROGER WILLIAMS, für unbedingte Toleranz *und* Trennung von Staat und Kirche eintrat, war wohl ROBERT BROWNE. Die erste Erklärung einer Kirchengemeinschaft in diesem Sinne scheint die Resolution der englischen Baptisten in Amsterdam von 1612 oder 1613 zu sein: »the magistrate is not to meddle with religion or matters of conscience ... because Christ is the King and lawgiver of the Church and conscience«. Das erste offizielle Dokument einer Kirchengemeinschaft, welches den *positiven* Schutz der Gewissensfreiheit durch den Staat als *Recht* forderte, war wohl Art. 44 der Confession der (Particular) Baptists von 1644. – Nachdrücklich sei nochmals bemerkt, daß die gelegentlich vertretene Ansicht: die Toleranz *als solche* sei dem Kapitalismus zugutegekommen, natürlich völlig irrig ist. Religiöse Toleranz ist nichts spezifisch Modernes oder Okzidentales. Sie hat in China, in Indien, in den großen vorderasiatischen Reichen im Zeitalter des Hellenismus, im Römerreich, in den islâmischen Reichen, während langer Zeiträume in einem nur durch Gründe der *Staats*raison (die auch heute die Schranke bilden!) begrenzten so weiten Umfang geherrscht, wie nirgends auf der Welt im 16. und 17. Jahrhundert, am allerwenigsten aber in den Gebieten, wo der Puritanismus *herrschte*, wie z. B. in Holland und Seeland in der Zeit des politisch-ökonomischen Aufstieges, oder im puritanischen Alt- oder Neuengland. Dem Okzident war gerade – nach wie vor der Reformation – ähnlich wie z. B. dem Sasanidenreich die *konfessionelle Intoleranz* charakteristisch, wie sie auch in China, Japan, Indien während einzelner Epochen, aber meist aus politischen Gründen, geherrscht hat. Folglich hat Toleranz als *solche* mit Kapitalismus gewiß nicht das geringste zu tun. Es kam darauf an: *wem sie zugute kam.* – Über die Konsequenzen bei Forderung der »believers« Church ist in dem folgenden Artikel weiter zu reden.

112 In seiner praktischen Anwendung tritt dieser Gedanke z. B. bei den CROMWELLschen »tryers«, den Examinatoren der Predigtamts-Kandidaten, zutage. Sie suchten nicht sowohl die fachlich-theologische Bildung, als den subjektiven Gnadenstand des Kandidaten festzustellen. S. auch den folgenden Artikel.

113 Das für den Pietismus charakteristische Mißtrauen gegen ARISTOTELES und die klassische Philosophie überhaupt findet sich schon bei CALVIN vorgebildet (vgl. Institutio christ. rel., II, cap. 2, sect. 4; III, cap. 23, s. 5; IV, cap. 17, s. 24). Bei LUTHER war es in seinen Anfängen bekanntlich nicht geringer, ist aber dann durch den humanistischen Einfluß (vor allem MELANCHTHONS) und zwingende Bedürfnisse der Schulung und Apologetik wieder zurückgedrängt worden. Daß das zur Seligkeit *Nötige* auch für Ungelehrte deutlich genug in der Schrift enthalten sei, lehrte natürlich auch die Westminster Confession (c. I, 7) in Übereinstimmung mit den protestantischen Traditionen.

114 Hiergegen wendete sich der Protest der offiziellen Kirchen, z. B. auch noch der (kürzere) Katechismus der schottischen presbyterianischen Kirche von 1648, s. VII: Teilnahme von *nicht* derselben Familie angehörigen Personen an den Hausandachten wird, als Eingriff in die Befugnisse des *Amtes*, verpönt. Auch der Pietismus löste, wie jede asketische Gemeindebildung, das Individuum aus den Banden des mit dem Interesse des Amtsprestiges verbündeten Hauspatriarchalismus.

115 Es wird hier aus guten Gründen absichtlich unterlassen, auf die – im *fach*wissenschaftlichen Sinn des Wortes – »psychologischen« Beziehungen dieser religiösen Bewußtseinsinhalte einzugehen, und selbst die Verwendung der entsprechenden Terminologie ist möglichst vermieden. Der wirklich gesicherte Begriffsvorrat der Psychologie, einschließlich der *Psychiatrie*, reicht vorerst noch nicht aus, um für

die Zwecke der historischen Forschung auf dem Gebiet unserer Probleme unmittelbar nutzbar gemacht werden zu können, ohne die Unbefangenheit des historischen Urteils zu trüben. Die Verwendung ihrer Terminologie würde lediglich die Versuchung schaffen, unmittelbar verständlichen und oft geradezu trivialen Tatbeständen einen Schleier dilettantischer Fremdwörtergelehrsamkeit umzuhängen, und so den falschen Anschein erhöhter begrifflicher Exaktheit erzeugen, wie dies z. B. für LAMPRECHT leider typisch gewesen ist. – Ernster zu nehmende Ansätze zur Verwertung psychopathologischer Begriffe für die Deutung gewisser historischer Massenerscheinungen s. bei W. HELLPACH, Grundlinien einer Psychologie der Hysterie (1904), 12. Kapitel, sowie dessen »Nervosität und Kultur« (1903). Ich kann hier nicht versuchen auseinanderzusetzen, daß m. E. auch diesen sehr vielseitig orientierten Schriftsteller die Beeinflussung durch gewisse Theorien LAMPRECHTS geschädigt hat. – Wie völlig wertlos, gegenüber der älteren Literatur, LAMPRECHTS schematische Bemerkungen über den Pietismus (im 7. Band der Deutschen Geschichte) sind, weiß wohl jeder, der auch nur die gangbare Literatur kennt.

116 So etwa bei den Anhängern des SCHORTINGHUIS'schen »Innigen Christendom's«. – Religionsgeschichtlich geht das zurück auf die deuterojesajanische Gottesknechts-Perikope [Jes. 53] und den 22. Psalm.

117 Dies trat bei holländischen Pietisten vereinzelt, und dann unter *spinozistischen* Einflüssen, auf.

118 LABADIE, TERSTEEGEN u. a.

119 Am deutlichsten tritt sie vielleicht hervor, wenn er – man denke: SPENER! – die Kompetenz der Obrigkeit zur Kontrolle der Konventikel, außer bei Unordnungen und Mißbräuchen, bestreitet, weil es sich um ein durch die apostolische Ordnung garantiertes *Grundrecht* der Christen handle (Theologische Bedenken, II, S. 81 f.). Das ist – prinzipiell – genau der puritanische Standpunkt bezüglich des Verhältnisses und Geltungsbereichs der ex jure divino folgenden und daher unveräußerlichen Rechte des Einzelnen. RITSCHL ist denn auch weder diese (Pietismus, II, S. 157) noch die weiterhin im Text erwähnte Ketzerei (a. a. O., S. 115) entgangen. So unhistorisch namentlich die positivistische (um nicht zu sagen: philiströse) Kritik ist, die er an dem »*Grundrechts*«-Gedanken übt, dem wir schließlich doch nicht viel weniger als *Alles* verdanken, was heute auch dem »Reaktionärsten« als Minimum seiner individuellen Freiheitssphäre

vorschwebt, – so ist ihm natürlich darin ganz beizustimmen, daß in beiden Fällen eine organische Einfügung in SPENERS lutherischen Standpunkt fehlt. [1905! – Zur Grundrechtsidee vgl. MAX WEBER, Ges. Politische Schriften, 3. Aufl. 1971, insbes. S. 38, 42 f., 45, 62, 65, 70, 73 f., 106, 125, 199, 208, 333, 395, 401, 405, 477 (Hrsg.).]

Die Konventikel (collegia pietatis) selbst, die SPENERS berühmte »Pia desideria« [1675] theoretisch begründeten und die er praktisch ins Leben rief, entsprachen im Wesen durchaus den englischen »prophesyings«, wie sie sich zuerst in JOH. V. LASCO's Londoner Bibelstunden (1547) fanden und seitdem zum stehenden Inventar der als Auflehnung gegen die kirchliche Autorität verfolgten Formen puritanischer Frömmigkeit gehörten. Die Ablehnung der Genfer Kirchenzucht endlich wird bei ihm bekanntlich damit begründet, daß ihr berufener Träger, der »dritte Stand« (status oeconomicus: die christlichen Laien), in der lutherischen Kirche *nicht* in die Kirchenorganisation eingefügt sei. Schwächlich lutherisch ist andererseits – bei Erörterung der Exkommunikation – die Anerkennung der landesherrlich deputierten weltlichen Mitglieder des Konsistoriums als Repräsentanten des »dritten Standes«.

120 Schon der in den Gebieten des Luthertums zuerst aufgekommene *Name* »Pietismus« besagt ja, daß nach der Auffassung der Zeitgenossen es das Charakteristische war, daß aus der »pietas« hier ein methodischer *Betrieb* gemacht wird.

121 Zuzugeben ist freilich, daß diese Motivierung zwar vorzugsweise, aber nicht *nur* dem Calvinismus eignet. Gerade in den *ältesten* lutherischen Kirchenordnungen findet sie sich auch besonders oft.

122 Im Sinne von Hebr. 5, 13. 14. Vgl. SPENER, Theol. Bedenken, I, 306.

123 Neben BAYLY und BAXTER (s. Consilia theologica, III, 6, 1, dist. 1, 47; das. dist. 3, 6) schätzte SPENER speziell THOMAS A KEMPIS und vor allem TAULER (von dem er nicht alles verstand: Consilia theologica, III, 6, 1, dist. 1, 1). Eingehend über den letzteren speziell Cons. theol., I, 1, 1, Nr. 7. LUTHER ist für ihn aus TAULER hervorgegangen.

124 S. bei RITSCHL a. a. O., II. S. 113. Den »Bußkampf« der späteren Pietisten (und LUTHERS) lehnte er als *allein* maßgebendes Kennzeichen wahrer Bekehrung ab (Theol. Bedenken, III, S. 476). Über die Heiligung als Frucht der Dankbarkeit aus dem Versöhnungsglauben: – eine spezifisch lutherische (vgl. Teil I, Anm. 58) Formulierung – s. die bei RITSCHL a. a. O., S. 115 Anm. 2, angeführten Stellen. Über die

Certitudo salutis einerseits Theol. Bedenken, I, 324: der wahre Glaube werde nicht sowohl *gefühlsmäßig empfunden*, als an seinen *Früchten* (Liebe und Gehorsam gegen Gott) *erkannt*, – andererseits Theol. Bedenken, I, S. 335 f.: »Was aber die Sorge betrifft, worüber Sie ihres Heils- und Gnadenstandes versichert sein sollen, wird sicherer« – als aus den »englischen Skribenten« – »aus unsern« – den lutherischen – »Büchern geschöpft«. Über das Wesen der Heiligung stimmte er aber den Engländern bei.

125 Die religiösen Tagebücher, welche A. H. FRANCKE empfahl, waren auch hier das äußere Zeichen dafür. – Die methodische Übung und *Gewohnheit* der Heiligung soll das Wachstum derselben und die *Scheidung* der Guten von den Bösen erzeugen: – dies etwa ist das Grundthema von FRANCKES Buch »Von des Christen Vollkommenheit«.

126 In charakteristischer Weise trat die Abweichung dieses rationalen pietistischen Vorsehungsglaubens von dessen orthodoxer Deutung bei dem berühmten Streit zwischen den Hallenser Pietisten und dem Vertreter der lutherischen Orthodoxie LÖSCHER hervor. LÖSCHER geht in seinem »Timotheus Verinus« so weit, alles was durch *menschliches* Tun erreicht wird, den Fügungen der Vorsehung entgegenzusetzen. FRANCKES immer festgehaltener Standpunkt war dagegen: jenes Aufblitzen der Klarheit über das, was zu geschehen hat, welches das Ergebnis ruhigen *Wartens* auf den Entschluß ist, als »Gottes Wink« anzusehen: – ganz analog der quäkerischen Psychologie und entsprechend der allgemein asketischen Vorstellung, daß rationale *Methodik* der Weg sei, Gott näher zu kommen. – ZINZENDORF freilich, der in einem der entscheidendsten Entschlüsse das Schicksal seiner Gemeindebildung dem *Los* anheimstellte, steht der FRANCKEschen Form des Vorsehungsglaubens fern. – SPENER, Theol. Bedenken, I, S. 314, hatte sich für die Charakteristik der christlichen »Gelassenheit«, in welcher man sich den göttlichen Wirkungen überlassen, sie nicht durch hastiges eigenmächtiges Handeln kreuzen sollte – im wesentlichen auch der Standpunkt FRANCKES –, auf TAULER bezogen. Die gegenüber dem Puritanismus doch wesentlich abgeschwächte, den (diesseitigen) Frieden suchende, Aktivität der pietistischen Frömmigkeit tritt überall deutlich hervor. »First righteousness, then peace«, formulierte im Gegensatz dazu noch 1904 ein leitender Baptist (G. WHITE in einer noch weiterhin zu zitierenden Adresse) das ethische Programm seiner Denomination (Baptist Handbook, 1904, p. 107).

127 Lectiones paraeneticae, IV, S. 271.

128 Gegen diese immer wiederkehrende Vorstellung richtet sich vornehmlich RITSCHLS Kritik. – Vgl. FRANCKES, in der drittletzten Anmerkung zitierte Schrift, welche die Lehre enthält.

129 Er findet sich auch bei englischen *nicht* prädestinatianischen Pietisten, z. B. GOODWIN. Vgl. über ihn und andere: HEPPE, Gesch. des Pietismus und der Mystik in der reformierten Kirche, Leiden 1879, ein Buch, welches, auch nach dem RITSCHLschen standard work, für England, und hie und da auch für die Niederlande, noch nicht entbehrlich geworden ist. Noch im 19. Jahrhundert wurde KÖHLER (nach seinem zum folgenden Artikel zu zitierenden Buch) in den Niederlanden oft nach dem *Zeitpunkt* seiner Wiedergeburt gefragt.

130 Man suchte dadurch die laxe Konsequenz der lutherischen Lehre von der Wiedererlangbarkeit der Gnade (speziell die übliche »Bekehrung« in extremis) zu bekämpfen. –

131 Gegen die damit verbundene Notwendigkeit, Tag und Stunde der »Bekehrung« zu wissen, als *unbedingtes* Merkmal ihrer Echtheit: SPENER, Theol. Bed., II, 6, 1, p. 197. Ihm war eben der »Bußkampf« ebenso unbekannt, wie MELANCHTHON LUTHERS terrores conscientiae.

132 Daneben spielte natürlich auch die aller Askese eigentümliche antiautoritative Deutung des »allgemeinen Priestertums« mit. – Gelegentlich wurde dem Pfarrer Aufschiebung der Absolution bis zur »Bewährung« der echten Reue empfohlen, was RITSCHL mit Recht als im Prinzip calvinistisch bezeichnet.

133 Die für uns wesentlichen Punkte finden sich am bequemsten bei H. PLITT, ZINZENDORFS Theologie (3 Bände, Gotha 1869 f.), Bd. I S. 325, 345, 381, 412, 429, 433 f., 444, 448; Bd. II S. 372, 381, 385, 409 f.; Bd. III S. 131, 167, 176. – Vgl. auch BERNH. BECKER, Zinzendorf und sein Christentum (Leipzig 1900), 3. Buch, Kap. III.

134 Freilich hielt er die Augsburger Konfession nur dann für eine geeignete Urkunde lutherisch-christlichen Glaubenslebens, wenn man – wie er in seiner ekelhaften Terminologie es ausdrückt – eine »Wundbrühe« darüber ausgegossen habe. Ihn zu lesen, ist eine Pönitenz, weil seine Sprache in der weichlichen Zerflossenheit der Gedanken noch übler wirkt als jenes »Christoterpentinöl«, welches F. TH. VISCHER (bei seiner Polemik mit der Münchener »Christoterpe«) so fürchterlich war.

135 »Wir erkennen in keiner Religion einige für Brüder, die nicht durch die Besprengung des Blutes Christi gewaschen und *durchaus*

verändert in der Heiligung des Geistes *fortfahren*. Wir erkennen keine offenbare (= sichtbare) Gemeinde Christi, als wo das Wort Gottes rein und lauter gelehrt wird und sie *auch heilig* als die Kinder Gottes *danach leben*.« – Der letzte Satz ist zwar LUTHERS kleinem Katechismus entnommen; aber – wie schon RITSCHL hervorhebt – er dient *dort* der Antwort auf die Frage, wie der Name *Gottes* geheiligt werde, *hier* dagegen der *Abgrenzung* der Kirche der *Heiligen*.

136 S. PLITT, I, p. 346. – Noch entschiedener die bei PLITT, I, p. 381, zitierte Antwort auf die Frage: »ob die guten Werke nötig zur Seligkeit?« – »Unnötig und schädlich zur Erlangung der Seligkeit, nach erlangter Seligkeit aber so nötig, daß wer sie nicht tut, noch nicht selig ist.« Also auch hier: nicht Realgrund, aber – *einziger!* – Erkenntnisgrund.

137 Z. B. durch jene Karikaturen der »christlichen Freiheit«, welche RITSCHL a. a. O., III, S. 381, geißelt.

138 Vor allem durch verschärfte Betonung des Strafsatisfaktionsgedankens in der Heilslehre, den er, nach der Ablehnung seiner missionierenden Annäherungsversuche durch die amerikanischen Sekten, auch zur Grundlage der Heiligungsmethode machte. Die Erhaltung der *Kindlichkeit* und der Tugenden des demütigen Sich-Bescheidens wird von ihm seitdem als Ziel der herrnhuterischen Askese in den Vordergrund gestellt, in scharfem Gegensatz gegen die durchaus der puritanischen Askese analogen Tendenzen in der Gemeinde.

139 Der aber eben seine Grenzen hatte. Es ist schon aus diesem Grunde verfehlt, Z. s Religiosität in eine »*sozial*psychische« Entwicklungsstufe einschachteln zu wollen, wie es bei LAMPRECHT geschieht. Überdies aber ist seine ganze Religiosität durch nichts stärker beeinflußt als durch den Umstand: daß er ein *Graf* mit im Grunde feudalen Instinkten war. Gerade die *Gefühlsseite* derselben würde ferner »sozialpsychisch« in die Zeit der sentimentalen Dekadenz des Rittertums ganz ebensogut wie in die der »Empfindsamkeit« passen. Sie ist in ihrem Gegensatz gegen den westeuropäischen Rationalismus, wenn überhaupt »sozialpsychisch«, dann am ehesten durch die patriarchale Gebundenheit des deutschen Ostens verständlich zu machen.

140 ZINZENDORFS Kontroversen mit DIPPEL ergeben dies ebenso, wie – nach seinem Tode – die Äußerungen der Synode von 1764 den Heils*anstalts*-Charakter der Herrnhutergemeinde deutlich zum Ausdruck bringen. S. RITSCHLS Kritik daran: a. a. O., III, S. 443 f.

141 Vgl. z. B. §§ 151, 153, 160. Daß das Ausbleiben der Heiligung *trotz* wahrer Reue und Sündenvergebung möglich ist, geht speziell aus den Bemerkungen S. 311 hervor und entspricht der lutherischen Heilslehre ebenso, wie es der calvinistischen (und methodistischen) widerspricht.

142 Vgl. ZINZENDORFS, bei PLITT, II, S. 345, zitierte Äußerungen. Ebenso SPANGENBERG, Idea fidei, p. 325.

143 Vgl. z. B. die bei PLITT, III, S. 131, zitierte Äußerung Z.s zu Matth. 20, 28: »Wenn ich einen Menschen sehe, dem Gott eine feine Gabe zu etwas gegeben hat, so freue ich mich und bediene mich der Gabe mit Vergnügen. Wenn ich aber merke, er ist mit dem Seinen nicht zufrieden, sondern will es noch schöner herausbringen, so halte ich das für den Anfang des Ruins einer solchen Person.« – Z. leugnete eben – insbesondere bei seinem Gespräch mit JOHN WESLEY (1743) – den *Fortschritt* in der Heiligung, weil er diese mit der Rechtfertigung identifizierte und *allein* in dem *gefühls*mäßig gewonnenen Verhältnis zu Christus fand (PLITT, I, S. 413). An Stelle des »Werkzeug«-Gefühls tritt das »Haben« des Göttlichen: Mystik, nicht Askese (in dem in der Einleitung zu den späteren Aufsätzen zu besprechenden Sinn). – Natürlich ist (wie ebendort erörtert wird) auch für den Puritaner der gegenwärtige, *diesseitige*, Habitus das, was er *wirklich* erstrebt. Aber dieser als certitudo salutis gedeutete Habitus ist bei ihm das aktive *Werkzeuggefühl*.

144 Die aber eben wegen dieser Ableitung nicht konsequent ethisch begründet wurde. Z. lehnt LUTHERS Idee vom »Gottesdienst« im Beruf als dem *maßgebenden* Gesichtspunkte für die Berufstreue ab. Dieselbe sei vielmehr *Entgelt* für des »Heilands Handwerkstreue« (PLITT, II, S. 411).

145 Bekannt ist sein Ausspruch: »Ein vernünftiger Mensch soll nicht ungläubig und ein gläubiger Mensch nicht unvernünftig sein« in seinem »Sokrates, d. i. Aufrichtige Anzeige verschiedener nicht sowohl unbekannter als vielmehr in Abfall geratener Hauptwahrheiten« (1725), ferner seine Vorliebe für Schriftsteller wie BAYLE.

146 Die ausgeprägte Vorliebe der protestantischen Askese für den durch mathematische Fundamentierung rationalisierten Empirismus ist bekannt und hier noch nicht näher zu erörtern. Vgl. über die Wendung der Wissenschaften zur mathematisch-rationalisierten »exakten« Forschung, die philosophischen Motive dazu, und deren Gegensatz gegen die Gesichtspunkte BACONS: WILHELM WINDELBAND,

Lehrbuch der Geschichte der Philosophie (1892), S. 305–307 [15. Aufl. 1957, § 30], speziell die Bemerkungen S. 305 unten, welcher den Gedanken, die moderne Naturwissenschaft sei als *Produkt* materiell-technologischer Interessen zu begreifen, treffend ablehnt. Höchst wichtige Beziehungen sind natürlich vorhanden, aber weit komplizierter. S. ferner WINDELBAND, Geschichte der neueren Philosophie (1878 bis 1880), Bd. I, S. 40 f. [7. und 8. Aufl. 1922, § 7]. – Der für die Stellungnahme der protestantischen Askese entscheidende *Gesichtspunkt*, wie er wohl am deutlichsten in SPENERS Theol. Bedenken, I, S. 232; III, S. 260, hervortritt, war ja: daß, wie man den Christen an den *Früchten* seines Glaubens erkennt, so auch die Erkenntnis Gottes und seiner Absichten nur aus der Erkenntnis seiner *Werke* heraus gefördert werden könne. Die bevorzugte Disziplin alles puritanischen, täuferischen und pietistischen Christentums war demgemäß die *Physik* und waren demnächst andere, mit gleichartiger Methode arbeitende mathematisch-naturwissenschaftliche Disziplinen. Man glaubte eben, aus der *empirischen* Erfassung der göttlichen Gesetze in der Natur zur Kenntnis des *»Sinnes«* der Welt emporsteigen zu können, der auf dem Wege begrifflicher Spekulationen bei dem fragmentarischen Charakter der göttlichen Offenbarung – ein calvinistischer Gedanke – doch nie zu erfassen sein werde. Der Empirismus des 17. Jahrhunderts war der Askese das Mittel, »Gott in der Natur« zu suchen. *Er* schien zu Gott *hin*-, die philosophische Spekulation von Gott abzuführen. Speziell die aristotelische Philosophie ist nach SPENER der Grundschaden für das Christentum gewesen. *Jede* andere sei besser, insbesondere die *»platonische«*: Consilia theologica, III, 6, 1, Dist. 2, Nr. 13. Vgl. ferner folgende charakteristische Stelle: Unde pro Cartesio quid dicam non habeo (er hat ihn nicht gelesen), semper tamen optavi et opto, ut Deus viros excitet, qui veram philosophiam vel tandem oculis sisterent, *in qua nullius hominis attenderetur* auctoritas, sed sana tantum *magistri nescia ratio* (SPENER, Cons. Theol., II, 5, Nr. 2). – Welche Bedeutung jene Auffassungen des asketischen Protestantismus für die Entwicklung der *Erziehung*, speziell des *Real*unterrichts, gehabt haben, ist bekannt. Kombiniert mit der Stellung zur »fides implicita« ergaben sie sein pädagogisches Programm.

147 »Es ist das eine Art Menschen, die ihre Glückseligkeit ohngefähr in vier Stücke setzen: 1. gering, verachtet, geschmäht ... zu werden ... 2. alle Sinne, die sie nicht brauchen zum Dienst ihres

Herrn, ... zu vernachlässigen ... 3. entweder nichts zu haben oder, was sie bekommen, wieder wegzugeben ... 4. *tagelöhner*mäßig zu arbeiten, nicht um Verdienstes, *sondern um des Berufes* und um der Sache des Herrn willen und ihres Nächsten ...« (Rel. Reden, II, S. 180; Plitt, I. S. 445). *Nicht alle* können und dürfen »Jünger« werden, sondern nur die, welche der Herr beruft, – aber nach Zinzendorfs eigenem Eingeständnis (Plitt, I, S. 449) bleiben dann doch Schwierigkeiten, da die Bergpredigt sich formell an *alle* wendet. Die Verwandtschaft dieses »freien Akosmismus der Liebe« mit den alten täuferischen Idealen fällt in die Augen.

148 Denn die gefühlsmäßige Verinnerlichung der Frömmigkeit war dem Luthertum auch der Epigonenzeit keineswegs einfach fremd. Das *Asketische*: die in den Augen der Lutheraner nach »Werkheiligkeit« schmeckende Lebensreglementierung, war *hier* vielmehr der konstitutive Unterschied.

149 Eine »herzliche Angst« sei ein besseres Zeichen der Gnade als die »Sicherheit«, meint Spener, Theol. Bedenken, I, 324. Auch bei puritanischen Schriftstellern finden wir natürlich nachdrückliche Warnungen vor »falscher Sicherheit«, aber wenigstens die Prädestinationslehre wirkte, soweit ihr Einfluß die Seelsorge bestimmte, stets in der entgegengesetzten Richtung.

150 Denn der *psychologische* Effekt des Bestehens der Beichte war überall *Entlastung* der Eigenverantwortung des Subjekts für seinen Wandel: – deshalb wurde sie ja gesucht – und damit von der rigoristischen Konsequenz der asketischen Anforderungen.

151 Wie stark dabei – auch für die *Art* der pietistischen Frömmigkeit – rein *politische* Momente mitspielten, hat schon Ritschl in seiner Darstellung des württembergischen Pietismus (Bd. III des oft zit. Werkes) angedeutet.

152 S. den Anm. 147 zitierten Ausspruch Zinzendorfs.

153 Selbstverständlich ist auch der Calvinismus, jedenfalls der genuine, »patriarchalisch«. Und der Zusammenhang des Erfolges z. B. von Baxters Tätigkeit mit dem hausindustriellen Charakter des Gewerbes in Kidderminster tritt in seiner Autobiographie deutlich hervor. S. die in den Works of Pur. Div., p. XXXVIII zit. Stelle: »The town liveth upon the weaving of Kidderminster stuffs, and as they stand in their loom, they can set a book before them, or edify each other ...« Indessen ist doch der Patriarchalismus auf dem Boden der reformierten und erst recht der täuferischen Ethik anders

geartet als auf dem Boden des Pietismus. Dies Problem kann nur in anderem Zusammenhang erörtert werden.

154 Lehre von der Rechtfertigung und Versöhnung, 3. Aufl., I, S. 598. – Wenn FRIEDRICH WILHELM I. den Pietismus überhaupt als eine für *Rentiers* geeignete Angelegenheit bezeichnete, so ist das freilich mehr für diesen König als für den Pietismus der SPENER und FRANCKE bezeichnend, und auch der König wußte wohl, warum er ihm durch sein Toleranzedikt seine Staaten öffnete.

155 Zur orientierenden Einführung in die Kenntnis des Methodismus ist der vorzügliche Artikel »Methodismus« von FRIEDR. LOOFS in der Realenc. f. Prot. Theol. u. K., 3. Aufl., ganz besonders geeignet. Auch die Arbeiten von L. JACOBY (speziell das »Handbuch des Methodismus«), KOLDE, JÜNGST, SOUTHEY sind brauchbar. Über WESLEY: L. TYERMAN, Life and times of John W., London, 1870 f. Das Buch von R. WATSON (Life of Wesley; deutsch: Das Leben Johann Wesleys, Frankfurt 1839) ist populär. – Eine der besten Bibliotheken zur Geschichte des Methodismus hat die Northwestern University in Evanston bei Chicago. Eine Art von Kette vom klassischen Puritanismus zum Methodismus bildete der religiöse Dichter ISAAC WATTS, ein Freund des Kaplans OLIVER CROMWELLS (HOWE), dann RICHARD CROMWELLS, dessen Rat WHITEFIELD gesucht haben soll (vgl. SKEATS, The free Churches of England, 1891, p. 254 f.).

156 Sie ist – wenn man von den persönlichen Beeinflussungen der WESLEYS absieht – historisch durch das Absterben des Prädestinationsdogmas einerseits und durch das wuchtige Wiedererwachen des »sola fide« bei den Gründern des Methodismus andererseits bedingt, vor allem aber durch dessen spezifischen *Missions*charakter motiviert, der eine (umbildende) Repristination gewisser mittelalterlicher Methoden der »Erweckungs«-Predigt herbeiführte und diese mit pietistischen Formen kombinierte. In eine *allgemeine* Entwicklungslinie zum »Subjektivismus« gehört die Erscheinung, – die in dieser Hinsicht nicht nur hinter dem Pietismus, sondern auch hinter der bernhardinischen Frömmigkeit des Mittelalters zurückstand, – sicherlich nicht hinein.

157 So hat WESLEY selbst gelegentlich den Effekt des methodistischen Glaubens gekennzeichnet. Die Verwandtschaft mit der ZINZENDORFschen »Glückseligkeit« liegt zutage.

158 S. dieselbe z. B. in WATSONS Leben Wesleys (deutsche Ausg., S. 331).

159 Matth. Schneckenburger, Vorlesungen über die Lehrbegriffe der kleineren protestantischen Kirchenparteien. Herausgeg. von K. B. Hundeshagen, Frankfurt 1863, S. 147.

160 Whitefield, der Führer der prädestinatianischen Gruppe, welche nach seinem Tode, weil unorganisiert, zerfiel, lehnte Wesleys »Vollkommenheits«-Lehre im wesentlichen ab. In der Tat ist dieselbe ja nur ein *Surrogat* des Bewährungsgedankens der Calvinisten.

161 Schneckenburger a. a. O., S. 145. Etwas anders Loofs a. a. O. Beide Konsequenzen sind aller ähnlich gearteten Religiosität typisch.

162 So die Konferenz von 1770. Schon die erste Konferenz von 1744 hatte anerkannt, daß die Bibelworte »bis auf Haaresbreite« den Calvinismus einerseits, den Antinomismus andererseits streiften. Bei ihrer Dunkelheit solle man um doktrineller Differenzen willen sich nicht voneinander scheiden, solange die Geltung der Bibel als *praktischer* Norm festgehalten bleibe.

163 Von den Herrnhutern *schied* die Methodisten ihre Lehre von der Möglichkeit sündloser Vollkommenheit, welche speziell auch Zinzendorf ablehnte, während andererseits Wesley das *Gefühls*mäßige der herrnhuterischen Religiosität als »Mystik« empfand und Luthers Ansichten über das »Gesetz« als »blasphemisch« bezeichnete. Hier zeigt sich die Schranke, welche zwischen jeder Art von *rationaler* religiöser Lebensführung und dem Luthertum unvermeidlich fortbestand.

164 John Wesley hebt gelegentlich hervor, daß man überall: bei Quäkern, Presbyterianern und Hochkirchlern, *Dogmen* glauben müsse, nur bei den Methodisten nicht. – Vgl. zu dem Vorstehenden auch die freilich summarische Darstellung bei Skeats, History of the free churches of England 1688–1891 (1891).

165 Vgl. z. B. Dexter, Congregationalism (1880), p. 455 f.

166 Natürlich aber beeinträchtigen *kann,* wie er dies heute bei den amerikanischen Negern tut. – Im übrigen hängt der oft ausgeprägt pathologische Charakter der methodistischen Emotion im Gegensatz zu der relativ milden Gefühlsmäßigkeit des Pietismus wohl – neben rein historischen Gründen und der Publizität des Vorgangs – *vielleicht* auch mit stärkerer *asketischer* Durchdringung des Lebens in den Verbreitungsgebieten des Methodismus näher zusammen. Das zu entscheiden wäre aber nur Sache der Neurologen.

167 Loofs a. a. O., S. 750, hebt nachdrücklich hervor, daß der Methodismus sich von anderen asketischen Bewegungen dadurch unter-

scheidet, daß er *nach* der englischen Aufklärungsepoche liegt, und stellt ihn zu der (freilich sehr viel schwächlicheren) Renaissance des Pietismus [in der Erweckungsbewegung] im ersten Drittel [des 19.] Jahrhunderts bei uns in Parallele. – Aber immerhin wird, im Anschluß an RITSCHL, Lehre von der Rechtfertigung und Versöhnung, Bd. I, 568 f., doch wohl auch die Parallelisierung mit der ZINZENDORFschen Spielart des Pietismus, die ja – im Gegensatz zu SPENER und FRANCKE – *auch* schon Reaktion gegen die Aufklärung war, erlaubt bleiben. Nur nimmt eben diese Reaktion im Methodismus, wie wir sahen, eine sehr andere Richtung als im Herrnhutertum, wenigstens soweit es von ZINZENDORF beeinflußt war.

168 Die er aber, wie die Stelle aus JOHN WESLEY (s. oben S. 182 f.) zeigt, ganz ebenso und mit genau gleicher Wirkung entwickelte wie die andern asketischen Denominationen.

169 Und – wie sich zeigte – *Abschwächungen* der konsequenten asketischen Ethik des Puritanismus: während, wenn man, nach beliebter Art, diese religiösen Konzeptionen nur als »Exponenten« oder »Widerspiegelungen« der kapitalistischen Entwicklung deuten wollte, ja doch das *gerade Umgekehrte* eingetreten sein müßte.

170 Von den Baptisten gehen nur die sog. »General Baptists« auf die alten Täufer zurück. Die »Particular Baptists« waren – wie schon früher gesagt – Calvinisten, welche die Kirchenzugehörigkeit prinzipiell auf die Wiedergeborenen oder doch auf *persönliche* Bekenner beschränkten, daher prinzipielle Voluntaristen und Gegner aller Staatskirchen blieben, – in der Praxis freilich unter CROMWELL nicht immer konsequent. Sie, aber auch die General Baptists, so historisch wichtig sie als Träger der täuferischen Tradition sind, bieten für uns hier keinen Anlaß zu besonderer dogmatischer Analyse. Daß die Quäker, formell eine Neustiftung von GEORGE FOX und seinen Genossen, in ihren Grundgedanken lediglich Fortsetzer täuferischer Tradition waren, ist fraglos. Die beste Einführung in ihre Geschichte, zugleich unter Veranschaulichung ihrer Beziehung zu Baptisten und Mennoniten, gibt ROBERT BARCLAY, The inner life of the religious societies of the Commonwealth, 1876. Zur Geschichte der Baptisten vgl. u. a.: H. M. DEXTER, The true story of John Smyth, the Se-Baptist, as told by himself and his contemporaries, Boston 1881 (dazu J. C. LANG in: Bapt. Quart. R., 1883, p. 1 f.); J. MURCH, A hist. of the Presb. and Gen. Bapt. Ch. in the W. of Engl., London 1835; A. H. NEWMAN, Hist. of the Bapt. Ch. in the U. S., New York 1894 (Am.

Church Hist. Ser., Vol. 2); H. C. VEDDER, A short hist. of the Baptists, London 1897; E. B. BAX, Rise and fall of the Anabaptists, New York 1903; G. LORIMER, Baptists in history, 1893; J. A. SEISS, Baptist system examined, Luth. Publ. Soc., 1902; ferneres Material in: Baptist Handbook, London 1896 ff.; Baptist Manuals, Paris 1891/3; der Baptist Quart. Review; der Bibliotheca sacra (Oberlin 1900). Die beste *Baptisten*-Bibliothek scheint sich in Colgate College im Staat New York zu befinden. Für die Quäkergeschichte gilt als beste Sammlung die in Devonshire House in London (von mir nicht benutzt). Das moderne offizielle Organ der Orthodoxie ist der von Prof. JONES herausgegebene »American Friend« (1894 ff.), die beste Quäkergeschichte die von ROWNTREE. Im übrigen: RUFUS M. JONES, George Fox, an autobiography, Phil. 1903; ALLEN C. THOMAS, A Hist. of the Society of Friends in America, Phil. 1895; EDUARD GRUBB, Social Aspects of Quaker Faith, London 1899. Dazu die große und sehr gute *biographische* Literatur. –

171 Es ist eines der vielen Verdienste von KARL MÜLLERS Kirchengeschichte [3 Bde.], der in ihrer Art großartigen, wennschon äußerlich unscheinbaren, *Täuferbewegung* die verdiente Stellung innerhalb der Darstellung eingeräumt zu haben. Wie keine andere hat sie unter der erbarmungslosen Verfolgung von seiten *aller* Kirchen gelitten, – weil sie eben *Sekte* im spezifischen Sinn des Wortes sein *wollte*. Sie war durch die Katastrophe der aus ihr hervorgegangenen eschatologischen Richtung in Münster noch nach 5 Generationen in der ganzen Welt (England z. B.) diskreditiert. Und sie ist, immer wieder zerdrückt und in die Winkel gescheucht, vor allem erst lange nach ihrem Entstehen zu einer zusammenhängenden Formulierung ihres religiösen *Gedanken*gehalts gelangt. So hat sie *noch* weniger »Theologie« produziert, als mit ihren an sich dem fachmäßigen Betrieb des Glaubens an Gott als einer »Wissenschaft« feindseligen Grundsätzen vereinbar gewesen wäre. Das berührte die ältere Fachtheologie – schon ihrer eigenen Zeit – wenig sympathisch und imponierte ihr auch sehr wenig. Aber selbst bei manchen Neueren steht es nicht anders. Bei RITSCHL, Pietismus, I, S. 22 f., z. B. sind die »Wiedertäufer« wenig unbefangen, ja in geradezu schnöder Weise behandelt: man fühlt sich versucht, von einem theologischen »Bourgeoisstandpunkt« zu sprechen. Dabei lag das schöne Werk von CORNELIUS (Geschichte des Münsterschen Aufruhrs [2 Bde., 1855 bis 1860]) seit Jahrzehnten vor. RITSCHL konstruiert auch hier über-

all einen Kollaps – von seinem Standpunkt aus – ins »Katholische« und wittert direkte Einflüsse der Spiritualen und Franziskaner-Observanten. Wären solche vereinzelt nachweisbar, so wären diese Fäden doch sehr dünn. Und vor allem ist der historische Sachverhalt doch wohl der, daß die offizielle katholische Kirche die *inner*weltliche Askese der Laien: wo immer sie es bis zur Konventikelbildung brachte, mit äußerstem Mißtrauen behandelte und in die Bahn der Ordensbildung – also aus der Welt *heraus* – zu lenken suchte, oder doch geflissentlich als Askese zweiten Grades den Vollorden angliederte und ihrer Kontrolle unterordnete. Wo dies nicht gelang, witterte sie ganz ebenso die Gefahr, daß die Pflege subjektivistischer asketischer Sittlichkeit zur Autoritätsverneinung und Häresie führe, wie dies – mit gleichem Recht – die Kirche ELISABETHS gegenüber den »prophesyings«, den halbpietistischen Bibelkonventikeln, auch wo sie in bezug auf »conformism« durchaus korrekt waren, tat und wie es die STUARTS in ihrem Book of sports – worüber später – zum Ausdruck brachten. Die Geschichte zahlreicher Ketzerbewegungen, aber auch z. B. der Humiliaten und Beghinen, und ebenso das Schicksal des heiligen FRANZ sind Belege dafür. Die Predigt der Bettelmönche, zumal der Franziskaner, hat für die asketische Laiensittlichkeit des reformiert-täuferischen Protestantismus wohl mehrfach den Boden bereiten helfen. Aber die massenhaften Züge von Verwandtschaft zwischen der Askese innerhalb des Mönchtums des Okzidentes und der asketischen Lebensführung innerhalb des Protestantismus – die gerade in unserem Zusammenhang, als höchst lehrreich, immer wieder zu betonen sein werden – haben ihren schließlichen Grund doch darin: daß natürlich *jede* auf dem Boden des biblischen Christentums stehende Askese eben notwendig gewisse wichtige gemeinsame Züge haben *muß*, – und weiterhin darin, daß überhaupt *jede* Askese irgendwelchen Bekenntnisses bestimmte probate Mittel zur »Abtötung« des Fleisches benötigt. – Zu der folgenden Skizze ist noch zu bemerken, daß ihre Kürze dem Umstand zuzuschreiben ist, daß für das in *dieser* Abhandlung speziell zu erörternde Problem: die Entwicklung der religiösen Grundlagen der »bürgerlichen« *Berufs*idee, die täuferische Ethik nur von sehr begrenzter Bedeutung ist. Sie hat ihr nichts unbedingt Neues hinzugefügt. Die weit wichtigere soziale Seite der Bewegung wird hier vorerst noch beiseite gelassen. Infolge der Problemstellung kann von dem historischen Gehalt der *älteren* Täuferbewegung auch *nur* das hier zur Darstellung gelangen, was nachher auf die Eigenart der für uns im Vordergrunde stehenden Sekten: Baptisten, Quäker und (mehr nebenher) Mennoniten, eingewirkt hat.

172 S. oben Anmerkung 93.

173 Über dessen Ursprung und Wechsel s. A. RITSCHL in seinen »Gesammelten Aufsätzen«, I (Freiburg 1893), S. 68 ff.

174 Natürlich haben die Täufer die Bezeichnung als *»Sekte«* stets abgelehnt. Sie sind *die* Kirche im Sinne des Epheserbriefes (5, 27). Aber sie sind für *unsere* Terminologie »Sekte« *nicht nur,* weil sie jeder Beziehung zum Staat entbehren. Das Verhältnis zwischen Kirche und Staat in der ersten Zeit des Christentums war freilich, noch bei den Quäkern (BARCLAY), ihr Ideal, da ihnen, wie manchen Pietisten (TERSTEEGEN), *nur* die Reinheit der Kirchen unter dem Kreuz unverdächtig war. Aber unter einem *un*gläubigen Staat, oder gar unter dem Kreuz, mußten auch die Calvinisten faute de mieux – ähnlich wie im gleichen Fall selbst die katholische Kirche – für Trennung von Staat und Kirche sein. Auch *nicht* deshalb sind sie eine »Sekte«, weil die Aufnahme in die Kirchenmitgliedschaft *de facto* durch einen Aufnahmevertrag zwischen Gemeinde und Katechumenen erfolgte. Denn das war *formell* z. B. auch in den niederländischen reformierten Gemeinden (als Folge der ursprünglichen politischen Lage) nach der alten Kirchenverfassung der Fall (s. darüber H. v. HOFFMANN, Kirchenverfassungsrecht der niederl. Reformierten, Leipzig 1902). – Sondern deshalb, weil die religiöse Gemeinschaft überhaupt *nur* voluntaristisch: als Sekte, nicht anstaltsmäßig: als Kirche, organisiert sein *durfte,* sollte sie nicht Unwiedergeborene in sich schließen und also von dem altchristlichen Vorbild abweichen. Bei den täuferischen Gemeinschaften lag das im *Begriff* der »Kirche«, was bei den Reformierten als faktischer Zustand vorkam. Daß freilich auch bei *diesen* ganz bestimmte religiöse Motive zur »believers' church« drängten, wurde schon angedeutet. S. über »Kirche« und »Sekte« näher den folgenden Aufsatz. Den hier verwendeten Begriff der »Sekte« hat etwa gleichzeitig mit und – ich nehme an – unabhängig von mir auch KAWERAU in der R. E. f. Pr. Th. u. K. (Art. »Sektenwesen i. Dtschld.« [18. Bd. 1906, S. 157–166]) verwendet. TROELTSCH in seinen »Soziallehren der christlichen Kirchen« akzeptiert ihn und spricht eingehender darüber. S. auch die Einleitung in die Aufsätze über »Wirschaftsethik der Weltreligionen«.

175 Wie wichtig das Symbol geschichtlich für die Konservierung

der Gemeinschaft der Kirchen war, – weil es für diese ein unzweideutiges und unverkennbares Merkmal schuf –, hat CORNELIUS a. a. O. sehr klar ausgeführt.

176 Gewisse Annäherungen daran in der Rechtfertigungslehre der Mennoniten können hier außer Betracht bleiben.

177 Auf diesem Gedanken beruht vielleicht das religiöse Interesse an den Erörterungen der Fragen, wie die Inkarnation Christi und seine Beziehung zur Jungfrau Maria zu denken sei, welche, oft als *einziger* rein dogmatischer Bestandteil, sich so seltsam schon in den ältesten Dokumenten der Täufer (z. B. den bei CORNELIUS, Appendix zu Band II, a. a. O., abgedruckten »Bekenntnissen«) ausnimmt (s. darüber u. a. K. Müller, Kirchengeschichte, II, 1, S. 330). Der Differenz in der Christologie der Reformierten und der Lutheraner (in der Lehre von der sog. communicatio idiomatum) lagen ja ähnliche religiöse Interessen zugrunde.

178 Er drückte sich namentlich in der ursprünglich strengen Meidung der Exkommunizierten auch im bürgerlichen Verkehr aus, – ein Punkt, in welchem selbst die Calvinisten der Auffassung, daß die bürgerlichen Verhältnisse grundsätzlich von den geistlichen Zensuren nicht berührt werden, starke Konzessionen machten. S. den folgenden Aufsatz.

179 Wie sich dieser Grundsatz in den scheinbar unwichtigen Äußerlichkeiten bei den Quäkern äußerte (Ablehnung des Hutabnehmens, Kniens, Sich-Verbeugens und ebenso der Pluralanrede) ist bekannt. Aber der *Grund*gedanke ist an sich *jeder* Askese in gewissem Umfang eigen, die deshalb in ihrer *genuinen* Gestalt stets »autoritätsfeindlich« ist. Im Calvinismus äußerte er sich in dem Prinzip, daß in der *Kirche* nur *Christus* herrschen solle. Was den Pietismus anlangt, so denke man an SPENERS Mühe, die *Titulaturen* biblisch zu rechtfertigen. – Die *katholische* Askese hat diesen Zug, soweit die *kirchliche* Obrigkeit in Betracht kommt, durch das *Gehorsams*gelübde gebrochen, indem sie den Gehorsam selbst asketisch deutete. Jene »Umstülpung« dieses Prinzips in der protestantischen Askese ist die historische Grundlage der Eigenart noch der heutigen *Demokratie* puritanisch beeinflußter Völker und ihres Unterschiedes von derjenigen des »lateinischen Geistes«. Sie ist es auch, welche jener »Respektlosigkeit« der Amerikaner historisch zugrunde liegt, die – je nachdem – den einen abstoßend, den anderen erfrischend berührt.

180 Freilich galt diese bei den Täufern von Anfang an wesentlich

nur dem *Neuen*, nicht in gleicher Weise dem Alten Testament. Speziell die Bergpredigt erfreute sich bei allen Denominationen einer spezifischen Schätzung als sozialethisches Programm.

181 Schon SCHWENCKFELD hatte die äußere Verrichtung der Sakramente für ein Adiáphoron gehalten, während die »General Baptists« und die Mennoniten an Taufe und Abendmahl, die Mennoniten daneben an der Fußwaschung, strikt festhielten. Sehr stark war aber die Entwertung, ja man kann für alle mit Ausnahme des Abendmahls geradezu sagen: – die *Verdächtigkeit*, der Sakramente wie bei den Prädestinatianern. S. den folgenden Aufsatz.

182 Hierfür beriefen sich die täuferischen Denominationen, speziell die Quäker (R. BARCLAY, Apology for the true Christian Divinity, 4. Aufl., London 1701 – mir durch ED. BERNSTEINS Liebenswürdigkeit zur Verfügung gestellt), auf CALVINS Äußerung in der Inst. christ. rel., III, 2, wo sich in der Tat ganz unverkennbare Annäherungen an die täuferische Lehre finden. Auch die ältere *Unterscheidung* der Dignität des »Wortes Gottes« – als dessen, was Gott den Patriarchen, Propheten, Aposteln geoffenbart hat, – und der »Heiligen Schrift« als dessen, was sie davon *aufgezeichnet* haben, berührte sich, wohl ohne daß ein geschichtlicher Zusammenhang stattfände, doch innerlich mit der Auffassung der Täufer vom Wesen der Offenbarung. Die mechanische Inspirationslehre und damit die strikte Bibliokratie bei den Calvinisten war ebenso erst Produkt einer im Laufe des 16. Jahrhunderts eingetretenen Entwicklung in der einen Richtung, wie die Lehre vom »inneren Licht« in der auf täuferischer Grundlage ruhenden Lehre der Quäker das Resultat einer gerade entgegengesetzt verlaufenden Entwicklung war. Die scharfe Scheidung war hier zum Teil wohl auch Folge konstanter Auseinandersetzung.

183 Dies wurde scharf gegen gewisse Tendenzen der Sozinianer betont. Die »natürliche« Vernunft weiß *gar nichts* von Gott (BARCLAY a. a. O., p. 102). Damit war die Stellung, welche die »lex naturae« sonst im Protestantismus einnimmt, wiederum verschoben. Es konnte prinzipiell keine »general rules«, keinen Moral*kodex* geben, denn den »Beruf«, den jeder hat, und der für jeden ein *individueller* ist, zeigte ihm Gott durch das *Gewissen. Nicht* »das Gute« – im generalisierenden Begriffe der »natürlichen« Vernunft –, sondern *Gottes Willen* sollen wir tun, wie er uns im neuen Bund in die Herzen geschrieben ist und im Gewissen sich äußerst (BARCLAY, p. 73 f., 76).

Diese – aus der gesteigerten Gegensätzlichkeit des Göttlichen und Kreatürlichen folgende – *Irrationalität* des Sittlichen spricht sich in den für die Quäkerethik grundlegenden Sätzen aus: what a man does contrary to his faith, *though his faith may be wrong,* is in no ways acceptable to God... though *the thing might have been lawful to another* (Barclay, p. 487). Sie war in der Praxis natürlich nicht festzuhalten. Die »moral and perpetual statutes acknowledged by all Christians« sind z. B. bei Barclay sogar die Schranke der *Toleranz.* Praktisch haben die Zeitgenossen ihre Ethik als – mit einigen Besonderheiten – derjenigen der reformierten Pietisten gleichartig empfunden. »Alles Gute in der Kirche werde als Quäkertum verdächtigt«, hebt Spener wiederholt hervor. Sp. möchte daher die Quäker um diesen Ruf beneiden: Cons. Theol., III, 6, 1, Dist. 2 (N. 64). – Die Ablehnung des Eides wegen eines Bibelworts zeigt schon, wie wenig weit die wirkliche Emanzipation vom Schriftwort ging. Die *sozial*ethische Bedeutung des von manchen Quäkern als Inbegriff der *ganzen* christlichen Ethik angesehenen Satzes: »Tut anderen nur, was ihr wollt, daß sie euch tun« hat uns hier nicht zu beschäftigen.

184 Die Notwendigkeit der Annahme dieser *Möglichkeit* begründet Barclay damit, weil ohne sie »there should never be a place known by the Saints wherein they might be free of doubting and despair, which... *is most absurd*«. Man sieht: die certitudo salutis hängt daran. So Barclay a. a. O., p. 20.

185 Es bleibt also eine Differenz in der Tonart zwischen der calvinistischen und der quäkerischen Rationalisierung des Lebens bestehen. Aber wenn Baxter diese dahin formuliert, daß der »Geist« bei den Quäkern auf die Seele wirken solle wie auf einen Kadaver, während der (charakteristisch formulierte) reformierte Grundsatz sei: »reason and spirit are conjunct principles« (Christ. Dir., II, S. 76), so galt der Gegensatz in dieser Art für seine Zeit praktisch nicht mehr.

186 S. die sehr sorgfältigen Artikel »Menno« und »Mennoniten« von S. Cramer in der Realenc. f. Pr. Th. u. K., speziell S. 604. So gut diese eben genannten Artikel sind, so wenig eindringend und z. T. direkt ungenau ist der Art. »Baptisten« daselbst. Sein Verf. kennt z. B. die für die Geschichte des Baptismus unentbehrlichen »Publications of the Hanserd Knollys Society« nicht.

187 So wird von Barclay a. a. O., S. 404, ausgeführt, daß Essen, Trinken und *Erwerb natural,* nicht spiritual, acts seien, welche auch

ohne Gottes speziellen Ruf getan werden können. – Die Ausführung ist die Antwort auf den (charakteristischen) Einwand, daß, wenn man, wie die Quäker lehren, nicht ohne spezielle »motion of the spirit« beten dürfe, man auch nicht ohne solchen speziellen Antrieb Gottes würde pflügen dürfen. – Daß auch in modernen Resolutionen von Quäkersynoden der Rat vorkommt, sich nach Erwerb genügenden Vermögens vom Erwerbsleben zurückzuziehen, um in der Ruhe vor dem Getriebe der Welt ganz dem Reiche Gottes leben zu können, ist natürlich auch bezeichnend, wennschon solche Gedanken sich sicherlich auch in anderen Denominationen, auch den calvinistischen, gelegentlich finden. Es kommt auch darin zum Ausdruck, daß die Annahme der bürgerlichen Berufsethik seitens ihrer Träger die innerweltliche Wendung einer ursprünglich welt*flüchtigen* Askese war.

188 Es sei schon hier nochmals nachdrücklich auf die vortrefflichen Ausführungen Ed. Bernsteins a. a. O. hingewiesen. Auf Kautskys äußerst schematische Darstellung der wiedertäuferischen Bewegung und seine Theorie des »ketzerischen Kommunismus« überhaupt (im ersten Bande des gleichen Werkes) wird bei anderer Gelegenheit einmal einzugehen sein [zu vgl. oben S. 194 Anm. 6].

189 Th. Veblen (Chicago), in seinem anregenden Buch: Theory of business enterprise (1904), ist der Meinung, daß diese Parole lediglich »frühkapitalistisch« sei. Allein wirtschaftliche »Übermenschen«, die, wie die heutigen »captains of industry«, jenseits von Gut und Böse stehen, hat es immer gegeben, und in der breiten darunterliegenden Schicht kapitalistischen Gebarens gilt jener Satz noch heute.

190 [Maximen u. Reflexionen, ed. Max Hecker, Weimar 1907, Nr. 241 (Hrg.).] – »In civil actions it is good to be *as the many*, in religious to be as the best«, meint z. B. Th. Adams, Works of Pur. Div., p. 138). – Das klingt freilich etwas weittragender als es gemeint ist. Es bedeutet, daß die puritanische Redlichkeit *formalistische Legalität* ist, ebenso wie die von den puritanisch gewesenen Völkern gern als Nationaltugend in Anspruch genommene »Wahrhaftigkeit« oder »uprightness« etwas spezifisch *anderes*, formalistisch und reflexiv Umgemodeltes gegenüber der deutschen »Ehrlichkeit« ist. Gute Bemerkungen darüber von seiten eines Pädagogen in den Preuß. Jahrb., Bd. 112 (1903), S. 226. Der *Formalismus* der puritanischen Ethik ist seinerseits die ganz adäquate Folge der Bindung an das *Gesetz*.

191 Einiges darüber in der nachfolgenden Abhandlung.

192 *Hier* liegt der Grund für die penetrante ökonomische Wirkung (asketisch-) protestantischer, nicht aber katholischer, *Minoritäten.*

193 Daß die Verschiedenheit der dogmatischen Fundamentierung mit der Einfügung des entscheidenden »Bewährungs«-Interesses vereinbar war, hat seinen *letzten*, hier noch nicht zu erörternden Grund in der religionsgeschichtlichen Eigenart des Christentums überhaupt.

194 »Since God hath gathered us to be a people«... sagt z. B. auch BARCLAY a. a. O., S. 357, und ich selbst hörte noch eine Quäkerpredigt in Haverford College, welche den ganzen Nachdruck auf die Interpretation von »saints« = separati legte.

195 S. die schöne Charakteristik bei DOWDEN a. a. O. – Über BAXTERS Theologie, nachdem er von dem strikten Glauben an das »doppelte Dekret« allmählich abgekommen war, orientiert leidlich die Einleitung zu seinen verschiedenen, in den »Works of Puritan Divines« abgedruckten Arbeiten (von JENKYN). – Sein Versuch, »universal redemption« und »personal election« zu kombinieren, hat niemanden befriedigt. Für uns ist lediglich wesentlich, *daß* er eben doch auch damals an der *personal* election festhielt, d. h. an dem ethisch entscheidenden Punkte der Prädestinationslehre. Wichtig ist andererseits seine Abschwächung der *forensischen* Auffassung der Rechtfertigung, als eine gewisse Annäherung an die Täufer.

196 Traktate und Predigten von TH. ADAMS, JOHN HOWE, MATTHEW HENRY, J. JANEWAY, ST. CHARNOCK, BAXTER, BUNYAN sind in den 10 Bänden der »Works of the English Puritan Divines« (London 1845 bis 1847) in einer oft etwas willkürlichen Auswahl gesammelt. Die Ausgaben der Arbeiten von BAYLY, SEDGWICK, HOORNBEEK sind bereits oben je beim erstmaligen Zitieren angegeben.

197 Ebensogut hätten VOËT oder andere kontinentale Vertreter der innerweltlichen Askese herangezogen werden können. Die Ansicht BRENTANOS, daß diese Entwicklung »nur angelsächsisch« gewesen sei, ist gänzlich irrig. Die Auswahl beruht auf dem Wunsch: nicht ausschließlich, aber doch möglichst die asketische Bewegung der zweiten Hälfte des 17. Jahrhunderts, unmittelbar *vor dem Umschlag in den Utilitarismus*, zu Wort kommen zu lassen. Auf die reizvolle Aufgabe, den Lebensstil des asketischen Protestantismus auch aus der biographischen Literatur anschaulich zu machen – na-

mentlich die quäkerische wäre hier, als bei uns noch relativ unbekannt, heranzuziehen –, hat im Rahmen dieser Skizze leider verzichtet werden müssen.

198 Denn man könnte ebensowohl die Schriften des GISBERT VOËT oder die Verhandlungen der Hugenottensynoden oder die holländische Baptistenliteratur zur Hand nehmen. In höchst unglücklicher Art haben SOMBART und BRENTANO gerade jene von mir selbst stark hervorgehobenen »ebionitischen« Bestandteile aus BAXTER herausgegriffen, um die zweifellose (kapitalistische) »Rückständigkeit« seiner *Lehre* mir entgegenzuhalten. Man muß aber 1. diese ganze Literatur wirklich gründlich *kennen*, um sie richtig zu benutzen, 2. nicht übersehen, daß ich ja gerade nachzuweisen trachte: wie *trotz* der »antimammonistischen« *Lehre* doch der Geist dieser asketischen *Religiosität*, ganz ebenso wie in den Klosterwirtschaften, den *ökonomischen Rationalismus* geboren hat, weil sie das Entscheidende: die, asketisch bedingten, rationalen *Antriebe prämiierte*. Darauf ganz allein kommt es an, und eben dies ist ja doch die Pointe des hier Vorgetragenen.

199 Ebenso bei CALVIN, der durchaus kein Liebhaber bürgerlichen Reichtums war (s. die heftigen Angriffe auf Venedig und Antwerpen: Comm. in Jes., Opp. III, 140 a, 308 a).

200 Saints' everlasting rest, cap. X, XII. – Vgl. BAYLY, Praxis pietatis, p. 182; oder etwa MATTHEW HENRY, The worth of the soul, Works of Pur. Div., p. 319: Those that are eager in pursuit of worldly wealth despise their soul, not only because the soul is neglected and the body preferred before it, but because it is employed in these pursuits: Psalm 127, 2. (Auf *derselben* Seite aber steht die später zu zitierende Bemerkung über die Sündhaftigkeit der Zeitvergeudung aller Art und besonders derjenigen durch recreations.) Ebenso wohl in der ganzen religiösen Literatur des englisch-holländischen Puritanismus. S. z. B. HOORNBEEKS (a. a. O., L. X, c. 18 u. 19) Philippika gegen die avaritia. (Bei diesem Schriftsteller wirken übrigens sentimental-pietistische Einflüsse mit ein: s. das Lob der Gott wohlgefälligen tranquillitas animi gegenüber der »sollicitudo« dieser Welt.) »Ein Reicher wird nicht leicht selig«, meint – in Anlehnung an eine bekannte Bibelstelle auch BAYLY (a. a. O., S. 182). Auch die *methodistischen* Katechismen mahnen davon ab, »sich Schätze auf Erden zu sammeln«. Beim Pietismus versteht sich dies vollends von selbst. Und bei den Quäkern stand es nicht anders. Vgl. BARCLAY

a. a. O., S. 517: ... and therefore beware of such temptation as to use their callings and engine *to be richer*.

201 Denn nicht nur der Reichtum, sondern auch das *triebhafte Gewinnstreben* (oder was dafür galt) wurde ähnlich scharf verurteilt. In den Niederlanden wurden von der südholländischen Synode 1574 auf eine Anfrage erklärt: daß »Lombardierer«, obwohl das Geschäft ja gesetzlich gestattet sei, nicht zum Abendmahl zuzulassen seien; die Provinzialsynode Deventer von 1598 (Art. 24) erstreckte dies auf die Angestellten von »Lombarden«, die Synode zu Gorichem von 1606 statuierte scharfe und erniedrigende Bedingungen, unter denen *Frauen* von »Wucherern« zugelassen werden durften, und es wurde noch 1644 und 1657 erörtert, ob Lombarden zum Abendmahl zugelassen werden dürfen (dies gegenüber namentlich BRENTANO, der seine katholischen Vorfahren zitiert, – obwohl es doch in der ganzen europäisch-asiatischen Welt seit Jahrtausenden fremdbürtige Händler und Bankiers gegeben hat), und noch GISBERT VOËT (»De usuris«, Selectae disputationes theologicae, IV [1667], p. 665) möchte die »Trapeziten« (Lombarden, Piemontesen) von der Kommunion ausschließen. In den Hugenottensynoden stand es nicht anders. *Diese* Arten von kapitalistischen Schichten waren durchaus *nicht* die typischen Träger der Gesinnung und Lebensführung, um die es sich hier handelt. Sie waren auch, gegenüber der Antike und dem Mittelalter, nichts *Neues*.

202 Eingehend entwickelt im 10. Kapitel von »The Saints' everlasting rest«: Wer in der »Herberge«, als welche Gott den Besitz gibt, dauernd ausruhen wollte, den schlägt Gott auch in diesem Leben. Fast stets ist satte Ruhe auf dem erworbenen Reichtum Vorbote des Zusammenbruchs. – Hätten wir alles, was wir in der Welt haben *könnten*, würde dies auch schon alles sein, was wir zu haben hofften? *Wunschlosigkeit* ist auf Erden nicht zu erreichen, – weil sie eben nach Gottes Willen nicht sein *soll*.

203 Christ. Dir., I, S. 375/6: It is for *action* that God maintaineth us and our activities: work is the moral as well as the natural *end of power* ... It is *action* that God is most served and honoured by ... *The public welfare or the good of the many* is to be valued above our own. Hier zeigt sich der Ansatzpunkt für den Umschlag aus dem Willen Gottes zu den rein utilitarischen Gesichtspunkten [o. Anm. 197] der späteren liberalen Theorie. Über die religiösen Quellen des Utilitarismus siehe weiter unten im Text und schon oben S. 232 Anm. 146.

204 Das Gebot zu *schweigen* ist – ausgehend von der biblischen Strafandrohung für »jedes unnütze Wort« – namentlich seit den Cluniazensern ein bewährtes asketisches Mittel der Erziehung zur Selbstkontrolle. Auch BAXTER verbreitet sich eingehend über die Sünde des unnützen Redens. Die charakterologische Bedeutung hat schon SANFORD a. a. O., S. 90 f. gewürdigt. Die von den Zeitgenossen so tief empfundene »melancholy« und »moroseness« der Puritaner war eben Folge der Brechung der *Unbefangenheit* das »status naturalis«, und im Dienst dieser Zwecke stand auch die Verpönung gedankenlosen Redens. – Wenn WASHINGTON IRVING (»Bracebridge Hall«, 1822, cap. XXX) den Grund teils in dem »calculating spirit« des Kapitalismus, teils in der Wirkung der politischen Freiheit, welche zur Selbstverantwortlichkeit führe, sucht, so ist dazu zu sagen, daß für die romanischen Völker der gleiche Effekt ausblieb und für England die Dinge wohl so lagen: 1. Der Puritanismus befähigte seine Bekenner, freie Institutionen zu schaffen und doch eine Weltmacht zu werden, und 2. er verwandelte jene »Rechenhaftigkeit« (wie SOMBART jenen »spirit« nennt), die in der Tat für den Kapitalismus konstitutiv ist, aus einem Mittel der Wirtschaft in ein *Prinzip* der ganzen *Lebensführung*.

205 A. a. O., I, S. 111.

206 A. a. O., I, S. 383 f.

207 Ähnlich über die Kostbarkeit der Zeit: BARCLAY a. a. O., S. 14.

208 BAXTER a. a. O., S. 79: »Keep up a high esteem of time and be every day more careful that you lose none of your time, then you are that you lose none of your gold and silver. And if vain recreation, dressings, feastings, idle talk, unprofitable company, or sleep, be any of them temptations to rob you of any of your time, accordingly heighten your watchfulness.« – »Those that are prodigal of their time despise their own souls« meint MATTHEW HENRY (Worth of the soul, Works of Pur. Div., p. 315). Auch hier bewegt sich die protestantische Askese in altbewährten Bahnen. Wir sind gewohnt, als dem modernen Berufsmenschen spezifisch anzusehen, daß er »keine Zeit hat«, und messen z. B. etwa – so schon GOETHE in den »Wanderjahren« – das Maß der kapitalistischen Entwicklung daran, daß die *Uhren* die Viertelstunden schlagen (so auch SOMBART in seinem »Kapitalismus«). – Wir wollen aber doch nicht vergessen, daß der erste Mensch, der (im Mittelalter) mit *eingeteilter Zeit* lebte, der

Mönch war, und daß die Kirchenglocken *seinem* Bedürfnis der Zeiteinteilung zuerst zu dienen hatten.

209 Vgl. BAXTERS Erörterungen des Berufes: a. a. O., I, p. 108 f. Darin folgende Stelle: Question: But may I not cast off the world that I may only think of my salvation? – Answer: You may cast off all such excess of worldly cares or business as unnecessarily hinder you in spiritual things. But you may not cast off all bodily employment and mental labour in which *you may serve the common good.* Every one as a member of Church or Commonwealth must employ their parts to the utmost for the good of the Church and the Commonwealth. To neglect this and say: I will pray and meditate, is as if your servant should refuse your *greatest* work and tye himself to some lesser easier part. And *God hath commandeth* you some way or other to *labour for your daily bread and not to live as drones of the sweat of others only.* – Gottes Gebot an Adam: »Im Schweiße deines Angesichtes« ... und PAULUS' Anweisung: »Wer nicht arbeitet, soll nicht essen«, werden dazu zitiert [2. Thess. 3, 10]. Von den Quäkern war von jeher bekannt, daß auch ihre wohlhabendsten Kreise ihre Söhne zur Erlernung von Berufen anhielten (aus ethischen, nicht – wie dies ALBERTI empfiehlt – aus utilitarischen Gründen).

210 Hier liegen Punkte, in denen der Pietismus seines *Gefühls*charakters wegen abweicht. Für SPENER (s. Theol. Bedenken, III, p. 445) steht es, obwohl er ganz im lutherischen Sinn betont, daß die Berufsarbeit *Gottesdienst* sei, doch – und auch das ist lutherisch – fest, daß die *Unruhe* der Berufsgeschäfte von Gott abziehe, – eine höchst charakteristische Antithese gegen den Puritanismus.

211 A. a. O. p. 242: It's they that are lazy in their callings that can find no time for holy duties. Daher die Ansicht, daß vorzugsweise die *Städte* – der Sitz des rationalem Erwerbe zugewendeten Bürgertums – Sitze der asketischen Tugenden seien. So sagt BAXTER von seinen Handwebern in Kidderminster: »And their constant *converse and traffic with London* doth much to promote civility and piety among tradesmen« in seiner Autobiographie (Exzerpt in den Works of Pur. Div., p. XXXVIII). Daß die Nähe der Hauptstadt tugendstärkend sein soll, wird heutige – wenigstens deutsche – Geistliche in Erstaunen setzen. Aber auch der Pietismus zeigt ähnliche Anschauungen. So schreibt SPENER gelegentlich einem jungen Amtsbruder: »Aufs wenigste wird sich zeigen, daß unter der starken

Zahl in Städten, da zwar das Meiste ganz verrucht ist, doch immer noch einige gute Seelen sich hinwieder finden, an denen Gutes auszurichten; da besorglich in Dörfern zuweilen kaum etwas rechtschaffen gutes in einer ganzen Gemeinde sich findet« (Theol. Bed., I, 66 p. 303). – Der Bauer qualifiziert sich eben wenig für die asketische rationale Lebensführung. Seine *ethische* Glorifizierung ist sehr modern. Auf die Bedeutung dieser und ähnlicher Äußerungen für die Frage der *Klassen*bedingheit der Askese gehen wir hier nicht ein.

212 Man nehme etwa folgende Stellen (a. a. O., p. 336 f.): »Be wholly taken up in diligent business of your lawful callings when you are not exercised in the more immediate service of God.« – »Labour hard in your callings.« – »See that you have a calling which will find you employment for all the time which Gods immediate service spareth.«

213 Daß die spezifische ethische Schätzung der Arbeit und ihrer »Würde« nicht etwa ein dem Christentum *ursprünglich* eigener, oder gar eigentümlicher, Gedanke war, hat noch kürzlich wieder HARNACK scharf betont (Mitt. des Ev.-Soz. Kongr., 14. Folge, 1905, Nr. 3/4, S. 48 f.).

214 Worauf *dieser* wichtige Gegensatz, der seit der Benediktinerregel offensichtlich vorliegt, beruht, kann erst eine viel umfassendere Betrachtung lehren.

215 So auch im Pietismus (SPENER a. a. O., III, p. 429, 430). Die charakteristisch pietistische Wendung ist: daß die Berufstreue, die uns wegen des Sündenfalls als Strafe auferlegt ist, der *Ertötung* des eigenen *Willens* dient. Die Berufsarbeit ist als Liebesdienst am Nächsten eine Pflicht der Dankbarkeit für Gottes Gnade (lutherische Vorstellung!), und es ist daher Gott nicht wohlgefällig, wenn sie widerwillig und mit Verdruß getan wird (a. a. O., III, p. 272). Der Christ wird sich also »so fleißig in seiner Arbeit erzeigen wie ein Weltmensch« (III, p. 278). Das bleibt offensichtlich hinter der puritanischen Anschauungsweise zurück.

216 [Gen. 9, 1]. – »*A sober* procreation of children« ist ihr Zweck nach BAXTER. Ähnlich SPENER, indessen mit Konzessionen an die grobe lutherische Ansicht, wonach Vermeidung der – sonst ununterdrückbaren – Unsittlichkeit Nebenzweck ist. Die Konkupiszenz ist als Begleiterscheinung der Begattung auch in der Ehe sündlich und nach der Auffassung z. B. SPENERS erst *Folge* des Sündenfalles, der so einen natürlichen und gottgewollten Vorgang in etwas un-

vermeidlich mit sündlichen Empfindungen Verknüpftes, und damit in ein pudendum, verwandelte. Nach der Auffassung auch mancher pietistischer Richtungen ist die höchste Form der christlichen Ehe diejenige mit Bewahrung der Virginität, die nächsthöchste diejenige, in welcher der Geschlechtsverkehr ausschließlich der Kindererzeugung dient, und so fort bis zu denen, die aus rein erotischen oder rein äußeren Gründen geschlossen werden und ethisch betrachtet als Konkubinate gelten. Dabei wird in diesen unteren Stufen die aus rein äußerlichen Gründen geschlossene Ehe (weil immerhin *rationaler* Erwägung entspringend) der erotisch bedingten vorgezogen. Die Herrnhuter Theorie und Praxis mag hier außer Betracht bleiben. Die rationalistische Philosophie (Chr. Wolff) übernahm die asketische Theorie in der Fassung: daß, was als *Mittel* zum Zweck verordnet sei: die Konkupiszenz und ihre Stillung, nicht zum *Selbst*zweck gemacht werden dürfe. – Der Umschlag in den reinen hygienisch orientierten Utilitarismus ist schon bei Franklin vollzogen, der etwa auf dem ethischen Standpunkt moderner Ärzte steht, unter »Keuschheit« die Einschränkung des geschlechtlichen Verkehrs auf das *gesundheitlich* Wünschenswerte versteht und sich über das Wie? bekanntlich auch theoretisch geäußert hat. Es ist, sobald diese Dinge überhaupt zum Gegenstand rein *rationaler* Erwägungen gemacht werden, diese Entwicklung noch überall eingetreten. Der puritanische und der hygienische Sexualrationalist gehen sehr verschiedene Wege, nur hier »verstehen sie sich gleich«: In einem Vortrage motivierte ein eifriger Vertreter der »hygienischen Prostitution« – es handelte sich um Bordell- und Reglementierungseinrichtungen – die sittliche Statthaftigkeit des (als *hygienisch* nützlich angesehenen) »außerehelichen Geschlechtsverkehrs« durch Bezugnahme auf seine dichterische Verklärung durch *Faust und Gretchen*. Die Behandlung Gretchens als einer Prostituierten und die Gleichwertung des mächtigen Waltens menschlicher Leidenschaften mit dem Geschlechtsverkehr gesundheitshalber, – dies beides entspricht *durchaus* dem puritanischen Standpunkt, ebenso z. B. die von sehr hervorragenden Ärzten gelegentlich vertretene, echt fachmenschliche Auffassung, daß eine so in die subtilsten Persönlichkeits- und Kulturprobleme eingreifende Frage wie die Bedeutung der sexuellen Abstinenz, »ausschließlich« vor das Forum des Arztes (als des *Fachmannes*) gehöre: bei den Puritanern ist der »Fachmann« der moralistische, hier der hygienische Theoretiker, dagegen ist das uns leicht banausisch anmutende Prinzip der »Kompetenz« zur Erledigung der Frage – mit umgekehrtem Vorzeichen natürlich – dasselbe. Der mächtige Idealismus der puritanischen Anschauung mit allen ihren Prüderien hatte aber auch, unter rassenkonservierenden Gesichtspunkten und rein »hygienisch« betrachtet, positive Erfolge aufzuweisen, während die moderne Sexualhygiene wegen des für sie nun einmal unvermeidlichen Appells an die »Vorurteilslosigkeit« in Gefahr gerät, dem Faß, in welches sie schöpft, gleichzeitig den Boden auszuschlagen. – Wie bei jener rationalen Deutung der geschlechtlichen Beziehungen bei den puritanisch beeinflußten Völkern schließlich doch jene Verfeinerung und geistig-ethische Durchdringung der ehelichen Beziehungen und jene Blüten ehelicher Ritterlichkeit erwachsen sind – im Gegensatz zu dem patriarchalen Brodem, der bei uns bis in die Kreise der Geistesaristokratie noch in oft sehr fühlbaren Rückständen vorhanden ist –, das bleibt hier natürlich außer Erörterung. (Täuferische Einflüsse sind bei der »Emanzipation« der Frau mit beteiligt; der Schutz der *Gewissensfreiheit* der Frau und die Ausdehnung des Gedankens des »allgemeinen Priestertums« auf sie waren auch hier die ersten Breschen im Patriarchalismus.)

217 Kehrt bei BAXTER immer wieder. Biblische Unterlage ist regelmäßig entweder die uns von FRANKLIN her bekannte (Sprüche Sal. 22, 29) oder der Ruhm der Arbeit in: Sprüche Sal. 31, 16. Cf. a. a. O., I, S. 382, S. 377 usw.

218 Selbst ZINZENDORF sagt gelegentlich: »Man arbeitet nicht allein, daß man lebt, sondern man lebt um der Arbeit willen, und wenn man nichts mehr zu arbeiten hat, so leidet man oder entschläft« (PLITT, I, S. 428).

219 [2. Thess. 3, 10]. – Auch ein Symbol der *Mormonen* schließt (nach Zitaten) mit den Worten: »Aber ein Träger oder Fauler kann kein Christ sein und selig werden. Er ist bestimmt, totgestochen und aus dem Bienenkorb herausgeworfen zu werden.« Indes hier war es doch vorwiegend die grandiose, zwischen Kloster und Manufaktur die Mitte haltende *Disziplin*, welche den Einzelnen vor die Wahl: Arbeit oder Ausmerzung, stellte und – *verbunden* freilich mit religiösem Enthusiasmus und *nur durch ihn* ermöglicht – die erstaunlichen ökonomischen Leistungen dieser Sekte hervorgebracht hat.

220 Sie wird daher a. a. O., I, S. 380, sorgsam in ihren Symptomen analysiert. – »Sloth« und »idleness« sind *deshalb* so eminent schwere Sünden, weil sie *kontinuierlichen* Charakter haben. Sie werden

von BAXTER geradezu als »Zerstörer des Gnadenstandes« angesehen (a. a. O., I, S. 279/80). Sie sind eben die Antithese des *methodischen* Lebens.

221 S. oben I. Teil, Anm. 57.

222 BAXTER a. a. O., I, p. 108 ff. Speziell fallen folgende Stellen ins Auge: Question: But will not wealth excuse us? – Answer: It may excuse you from some sordid sort of work, by making you more serviceable to another, but you are no more excused from service of work ... then the poorest man ... Dazu a. a. O., I, p. 376: Though they (die Reichen) have no outward want to urge them, they have as great a necessity to obey God ... God had strictly commandeth it (die Arbeit) to all. S. oben Anm. 48.

223 Ebenso SPENER (a. a. O., III, 338, 425), der aus diesem Grunde namentlich die Neigung, vorzeitig in Pension zu gehen, als sittlich bedenklich bekämpft und – in Abwehr eines Einwands gegen die Rechtmäßigkeit des Zinsennehmens: der Zinsgenuß führe zur Faulheit – betont, daß wer von seinen Zinsen leben könne, nach Gottes Befehl dennoch zur Arbeit *verpflichtet* sei.

224 Einschließlich des Pietismus. SPENER operiert, wo es sich um die Frage des Berufs*wechsels* handelt, stets damit, daß, *nachdem* einmal ein bestimmter Beruf ergriffen sei, das Verbleiben und Sichschicken in diesen Pflicht des Gehorsams gegen Gottes Vorsehung sei.

225 Mit welcher, die ganze Lebensführung beherrschenden höchsten Pathetik die *indische* Heilslehre den Berufstraditionalismus mit den Wiedergeburtschancen verknüpft, ist in den Aufsätzen über die »Wirtschaftsethik der Weltreligionen« ausgeführt. Gerade daran kann man den Unterschied bloßer ethischer *Lehr*begriffe von der Schaffung psychologischer *Antriebe* bestimmter Art durch die Religion kennenlernen. Der fromme Hindu konnte günstige Wiedergeburtschancen *nur* durch streng *traditionelle* Erfüllung der Pflichten seiner Geburtskaste erlangen: die denkbar festeste religiöse Verankerung des Traditionalismus. Die indische Ethik ist tatsächlich in diesem Punkt die konsequenteste Antithese der puritanischen, ebenso wie sie in anderer Hinsicht (ständischer Traditionalismus) die konsequenteste Antithese des Judentums ist.

226 BAXTER a. a. O., I, S. 377.

227 Aber deshalb nicht etwa aus ihnen historisch ableitbar. Vielmehr wirkt sich die ganz genuine calvinistische Vorstellung, daß der

Kosmos der »Welt« dem Ruhme Gottes, seiner Selbstverherrlichung, diene, darin aus. Die utilitarische Wendung, daß der ökonomische Kosmos dem Zweck der Lebensfristung Aller (good of the many, common good etc.) dienen sollte, war Konsequenz des Gedankens, daß jede andere Deutung zur (aristokratischen) Kreaturvergötterung führe, oder doch nicht Gottes Ruhm, sondern kreatürlichen »Kulturzwecken« diene. Gottes Wille aber, wie er sich (siehe oben Anm. 35) in der zweckvollen Gestaltung des ökonomischen Kosmos ausdrückt, kann eben, soweit *dies*seitige Zwecke dabei überhaupt in Betracht kommen, nur das Wohl der »Gesamtheit«: die *un*persönliche »Nützlichkeit« sein. Der Utilitarismus ist also, wie früher gesagt, Konsequenz der *un*persönlichen Gestaltung der »Nächstenliebe« und der Ablehnung aller Weltverherrlichung durch die Exklusivität des puritanischen »in majorem Dei gloriam«. Denn wie intensiv dieser Gedanke: daß jede Kreaturverherrlichung Gottes Ruhm Abbruch tue und daher unbedingt verwerflich sei, den ganzen asketischen Protestantismus beherrschte, zeigt sich deutlich in den Bedenken und der Mühe, die es selbst den doch wahrlich nicht »demokratisch« angehauchten SPENER kostete, gegenüber den zahlreichen Anfragen den Gebrauch der *Titel* als ἀδιάφορον aufrecht zu erhalten. Er beruhigt sich schließlich damit, daß selbst in der Bibel der Prätor Festus vom Apostel mit κράτιστος tituliert werde. – Die *politische* Seite der Sache gehört nicht in diesen Zusammenhang.

228 The *inconstant* man is a stranger in his own house, sagt auch TH. ADAMS (Works of Pur. Div., p. 77).

229 S. speziell darüber GEORGE FOX' Äußerungen in The Friends' Library (ed. W. & TH. EVANS, Philadelphia 1837 ff.), Vol. I, p. 130.

230 Vollends kann natürlich diese Wendung der religiösen Ethik nicht als Reflex der tatsächlichen ökonomischen Verhältnisse angesehen werden. Die Berufsspezialisierung war im italienischen Mittelalter natürlich eher weitergehend als in England in jener Periode.

231 Denn Gott hat – wie in der puritanischen Literatur sehr oft hervorgehoben wird – nirgends befohlen, daß man den Nächsten *mehr* lieben sollte als sich selbst, sondern *wie* sich selbst. Man hat also auch die *Pflicht* der Selbstliebe. Wer z. B. weiß, daß er selbst seinen Besitz zweckmäßiger und also mehr zu Gottes Ehre verwendet, als der Nächste es könnte, ist durch die Nächstenliebe nicht verpflichtet, diesem davon abzugeben.

232 Auch SPENER kommt diesem Standpunkt nahe. Aber er bleibt

doch selbst in dem Fall, daß es sich um den Übertritt aus dem (sittlich besonders gefährlichen) Kaufmannsberuf zur Theologie handelt, höchst zurückhaltend und eher abmahnend (III, S. 435, 443; I, S. 524). Die häufige Wiederkehr der Beantwortung gerade *dieser* Frage (nach der Erlaubtheit des Berufswechsels) in SPENERS naturgemäß stark gesichteten Gutachten zeigt, beiläufig bemerkt, wie eminent *praktisch* im Alltagsleben die verschiedene Art der Deutung von 1 Kor. 7 war [zu vgl. Teil I, Anm. 55 (Hrsg.)].

233 Derartiges findet sich wenigstens in den Schriften der führenden kontinentalen Pietisten *nicht*. SPENERS Stellung zum »Gewinn« schwankt zwischen Luthertum (»Nahrungs«-Standpunkt) und merkantilistischen Argumentationen von der Nützlichkeit des »Flors der Commerzien« u. dgl. (a. a. O., III, S. 330, 332; vgl. I, S. 418: der *Tabakbau* bringt Geld ins Land und ist *daher* nützlich, *also* nicht sündlich!) hin und her (vgl. III, S. 426, 427, 429, 434), verfehlt aber nicht, darauf hinzuweisen, daß, wie das Beispiel der Quäker und Mennoniten zeige, man Profit machen und doch fromm bleiben könne, ja daß besonders hoher Profit sogar – worüber wir später noch zu reden haben werden – direktes *Produkt* frommer Redlichkeit sein könne (a. a. O., S. 435).

234 Diese Ansichten sind bei BAXTER *nicht* etwa eine Widerspiegelung des ökonomischen Milieus, in dem er lebte. Im *Gegenteil* hebt seine Autobiographie hervor, daß [es] für die Erfolge seiner inneren Missionsarbeit mit entscheidend gewesen sei, daß diejenigen Händler, welche in Kidderminster angesessen waren, *nicht* reich gewesen seien, sondern nur »food and raiment« verdient und daß die Handwerksmeister nicht besser als ihre Arbeiter, »from hand to mouth«, zu leben gehabt hätten. »It is *the poor* that receive the glad tidings of the Gospel.« – TH. ADAMS bemerkt über das Streben nach Gewinn: »He (the knowing man) knows... that money may make a man richer, not better, and thereupon chooseth rather to sleep with a good conscience than a full purse... therefore desires no more wealth *than an honest man may bear away*« – aber *soviel will er eben doch auch* (TH. ADAMS, Works of Pur. Div., LI), und das heißt: daß jeder formal *redliche* Verdienst auch *legitim* ist.

235 So BAXTER a. a. O., I, ch. X tit. 1, Dis. 9 (§ 24). I, S. 378 Spalte 2: Sprüche Sal. 23, 4: »Arbeite nicht, um reich zu sein« bedeute nur: riches for our fleshly ends must not ultimately be intended. Der Besitz in der feudal-seigneurialen Form seiner *Verwendung*

ist eben das Odiöse (cf. die Bemerkung a. a. O., I, p. 380, über den »debauched part of the gentry«), nicht Besitz *an sich.* – Milton in der ersten Defensio pro populo Anglicano hat die bekannte Theorie, daß nur der »Mittelstand« Träger der *Tugend* sein könne – wobei »Mittelstand« als »bürgerliche Klasse« im Gegensatz gegen »Aristokratie« gedacht ist, wie die Begründung zeigt, daß sowohl »Luxus« als »Not« die Tugendübung hindere.

236 *Dies* ist das Entscheidende. – Dazu nochmals die allgemeine Bemerkung: Es kommt natürlich hier für uns nicht sowohl darauf an, was die theologische ethische *Theorie* begrifflich entwickelte, sondern darauf, was im *praktischen* Leben der Gläubigen *geltende* Moral war, *wie* also die religiöse Orientierung der Berufsethik *praktisch wirkte.* Man kann wenigstens gelegentlich in der kasuistischen Literatur des Katholizismus, namentlich des jesuitischen, Erörterungen lesen, welche – z. B. über die Frage der Erlaubtheit des Zinses, auf welche wir hier nicht eingehen, – derjenigen vieler protestantischer Kasuisten ähnlich klingen, ja in dem, was für »erlaubt« oder für »probabel« gilt, darüber hinauszugehen scheinen (den Puritanern ist später oft genug die jesuitische Ethik als im Grunde der ihrigen ganz gleichartig entgegengehalten worden). Wie die Calvinisten katholische Moraltheologen, nicht nur Thomas von Aquino, Bernhard v. Clairvaux, Bonaventura, sondern auch zeitgenössische zu zitieren pflegen, so nahmen – was wir hier nicht näher erörtern – die katholischen Kasuisten von der häretischen Ethik regelmäßig Notiz. Von dem entscheidenden Umstande der religiösen *Prämiierung* des asketischen Lebens für den *Laien* ganz abgesehen aber ist der gewaltige Unterschied schon in der Theorie eben der: daß diese latitudinarischen Ansichten im Katholizismus von der kirchlichen Autorität nicht sanktionierte Produkte spezifisch *laxer* ethischer Theorien waren, denen gerade die ernstesten und strengsten Anhänger der Kirche fernstanden, während umgekehrt die protestantische Berufsidee gerade die *ernstesten* Anhänger asketischen Lebens dem Erfolg nach in den Dienst des kapitalistischen Erwerbslebens stellte. Das, was dort bedingungsweise *erlaubt* sein konnte, erschien hier als etwas positiv sittlich *Gutes.* Die *praktisch* sehr wichtigen grundlegenden Differenzen der beiderseitigen Ethik waren auch für die Neuzeit seit dem Jansenistenstreit und der Bulle »Unigenitus« endgültig festgelegt.

237 You may labour in that manner as tendeth most to your

success and lawful gain. You are *bound* to improve all your talents... Folgt die oben im Text übersetzte Stelle. – Direkte Parallelisierung des Strebens nach Reichtum im Gottesreich mit dem Streben nach Erfolg im irdischen Beruf z. B. bei JANEWAY, Heaven upon earth (in: Works of Pur. Div., p. 275 unten).

238 Schon in der (lutherischen) Konfession Herzog CHRISTOPHS von Württemberg, die dem Konzil von Trient eingereicht wurde, wird gegen das *Gelübde* der Armut geltend gemacht: Wer nach seinem Stand arm ist, solle es tragen, aber wenn er gelobt, es zu *bleiben*, so ist dies dasselbe, als ob er gelobte, dauernd *krank* zu sein oder *üblen Leumund* zu haben.

239 So bei BAXTER und z. B. in der Konfession Herzog CHRISTOPHS. Vgl. ferner Stellen wie: ».... the vagrant rogues whose lives are nothing but an exorbitant course: the main begging« etc. (TH. ADAMS, Works of Pur. Div., p. 259). Schon CALVIN hatte das Betteln strikt verboten, und die holländischen Synoden eifern gegen die Bettelbriefe und Attestationen für Zwecke des Bettels. Während die Epoche der STUARTS, insbesondere das Regime LAUDS unter KARL I., das Prinzip der behördlichen Armenunterstützung und Arbeitszuweisung an Arbeitslose systematisch ausgebildet hatte, war das Feldgeschrei der Puritaner: »Giving alms is no charity« (Titel der späteren bekannten Schrift DEFOES) und begann gegen Ende des 17. Jahrhunderts das Abschreckungssystem der »Workhouses« für Arbeitslose (vgl. E. M. LEONARD, Early History of Englisch poor relief, Cambridge 1900, und H. LEVY, Die Grundlagen des ökonomischen Liberalismus in der Gesch. d. engl. Volksw., Jena 1912, S. 69 ff.).

240 Mit Nachdruck sagte der Präsident der Baptist Union of Great Britain and Ireland, G. WHITE, in seiner Inauguraladresse für die Assembly in London 1903 (Baptist Handbook, 1904, S. 104): »The best men on the roll of our Puritan churches were *men of affairs*, who believed, that religion should permeate the whole of life.«

241 Eben *hierin* liegt der charakteristische Gegensatz gegen alle feudale Auffassung. Nach dieser kann erst dem *Nachkommen* des (politischen oder sozialen) Parvenüs dessen Erfolg und die Weihe des Blutes zugute kommen. (Charakteristisch im spanischen Hidalgo = hijo d'algo – filius de aliquo – ausgedrückt: wobei das »aliquid« eben ein von Vorfahren ererbtes *Vermögen* ist.) So sehr diese Unterschiede heute bei der rapiden Umwandlung und Europäisierung des amerikanischen »Volkscharakters« im Verblassen sind, so ist die

gerade entgegengesetzte spezifisch bürgerliche Anschauung, welche den geschäftlichen *Erfolg* und *Erwerb* als Symptom der geistigen *Leistung* glorifiziert, dem bloßen (ererbten) *Besitz* dagegen keinerlei Respekt entgegenbringt, doch noch heute dort gelegentlich vertreten, während in Europa (wie schon JAMES BRYCE einmal bemerkt hat) für Geld im Effekt ziemlich jede soziale Ehre käuflich ist, – *wenn* nur der Besitzer nicht *selbst* hinter dem Ladentisch gestanden hat und die nötigen Metamorphosen seines Besitzes (Fideikommißstiftung usw.) vollzieht. – S. *gegen* die Ehre des *Blutes* z. B. TH. ADAMS, Works of Pur. Div., p. 216.

242 So z. B. schon für den Gründer der Familiensekte HENDRIK NIKLAES, der Kaufmann war. (BARCLAY, Inner life of the religious societies of the Commonwealth, London 1876, p. 34.)

243 Dies steht z. B. für HOORNBEEK durchaus fest, da auch Matth. 5, 5 und 1 Tim. 4, 8 rein irdische Versprechungen für die Heiligen gemacht seien (a. a. O., Vol. I, p. 193). Alles ist Produkt von Gottes Providenz, speziell aber sorgt er für die Seinen: a. a. O., p. 192: Super alios autem summa cura et modis singularissimis versatur Dei providentia *circa fideles*. – Es folgt dann die Erörterung, woran man erkennen könne, daß ein Glücksfall *nicht* der »communis providentia«, sondern jener Spezialfürsorge entstamme. Auch BAYLY (a. a. O., S. 191) verweist auf Gottes Vorsehung für den Erfolg der Berufsarbeit. Daß prosperity »oft« der Lohn des gottseligen Lebens sei, ist in den Schriften der *Quäker* durchaus stehende Wendung (s. z. B. eine solche Äußerung noch aus dem Jahre 1848 in: Selection from the Christian Advices, issued by the yearly meeting of the Society of Friends in London, VIth Ed., London 1851, S. 209). Auf den Zusammenhang mit der Quäkerethik kommen wir noch zurück.

244 Als ein Beispiel dieser Orientierung an den Erzvätern – welches zugleich für die puritanische Lebensauffassung charakteristisch ist – kann THOMAS ADAMS' Analyse des Streites zwischen Jakob und Esau gelten (Works of Pur. Div., p. 235): »His (Esaus) folly may be argued from the base estimation of the birthright« (die Stelle ist auch für die Entwicklung des birthright-Gedankens wichtig, wovon später), »that he would so lightely pass from it and on *so easy condition* as a pottage.« *Perfide* aber war es, daß er dann wegen Übervorteilung den Kauf nicht gelten lassen wollte. Er ist eben ein »cunning hunter, a man of the fields«: die irrational lebende Unkultur, – während Jakob, »a plain man, dwelling in tents«, den »man of

grace« repräsentiert. Das Gefühl einer inneren Verwandtschaft mit dem Judentum, wie es sich noch in dem bekannten Schreiben THEODORE ROOSEVELT aussprach [zu vgl. Wirtschaft und Gesellschaft 5, II. Teil S. 529], fand KÖHLER (a. a. O.) auch in Holland bei den Bauern weitgehend verbreitet. – Auf der anderen Seite aber war sich der Puritanismus des *Gegensatzes* der jüdischen Ethik in ihrer praktischen Dogmatik wohl bewußt, wie PRYNNES Schrift gegen die Juden (anläßlich der CROMWELLschen Toleranzpläne) deutlich zeigt. S. unten S. 261, Anm. 252 a. E.

245 Zur bäuerlichen Glaubens- und Sittenlehre. Von einem thüringischen Landpfarrer, 2. Aufl., Gotha 1890, S. 16. Die Bauern, welche hier geschildert werden, sind in charakteristischer Weise Produkte *lutherischen* Kirchentums. Ich habe mir wieder und wieder »lutherisch« an den Rand geschrieben, wo der vortreffliche Verfasser allgemein-»bäuerliche« Religiosität vermutet.

246 Vgl. z. B. das Zitat bei RITSCHL, Pietismus II, S. 158. SPENER gründet seine Bedenken gegen Berufswechsel und Gewinnstreben ebenfalls *mit* auf Aussprüche Jesus Sirachs. Theologische Bedenken, III, S. 426.

247 Freilich empfiehlt z. B. BAYLY trotzdem ihre Lektüre, und es kommen Zitate aus den Apokryphen wenigstens hie und da vor, aber naturgemäß doch selten. Ich erinnere mich (vielleicht zufällig) keines solchen aus Jesus Sirach.

248 Wo den offenbar Verworfenen äußerlicher Erfolg beschieden ist, beruhigt sich der Calvinist (so z. B. HOORNBEEK) gemäß der »Verstockungstheorie« mit der Gewißheit, daß Gott ihnen denselben zuteil werden lasse, um sie zu verhärten und so desto sicherer zu verderben.

249 Eingehender kommen wir auf diesen Punkt in diesem Zusammenhang nicht zu sprechen. Hier interessiert nur der formalistische Charakter der »Rechtlichkeit«. Über die Bedeutung der alttestamentlichen Ethik für die lex naturae vieles in TROELTSCHS »Soziallehren«.

250 Die Verbindlichkeit der ethischen Normen der Schrift reicht nach BAXTER (Christian Directory, III, p. 173 f.) so weit, als sie 1. nur ein »transcript« des Law of nature sind oder 2. den »express character of universality and perpetuity« an sich tragen.

251 Z. B. DOWDEN (mit Bezug auf BUNYAN) a. a. O., p. 39.

252 Näheres darüber in den Aufsätzen über die »Wirtschaftsethik

der Weltreligionen«. – Der ungeheure Einfluß z. B., den auf die charakterologische Entwicklung des Judentums, seinen rationalen, der Sinnenkultur fremden Charakter, speziell das *zweite Gebot* (»Du sollst dir kein Bildnis machen«) gehabt hat, kann hier nicht analysiert werden. Als charakteristisch darf vielleicht immerhin erwähnt werden, daß mir einer der Leiter der »Educational Alliance« in den Vereinigten Staaten, einer Organisation, welche mit erstaunlichem Erfolg und großartigen Mitteln die Amerikanisierung der jüdischen Immigranten betreibt, als erstes Ziel der Kulturmenschwerdung, welches durch alle Arten künstlerischen und geselligen Unterrichts erstrebt wird, die »Emanzipation vom zweiten Gebot« bezeichnete. – Beim Puritanismus entspricht der israelitischen Verpönung jeder Gottvermenschlichung (s. v. v.!) das etwas anders, aber doch in verwandter Richtung wirkende Verbot der Kreaturvergötterung. – Was das talmudische Judentum anlangt, so sind gewiß auch prinzipielle Züge der puritanischen Sittlichkeit ihm verwandt. Wenn z. B. im Talmud (bei A. Wünsche, Babyl. Talmud, 1886–89, II, S. 34) eingeschärft wird: es ist besser und wird von Gott reicher belohnt, wenn man aus *Pflicht* etwas Gutes tut, als eine gute Tat, zu der man durch das Gesetz *nicht* verpflichtet ist, – m. a. W.: lieblose Pflichterfüllung steht ethisch höher als gefühlsmäßige Philanthropie, – so würde die puritanische Ethik das dem Wesen nach ebenso akzeptieren, wie Kant, der von Abkunft Schotte und in seiner Erziehung stark pietistisch beeinflußt war, im Ergebnis dem Satze nahe kommt (wie denn, was hier nicht erörtert werden kann, manche seiner Formulierungen direkt an Gedanken des asketischen Protestantismus anknüpfen). Aber einmal ist die talmudische Ethik tief in orientalischen Traditionalismus getaucht: R. Tanchum ben Chanilai hat gesagt: »Niemals ändere der Mensch einen Brauch« (Gemara zu Mischna, VII, 1 Fol. 86 b, Nr. 93 bei Wünsche: es handelt sich um Kost der Tagelöhner), nur den Fremden gegenüber gilt diese Bindung nicht. – Dann aber ergab die puritanische Auffassung der »Gesetzlichkeit« als *Bewährung*, gegenüber der jüdischen als Gebotserfüllung schlechthin, offenbar weit stärkere Motive zum positiven *Handeln.* Der Gedanke, daß der Erfolg Gottes Segen offenbare, ist dem Judentum natürlich nicht etwa fremd. Die grundstürzend abweichende religiös-ethische Bedeutung aber, die er zufolge der doppelten (Innen- und Außen-) Ethik im Judentum gewann, schloß jede Verwandtschaft der Wirkung gerade in diesem entscheidenden Punkt aus. Dem »Fremden«

gegenüber war *erlaubt*, was dem »Bruder« gegenüber *verboten* war. Unmöglich konnte (schon deshalb) der Erfolg auf dem Gebiet dieses nicht »Gebotenen«, sondern »Erlaubten«, Merkmal *religiöser* Bewährung und Antrieb methodischer Lebensgestaltung in jenem Sinn sein, wie beim Puritaner. Über dies ganze, von SOMBART in seinem Buch »Die Juden und das Wirtschaftsleben« (1911) vielfach nicht richtig behandelte Problem s. die oben zitierten Aufsätze. Das einzelne gehört nicht hierher. Die jüdische Ethik, so befremdlich es zunächst klingt, blieb sehr stark traditionalistisch. Auf die gewaltige Verschiebung, welche die innere Stellung zur Welt durch die in eigentümlicher Art stets den Keim *neuer* Entwicklungsmöglichkeiten in sich bergende christliche Fassung der Gedanken von »Gnade« und »Erlösung« erlitt, ist hier ebenfalls noch nicht einzugehen. Über die alttestamentliche »Gesetzlichkeit« vgl. auch z. B. RITSCHL, Rechtfertigung und Versöhnung, II, S. 265.

Den englischen Puritanern waren die Juden ihrer Zeit Vertreter jenes an Krieg, Staatslieferungen, Staatsmonopolen, Gründungsspekulationen und fürstlichen Bau- und Finanzprojekten orientierten Kapitalismus, den sie selbst perhorreszierten. In der Tat läßt sich der Gegensatz im ganzen, mit den stets unvermeidlichen Vorbehalten, wohl so formulieren: daß der jüdische Kapitalismus spekulativer *Paria*-Kapitalismus war, der puritanische: bürgerliche Arbeitsorganisation.

253 Die *Wahrheit* der Heiligen Schrift folgt für BAXTER in letzter Instanz aus der »wonderful difference of the godly and ungodly«, der absoluten Verschiedenheit des »renewed man« von anderen und der offensichtlichen, ganz speziellen Fürsorge Gottes für das Seelenheil der Seinen (welche sich natürlich auch in *»Prüfungen« äußern kann*). Christ. Dir., I, p. 165, Sp. 2 marg.

254 Man braucht als Charakteristikum dafür nur zu lesen, wie gewunden sich selbst BUNYAN – bei dem immerhin gelegentlich eine Annäherung an die Stimmung von LUTHERS »Freiheit eines Christenmenschen« zu finden ist (z. B. in: Of the Law and a Christian, Works of Pur. Div., p. 254 unten) – mit dem Gleichnis vom Pharisäer und Zöllner abfindet (s. die Predigt: The Pharisee and the Publican, a. a. O., p. 100 f.). Warum wird der Pharisäer verworfen? – Er hält in Wahrheit Gottes Gebote nicht, denn – er ist offenbar ein *Sektierer*, der nur auf äußere Kleinigkeiten und Zeremonien bedacht ist (p. 107); vor allem aber schreibt er sich selbst das Verdienst zu

und dankt dennoch, »wie die Quäker es tun«, unter Mißbrauch des Namens Gottes diesem für seine Tugend, auf deren Wert er (p. 126) in sündhafter Weise baut und dadurch implizite *Gottes Gnadenwahl* bestreitet (p. 139 f.). Sein Gebet ist also Kreaturvergötterung, und das ist das Sündhafte daran. – Dagegen ist der Zöllner, wie die Aufrichtigkeit seines Bekenntnisses zeigt, innerlich wiedergeboren, denn – wie es in charakteristisch puritanischer Abschwächung des lutherischen Sündengefühls heißt – to a right and sincere conviction of sin there must be a conviction of the *probability* of mercy (p. 209).

255 Abgedruckt z. B. in S. R. GARDINERS »Constitutional Documents« (3rd. ed., Oxford 1906). Man kann diesen Kampf gegen die (autoritätsfeindliche) Askese etwa mit LUDWIGS XIV. Verfolgung von Port Royal und der Jansenisten in Parallele setzen.

256 Der Standpunkt CALVINS war darin noch wesentlich milder, wenigstens soweit die feineren aristokratischen Formen des Lebensgenusses in Betracht kamen. Nur die Bibel ist Schranke; wer sich an sie hält und sich ein gutes Gewissen erhält, ist nicht genötigt, mit Ängstlichkeit jede Regung zum Lebensgenuß in sich zu beargwöhnen. Die hierher gehörigen Ausführungen in Kap. X der Institutio christ. rel. (z. B.: nec fugere ea quoque possumus quae videntur oblectationi magis quam necessitati inservire) hätten an sich einer sehr laxen Praxis Tür und Tor öffnen können. Hier machte sich eben neben der steigenden Angst um die certitudo salutis bei den Epigonen auch der Unterschied geltend – den wir anderen Orts würdigen werden –, daß in dem Gebiete der »ecclesia militans« die *Kleinbürger* es waren, welche Träger der ethischen Entwicklung des Calvinismus wurden.

257 TH. ADAMS (Works of Pur. Div., p. 3) z. B. beginnt eine Predigt über »the three divine sisters« (»Die Liebe aber ist die größte unter ihnen«) mit dem Hinweis: – daß auch Paris der Aphrodite den Apfel gereicht habe!

258 Romane u. dgl. sollen als »wastetimes« nicht gelesen werden (BAXTER, Christ. Dir., I, p. 51, Sp. 2). – Das Eintrocknen der Lyrik und des Volksliedes, nicht nur des Dramas, nach dem elisabethanischen Zeitalter in England ist bekannt. An bildender Kunst hat der Puritanismus vielleicht nicht allzuviel zu unterdrücken vorgefunden. Auffallend ist aber der Absturz von einer anscheinend ganz guten musikalischen Veranlagung (die Rolle Englands in der Musikge-

schichte war nicht unbedeutend) zu jenem absoluten Nichts, welches wir bei den angelsächsischen Völkern später und noch heute in dieser Hinsicht bemerken. Außer in den Negerkirchen – und seitens jener Berufssänger, die sich jetzt die Kirchen als »attractions« (Trinity Church in Boston im Jahre 1904 für 8000 $ pro Jahr) engagieren – hört man auch in Amerika meist nur ein für deutsche Ohren unerträgliches Gekreisch als »Gemeindegesang«. (*Teil*weise analoge Vorgänge auch in Holland.)

259 In Holland ganz ebenso, wie die Verhandlungen der Synoden erkennen lassen. S. die Beschlüsse über den Maibaum in der REITSMA'schen Sammlung, VI, 78, 139 u. ö. [J. REITSMA und S. D. VAN VEEN: Acta der Provinciale en Particuliere Synoden, gehouden in de Noordelijke Nederlanden, gedurende de jaren 1572–1620, 8 Bde., Groningen 1892–1899.]

260 Daß die »Renaissance des Alten Testaments« und die pietistische Orientierung an gewissen, letztlich auf Deuterojesaja [53. Kap.] und den 22. Psalm zurückgehenden schönheitsfeindlichen christlichen Empfindungen in der Kunst dazu beigetragen haben muß, das *Häßliche* als künstlerisches Objekt möglicher zu machen, und daß auch die puritanische Ablehnung der Kreaturvergötterung dabei mitspielte, liegt nahe. Aber alles einzelne scheint noch unsicher. In der römischen Kirche führten ganz andere (demagogische) Motive äußerlich verwandte Erscheinungen herbei, – aber allerdings mit künstlerisch ganz anderem Resultat. Wer vor REMBRANDTS »Saul und David« (im Mauritshuis) steht, glaubt die mächtige Wirkung puritanischen Empfindens direkt zu spüren. Die geistvolle Analyse der holländischen Kultureinflüsse in KARL NEUMANNS »Rembrandt« (Berlin und Stuttgart 1902 [4. Aufl., 2. Bde., 1924]) dürfte wohl das Maß dessen bezeichnen, was man zur Zeit darüber wissen *kann*, inwieweit dem asketischen Protestantismus positive, die Kunst befruchtende, Wirkungen zuzuschreiben sind.

261 Für das relativ geringere Eindringen der calvinistischen Ethik in die Lebenspraxis und die Abschwächung des asketischen Geistes in Holland schon Anfang des 17. Jahrhunderts (den 1608 nach Holland geflüchteten englischen Kongregationalisten war die unzulängliche holländische Sabbatruhe anstößig), vollends aber unter dem Statthalter FRIEDRICH HEINRICH, und für die geringere Expansionskraft des holländischen Puritanismus überhaupt waren die mannigfachsten, hier unmöglich aufzuführenden Ursachen maßge-

bend. Sie lagen zum Teil auch in der politischen Verfassung (partikularistischer Städte- und Länderbund) und in der weit geringeren Wehrhaftigkeit (der Freiheitskrieg wurde bald in der Hauptsache mit dem *Gelde* von Amsterdam und mit Soldheeren geführt: die englischen Prediger illustrierten die babylonische Sprachverwirrung durch Verweisung auf das holländische Heer). Dadurch war der Ernst des Glaubenskampfes zum guten Teil auf andere abgewälzt, damit aber auch die Teilnahme an der politischen *Macht* verscherzt. Dagegen fühlte sich CROMWELLS Heer – obwohl teilweise gepreßt – als *Bürger*heer. (Um so charakteristischer ist dabei freilich, daß *eben dieses* Heer die Beseitigung der Wehr*pflicht* in sein Programm aufnahm, – weil man eben nur zu Gottes Ruhm für eine im Gewissen gut erkannte Sache, nicht aber für die Laune der Fürsten kämpfen darf. Die nach traditionellen deutschen Begriffen »unsittliche« englische Heeresverfassung hatte *historisch* anfänglich sehr »sittliche« Motive und war eine Forderung niemals besiegter Soldaten, welche erst nach der Restauration in den Dienst der Interessen der Krone gestellt wurde.) Die holländischen schutterijen, die Träger des Calvinismus in der Periode des großen Krieges, sieht man schon eine halbe Generation nach der Dordrechter Synode auf den HALSschen Bildern sich recht wenig »asketisch« gebärden. Proteste der Synoden gegen ihre Lebensführung finden sich immer wieder. Der holländische Begriff der »Deftigkeit« ist ein Gemisch von bürgerlich-rationaler »Ehrbarkeit« und patrizischem Standesbewußtsein. Die Klassenabstufung der Kirchenplätze in den holländischen Kirchen zeigt den aristokratischen Charakter dieses Kirchentums noch heute. Der Fortbestand der Stadtwirtschaft hemmte die Industrie. Sie nahm fast nur durch Refugiés und daher stets nur zeitweilig einen Aufschwung. Wirksam gewesen war aber auch in Holland, in ganz gleicher Richtung wie anderwärts, die innerweltliche Askese des Calvinismus und Pietismus (auch in dem gleich zu erwähnenden Sinn »asketischen Sparzwangs«, wie G. GROEN VAN PRINSTERER an der unten in Anm. 280 zitierten Stelle bezeugt. Das fast völlige Fehlen schöner Literatur im calvinistischen Holland ist natürlich kein Zufall. S. über Holland z. B.: C. BUSKEN-HUËT, Het land van Rembrandt, auch deutsch herausgegeben durch VON DER ROPP, Rembrandts Heimat, Leipzig 1886/87). Die Bedeutung der holländischen Religiosität als »asketischer Sparzwang« tritt noch im 18. Jahrhundert, z. B. in den Aufzeichnungen von ALBERTUS HALLER, deutlich hervor. Für die charakteristischen Eigenarten holländischen Kunsturteils und deren Motive zu vergleichen z. B. die autobiographischen Aufzeichnungen von CONST. HUYGENS (1629–32 geschrieben) in: Oud Holland, 1891. (Die schon zitierte Arbeit von GROEN VAN PRINSTERER, La Hollande et l'influence de Calvin (1864), bietet für *unsere* Probleme nichts Entscheidendes.) – Die Nieuw-Nederland-Kolonie in Amerika war sozial eine halbfeudale Herrschaft von »Patronen«: Händlern, die das Kapital vorschossen, und im Gegensatz zu Neu-England hielt es schwer, »kleine Leute« zur Übersiedlung dorthin zu bewegen.

262 Es sei daran erinnert, wie die puritanische Stadtbehörde das Theater in Stratford-on-Avon noch bei SHAKESPEARES Lebzeiten und Aufenthalt dort in seiner letzten Lebenszeit schloß. (SHAKESPEARES Haß und Verachtung gegen die Puritaner tritt ja bei jeder Gelegenheit hervor.) Noch 1777 lehnte die Stadt Birmingham die Zulassung eines Theaters als der »Faulheit« förderlich und daher dem Handel abträglich ab (ASHLEY, am nachstehend in Anm. 289 a. O., S. 7, 8).

263 Entscheidend ist auch hier, daß es für den Puritaner *nur* das Entweder-Oder gab: göttlicher Wille oder kreatürliche Eitelkeit. Deshalb konnten für ihn keine »Adiáphora« existieren. Anders stand in dieser Beziehung, wie schon gesagt, CALVIN: Was man ißt, was man anzieht u. dgl. ist – wenn nur keine Verknechtung der Seele unter die Macht der Begierde die Folge ist – gleichgültig. Die Freiheit von der »Welt« soll sich – wie bei den Jesuiten – in Indifferenz, d. h. aber bei CALVIN: in unterschiedslosem, begierdelosem Gebrauch der Güter, welche die Erde bietet, äußern (p. 409 ff. der Originalausgabe der Institutio Christianae Relig.), – ein Standpunkt, der dem lutherischen offensichtlich im Effekt näher stand als der Präzisismus der Epigonen.

264 Das Verhalten der Quäker in dieser Hinsicht ist bekannt. Aber schon Anfang des 17. Jahrhunderts durchtobten die Exulantengemeinde in Amsterdam ein Jahrzehnt lang die schwersten Stürme wegen der modischen Hüte und Trachten einer Pfarrersfrau. (Ergötzlich geschildert in DEXTERS »Congregationalism of the last 300 years.) – Schon SANFORD a. a. O. hat darauf hingewiesen, daß die heutige männliche »Haartour« diejenige der vielverspotteten »Roundheads« ist und daß die ebenfalls verspottete männliche *Tracht* der Puritaner der heutigen jedenfalls in dem zugrundeliegenden *Prinzip* wesensgleich ist.

265 Darüber s. wiederum VEBLENS schon zitiertes Buch: The theory of business enterprise (1904).

266 Auf diesen Gesichtspunkt kommen wir stets zurück. Aus ihm erklären sich Aussprüche wie diese: Every penny which is paid upon yourselves and children and friends must be done as by Gods own appointment and to serve and please him. Watch narrowly, or else that thievish carnal self will leave God nothing (BAXTER a. a. O., I, S. 108 unten rechts). Das ist das Entscheidende: was man *persönlichen* Zwecken zuwendet, wird dem Dienst zu Gottes Ruhm *entzogen*.

267 Mit Recht pflegt man z. B. daran zu erinnern (so DOWDEN a. a. O.), daß CROMWELL RAFFAELS Kartons und MANTEGNAS Triumph Caesars vor dem Untergang rettete, KARL II. sie zu verkaufen suchte. Zur englischen Nationalliteratur stand die Gesellschaft der Restauration bekanntlich ebenfalls durchaus kühl oder direkt ablehnend. An den Höfen war der Einfluß von Versailles eben überall allmächtig. – Die Ablenkung von den unreflektierten Genüssen des Alltagslebens in ihrem Einfluß auf den Geist der höchsten Typen des Puritanismus und der durch seine Schule gegangenen Menschen im einzelnen zu analysieren, ist eine Aufgabe, die jedenfalls im Rahmen dieser Skizze nicht gelöst werden könnte. WASHINGTON IRVING (Bracebridge Hall a. a. O.) formuliert in der üblichen englischen Terminologie die Wirkung dahin: »it (die politische Freiheit, meint er, – der Puritanismus, sagen wir) evinces less play of the *fancy*, but more power of *imagination*.« Man braucht nur an die Stellung der *Schotten* in Wissenschaft, Literatur, technischen Erfindungen und auch im Geschäftsleben Englands zu denken, um zu empfinden, daß diese etwas zu eng formulierte Bemerkung an das Richtige streift. – Auf die Bedeutung für die Entwicklung der Technik und der empirischen Wissenschaften kommen wir hier nicht zu sprechen. Die Beziehung selbst tritt auch im Alltagsleben überall hervor: für den Quäker z. B. sind erlaubte »recreations« (nach BARCLAY): Besuch von Freunden, Lektüre historischer Werke, *mathematische und physikalische Experimente*, Gärtnerei, Besprechung der geschäftlichen und sonstigen Vorgänge in der Welt u. dgl. – Der Grund ist der früher erörterte.

268 Hervorragend schön analysiert in KARL NEUMANNS »Rembrandt«, der überhaupt zu den obigen Bemerkungen zu vergleichen ist [oben Anm. 260 a. E.].

269 So BAXTER in der oben zitierten Stelle, I, S. 108 unten.

270 Vgl. z. B. die bekannte Schilderung des Colonel HUTCHINSON

(oft zitiert, z. B. bei SANFORD a. a. O., S. 57) in der von seiner Witwe verfaßten Biographie. Nach Darlegung aller seiner ritterlichen Tugenden und seiner, zu heiterer Lebensfreude neigenden Natur heißt es: »He was wonderfully neat, cleanly and genteel in his habit, and had a very good fancy in it; but *he left off* very early the wearing *of anything that was costly.*« ... – Ganz ähnlich ist das Ideal der weltoffenen und feingebildeten Puritanerin, die aber mit zwei Dingen: 1. Zeit und 2. Ausgaben für »Pomp« und Vergnügen, kargt, in BAXTERS Leichenrede auf Mary Hammer (Works of Pur. Div., p. 533) gezeichnet.

271 Ich erinnere mich – neben *vielen* anderen Beispielen – speziell eines, in seinem Geschäftsleben ungewöhnlich erfolgreichen und in seinem Alter sehr begüterten Fabrikanten, der, als ihm ärztlicherseits bei einer hartnäckigen Verdauungsschwäche der Genuß von einigen Austern täglich angeraten wurde, dazu nur mit der größten Schwierigkeit zu bewegen war. Sehr erhebliche Stiftungen zu wohltätigen Zwecken, die er schon bei Lebzeiten vornahm, und eine »offene Hand« zeigten andererseits, daß es sich dabei *lediglich* um einen Rückstand jenes »asketischen« Empfindens handelte, welches den eigenen *Genuß* des Besitzes für sittlich bedenklich hält, nicht etwa um irgend etwas mit »Geiz« Verwandtes.

272 Die *Trennung* von Werkstatt, Kontor, überhaupt »Geschäft«, und Privatwohnung, – von Firma und Name –, von Geschäftskapital und Privatvermögen, die Tendenz, das »Geschäft« zu einem »corpus mysticum« zu machen (zunächst wenigstens: das Gesellschaftsvermögen), lagen alle in dieser Richtung. S. darüber *meine* »Handelsgesellschaften im Mittelalter« (1889).

273 Zutreffend hatte schon SOMBART in seinem »Kapitalismus« (1. Aufl.) gelegentlich auf dies charakteristische Phänomen hingewiesen. Zu beachten ist nur, daß Vermögensakkumulation aus zwei sehr verschiedenen psychologischen Quellen stammt. Die eine reicht in ihrer Wirksamkeit weit in das graueste Altertum zurück und kommt in Stiftungen, Stammgütern, Fideikommissen usw. ganz ebenso oder vielmehr sehr viel reiner und deutlicher zum Ausdruck als in dem gleichartigen Streben, dereinst mit hohem materiellen Eigengewicht belastet zu sterben und, vor allem, den Bestand des »Geschäftes« zu sichern, sei es auch unter Verletzung der persönlichen Interessen der Mehrzahl der miterbenden Kinder. Es handelt sich in *diesen* Fällen neben dem Wunsch, in der eigenen Schöpfung ein ideelles Le-

ben über den Tod hinaus zu führen, darum, den »splendor familiae« zu erhalten, also um eine Eitelkeit, die sozusagen der erweiterten Persönlichkeit des Stifters sich zuwendet, in jedem Fall um im Grunde egozentrische Ziele. Nicht so liegt es bei jenem »bürgerlichen« Motiv, mit welchem *wir* es hier zu tun haben; da steht der Satz der Askese: »Entsagen sollst du, sollst entsagen«, ins Positiv-kapitalistische gewendet: »Erwerben sollst du, sollst erwerben«, in seiner Irrationalität schlicht und rein als eine Art kategorischer Imperativ vor uns. Nur Gottes Ruhm und die eigene Pflicht, nicht die Eitelkeit des Menschen, ist hier bei den Puritanern das Motiv, und *heute*: *nur* die Pflicht gegen den »Beruf«. Wer Freude daran hat, sich einen Gedanken an seinen extremen Konsequenzen zu illustrieren, erinnere sich etwa jener Theorie gewisser amerikanischer Milliardäre, daß man die erworbenen Milliarden *nicht* den Kindern hinterlassen solle, damit diesen die sittliche Wohltat, selbst arbeiten und erwerben zu müssen, nicht entzogen werde: *heute* freilich eine wohl nur noch »theoretische« Seifenblase.

274 *Dies* ist – wie immer wieder hervorzuheben ist – das letzte entscheidende religiöse Motiv (neben den rein asketischen Gesichtspunkten der Fleischabtötung), was ganz besonders deutlich bei den Quäkern hervortritt.

275 Diese lehnt Baxter (Saints' everl. rest, 12) ganz mit den bei den Jesuiten üblichen Motiven ab: dem Leib soll gewährt werden, wessen er bedarf, sonst wird man sein Knecht.

276 Dies Ideal ist speziell im Quäkertum schon in der ersten Epoche seiner Entwicklung klar vorhanden, wie dies in wichtigen Punkten schon Weingarten in seinen »Englischen Revolutionskirchen« (1868) entwickelt hat. Auch die eingehenden Auseinandersetzungen Barclays a. a. O., S. 519 ff., 533, veranschaulichen dies aufs deutlichste. Zu meiden ist: 1. kreatürliche Eitelkeit, also alle Ostentation, Flitterkram und Verwendung von Dingen, die keinen *praktischen* Zweck haben oder nur ihrer Seltenheit wegen (also aus Eitelkeit) geschätzt werden –, 2. ungewissenhafte Verwendung des Besitzes, wie sie in einer gegenüber den notwendigen Lebensbedürfnissen und der Vorsorge für die Zukunft *unverhältnismäßigen* Ausgabe für minder notwendige Bedürfnisse liegt: der Quäker war also sozusagen das wandelnde »Grenznutzgesetz«. »Moderate use of the creature« ist durchaus statthaft, *namentlich* aber durfte man auf Qualität und Solidität der Stoffe usw. Gewicht legen, soweit dies nicht zur »vanity«

führte. Vgl. über alles dies: Morgenblatt für gebildete Leser, 1846, Nr. 216 ff. (Insbesondere: Komfort und Solidität der Stoffe bei den Quäkern, vgl. SCHNECKENBURGER, Vorlesungen (1863), S. 96 f.)

277 Es ist schon früher gesagt, daß wir auf die Frage der Klassenbedingtheit der religiösen Bewegungen *hier* nicht eingehen (darüber s. die Aufsätze über die »Wirtschaftsethik der Weltreligionen«). Um aber zu sehen, daß z. B. BAXTER, der hier vornehmlich benutzt ist, nicht etwa durch die Brille der »Bourgeoisie« der damaligen Zeit blickte, genügt es, sich gegenwärtig zu halten, daß auch bei ihm in der Reihenfolge der Gottgefälligkeit der Berufe nach den gelehrten Berufen zuerst der husbandman kommt, *dann* erst mariners, clothiers, booksellers, tailors usw. in buntem Gewimmel. Auch die (charakteristisch genug) erwähnten »mariners« sind vielleicht mindestens ebenso als Fischer wie als Schiffer gedacht. – Anders stehen in dieser Hinsicht schon manche Aussprüche des Talmud. Vgl. z. B. bei A. WÜNSCHE, Babyl. Talmud, II 1, S. 20, 21, die, freilich nicht unwidersprochenen, Aussprüche Rabbi ELEASARS, alle mit dem Sinn: Geschäftsverkehr ist besser als Ackerbau. (Vermittelnder: II 2, S. 68 über ratsame Kapitalanlage: 1/3 in Grund und Boden, 1/3 in Waren, 1/3 als Barschaft.)

Für diejenigen, deren kausales Gewissen ohne ökonomische (»materialistische«, wie man leider noch immer sagt) Deutung nicht beruhigt ist, sei hiermit bemerkt: daß ich den Einfluß der wirtschaftlichen Entwicklung auf das Schicksal der religiösen Gedankenbildungen für sehr bedeutend halte und später darzulegen suchen werde, wie in unserem Falle die gegenseitigen Anpassungsvorgänge und Beziehungen beider sich gestaltet haben. Nur lassen sich jene religiösen Gedankeninhalte [selbst] nun einmal schlechterdings *nicht* »ökonomisch« *deduzieren*, sie sind – daran läßt sich nichts ändern – eben *ihrerseits* die mächtigsten plastischen Elemente der »Volkscharaktere« und tragen ihre Eigengesetzlichkeit und zwingende Macht auch rein in sich. Und die *wichtigsten* Differenzen – die zwischen Luthertum und Calvinismus – sind überdies vorwiegend *politisch* bedingt, soweit außerreligiöse Momente hineinspielen.

278 Daran denkt ED. BERNSTEIN, wenn er in seinem schon früher [oben S. 194] zitierten Aufsatz (S. 681) sagt: »Der Asketismus ist *bürgerliche* Tugend« [vgl. in d. 2. Aufl., Einzelausg. 1908, S. 321 oben]. Seine Ausführungen a. a. O. *sind die ersten*, die diese wichtigen Zusammenhänge überhaupt angedeutet haben. Nur ist der Zu-

sammenhang ein viel umfassenderer, als er vermutet. Denn nicht die bloße Kapitalakkumulation, sondern die asketische Rationalisierung des gesamten Berufslebens war das Entscheidende. – Für die amerikanischen Kolonien ist der Gegensatz des puritanischen Nordens, wo infolge des »asketischen Sparzwangs« stets anlagebedürftiges Kapital vorhanden war, gegen die Verhältnisse des Südens schon bei John Doyle (s. die folg. Anm.) klar betont.

279 Doyle, The English in America (1887), Vol. II, ch. 1. Die Existenz von Eisenwerks-Gesellschaften (1643), Tuchweberei (1659) für den Markt (und übrigens auch die hohe Blüte des Handwerks) in Neu-England in der ersten Generation nach der Gründung der Kolonie sind, rein ökonomisch betrachtet, Anachronismen und stehen zu den Verhältnissen im Süden sowohl als auch zu dem nicht calvinistischen, sondern volle Gewissensfreiheit genießenden Rhode Island in auffallendstem Gegensatz, wo trotz des vorzüglichen Hafens noch 1686 der Bericht von Governor und Council sagte: »The great obstruction concerning trade is the want of merchants and men of considerable Estates amongst us« (S. G. Arnold, History of the State of Rhode Island, 1859, p. 490). Daß der Zwang, erspartes Kapital immer wieder neu anzulegen, den die puritanische Einschränkung des Konsums übte, dabei mitspielte, ist in der Tat kaum zu bezweifeln. Dazu trat die hier noch nicht zu erörternde Rolle der Kirchenzucht.

280 Daß diese Kreise freilich in den Niederlanden rasch abnahmen, zeigt Busken-Huëts Darstellung (a. a. O., Bd. II, K. III und IV). Immerhin sagte Groen van Prinsterer (Handboek der Geschiedenis van het Vaderland, 3. Aufl., § 303 Anm., S. 254): »De Nederlanders verkoopen veel en verbruiken wenig« noch von der Zeit *nach* dem westfälischen Frieden.

281 Für England befürwortete eine z. B. von Ranke, Englische Geschichte IV, S. 197, zitierte Eingabe eines adligen Royalisten nach dem Einzug Karls II. in London ein gesetzliches Verbot des Erwerbs von Landgütern durch das bürgerliche Kapital, welches dadurch gezwungen werden sollte, sich nur dem Handel zuzuwenden. – Der Stand des holländischen »Regenten« sonderte sich als »Stand« aus dem bürgerlichen Patriziat der Städte *durch* den Aufkauf der alten Rittergüter aus. (S. darüber die bei Fruin, »Tien jaren uit den tachtigjarigen oorlog« zitierte Klage aus dem Jahre 1652, daß die Regenten Rentiers und keine Kaufleute mehr seien.) Diese Kreise sind freilich nie innerlich ernstlich calvinistisch gesinnt gewesen. Und die notori-

sche Adels- und Titelsucht in breiten Kreisen des holländischen Bürgertums in der zweiten Hälfte des 17. Jahrhunderts zeigt allein schon, daß man jedenfalls für *diese* Periode jene Entgegensetzung der englischen gegen die holländischen Verhältnisse nur mit Vorsicht zu akzeptieren hat. Die Übermacht des ererbten Geldbesitzes brach hier den asketischen Geist.

282 Auf den starken Aufkauf der englischen Landgüter durch bürgerliches Kapital folgte die große Epoche der englischen Landwirtschaft.

283 Anglikanische Landlords haben sich noch bis in dieses Jahrhundert nicht selten geweigert, Nonkonformisten als Pächter anzunehmen. (Zur Zeit sind beide kirchlichen Parteien an Zahl annähernd gleich stark, früher waren die Nonkonformisten stets die Minderheit.)

284 Mit Recht macht H. LEVY (in dem Aufsatz im Archiv f. Sozialwissenschaft, 46. Bd. 1918/19, S. 636 ff. [vgl. oben Teil I, Anm. 83 a. E.]) darauf aufmerksam, daß nach der aus zahlreichen Zügen zu erschließenden »Charakteranlage« des englischen Volkes dies für die Rezeption eines asketischen Ethos und bürgerlicher Tugenden wohl eher *weniger* disponiert war als andere Völker: derbe und rohe Lebenslust war (und ist) ein Grundzug seines Wesens. Die Macht der puritanischen Askese in der Zeit ihrer Herrschaft zeigt sich gerade in dem erstaunlichen Grade, in welchem dieser Charakterzug bei ihren Anhängern *temperiert* wurde.

285 Kehrt auch in der Darstellung DOYLES immer wieder. Stets wirkte in der Stellungnahme der Puritaner das religiöse Motiv entscheidend (nicht immer natürlich: *allein* entscheidend) mit. Die Übersiedlung von Gentlemen nach Massachusetts, selbst ein Oberhaus mit Erbadel, war die Kolonie (unter WINTHROPS Führung) geneigt, zuzulassen, *wenn nur* die Gentlemen der *Kirche* beitreten würden. Um der *Kirchen*zucht willen wurde auf *geschlossene* Siedlung gehalten. (Die Kolonisation von New Hampshire und Maine erfolgte durch anglikanische große Kaufleute, welche große Viehplantagen anlegten. Hier bestand sehr geringer sozialer Zusammenhang.) Über die starke »Profitgier« der Neuengländer wurde schon 1632 geklagt (s. z. B.: W. WEEDENS »Economic and social history of New England«, 1890, I, p. 125).

286 Dies betont schon PETTY a. a. O., und alle zeitgenössischen Quellen ohne Ausnahme sprechen insbesondere von den puritanischen *Sektierern*: Baptisten, Quäkern, Mennoniten, als von einer teils mittellosen, teils *klein*kapitalistischen Schicht und stellen sie in

Gegensatz sowohl zu der Großhändler-Aristokratie wie zu den Finanz-Abenteurern. Aus eben dieser *klein*kapitalistischen Schicht aber, und *nicht* etwa aus den Händen der großen Finanzleute: Monopolisten, Staatslieferanten, Staatsgeldgeber, Kolonialunternehmer, promoters usw., ging das hervor, was dem Kapitalismus des Okzidents *charakteristisch* war: die bürgerlich-privatwirtschaftliche Organisation der gewerblichen Arbeit. (S. z. B.: G. UNWIN, Industrial Organization in the 16th and 17th centuries, Oxford 1904, S. 196 ff.) Daß dieser Gegensatz schon den Zeitgenossen selbst genau bekannt war, dafür vgl. PARKERS »Discourse concerning Puritans« von 1641, wo gleichfalls der Gegensatz gegen Projektenmacher und Höflinge betont ist.

287 S. über die Art, wie sich dies in der Politik Pennsylvaniens im 18. Jahrhundert, speziell auch im Unabhängigkeitskrieg, äußerte: I. SHARPLESS, A Quaker experiment in Government, Philadelphia 1902.

288 S. dieselbe in: SOUTHEY, Leben Wesleys, Kap. 29. Den Hinweis – ich kannte die Stelle nicht – erhielt ich durch einen Brief Prof. ASHLEYS (1913). E. TROELTSCH (dem ich sie zu diesem Zweck mitteilte) hat sie gelegentlich schon zitiert.

289 Die Stelle sei allen denen zur Lektüre empfohlen, welche heute über diese Dinge informierter und klüger sein wollen als die Führer und Zeitgenossen jener Bewegungen *selbst*, die, wie man sieht, sehr genau wußten, was sie taten und – gefährdeten. Es geht wirklich nicht an, so, wie einzelne meiner Kritiker, ganz unbestreitbare und bisher auch von niemand bestritten gewesene, von mir lediglich etwas mehr auf ihre inneren Triebkräfte untersuchte, Tatbestände so leichthin zu bestreiten, wie dies leider geschehen ist. Kein Mensch hat im 17. Jahrhundert diese Zusammenhänge je bezweifelt (vgl. noch: TH. MANLEY, Usury of 6% examined, 1669, S. 137). Außer den schon früher zitierten modernen Schriftstellern haben Dichter wie H. HEINE und JOHN KEATS ganz ebenso wie Vertreter der Wissenschaft wie MACAULAY, CUNNINGHAM, ROGERS oder Schriftsteller wie MATTHEW ARNOLD sie als selbstverständlich behandelt. Aus der neuesten Literatur s. W. J. ASHLEY, Birmingham Industry and Commerce (1913), der mir s. Z. auch brieflich sein völliges Einverständnis aussprach. Vgl. zu dem ganzen Problem jetzt den vorstehend in Anm. 284 zitierten Aufsatz von H. LEVY.

290 Daß genau die gleichen Zusammenhänge schon den Puritanern der klassischen Zeit selbstverständlich waren, wird vielleicht durch

nichts deutlicher belegt als dadurch, daß bei BUNYAN »Mr. Moneylove« geradezu argumentiert: »man dürfe religiös werden, *um reich zu werden*, z. B. um seine Kundschaft zu vermehren«, denn: *weshalb* man religiös geworden sei, sei gleichgültig (S. 114 der Tauchnitz Ed. von »The Pilgrims Progress«).

291 DANIEL DEFOE [der Autor des »Robinson Crusoe«] war eifriger Nonkonformist.

292 Auch SPENER (Theol. Bedenken a. a. O., S. 426 f., 429, 432 ff.) hält zwar den Beruf des Kaufmanns für voll von Versuchungen und Fallstricken, aber er erklärt doch auf eine Anfrage: »Mir ist lieb, daß ich sehe, daß der liebe Freund, was die Kaufmannschaft selbst anlangt, keine Skrupel kennt, sondern sie für eine Lebensart erkennt, wie sie auch ist, damit dem menschlichen Geschlecht vieles genützt und also nach Gottes Willen *die Liebe* geübt wird.« Dies wird an verschiedenen anderen Stellen durch merkantilistische Argumente näher motiviert. Wenn SPENER gelegentlich ganz lutherisch die Begierde, reich zu werden, gemäß 1 Tim. 6, 8 und 9 und mit Berufung auf Jesus Sirach – s. o.! – als den Hauptfallstrick und unbedingt abzulegen bezeichnet und den »Nahrungsstandpunkt« einnimmt (Theologische Bedenken, III, S. 435 oben), so schwächt er dies andererseits durch den Hinweis auf die prosperierenden und doch gottselig lebenden Sektierer (S. 175 A. 4) wieder ab. Als *Effekt* fleißiger Berufsarbeit ist auch ihm der Reichtum unbedenklich. Der Standpunkt ist infolge des lutherischen Einschusses weniger konsequent als der BAXTERS.

293 BAXTER a. a. O., II, S. 16, warnt vor der Anstellung von »heavy, flegmatic, sluggish, fleshly, slothful persons« als »servants« und empfiehlt die Bevorzugung von »godly« servants, nicht nur weil »ungodly« servants bloße »eye-servants« sein würden, sondern vor allem weil »a truly godly servant will do all your service in obedience *to God, as if God himself had bid him do it.*« Andere dagegen seien geneigt, »to make no great *matter of conscience* of it«. Und umgekehrt sei beim Arbeiter nicht das äußere Bekennen der Religion, sondern die »conscience to do their duty« das Merkmal der Heiligkeit. Man sieht, das Interesse Gottes und dasjenige des Arbeitgebers gehen hier bedenklich ineinander über: auch SPENER (Theol. Bed., III, S. 272), der sonst dringend mahnt, sich *Zeit* zum Denken an Gott zu lassen, setzt als selbstverständlich voraus, daß die Arbeiter sich mit dem äußersten Mindestmaß freier Zeit (selbst Sonntags) zufrieden

geben müssen. – Mit Recht nannten englische Schriftsteller die protestantischen Immigranten die »Pioniere der gelernten Arbeit«. S. auch die Nachweise bei H. LEVY, Die Grundl. des ökonom. Liberalismus, S. 53.

294 Die Analogie zwischen der nach menschlichem Maßstab »ungerechten« Prädestination nur Einiger und der ebenso ungerechten, aber ebenso gottgewollten Güterverteilung – die ja unendlich nahe lag –, z.B. bei HOORNBEEK a.a.O., Vol. I, S. 153. Überdies ist ja – so BAXTER a.a.O., I, S. 380 – die Armut sehr oft Symptom der sündlichen Faulheit.

295 Gott läßt – meint auch TH. ADAMS (Works of Pur. Div., p. 158) – insbesondere vermutlich deshalb so viele arm bleiben, weil sie nach seiner Kenntnis den Versuchungen, welche der Reichtum mit sich bringt, nicht gewachsen wären. Denn der Reichtum treibt nur allzuoft die Religion aus dem Menschen.

296 S. oben Anm. 239 und die dort a.E. zitierte Arbeit von H. LEVY. Ganz das gleiche wird von allen Schilderungen hervorgehoben (so durch MANLEY für die Hugenotten).

297 Ähnliches hat auch in England nicht gefehlt. Dorthin gehört z.B. auch jener Pietismus, welcher, anknüpfend an W. LAWS »Serious call« (1729), *Armut*, Keuschheit und – ursprünglich – auch Isolierung von der Welt predigte.

298 BAXTERS Tätigkeit in der bei seiner Hinkunft absolut verlotterten Gemeinde Kidderminster, in dem Grade ihres Erfolges fast beispiellos in der Geschichte der Seelsorge, ist zugleich ein typisches Beispiel dafür, *wie* die Askese die Massen zur Arbeit, marxistisch gesprochen: zur »Mehrwert«-Produktion, erzog und so ihre Verwertung im kapitalistischen Arbeitsverhältnis (Hausindustrie, Weberei) *überhaupt erst möglich* machte. So liegt das Kausalverhältnis ganz allgemein. – Von BAXTERS Seite aus gesehen, nahm er die Einfügung seiner Pfleglinge in das Getriebe des Kapitalismus in den Dienst seiner religiös-ethischen Interessen. Von der Seite der Entwicklung des Kapitalismus aus gesehen, traten die letzteren in den Dienst der Entwicklung kapitalistischen »Geistes«.

299 Und noch eins: Man kann ja zweifeln, wie stark die »Freude« des mittelalterlichen Handwerkers an dem »von ihm Geschaffenen«, mit der so viel operiert wird, als psychologisches Agens ins Gewicht gefallen ist. Etwas war immerhin zweifelos daran. Jedenfalls aber *entkleidete* nun die Askese die Arbeit dieses – heute durch den Ka-

pitalismus für immer vernichteten – diesseitigen weltlichen Reizes und richtete sie auf das Jenseits aus. Die berufliche Arbeit *als solche* ist gottgewollt. Die Unpersönlichkeit der heutigen Arbeit: ihre, vom Standpunkte des Einzelnen aus betrachtet, freudenarme Sinnlosigkeit, ist hier noch religiös verklärt. Der Kapitalismus in der Zeit seiner Entstehung brauchte Arbeiter, die um des *Gewissens* willen der ökonomischen Ausnutzung zur Verfügung standen. Heute sitzt er im Sattel und vermag ihre Arbeitswilligkeit ohne jenseitige Prämien zu erzwingen.

300 S. über diese Gegensätze und Entwicklungen: H. LEVY in dem früher (Anm. 239 a. E.) zitierten Buch. Die für England charakteristische und sehr mächtige monopolfeindliche Haltung der öffentlichen Meinung ist geschichtlich aus einer Verbindung *politischen* Machtkampfes gegen die Krone – das Lange Parlament schloß die Monopolisten vom Parlament aus – mit ethischen Motiven des Puritanismus und mit den ökonomischen Interessen des bürgerlichen Klein- und Mittelkapitalismus gegen die Finanzmagnaten im 17. Jahrhundert entstanden. Die Declaration of the Army vom 2. Aug. 1652 und ebenso die Petition der Leveller vom 28. Jan. 1653 fordern neben Beseitigung der Akzisen, Zölle, indirekten Steuern und der Einführung einer Single tax auf estates vor allem: »free trade«, d. h. die Beseitigung aller monopolistischen Schranken des Erwerbs (trade) nach innen und außen als von Verletzungen der Menschenrechte. Ähnlich schon die »große Remonstranz«.

301 Vgl. dazu H. LEVY, Ökon. Liberal., S. 51 f.

302 Daß auch die hier noch nicht auf ihre religiösen Wurzeln zurückgeführten Bestandteile, namentlich der Satz: honesty is the best policy (FRANKLINS Erörterungen über den *Kredit*) puritanischen Ursprungs sind, gehört in einen etwas anderen Zusammenhang. (S. dazu den folgenden Aufsatz.) Hier möge darüber nur folgende Bemerkung J. A. ROWNTREES (Quakerism, past and present [1859], p. 95/6), auf die mich ED. BERNSTEIN aufmerksam machte, wiedergegeben werden: »Is it merely a *coincidence*, or is it a *consequence*, that the lofty profession of spirituality made by the Friends has gone hand in hand with shrewdness and tact in the transaction of mundane affairs? Real piety favours the success of a trader by insuring his integrity, and fostering habits of prudence and forethought: – important items in obtaining that standing and credit in the commercial world, which are requisite for the steady accumulation of wealth.« (S. den folgen-

den Aufsatz.) »Ehrlich wie ein Hugenotte« war im 17. Jahrhundert ebenso sprichwörtlich wie die Rechtlichkeit der Holländer, die Sir W. TEMPLE bewunderte und – ein Jahrhundert später – die der Engländer, verglichen mit Kontinentalen, welche diese ethische Schule nicht durchgemacht hatten.

303 Gut analysiert in BIELSCHOWSKYS »Goethe«, Bd. II, Kap. 18 (27. Aufl. 1914). – Für die Entwicklung des *wissen*schaftlichen »Kosmos« hat einem verwandten Gedanken z. B. auch WINDELBAND am Schlusse seiner »Blütezeit der deutschen Philosophie« (II. Bd. [7. u. 8. Aufl. 1922] der »Gesch. d. neueren Philosophie«, S. 428 f.) Ausdruck gegeben.

304 Saints' everlasting rest, cap. XII.

305 »Könnte der Alte nicht mit seinen 75 000 $ jährlich sich zur Ruhe setzen? – Nein! die Warenhausfront muß nun auf 400 Fuß verbreitert werden. Warum? – That beats everything, meint er. – Abends, wenn Frau und Töchter gemeinschaftlich lesen, sehnt er sich nach dem Bett, Sonntags sieht er alle 5 Minuten nach der Uhr, wann der Tag zu Ende sein wird: – so eine verfehlte Existenz!«: dergestalt faßte der (aus Deutschland eingewanderte) Schwiegersohn des führenden dry-good-man aus einer Stadt am Ohio sein Urteil über den letzteren zusammen, – ein Urteil, welches dem »Alten« seinerseits wiederum zweifellos als gänzlich unbegreiflich und ein Symptom deutscher Energielosigkeit erschienen wäre.

306 Schon diese (hier unverändert stehengebliebene) Bemerkung hätte BRENTANO (a. a. O.) zeigen können, daß ich dessen *selbständige* Bedeutung nie bezweifelt habe. Daß auch der Humanismus nicht *reiner* »Rationalismus« war, betont neuerdings wieder stark KARL BORINSKI (Die Wiedergeburtsidee in den neueren Zeiten, Abhandl. d. Münchner Akad. d. Wiss., 1919).

307 Nicht mit diesem Problem, sondern mit dem der Reformation überhaupt, insbesondere LUTHERS, befaßt sich die Akademische Rede v. BELOWS: Die Ursachen der Reformation (Freiburg 1916). Für das *hier* behandelte Thema, insbesondere die Kontroversen, die sich an diese Studie anschlossen, sei schließlich auf die Schrift von HERMELINK, Reformation und Gegenreformation (1911), verwiesen, die allerdings in erster Linie anderen Problemen zugewendet ist.

308 Denn die vorstehende Skizze hat mit Bedacht nur die Beziehungen aufgenommen, in welchen eine Einwirkung religiöser Bewußtseinsinhalte auf das »materielle« Kulturleben wirklich zweifel-

los ist. Es wäre ein Leichtes gewesen, darüber hinaus zu einer förmlichen »Konstruktion«, die *alles* an der modernen Kultur »Charakteristische« aus dem protestantischen Rationalismus logisch *deduzierte*, fortzuschreiten. Aber derartiges bleibt besser jenem Typus von Dilettanten überlassen, die an die »Einheitlichkeit« der »Sozialpsyche« und ihre Reduzierbarkeit auf *eine* Formel glauben. – Bemerkt sei nur noch, daß natürlich die *vor* der von uns betrachteten Entwicklung liegende Periode der kapitalistischen Entwicklung *überall mit*bedingt war durch christliche Einflüsse, hemmende ebenso wie *fördernde*. Welcher Art diese waren, gehört in ein späteres Kapitel. Ob übrigens von den oben umrissenen weiteren Problemen das eine oder das andere noch im Rahmen *dieser* Zeitschrift erörtert werden kann, ist bei dem Aufgabenkreis derselben nicht sicher. Dem Schreiben dicker Bücher aber, die so stark, wie es hier der Fall sein würde, an fremde (theologische und historische) Arbeiten angelehnt werden müßten, bin ich nicht sehr zugetan. (Ich lasse diese Sätze hier unverändert stehen.) – Für die *Spannung* zwischen Lebensideal und Realität in der »frühkapitalistischen« Zeit *vor* der Reformation jetzt JAKOB STRIEDER, Studien zur Geschichte kapitalistischer Organisationsformen (1914), Buch II (auch gegen die früher [Teil I, Anm. 18 und 50] zitierte, von SOMBART benutzte Schrift von KELLER).

309 Ich finde, daß dieser Satz und die unmittelbar vorausgehenden Be- und Anmerkungen wohl hätten genügen dürfen, um jedes Mißverständnis dessen, was diese Abhandlung leisten *wollte*, auszuschließen, und finde *keinen Anlaß zu irgendeinem Zusatz*. Statt der ursprünglich beabsichtigten unmittelbaren Fortsetzung im Sinn des weiter oben stehenden *Programms* habe ich mich, teils aus zufälligen Gründen, insbesondere wegen des Erscheinens von E. TROELTSCHS »Soziallehren der christlichen Kirchen« (der manches von mir zu Erörternde in einer Art erledigte, wie ich als Nicht-Theologe es nicht gekonnt hätte), teils aber auch, um diese Ausführungen ihrer Isoliertheit zu entkleiden und in die Gesamtheit der Kulturentwicklung hineinzustellen, seinerzeit entschlossen, zunächst die Resultate vergleichender Studien über die *universal*geschichtlichen Zusammenhänge von Religion und Gesellschaft niederzuschreiben. Hier folgt nur ein kurzer Gelegenheitsaufsatz zur Klärung des oben verwendeten »Sekten«-Begriffs und zugleich zur Darlegung der Bedeutung der puritanischen *Kirchen*-Konzeption für den kapitalistischen Geist der Neuzeit.

Die protestantischen Sekten und der Geist des Kapitalismus[1]

Die Vereinigten Staaten haben seit geraumer Zeit das Prinzip der »Trennung von Staat und Kirche«. So streng wird es durchgeführt, daß selbst eine amtliche Statistik der Konfessionalität nicht existiert, weil es als gesetzwidrig gelten würde, den Bürger von Staats wegen nach seiner Konfession auch nur zu fragen. Die praktische Bedeutung dieses Grundsatzes für die Stellung der Kirchengemeinschaften zum Staat[2] soll hier nicht erörtert werden. Vielmehr interessiert uns zunächst der Umstand, daß noch vor etwa 2½ Jahrzehnten trotz der absoluten Ignorierung der Konfessionen durch den Staat und trotz des Fehlens aller jener höchst wirksamen Prämien, welche damals die meisten europäischen Staaten auf die Zugehörigkeit zu gewissen privilegierten Kirchen setzten, die (damalige) Zahl der »Konfessionslosen« in den Vereinigten Staaten trotz ihrer ungeheuren Einwanderung nur auf etwa 6 % geschätzt wurde.[3] Dabei bedeutete nun aber die Zugehörigkeit zu einer kirchlichen Gemeinschaft dort ganz ungleich höhere Lasten, namentlich für die Minderbemittelten, als irgendwo bei uns. Publizierte Haushaltsbudgets beweisen es, und mir persönlich wurde u. a. eine fast ganz aus eingewanderten deutschen ungelernten Holzarbeitern in einer Stadt am Erie-See bestehende Gemeinde bekannt, in welcher bei einem Durchschnittsverdienst der Arbeiter von gegen 1000 $ im Jahr deren regelmäßige Abgaben für kirchliche Zwecke fast 80 $ betrugen, – während jedermann weiß, daß schon ein kleiner Bruchteil dieser finanziellen Zumutung bei uns Massenaustritte aus der Kirche zur Folge gehabt haben würde. Aber davon ganz abgesehen, konnte niemandem, der vor 15–20 Jahren,* ehe die

* 1919/20 verfaßt. [Hrsg.]

letzte akute Europäisierung der Vereinigten Staaten einsetzte, das Land besuchte, die selbst damals noch sehr intensive Kirchlichkeit, welche in allen nicht ganz unmittelbar von europäischen Immigranten überschwemmten Gebieten herrschte, entgehen.[4] Sie war, wie jeder ältere Reisebericht ergibt, früher noch viel stärker und selbstverständlicher als in den letzten Jahrzehnten. Uns interessiert hier nun vor allem eine Seite dieses Tatbestandes. Selbst in Brooklyn, der Schwesterstadt von New York, aber bis vor kurzem mit einer fühlbar stärkeren Erhaltung älterer Tradition, erst recht aber in anderen, weniger dem Einfluß der Immigration ausgesetzten Orten, pflegte es vor kaum einem Menschenalter Geschäftsleuten, die sich neu einführten, stets zu widerfahren, daß bei Anknüpfung gesellschaftlicher Beziehungen unauffällig und scheinbar gelegentlich, aber ersichtlich nie zufällig, die Frage gestellt wurde: »To what church do you belong?«, – ähnlich wie etwa an einer typischen schottischen Table d'hôte noch vor einem Vierteljahrhundert dem Kontinentalen sonntags fast immer die Frage einer Dame drohte: »What service did you attend to-day?«[5] Und bei näherem Zusehen konnte man sich leicht überzeugen, daß, während die amerikanische Behörde als solche die Frage nach der Konfessionszugehörigkeit, wie gesagt, *nie* stellte, der private gesellschaftliche und auch der auf Dauer und *Kreditgewährung* abgestellte geschäftliche Verkehr sie – man durfte annähernd sagen: – *immer* stellte. Warum? – Eine Reihe kleiner, persönlicher Beobachtungen (1904) mag das zunächst zu veranschaulichen suchen.

Der Schreiber dieser Zeilen fuhr im (damaligen) Indian Territory eine lange Fahrt mit einem Handlungsreisenden in »Undertakers hardware« (eisernen Leichensteinaufschriften) zusammen im Abteil und erhielt, als er (beiläufig) die Tatsache der immer noch auffällig starken Kirchlichkeit erwähnte, von jenem die Bemerkung gemacht: »Herr, meinethalben mag jedermann glauben oder nicht glauben, was immer ihm paßt; aber: wenn ich einen Farmer oder Kaufmann sehe, der überhaupt keiner Kirche angehört, so ist er mir nicht für 50 Cts gut: – *was kann ihn veranlassen, mich zu bezahlen, wenn er an gar nichts glaubt? (why pay me, if he doesn't believe in anything?)*« Das war nun eine immerhin etwas vage Motivierung. Etwas deutlicher wurde der Sachverhalt schon aus der Erzählung eines deutschgeborenen Nasen- und Rachen-Spezialisten, der sich in einer großen Stadt am Ohio niedergelassen hatte und von dem Besuch seines ersten Patienten erzählte. Sich auf Aufforderung des Arztes auf dem Sofa niederstrekkend, um mit dem Nasenspiegel untersucht zu werden, habe dieser Patient sich erst noch einmal aufgerichtet und mit Würde und Nachdruck bemerkt: »Herr, ich bin Mitglied der 2nd Baptist Church in der X-Street.« Ratlos, was für eine Bedeutung diese Tatsache wohl für das Nasenleiden und dessen Behandlung haben könne, habe er (der Arzt) einen ihm bekannten amerikanischen Kollegen vertraulich darüber befragt und die lächelnde Auskunft erhalten, das bedeute nur: »Seien Sie wegen des *Honorars* ohne Sorgen.« – *Warum* bedeutete es nun aber eben dies? Das wird vielleicht aus einem dritten Vorgang klarer.

An einem schönen klaren Sonntag nachmittag Anfang Oktober wohnte ich mit einigen Verwandten – Farmern im Buschwald einige Meilen von M. (Hauptort einer County) in North Carolina – an einem Tümpel, durch den ein von den in der Ferne sichtbaren Blue Ridge Mountains kommender Bach floß, einer Baptistentaufe bei. Es war kalt und hatte die Nacht etwas gefroren. Ringsum an den Hängen der Hügel standen massenhaft Farmerfamilien, die in ihren leichten zweirädrigen Wagen aus der Nachbarschaft, teilweise aber auch von weither, gekommen waren. In dem Tümpel stand, bis an den Leib, in schwarzer Kleidung der Prediger. In den Tümpel hinein traten – nach Vorbereitungen verschiedener Art – nacheinander ca. 10 Personen beiderlei Geschlechts in gesellschaftlicher Kleidung, wurden auf den Glauben verpflichtet, tauchten dann, die Frauen im Arm des Predigers, gänzlich unter das Wasser, kamen prustend hoch, schlotterten mit angeklatschter Kleidung aus dem

Teich, wurden allseitig »beglückwünscht«, dabei schleunigst in dicke Plaids gehüllt und von dannen nach Hause gefahren.[6] Ein Verwandter, der neben mir stand und, deutschen Traditionen gemäß unkirchlich, verächtlich über die Achsel spukkend zusah,[7] wurde beim Eintauchen eines der jungen Männer aufmerksam: »Look at him, – I told you so!« – Auf die Frage (nach Beendigung der Zeremonie): Warum hast du dir das, wie du sagst, vorausgedacht?, kam die Antwort: »Weil er eine Bank in M. aufmachen will.« – Sind denn so viele Baptisten in der Gegend, um davon zu leben? – »Durchaus nicht, aber er bekommt ja, nun er getauft ist, die Kundschaft der ganzen Umgegend und wird alles niederkonkurrieren.« Die Rückfragen, warum? und wodurch?, ergaben: daß die Rezeption in die dortige, noch streng an der religiösen Tradition haftende Baptistengemeinde, welche erst nach sorgsamster »Erprobung« und nach peinlichsten, sich bis in die frühe Kindheit zurückerstreckenden Recherchen über den »Wandel« (»disorderly conduct«? Wirtshausbesuch? Tanz? Theater? Kartenspiel? unpünktliche Zahlung von Verbindlichkeiten? sonstige Leichtfertigkeiten?) erfolgte, als eine derart absolute Garantie der ethischen Qualitäten eines Gentleman, vor allem: der geschäftlichen, gelte, daß dem Betreffenden die Depots der gesamten Umgebung und schrankenloser Kredit konkurrenzlos sicher seien. Er sei ein »gemachter Mann«. Weitere Beobachtung ergab, daß diese oder doch sehr ähnliche Erscheinungen sich in den verschiedensten Gegenden ähnlich wiederholten. Es kamen diejenigen (und im allgemeinen *nur* diejenigen) geschäftlich hoch, welche methodistischen oder baptistischen oder anderen *Sekten* (oder sektenartigen Konventikeln) angehörten. Verzog ein Sektenmitglied in einen anderen Ort oder war er Handlungsreisender, so führte er das certificate seiner Gemeinde mit sich und hatte dadurch nicht nur Anschluß bei Sektengenossen, sondern vor allem: Kredit bei aller Welt. Geriet er (unverschuldet) in ökonomische Schwierigkeiten, so arrangierte die Sekte seine Verhältnisse, sicherte die Gläubiger und half ihm in jeder Art, oft noch nach dem biblischen Prinzip »mutuum date nihil inde sperantes«.* Aber nicht diese Erwartung der Gläubiger, daß die Sekte um ihres Prestiges willen sie nicht zu Schaden kommen lassen werde, war das letztlich für seine Chancen Ausschlaggebende, sondern die Tatsache, daß in eine einigermaßen reputierliche Sekte *nur* aufgenommen wurde, wessen »Wandel« ihn als zweifelsfrei ethisch *qualifiziert* erscheinen ließ. Daß also die Sektenmitgliedschaft – im Gegensatz zur Mitgliedschaft einer »Kirche«, in die man »hineingeboren« wird und die ihre Gnade über Gerechte und Ungerechte scheinen läßt, – ein ethisches, insbesondere auch ein geschäftsethisches, Qualifikationsattest für die *Persönlichkeit* bedeutete. Eine »Kirche« ist eben eine Gnaden*anstalt*, welche religiöse Heilsgüter wie eine Fideikommißstiftung verwaltet und zu welcher die Zugehörigkeit (der Idee nach!) obligatorisch, daher für die Qualitäten des Zugehörigen nichts beweisend, ist, eine »Sekte« dagegen ein voluntaristischer Verband ausschließlich (der Idee nach) religiös-ethisch Qualifizierter, in den man freiwillig eintritt, wenn man freiwillig kraft religiöser *Bewährung* Aufnahme findet.[8] Ausschluß aus der Sekte wegen ethischer Verstöße bedeutete wirtschaftlich Verlust der Kreditwürdigkeit und soziale Deklassierung. Vielfache Beobachtungen in den folgenden Monaten bestätigten nicht nur die zwar anscheinend schnell absterbende, aber (damals) noch immer recht wichtige Bedeutung der Kirchlichkeit als solcher,[9] sondern auch gerade dieses besonders wichtigen Zuges. Die Art des Glaubensbekenntnisses war heute ziemlich gleichgültig.[10] Ob Freimaurer,[11] ob Christian Science, ob Adventist, Quäker oder was immer, war einerlei. Wenn nur das Entscheidende vorlag: die Aufnahme nur durch »ballot« nach vorheriger *Prüfung* und ethischer *Bewährung* im Sinne jener Tugenden, welche die innerweltliche Askese des Protestantismus, also: die alte puritanische Tradition, prämiierte, dann war die gleiche Wirkung zu beobachten. Näheres Zusehen ergab dann das stetige Fortschreiten jenes

* Ev. Luc. 6, 35. [Hrg.]

charakteristischen »Säkularisations«-Prozesses, dem solche aus religiösen Konzeptionen geborene Erscheinungen in moderner Zeit überall verfallen. Nicht *nur* mehr religiöse Verbände: Sekten also, waren es, welche diese Wirkung entfalteten. Vielmehr diese in stetig abnehmendem Anteil. Bei einiger Aufmerksamkeit fiel (noch vor 15 Jahren) in die Augen, daß im amerikanischen bürgerlichen Mittelstand (immer: außerhalb der ganz modernen Großstädte und Immigrationszentren) auffällig viele Männer im Knopfloch ein kleines Abzeichen (verschiedener Färbung) trugen, welches am ehesten etwa an eine Ehrenlegionsrosette erinnerte. Auf Befragen: was das sei?, wurde regelmäßig ein Verband mit einem zuweilen abenteuerlichen Phantasienamen genannt. Und als dessen Sinn und Zweck stellte sich heraus: daß er fast stets die Funktion einer Sterbekasse erfüllte, daneben sehr verschiedene andere Leistungen darbot, oft aber auch, und zwar gerade in den Gebieten, die von der modernen Zersetzung am unberührtesten waren, dem Mitglied den (ethischen) Anspruch auf brüderliche Nothilfe seitens jedes bemittelten Verbandsbruders bei unverschuldeter ökonomischer Gefährdung gab, und zwar in mehreren mir damals bekannt gewordenen Fällen wiederum geradezu noch nach dem Grundsatz: »mutuum date nihil inde sperantes«, oder doch zu einem sehr niedrigen Zinssatz. Ein Anspruch, der anscheinend auch willig von den Verbandsbrüdern erfüllt wurde. Überdies aber – und dies war auch hier die Hauptsache – beruhte eben die Mitgliedschaft wiederum auf Ballotage nach vorheriger Recherche und Feststellung der ethischen Bewährung. Und die Rosette im Knopfloch bedeutete also: »Ich bin ein nach Recherche und Bewährung patentierter und kraft meiner Mitgliedschaft garantierter Gentleman« – vor allem wieder in dem geschäftlichen Sinn der erprobten *Kreditwürdigkeit*. Auch hier konnte festgestellt werden, daß die geschäftlichen Chancen durch diese Legitimierung oft völlig entscheidend beeinflußt wurden.

Alle diese Erscheinungen, die – zum mindesten die religiösen – in ziemlich schnellem Verfall begriffen zu sein schienen,[12] waren wesentlich auf den bürgerlichen Mittelstand beschränkt. Sie waren insbesondere das typische Vehikel des Aufstiegs in den Kreis des mittleren bürgerlichen Unternehmertums und der Verbreitung und Erhaltung des bürgerlichen kapitalistischen Geschäftsethos innerhalb der breiten Kreise dieses mittleren Bürgerstandes (mit Einschluß der Farmer). Zwar gehörten bekanntlich nicht ganz wenige (wohl: die Mehrzahl der älteren Generation) der amerikanischen »promoters«, »captains of industry«, der Multimillionäre und auch der Trustmagnaten formell Sekten, besonders den Baptisten, an. Diese indessen naturgemäß oft nur aus konventionellen Gründen, wie bei uns, und nur zur persönlich-gesellschaftlichen, nicht aber zur geschäftlichen Legitimation. Denn, wie schon in der Zeit der Puritaner, bedurften naturgemäß solche »ökonomischen Übermenschen« einer derartigen Krücke nicht, und *ihre* »Religiosität« war natürlich oft von mehr als zweifelhafter Aufrichtigkeit. Der Mittelstand: die in und aus ihm *aufsteigenden* Schichten vor allem waren ebenso wie im 17. und 18. Jahrhundert Träger jener spezifisch religiösen Orientierung, die man sich sehr hüten muß, bei ihnen als *nur* opportunistisch bedingt anzusehen.[13] Aber es darf eben nie übersehen werden, daß ohne diese universelle Verbreitung jener Qualitäten und Prinzipien methodischer Lebensführung, welche durch diese religiösen Gemeinschaften gestützt wurden, der Kapitalismus noch heute sogar in Amerika nicht das wäre, was er ist. Es gibt keine nicht ganz streng feudal oder patrimonial gebundene Epoche der Geschichte irgendeines Wirtschaftsgebiets der Erde, in welcher kapitalistische Figuren von der Art Pierpont Morgans, Rockefellers, Jay Goulds usw. gefehlt hätten, und nur die erwerbstechnischen *Mittel*, deren sie sich bedienten, haben (natürlich!) gewechselt. *Sie* standen und stehen »jenseits von Gut und Böse«, – aber: nicht sie, so hoch man ihre wirtschaftsumwälzende Bedeutung sonst anschlagen mag, haben jemals den Ausschlag dafür gegeben, welcher Wirtschafts*geist* in einer Epoche und einem Gebiet *herrschend* war. Nicht sie, vor allem, waren die Schöpfer und nicht sie wurden die Träger des spezifisch okzidentalen *bürgerlichen* »Geistes«.

Es soll nun hier nicht auf die politische und soziale Bedeutung dieser und der zahlreichen ähnlichen exklusiven, sich durch Ballotage ergänzenden Verbände und Klubs in Amerika eingegangen werden. Vom Boys' Club auf der Schule angefangen zum Athletic Club oder zur Greek Letter Society oder zu einem anderen studentischen Klub gleichviel welcher Art und dann zu einem der zahlreichen Honoratioren-Klubs der Geschäftsleute und des Bürgertums oder schließlich zu den Klubs der Plutokratie in den Großstädten geleitete den typischen Yankee noch der letzten Generation eine Serie von solchen exklusiven Gesellschaften durch das Leben. Zu ihnen Zutritt zu erlangen, war gleichbedeutend mit einem Billett zum Aufstieg, vor allem mit der Bescheinigung vor dem Forum *seines eigenen* Selbstgefühls: sich »bewährt« zu haben. Ein Student, der im College in *keinem* Klub (oder klubartiger Gesellschaft) irgendwelcher Art Eintritt fand, war in der Regel eine Art von Paria (es sind mir Selbstmorde wegen Nichtrezeption bekannt geworden), ein Geschäftsmann, Kommis, Techniker, Arzt, der das gleiche Schicksal hatte, war meist von fragwürdiger Verwendungsfähigkeit. Heute sind zahlreiche derartige Klubs Träger jener ständischen Aristokratisierungstendenzen, welche, neben und – was wohl zu beachten ist – zum Teil im *Gegensatz* zur nackten Plutokratie, der amerikanischen Entwicklung der Gegenwart charakteristisch sind.[14] Aber in der Vergangenheit und bis in die Gegenwart hinein war es ein Merkmal gerade der spezifisch amerikanischen *Demokratie:* daß sie *nicht* ein formloser Sandhaufen von Individuen, sondern ein Gewirr streng exklusiver, aber voluntaristischer, *Verbände* war. Wenn sie, bis vor nicht langer Zeit, das Prestige der Geburt und des *ererbten* Reichtums, des Amts und der diplomierten Erziehung nicht oder doch nur in einem so geringen Grade anerkannten, wie dies sonst in der Welt nur sehr selten der Fall war und ist, so war sie doch weit davon entfernt, jeden Beliebigen mit offenen Armen als gleichgestellt zu rezipieren. Gewiß: ein amerikanischer Farmer hätte (noch vor $1^1/_2$ Jahrzehnten) seinen Gast nicht über sein Feld an einem pflügenden (eingeborenen!) Arbeiter vorübergeführt, ohne ihn mit diesem nach förmlicher Vorstellung »die Hände schütteln« zu machen. Gewiß: in einem typischen amerikanischen Klub hörte früher jegliche Erinnerung daran, daß z. B. die beiden Mitglieder, welche Billard miteinander spielten, etwa im Verhältnis von Chef und Kommis standen, absolut auf – hier herrschte die Gleichheit des Gentleman.[15] Gewiß: die Frau des amerikanischen Arbeiters, welche der Gewerkschaftler, mit dem man luncht, mitbrachte, hatte – etwas einfacher und linkischer – sich gänzlich der Kleidung und dem Benehmen der bürgerlichen Lady angepaßt. Aber wer, es sei in welcher Stellung immer, in dieser Demokratie als vollwertig gelten wollte, mußte nicht nur sich den Konventionen der bürgerlichen *society* fügen, einschließlich der sehr strengen Herrenmode, sondern er *mußte* auch, in aller Regel, sich darüber ausweisen können, daß es ihm gelungen war, in eine der als ausreichend legitimiert anerkannten Sekten, Klubs oder Gesellschaften *gleichviel* welcher Art hineinballotiert zu werden und sich darin, durch *Bewährung* als Gentleman, zu behaupten.[16] Wem das nicht gelang, der war kein Gentleman; wer es verschmähte – wie die Deutschen zumeist[17] –, der hatte einen schweren Weg, vor allem auch: geschäftlich.

Indessen, wie gesagt, die soziale Bedeutung dieser jetzt in tiefgreifender Umbildung begriffenen Zustände soll hier nicht untersucht werden. Uns interessiert zunächst, daß die moderne Stellung der weltlichen, durch Ballotage sich ergänzenden Klubs und Gesellschaften weitgehend Produkt eines *Säkularisations*prozesses von der ehemaligen weit ausschließlicheren Bedeutung des Prototyps dieser voluntaristischen Verbände: der *Sekten*, ist. Und zwar gerade im Heimatgebiet des echten Yankeetums: in den nordatlantischen Staaten. Erinnern wir uns doch zunächst einmal, daß innerhalb der amerikanischen Demokratie das allgemeine gleiche Wahlrecht (der Nicht-Farbigen!; denn für Neger und alle Mischlinge besteht es ja auch heute de facto nicht) und ebenso die »Trennung von Staat und Kirche« erst Errungenschaften einer jungen Vergangenheit, im wesentlichen Anfang des 19. Jahrhunderts beginnend, sind, und daß in der Kolonialzeit in den Zentralgebieten Neu-Englands, vor allem in Massachusetts, Voraussetzung des Vollbürgerrechts im Staat (neben einigen anderen Bedingungen vor allem:) das Vollbürgerrecht in der *Kirchengemeinde* war, die ihrerseits über Zulassung oder Nichtzulassung verfügte.[18] Und zwar verfügten sie darüber ja nach der *Bewährung* der religiösen Qualität durch den *Wandel*, wie alle – im weiten Sinne des Worts – puritanischen Sekten. Nicht minder waren in Pennsylvanien bis einige Zeit vor dem Unabhängigkeitskrieg die Quäker Herren des Staats, wenn auch nicht *formell* allein politische Vollbürger (sondern nur noch kraft einer weitgehenden Wahlkreisgeometrie). Die ungeheure soziale Bedeutung der Zulassung zum Vollgenuß der Sektengemeinderechte, insbesondere: zum *Abendmahl*, wirkte bei den Sekten in der Richtung der Züchtung jener asketischen Berufsethik, welche dem modernen Kapitalismus in der Zeit seiner *Entstehung* adäquat war. Denn genauso, wie dies an der Hand jener persönlichen Erlebnisse für Amerika veranschaulicht wurde, hat die Religiosität der asketischen Sekten mehrere Jahrhunderte lang nachweislich überall, auch in Europa, gewirkt.

Blicken wir nämlich in die kirchliche Vorgeschichte dieser protestantischen Sekten zurück,[19] so finden wir in deren Dokumenten, vor allem bei den Quäkern und Baptisten, bis in das 17. Jahrhundert hindurch (und gerade damals) immer wieder den Jubel darüber, daß die sündigen »Kinder der Welt« einander gegenseitig selbst geschäftlich mißtrauen, daß sie dagegen der religiös bedingten Rechtlichkeit der Frommen vertrauen,[20] deshalb ihnen und nur ihnen Kredit und ihr Geld ins Depot geben, in ihren Läden ihre Einkäufe machen, weil sie dort und nur dort reell und zu *festen Preisen* bedient werden, – was zuerst zum Prinzip erhoben zu haben, die Baptisten bekanntlich von jeher für sich in Anspruch nahmen.[21] Daß die Götter den, der ihnen, sei es durch Opfer, sei es durch die Art seiner Lebensführung, wohlgefällig ist, mit Reichtum segnen, war nun freilich eine über die ganze Welt verbreitete Vorstellung. Daß dies jedoch mit dieser *Art* der religiösen Lebensführung, gemäß dem frühkapitalistischen Prinzip: »honesty is the best policy«, bewußt in Verbindung gebracht wird, findet sich zwar nicht absolut ausschließlich, allerdings aber in dieser Kontinuität und Konsequenz *nur* bei diesen protestantischen Sekten.[22] Aber nicht nur diese Ethik, von der ja schon im vorigen Aufsatz näher die Rede war, sondern vor allem die sozialen *Prämien* und Zuchtmittel und überhaupt die gesamte organisatorische Grundlage des protestantischen Sektentums mit allen ihren Wirkungen reichen in die Anfänge der asketischen Sektenbildung zurück. Jene heutigen Rudimente in Amerika sind die Ausläufer einer einstmals überaus penetrant wirkenden Organisation kirchlicher Lebensreglementierung. Machen wir uns deren Art, Wirkungsweise und Wirkungsrichtung in kurzem Überblick klar.

Innerhalb des Protestantismus tauchte das Prinzip der »believers church«: der streng auf »wahre« Christen beschränkten, daher voluntaristischen, von der Welt abgeschiedenen Gemeinschaft eines wirklich heiligen Volkes zuerst deutlich bei den Täufern in Zürich 1523/4 auf,[23] welche 1525 im Anschluß an TH. MÜNZER – der die Kindertaufe verworfen, aber nicht die letzte Konsequenz: die nochmalige Taufe von als Kinder getauften Erwachsenen (Wiedertaufe) gefordert hatte – die Erwachsenentaufe (einschließlich der – eventuellen – Wiedertaufe) einführten. Wandernde Handwerksburschen, die Hauptträger der Täuferbewegung, trugen sie nach jeder Unterdrückung in neue Gebiete. Es soll nun hier nicht auf die Ausprägungen dieser voluntaristischen innerweltlichen Askese: die alten Täufer, die Mennoniten, die Baptisten, die Quäker, einzeln eingegangen und auch nicht erneut dargelegt werden, wie jede asketische Denomination, auch der Calvinismus[24] und Methodismus, immer wieder in die gleiche Bahn gedrängt wurde: entweder das Konventikel der exemplarischen Christen *in* der Kirche (Pietismus), oder aber die Gemeinschaft der als tadellos legitimierten kirchlichen Vollbürger als Herrn *über* die Kirche, der die anderen nur als ein passiver, der Zucht unterworfener Stand von Minderchristen angehören (Independentismus). Der äußere und innere Konflikt der beiden Strukturprinzipien: »Kirche« als Gnadenanstalt, oder »Sekte« als Verein der religiös Qualifizierten, geht im Protestantismus durch die Jahrhunderte von ZWINGLI bis zu KUYPER und STÖCKER. Hier aber wollen wir lediglich die für die Beeinflussung der Lebensführung *praktisch* wichtigen *Konsequenzen* des voluntaristischen Prinzips uns vor Augen führen. Wir erinnern uns nur noch, daß der entscheidende Gedanke der Reinhaltung des *Abendmahls* – dessen zentrale soziale Bedeutung für die christlichen Gemeinschaften darin hervortritt – von der Teilnahme Unheiliger zwar auch in den nicht die Konsequenz der Sektenbildung ziehenden Denominationen, besonders bei den prädestinatianischen Puritanern, zu einer Art der Behandlung der Kirchenzucht führte, welche im Effekt der Zucht der Sekten nahe kam,[25] daß er aber bei den Sekten selbst gerade in der ersten Zeit ihres Entstehens unmittelbar ausschlaggebend war.[26] Gleich der erste konsequente Voluntarist, ROBERT BROWNE, hebt in seinem »Treatise of Reformation without tarying for anie« (vermutlich 1582) als Hauptmotiv für die Ablehnung des Episkopalismus und Presbyterianismus den Zwang zur Abendmahlsgemeinschaft mit »wicked men« hervor.[27] In der presbyterianischen Kirche bemühte man sich vergeblich, mit dem Problem fertig zu werden. Schon unter ELISABETH (Konferenz von Wandsworth) war dies der entscheidende Punkt.[28] Die Frage, *wer* vom Abendmahl ausschließen dürfe, spielte dann im englischen Revolutionsparlament immer erneut eine Rolle. Zuerst (1645) sollten minister und elders (also: Laien) darüber frei verfügen. Dabei versuchte das Parlament, die Fälle, in denen der Ausschluß zulässig sein sollte, festzustellen und alle anderen an den Konsens des Parlaments zu knüpfen: – ein »Erastianismus«, gegen den die Westminster-Versammlung scharf protestierte.

Die Partei der Independenten zeichnete sich dadurch aus, daß sie außer ortsansässigen und als religiös vollwertig anerkannten Gemeindemitgliedern nur Personen mit Ausweisen (tickets) zur Kommunion zuließ; Auswärtigen wurden tickets nur bei Empfehlung durch Qualifizierte verabfolgt. Die beim Umzug in andere Orte und für Reisen ausgestellten Qualifikationszeugnisse (letters of recommendation) gehören ebenfalls schon dem 17. Jahrhundert an.[29] Innerhalb der offiziellen Kirche versuchten BAXTERS Konventikel (Associations), die 1657 in 16 counties eingeführt waren, sich als eine Art freiwilliger Zensurbehörde zu etablieren, die dem Pfarrer bei der Feststellung der Qualifikation und dem Ausschluß von »scandalous persons« vom Abendmahl zur Seite stehen wollte.[30] Ähnliches hatten schon die »5 dissenting brethren« der Westminster-Versammlung – in Holland gewesene Refugiés aus den oberen Klassen – mit ihrem Vorschlag bezweckt, *neben* der parish voluntaristische Kongregationen zu gestatten und auch ihnen das Wahlrecht zur Synode zu geben. In Neu-England ist die ganze Kirchengeschichte mit Kämpfen um die Frage: wer zu den Sakramenten (auch z. B. als Pate) zuzulassen sei, ob die Kinder der nicht Zugelassenen getauft werden dürfen[31] und unter welchen Kautelen und dergleichen, ausgefüllt. Die Schwierigkeit lag ja darin: daß einmal nur der Würdige das Abendmahl empfangen *durfte*, dieser aber es auch empfangen *mußte*,[32] beim Zweifel an der eigenen Würdigkeit also die Fernhaltung nicht sündlos machte,[33] und daß andererseits die Gemeinde für die Reinhaltung des Abendmahls von Unwürdigen, insbesondere Reprobierten[34], Gott gegenüber solidarisch *haftete*. Vor allem also haftete sie für die Spendung durch einen würdigen, d. h. in Gnade stehenden, minister. Damit tauchten uralte Kirchenverfassungsprobleme wieder empor. Vergebens versuchte BAXTERS Kompromißvorschlag, daß wenigstens im Notfall auch der Empfang durch einen unwürdigen, d. h. im Wandel anfechtbaren, minister zulässig sein sollte,[35] zu vermitteln: das alte donatistische Prinzip des persönlichen Charisma und das in der katholischen

Kirche durch den character indelebilis des Priesters radikal etablierte, aber auch die offiziellen Reformationskirchen beherrschende Prinzip der Anstaltsgnade stießen unbarmherzig aufeinander[36], wie in den Zeiten des Frühchristentums. Hierauf: auf der religiösen Verantwortlichkeit der *Gemeinde* für die Würdigkeit sowohl des minister wie der Abendmahlsgenossen beruhte der kompromißlose Radikalismus der independentischen Gedankenwelt. Und dabei ist es im Prinzip geblieben. Bekanntlich ist noch in den letzten Jahrzehnten das KUYPERsche Schisma in Holland mit seinen weittragenden politischen Folgen dadurch entstanden: daß, entgegen den Ansprüchen des synodalen Kirchenregiments der Hervormde Kerk der Nederlanden, die Gemeindeältesten einer Kirche in Amsterdam: – *Laien*, mit dem späteren Ministerpräsidenten KUYPER, der auch ein einfacher Laienältester war, an der Spitze, sich weigerten, die Konfirmationsscheine auswärtiger, von ihrem Standpunkt aus unwürdiger oder ungläubiger, Prediger für die Zulassung zum Abendmahl als zulänglich anzuerkennen.[37] Im Wesen genau dies war der Gegensatz von Presbyterianern und Independenten im 16. Jahrhundert. Denn aus jener Verantwortlichkeit der Gemeinde folgten entscheidend wichtige Konsequenzen. Nächst dem voluntaristischen Prinzip: freie Zulassung Würdiger und nur solcher als Gemeindemitglieder, das Prinzip der Souveränität der *lokalen* einzelnen Abendmahls*gemeinde*. Nur sie konnte ja kraft persönlicher Bekanntschaft und Prüfung beurteilen, ob ein Mitglied qualifiziert sei, nicht aber ein, sei es auch noch so frei gewähltes Kirchenregiment einer interlokalen Gemeinschaft. Und sie konnte das nur bei beschränkter Mitgliederzahl: relativ *kleine* Gemeinden allein waren dem Prinzip angemessen.[38] Wo die Gemeinschaften dafür zu groß waren, erfolgte daher entweder, wie im Pietismus, Konventikelbildung, oder aber es wurden, wie im Methodismus, die Mitglieder zu Gruppen zusammengefaßt, welche Träger der *Kirchenzucht* waren.[39] Denn dies: die außerordentlich straffe Sittenzucht,[40] und zwar durch *Selbstverwaltung* der Gemeinde, war das dritte unvermeidliche, durch das Interesse an der Reinhaltung der Abendmahls-(oder, bei den Quäkern, Gebets-) Gemeinschaft geforderte Prinzip. Die Zucht der asketischen Sekten war in der Tat – auch darin der Klosterzucht analog – weit rigoroser als die irgendeiner Kirche. Sie stellte den Grundsatz des Noviziats auf.[41] Im Gegensatz zu den Grundsätzen der offiziellen protestantischen Kirchen versagte sie oft dem wegen ethischer Verstöße Ausgestoßenen jeden Verkehr mit den Gemeindegliedern, verhängte also in diesem Fall über ihn, auch geschäftlich, den absoluten Boykott und mied bisweilen jede Beziehung mit Nichtbrüdern, außer im Fall unbedingter Notwendigkeit.[42] Und sie legte ihre Zucht dem Schwerpunkt nach in die Hände der *Laien.* Keine geistliche Autorität konnte ja der Gemeinde ihre solidarische Verantwortlichkeit vor Gott abnehmen. Schon bei den Presbyterianern war das Gewicht der Laien-Ältesten sehr groß. Der Independentismus aber, und erst recht der Baptismus, bedeutete geradezu einen Kampf gegen die theologische Beherrschung der Gemeinde[43] – und natürlich, genau entsprechend, eine Klerikalisierung des nunmehr in die Funktionen der Sittenkontrolle durch Selbstverwaltung, Vermahnung und eventuell Exkommunikation einrückenden Laientums.[44] Die Laienherrschaft in der Kirche fand ihren Ausdruck teils in dem nicht nur dem Amtsbegriff des Luthertums, sondern auch der göttlichen Ordnung des Presbyterianismus höchst anstößigen Verlangen nach Freiheit der Laienpredigt (liberty of prophesyings)[45]: – wofür auf die Zustände der Urchristengemeinde Bezug genommen wurde –, teils auch in der Opposition gegen ein theologisches Berufspredigertum überhaupt: nur das Charisma, nicht Schulung und Amt, sollte gelten.[46] So radikale Konsequenzen wie die Quäker mit ihrem Grundsatz: daß in der gottesdienstlichen Versammlung jeder, aber auch *nur* der sprechen solle, über den der »Geist« gerade kommt, daß es also einen Berufsgeistlichen überhaupt nicht gibt,[47] haben andere Sekten freilich nicht oder doch nicht dauernd gezogen. Aber entweder ist der Geistliche grundsätzlich nicht als »Mietling«,[48] sondern nur im Ehrenamt oder gegen freiwillige Ehrengaben[49] oder nur im Nebenberuf und nur gegen Kostenersatz tätig;[50] oder er ist jederzeit entlaßbar, oder es herrscht eine Art von Missionsorganisation mit nur jeweilig im gleichen »circuit« arbeitenden Wanderpredigern[51] wie im Methodismus.[52] Wo das Amt (im überlieferten Sinn) und also die theologische Qualifikation aufrechterhalten wurde,[53] da galt diese doch nur als eine fachtechnische Vorbedingung, als eigentlich entscheidende Qualität aber das Charisma des Gnadenstandes: auf dessen Feststellung richteten sich die Ermittlungen derjenigen Instanzen, welche – wie die CROMWELLschen triers (lokale Körperschaften für die Ausstellung von Qualifikationsattesten) und ejectors (geistliche Disziplinarinstanz)[54] – die Eignung der Geistlichen zu prüfen hatten. Man sieht: der charismatische Charakter der Autorität wurde ebenso gewahrt wie der charismatische Charakter der Gemeindemitgliedschaft selbst. Wie das CROMWELLsche Heer der Heiligen nur vom religiös Qualifizierten sich das Abendmahl reichen ließ, so weigerte sich der CROMWELLsche Soldat, unter einem Offizier in die Schlacht zu ziehen, der nicht mit ihm der Abendmahlsgemeinschaft der Qualifizierten angehörte.[55]

Im Innern, unter den Sektenmitgliedern, herrschte, wenigstens bei den Täufern und ihren Derivaten, der Anforderung nach, der altchristliche Brudergeist.[56] Es galt bei manchen von ihnen als verpönt, die staatlichen Gerichte anzurufen,[57] und es bestand die Nothilfspflicht.[58] Es war zwar natürlich (außer gelegentlich bei ganz radikalen Gemeinschaften) wenigstens der *Geschäfts*verkehr mit den Nichtbrüdern nicht verboten. Aber es verstand sich von selbst, daß man die Brüder bevorzugte.[59] Das System der Bescheinigungen (über Zugehörigkeit und *Wandel*)[60] für nach auswärts verziehende Brüder findet sich von Anfang an. Das Unterstützungswesen der Quäker war so hoch entwickelt, daß eben infolge der dadurch entstehenden Lasten die Propagandaneigung schließlich gelähmt wurde. Die Kohäsion der Gemeinden war so stark, daß sie mit gutem Grund als eins der Motive für die durchweg geschlossene und von Anfang an stark städtische Siedelung in Neu-England angeführt wird[61] – im Gegensatz zum Süden. In allen diesen Punkten zeigen sich, wie man sieht, die eingangs dieser Skizze an Beispielen veranschaulichten modernen Funktionen amerikanischer Sekten und sektenartiger Verbände als gradlinige Ausläufer, Rudimente und Überlebsel jener einstmals in allen asketischen Sekten und Konventikeln herrschenden Verhältnisse, die heute im Verfall sind. Der ungeheure exklusive »Kastenstolz« der Sektierer ist von Anfang an bezeugt.[62]

Was war – und ist – nun eigentlich das für unser Problem Entscheidende an dieser ganzen Entwicklung? Politische und bürgerliche Folgen hatte die Exkommunikation auch im Mittelalter, formell sogar schärfere als da, wo Sektenfreiheit bestand. Auch im Mittelalter konnte nur der Christ Vollbürger sein. Auch im Mittelalter bewirkte, wie ALOYS SCHULTE schön gezeigt hat, die Möglichkeit, gegen einen Bischof, der seine Schulden nicht zahlte, mit den Disziplinarmitteln der Kirche vorzugehen, daß dieser kreditwürdiger war als ein weltlicher Fürst.* Auch für den preußischen Leutnant bedeutete der Umstand, daß er unter dem Druck der Entlassung Schulden halber stand, eine erhöhte Kreditwürdigkeit. Vollends galt das gleiche für den deutschen Couleurstudenten. Endlich: auch im Mittelalter gaben die Beichte und die kirchliche Strafgewalt die Mittel an die Hand, wirksame Kirchenzucht zu üben, und dies ist auch der Fall gewesen. Vor allem nutzte man damals die durch den Eid zu schaffende Möglichkeit, gegen Schuldner die Exkommunikation zu erreichen, als Sicherung von Forderungen aus.

Gewiß. Nicht nur aber waren in allen diesen Fällen diejenigen Arten des Verhaltens, welche durch jene Umstände und Mittel begünstigt oder verpönt wurden, ganz andere als die-

* ALOYS SCHULTE, Geschichte des mittelalterlichen Handels und Verkehrs zwischen Westdeutschland und Italien mit Ausschluß von Venedig, Leipzig 1900, I. Bd. S. 263 ff. (Nachdruck 1966). [Hrg.]

jenigen, welche die protestantische Askese züchtete oder unterdrückte. Beim Leutnant z. B. oder Couleurstudenten und wohl auch beim Bischof ruhte jene gesteigerte Kreditwürdigkeit gewiß nicht auf der Züchtung *geschäftlicher* persönlicher Qualitäten. Und – was an diese letzte Bemerkung unmittelbar anknüpft: – auch, soweit die Wirkungsrichtung der Absicht nach die gleiche war, mußte die Wirkungs*art* eine grundverschiedene sein. Die mittelalterliche ebenso wie die lutherische Kirchenzucht lagen 1. in den Händen des geistlichen Amts, 2. wirkten sie, soweit sie überhaupt wirksam wurden, durch autoritäre Mittel und 3. straften oder prämiierten sie *einzelne* konkrete Handlungen. Die Kirchenzucht der Puritaner und der Sekten lag 1. mindestens mit, oft ganz und gar, in den Händen von Laien, 2. wirkte sie durch das Mittel der Notwendigkeit der *Selbstbehauptung* und 3. züchtete sie *Qualitäten* oder – wenn man will: – las sie aus. Dies letzte ist das Wichtigste. Das Sekten- (oder Konventikel-) Mitglied mußte, um in den Kreis der Gemeinschaft einzutreten, *Qualitäten* bestimmter Art haben, deren Besitz – wie in dem ersten Aufsatz dargetan wurde – für die Entwicklung des rationalen modernen Kapitalismus wichtig war. Und es mußte, um sich in diesem Kreise zu *behaupten*, den Besitz dieser Qualitäten dauernd *bewähren*: sie wurden in ihm konstant und kontinuierlich gezüchtet. Denn wie – nach den Ausführungen der voranstehenden Studie – seine jenseitige Seligkeit, so stand und fiel auch seine diesseitige ganze soziale Existenz damit, daß es sie »bewährte«.[63] Ein stärkeres Anzüchtungsmittel als eine solche Notwendigkeit der sozialen Selbstbehauptung im Kreise der Genossen gibt es nach aller Erfahrung nicht, und die kontinuierliche und unauffällige ethische Zucht der Sekten verhielt sich deshalb zur autoritären Kirchenzucht wie rationale Züchtung und Auslese zu Befehl und Arrest. In dieser wie in fast jeder anderen Hinsicht sind die puritanischen Sekten, als die spezifischsten Träger der innerweltlichen Askese, die konsequenteste, in gewissem Sinn die einzig konsequente Antithese zur universalistischen katholischen Gnadenanstalt. Die allerstärksten *individuellen* Interessen der sozialen Selbstachtung wurden von ihnen in den Dienst jener Anzüchtung, also auch diese *individuellen* Motive und persönlichen Eigeninteressen in den Dienst der Erhaltung und Propagierung der »bürgerlichen« puritanischen Ethik mit ihren Konsequenzen gestellt. Dies ist das absolut Entscheidende für die Penetranz und Wucht der Wirkung. Denn – um es zu wiederholen[64]): – nicht die ethische *Lehre* einer Religion, sondern dasjenige ethische Verhalten, auf welches durch die Art und Bedingtheit ihrer Heilsgüter *Prämien* gesetzt sind, ist im *soziologischen* Sinn des Wortes »ihr« spezifisches »Ethos«. Jenes Verhalten war beim Puritanismus eine bestimmte methodisch-rationale Art der Lebensführung, welche – unter gegebenen Bedingungen – dem »Geist« des modernen Kapitalismus die Wege ebnete; die Prämien waren gesetzt auf »Bewährung« vor Gott im Sinn der Versicherung des Heils: bei *allen* puritanischen Denominationen, vor den Menschen im Sinn der sozialen Selbstbehauptung: innerhalb der puritanischen *Sekten*. Beides ergänzte einander in der gleichen Wirkungsrichtung: es half, den »Geist« des modernen Kapitalismus, sein spezifisches *Ethos* heißt das: das Ethos des modernen *Bürgertums*, entbinden. Die asketische Konventikel- und Sektenbildung insbesondere, mit ihrer radikalen Sprengung der patriarchalen und autoritären Gebundenheit[65] und *ihrer* Art der Wendung des Satzes: daß man Gott mehr gehorchen müsse als den Menschen, bildete eine der wichtigsten geschichtlichen Grundlagen des modernen »Individualismus«.

Denn es bedarf schließlich, um die Art dieser ethischen Wirkungen zu verstehen, noch einer letzten vergleichenden Bemerkung. Auch in den *Zünften* des Mittelalters fand sich nicht selten eine ähnliche Kontrolle des allgemeinen ethischen Standard der Mitglieder, wie sie die Kirchenzucht der asketischen protestantischen Sekten übte.[66] Aber der unvermeidliche Unterschied in der Wirkung auf das wirtschaftliche Verhalten des Einzelnen liegt auf der Hand. Die Zunft vereinigte Berufsgenossen, also: *Konkurrenten*, in sich, und zwar zum

Zweck der *Begrenzung* der Konkurrenz und des in ihr wirkenden rationalen Erwerbsstrebens. Sie erzog zu »bürgerlichen« Tugenden und war in einem bestimmten (hier nicht näher zu erörternden) Sinn Trägerin von bürgerlichem »Rationalismus«. Aber im Sinn der »Nahrungspolitik« und des *Traditionalismus* – mit den bekannten praktischen Konsequenzen, soweit ihre Wirtschaftsregulierung Macht gewann. Die Sekten aber, die nicht durch Lehrgang oder Familienbeziehung einbezogene, technisch qualifizierte Berufs-, sondern ethisch qualifizierte *Glaubens*genossen durch Auslese und Züchtung in sich vereinigten, kontrollierten und reglementierten deren Lebensführung *ausschließlich* im Sinne *formaler Rechtlichkeit* und methodischer Askese ohne jenen, die Expansion des rationalen Erwerbsstrebens hemmenden materialen nahrungspolitischen Zweck. Kapitalistischer Erfolg eines Zunftgenossen zersetzte den Zunftgeist – wie es in England und Frankreich geschah – und war perhorresziert. Kapitalistischer Erfolg eines Sektenbruders war – wenn rechtlich errungen – ein Beweis von dessen Bewährung und Begnadung, hob das Prestige und die Propagandachancen der Sekte und war deshalb gern gesehen, wie die mehrfach zitierten Äußerungen beweisen. Die Organisation der freien Arbeit in den Zünften in ihrer okzidentalen mittelalterlichen Form ist gewiß – sehr entgegen ihrer Absicht – nicht nur ein Hemmnis, sondern auch eine Vorstufe der kapitalistischen Arbeitsorganisation gewesen, die vielleicht nicht hätte entbehrt werden können.[67] Aber das moderne bürgerlich-kapitalistische *Ethos* hat sie natürlich nicht aus sich gebären können. Denn dessen ökonomisch »individualistische« Antriebe konnte nicht sie, sondern nur die Lebensmethodik der asketischen Sekten legitimieren und verklären.

1 Neue und stark erweiterte Niederschrift eines in der »Frankfurter Zeitung«, 13. und 15. April 1906, dann, etwas erweitert, in der »Christlichen Welt«, 1906, Sp. 558 ff., 577 ff. unter dem Titel »Kirchen und Sekten« veröffentlichten Aufsatzes [KTA 229. Bd., S. 382 ff.], auf den ich als Ergänzung der vorstehenden [Aufsätze] wiederholt Bezug genommen habe. Die Umarbeitung ist dadurch motiviert, daß der von mir entwickelte Sektenbegriff (als Gegensatz zum Begriff der »Kirche«) inzwischen von TROELTSCH in seinen »Soziallehren der christlichen Kirchen« zu meiner Freude übernommen und eingehend behandelt worden ist, so daß diese begrifflichen Erörterungen hier um so mehr fortfallen können, als schon in der Anm. 174 zu Teil II der voranstehenden Abhandlung das Nötige gesagt ist. Dieser Aufsatz enthält nur die notdürftigsten Daten als Ergänzung des Vorstehenden.

2 In dieser Hinsicht steht der Satz vielfach – aus Gründen der Bedeutung der Katholiken als Wähler – nur auf dem Papier (Subventionen an Konfessionsschulen kommen vor).

3 Alles Nähere interessiert hier nicht. Es sei auf die Einzelbände der American Church History Series verwiesen (freilich recht verschiedenwertig!).

4 Daß nicht nur jede Sitzung des Supreme Court of the U. St., sondern auch jede Partei-»Convention« mit Gebet eröffnet wurde, war freilich längst zur lästigen Floskel geworden.

5 Oder, wenn er zufällig als ältester Gast oben am Tisch saß, das Ersuchen des Kellners beim Auftragen der Suppe: »Sir, the prayer, please.« – Auf die im Text genannte typische Frage wußte ich mir in Portree (Skye) an einem herrlichen Sonntag nicht anders zu helfen als durch die Bemerkung: »ich sei Mitglied der badischen Landeskirche und hätte keine Chapel dieser Kirche in Portree auffinden können« – was von den Damen ernst und gut aufgenommen wurde (»Oh, he doesn't attend any service except of his own denomination!«).

6 »Faith« schütze unfehlbar gegen Schnupfen, bemerkte ein Verwandter.

7 Er sprach einen Geistlichen an: »Halloh, Bill, wasn't the water pretty cool?», und erhielt die sehr ernste Antwort: »Jeff, I thought of some pretty hot place (die Hölle), and so I didn't care for the cool water.«

8 Daß der konkurrierende Seelenfang der Sekten – stark durch materielle Interessen der Prediger mitbedingt – dieser Auslese oft *sehr* stark entgegenwirkte, gerade in Amerika, steht natürlich fest. Vielfach waren daher Kartelle zwischen den konkurrierenden Denominationen üblich, um diesen Seelenfang zu begrenzen (so z. B. zur Ausschließung der eine starke Anziehungskraft ausübenden leichtfertigen Trauung eines ohne – nach religiösen Grundsätzen – zureichenden Grund Geschiedenen). Hier sollten, angeblich, einige Baptistengemeinschaften zeitweise lax gewesen sein, während sowohl der katholischen wie der lutherischen (Missouri-) Kirche korrekte Strenge nachgerühmt wurde, die aber bei beiden den Mitgliederbestand (angeblich) schmälerte.

9 In mehreren Fällen in Großstädten wurde mir (spontan) erzählt, daß ein Bauterrainspekulant regelmäßig zuerst ein (oft äußerst bescheidenes) »Kirchengebäude« herzustellen, dann einen Zögling eines der verschiedenen theologischen Seminare mit 5–600 $ Gehalt zu engagieren und ihm eine glänzende Lebensstellung als Prediger in Aussicht zu stellen pflege, falls er eine Gemeinde um sich sammle und ihm den Bauplatz »voll predige«. Es wurden verfallene kirchenartige Baulichkeiten gezeigt, welche Mißerfolge kennzeichneten. Meist aber hätten sie Erfolg. Der nachbarschaftliche Anschluß, Sunday School usw. wären eben dort dem Neusiedler unentbehrlich, vor allem aber: der Anschluß an »ethisch« verläßliche Nachbarn.

10 Die Sekten stehen untereinander trotz der – auch durch die Art der materiellen und geistigen Darbietungen bei den Gemeinde-Tee-Abenden, in vornehmen Kirchen auch der Gesangsdarbietungen (ein Tenor in Trinity Church, Boston, der angeblich *nur* Sonntags zu singen hatte, erhielt damals 8000 $) – scharfen Konkurrenz oft in recht guten Beziehungen. Auf jene Baptistentaufe z. B. wurde in der Methodistenkirche im Gottesdienst, dem ich beiwohnte, als auf ein für jedermann erbauliches Schauspiel hingewiesen. »Unterscheidungslehren«, überhaupt Dogmatik, anzuhören, lehnten die Gemeinden meist völlig ab. *Nur* Ethik durfte gebracht werden. Diese war in den Fällen, wo ich Predigten für den Mittelstand hörte, die typische bürgerlich anständige und tüchtige Moral, freilich von der hausbackensten und nüchternsten Art, aber mit sichtlicher innerlicher Überzeugung, oft: Bewegtheit, vorgetragen.

11 Ein »assistant« der semitischen Sprache einer östlichen Universität sagte mir: er bedaure, nicht »Meister vom Stuhl« geworden zu

sein, denn dann würde er in das Geschäftsleben zurückgehen. Auf die Rückfrage: was ihm denn das nützen könne, wurde geantwortet: wenn er als Handlungsreisender oder Verkäufer sich als solcher ausweisen könne, schlage er, als notorisch reell, jede Konkurrenz und werde mit Gold aufgewogen.

12 Von manchen gebildeten Amerikanern wurden diese Tatbestände oft mit einer gewissen ärgerlichen Verachtung als »Humbug« oder Rückständigkeiten kurz abgetan oder geradezu geleugnet; vielen waren sie auch – wie mir WILLIAM JAMES bestätigte – wirklich völlig unbekannt. Auf den verschiedensten Gebieten aber waren diese Rudimente noch in zuweilen grotesk wirkenden Formen lebendig.

13 »Heuchelei« und konventioneller Opportunismus war in diesen Dingen drüben schwerlich stärker entwickelt als bei uns – wo schließlich der »konfessionslose« Offizier oder Beamte auch eine Unmöglichkeit war und ein Berliner (»arischer«!) Bürgermeister nicht bestätigt wurde, weil er ein Kind nicht taufen ließ. Nur die *Richtung*, in der sich diese konventionelle »Heuchelei« bewegte, war verschieden: Beamtenavancement bei uns, Geschäftschancen dort.

14 Das bloße »Geld« kauft auch in Amerika an sich zwar Macht, aber nicht: soziale Ehre. Natürlich ist es ein Mittel dazu. Ebenso bei uns und überall. Nur war bei uns der gewiesene Weg: Ankauf eines Rittergutes, Fideikommißstiftung, Briefadel, der dann die Rezeption der *Enkel* in die adlige »Gesellschaft« ermöglichte. Drüben achtete die *alte* Tradition den Mann, der *selbst* erworben hatte, höher als den Erben, und war der Weg zu sozialer Ehre: vornehme Verbindung in vornehmem College, früher: vornehme Sekte (z. B. Presbyterianer, in deren Kirchen in New York man auf den Kirchenstühlen weiche Pfühle und Fächer finden konnte), jetzt vor allem: vornehmer *Klub*. Daneben jetzt die Art der Wohnung (in »der« Street, die in Mittelstädten fast nie fehlt), der Kleidung, des Sports. Erst neuerdings: Abstammung von den Pilgrim Fathers, von der Pocahontas oder anderen indianischen Damen u. dgl. Näher kann hier darauf nicht eingegangen werden. Massenhaft sind die mit der Ergründung von pedigrees der Plutokratie befaßten Dolmetschbureaus und Agenturen aller Art. Alle diese oft höchst grotesken Erscheinungen gehören in das weite Gebiet der Europäisierung der amerikanischen »Gesellschaft«. [Vgl. hierzu: MAX WEBER, Wirtschaft und Gesellschaft 5, S. 535 (Hrsg.).]

15 Nicht immer so in den deutsch-amerikanischen Klubs. Auf die

Frage an New Yorker junge deutsche Kaufleute (mit den besten hanseatischen Namen): warum sie alle die Aufnahme in einen amerikanischen – statt den recht hübsch eingerichteten deutschen – Klub erstrebten, war die Antwort: daß zwar auch ihre (deutsch-amerikanischen) Chefs gelegentlich mit ihnen Billard spielten, aber nicht ohne daß man fühlte, daß sie dies von sich selbst »recht nett« fänden.

16 Parallele bei uns: die Bedeutung der Couleuren und des Reserveoffizierspatents für commercium und connubium und die hohe ständische Bedeutung der »Satisfaktionsfähigkeit«. Die Sache ist die gleiche: aber die *Richtung* und materielle *Wirkung* sind charakteristisch verschieden.

17 S. aber die vorige Anmerkung. Das Einpassieren in einen amerikanischen *Klub* (auf der Schule oder später) ist stets der entscheidende Augenblick für den Verlust des Deutschtums.

18 Die Bildung der Kirchengemeinde ging bei der Einwanderung nach Neu-England oft der politischen Vergesellschaftung (nach Art des bekannten Pakts der Pilgerväter) *voran*. So schlossen die Dorchesterer Immigranten von 1619 sich zunächst – *ehe* sie auswanderten – zu einer *Kirchen*gemeinde zusammen und wählten Pastor und Lehrer. In der Kolonie Massachusetts war die Kirche eine formell völlig selbständige Korporation, die freilich nur Bürger als Mitglieder rezipierte und deren Mitgliedschaft andererseits Voraussetzung des Bürgerrechts war. Ebenso war anfänglich in New Haven (vor der gegen Widerstand erfolgten Einverleibung in Connecticut) die Kirchenmitgliedschaft und guter Wandel (= Zulassung zum Abendmahl) Vorbedingung des Bürgerrechts. In Connecticut war dagegen (1650) die township verpflichtet, die Kirche zu erhalten (ein Abfall von den strengen Prinzipien des Independentismus ins Presbyterianische). Das bedeutete sofort eine etwas laxere Praxis: nach Einverleibung von New Haven wurde dort die Kirche auf die Erteilung von Zertifikaten darüber beschränkt, daß der Betreffende religiös unanstößig und hinlänglich bemittelt sei. Massachusetts mußte schon im 17. Jahrhundert gelegentlich der Einverleibung von Maine und New Hampshire von der vollen Strenge der religiösen Qualifikation für die politischen Rechte abgehen. Und auch in der Frage der Kirchenmitgliedschaft mußten Kompromisse geschlossen werden, deren berühmtester der Halfway-Covenant von 1657 ist. Auch die nicht nachweislich Wiedergeborenen wurden zur membership zugelassen, *aber* – bis Anfang des 18. Jahrhunderts – nicht zur *Kommunion*.

19 Einiges aus der in Deutschland nicht sehr bekannten älteren Literatur sei noch angeführt. Einen Abriß der *Baptisten*-Geschichte gibt H. C. VEDDER, A short History of the Baptists (2. Aufl. 1897, London). Über Hanserd Knollys: J. CULROSS, H. Kn., Vol. II der Baptist Manuals, ed. by P. GOULD (London 1895). Zur Täufergeschichte: E. B. BAX, Rise and Fall of the Anabaptists, New York 1902. Über SMITH: HENRY M. DEXTER, The true Story of John Smyth, the Se-Baptist, as told by himself and his contemporaries, Boston 1881. Die wichtigen Publications der Hanserd Knollys Society (London 1846 ff.) wurden schon zitiert. Weitere offizielle Dokumente in: The Baptist Church Manual by J. NEWTON BROWN, D. D. (Philadelphia, American Baptist Pub. Soc., 1876–1899). Über die Quäker außer dem früher zitierten Werk von SHARPLESS: A. C. APPLEGARTH, The Quakers in Pennsylvania, X. Ser., Vol. VIII, IX der Johns Hopkins University Studies in History and Political Science, 1892; G. LORIMER, Baptists in History, New York 1902; J. A. SEISS, Baptist System examined (Lutheran Public. Soc., 1902). Über Neu-England (außer DOYLE): die Massachusetts Historical Collections; ferner: W. WEEDEN, Economic and Social History of New-England 1620–1789 (2 Bde.), 1890; DANIEL W. HOWE, The Puritan Republic (Indianapolis, 1899). Für die Entwicklung der »Covenant«-Idee im älteren Presbyterianismus, seine Kirchenzucht und sein Verhältnis zur offiziellen Kirche einerseits, zu den Congregationalisten und Sektierern andererseits: CH. BURRAGE, The Church Covenant Idea, 1904; ders., The early English Dissenters, 1912; ferner: W. M. MACPHAIL, The Presbyterian Church, 1908; J. BROWN, The English Puritans, 1910; wichtige Dokumente bei: R. G. USHER, The Presbyterian Movement 1582 bis 1589, London 1905. Hier wird nur eine äußerst provisorische Feststellung des für *uns* Wesentlichen geboten.

20 Für so völlig selbstverständlich galt dies im 17. Jahrhundert, daß – wie schon früher erwähnt – BUNYAN (Pilgrims Progress, Tauchnitz Ed., S. 114) den »Mr. Money-love« geradezu argumentieren läßt, daß man fromm werden dürfe, *um* reich zu werden, insbesondere um seine Kundschaft zu vermehren; denn weshalb man fromm geworden sei, müsse ja gleichgültig sein.

21 Außer ihnen auch die Quäker, wie folgende, mir s. Z. von Herrn ED. BERNSTEIN nachgewiesene Stelle belegt: »But it was not only in matters which related to the law of the land where the primitive

members held their words and engagements sacred. This trait was remarked to be true of them in their concerns in trade. On their first appearance as a Society they suffered as tradesmen, because others, displeased with the peculiarity of their manners, withdrew their custom from their shops. But in a little time the great outcry against them was that they got the trade of the country into their hands. This outcry arose in part from a strict exemption of all commercial agreements between them and other, and *because they never asked two prices for the commodities they sold.*«

THOMAS CLARKSON, A Portraiture of the Christian Profession and Practice of the Society of Friends, 3rd ed., London 1867, p. 276. (Die erste Auflage erschien um 1830.)

22 Die gesamte typisch bürgerliche Ethik war bei allen asketischen Sekten und Konventikeln von Anfang an gemeinsam und identisch mit der, welche sie noch bis in die Gegenwart in Amerika pflegten. Als verboten galt z. B. den Methodisten: 1. viel Worte beim Kaufen und Verkaufen machen (»feilschen«), – 2. Handel mit unverzollten Waren, – 3. höhere Zinsen als das Landesgesetz erlaubte, – 4. »sich Schätze auf Erden zu sammeln« (= Verwandlung von Kapital in »*Vermögen*«), – 5. Kreditnehmen ohne Sicherheit, zurückzahlen zu können, – 6. Aufwand jeder Art.

23 Quellen sind ZWINGLIS Aussagen (FÜSSLI I, 228, vgl. 243, 253, 263) und sein Elenchus contra catabaptistas (Werke III, 357, 362). ZWINGLI hatte in seiner eigenen Gemeinde charakteristischerweise sehr viel mit Antipädobaptisten zu schaffen, welche ihrerseits in der täuferischen »Separation«, also im Voluntarismus, das nach der Schrift *Verwerfliche* erblickten. Den Ausschluß aller »wicked liars« von der Kirche und die Zulassung *nur* der »faithful« und ihrer Kinder forderte eine brownistische Eingabe an König JAKOB I. von 1603. Aber auch das (presbyterianische) Directory of Church Government von (wahrscheinlich) 1584 (nach dem Original erstmalig publiziert bei A. F. SCOTT PEARSON, Der älteste englische Presbyterianismus, Diss. Heidelberg, 1912), Art. 37, fordert Zulassung nur von Leuten, die sich der Disziplin unterworfen hatten oder »litteras testimoniales idoneas aliunde attulerint«, zum Abendmahl.

24 Die Problematik des aus der Forderung der ecclesia pura logisch folgenden sektiererisch-voluntaristischen Prinzips für die reformierte (calvinistische), das Sektenprinzip ablehnende Kirche tritt in moderner Zeit dogmatisch besonders deutlich hervor bei ABR. KUYPER (dem

bekannten späteren holländischen Ministerpräsidenten). Vor allem in seiner abschließenden Programmschrift: Separatie en Doleantie (Amsterdam, 1890). Das Problem gilt ihm als Konsequenz des Fehlens des unfehlbaren Lehr*amts* in der nichtkatholischen Christenheit, welches bedinge, daß der »Körper« der sichtbaren Kirche nicht das »Corpus Christi« im Sinn der alten Reformierten sein könne, sondern notwendig nach Raum und Zeit geteilt und mit menschlichen Mängeln behaftet bleiben müsse. Eine sichtbare Kirche entstehe lediglich durch *Willensakt* der Gläubigen kraft der von Christus ihnen gegebenen Befugnis, und die potestas ecclesiastica liege daher weder bei Christus selbst, noch bei den ministri, sondern nur bei der gläubigen Gemeinde (Anknüpfung an VOËT). Durch rechtlich freiwilligen Zusammentritt von Gemeinden – der aber eine *religiöse Pflicht* sei – entstehe die größere Gemeinschaft. Der römische Grundsatz: daß, wer Kirchenglied sei, dadurch eo ipso auch Gemeindeglied seines Wohnortes sei, sei abzulehnen. Die Taufe mache nur zum passiven »membrum incompletum« und gebe keine Rechte. Nicht schon die Taufe, sondern erst »belijdenis en stipulatie« machen zum aktiven Gemeindemitglied im Rechtssinne, und die Gemeindemitgliedschaft (und nur sie) sei identisch mit der Unterstellung unter die disciplina ecclesiae (wiederum Anknüpfung an VOËT). Das Kirchenrecht behandle eben die von *Menschen* geschaffenen, zwar an Gottes Ordnungen gebundenen, aber nicht diese selbst darstellenden Satzungen der *sichtbaren* Kirche (cf. VOËT, Politica ecclesiastica, Vol. I, p. 1 und 11). All das sind independentische Abwandlungen des genuinen reformierten Kirchenverfassungsrechts (wie es besonders gut von RIEKER dargestellt worden ist) im Sinn einer aktiven Mitwirkung der *Gemeinde*, also: der *Laien*, bei der Aufnahme. Diese Mitwirkung der ganzen Gemeinde war auch in Neu-England ein immer wieder in stetem Kampf gegen die erfolgreich eindringende »johnsonistische«, die Kirchenherrschaft der »ruling elders« vertretende Richtung festgehaltenes Programm, zuerst der brownistischen Independenten. Daß nur »regenerates« aufgenommen werden sollten (»von 40 nur Einen« nach BAYLY), verstand sich von selbst. Ähnlich im 19. Jahrh. auch die Kirchentheorie der schottischen Independenten (SACK a. a. O.), die auch den besonderen Aufnahmebeschluß forderten. Die KUYPERsche Kirchentheorie selbst ist aber im übrigen natürlich *nicht* »kongregationalistisch«. Die von ihm statuierte religiöse Verpflichtung der Einzelgemeinden, der Gesamtkirche beizutreten und anzugehören, fällt nur dann fort, und die Verpflichtung zur »separatie« tritt – da es an einem Ort nur *eine* rechtmäßige Kirche geben kann – erst dann ein, wenn die »doleantie«: der Versuch, durch aktiven Protest und passive Obstruktion die verderbte Gesamtkirche zu bessern (doleeren = protestieren kommt als Terminus schon im 17. Jahrh. vor), endgültig nach Erschöpfung aller Mittel vergeblich geblieben ist und der Gewalt gewichen werden muß. Dann freilich ist, da es in der Kirche »Untertanen« nicht gibt, sondern die Gläubigen als solche ein gottgegebenes Amt verwalten, die selbständige Konstitutierung Pflicht. Denn: Revolutionen *können* Pflicht gegen Gott sein (A. KUYPER, Het conflict gekomen [1886], S. 30/1). – Auch KUYPER steht (wie VOËT) auf dem alten independentischen Standpunkt: daß nur die am *Abendmahl* kraft Zulassung Beteiligten Vollglieder der Kirche und daß nur sie imstande sind, für ihre Kinder in der Taufe die Bürgschaft zu übernehmen: gläubig im *geistlichen* Sinn ist der innerlich Bekehrte, im *rechtlichen* Sinn nur der zum Abendmahl *Zugelassene*.

25 Auch für KUYPER (Het dreigend conflict, 1886) ist die Grundvoraussetzung: daß es *Sünde* sei, das Abendmahl nicht von Ungläubigen rein zu erhalten (S. 41; Berufung auf 1 Kor. 11, 26. 27. 29; 1 Tim. 5, 22; Apoc. 18, 4). Zwar über den Gnadenstand »vor Gott« habe die Kirche – im Gegensatz zu den »Labadisten« (radikalen Pietisten) – nie geurteilt. Aber für die Zulassung zum Abendmahl entscheide *nur* Glaube und *Wandel*. Die Verhandlungen der niederländischen Synoden des 16. und 17. Jahrhunderts sind angefüllt mit Erörterungen der Vorbedingungen der Zulassung zum Abendmahl: Südholl. Syn. v. 1574: keine Verabreichung des Abendmahls da, wo keine organisierte *Gemeinde* besteht, deren Älteste und Diakone Sorge tragen, daß kein Unwürdiger zugelassen wird; Synode von Rotterdam 1575: Nichtzulassung aller derer, die ein offenbar ärgerliches Leben führen (die Zulassung erfolgte durch die *Ältesten* der Gemeinde, nicht einseitig durch den Prediger, und fast stets ist es die *Gemeinde*, welche – oft gegen die laxere Behandlung durch den Prediger – solche Bedenken erhebt: vgl. z. B. den Fall bei REITSMA, II, S. 231 [J. REITSMA und S. D. VAN VEEN: Acta der Provinciale en Particuliere Synoden, gehouden in de Noordelijke Nederlanden, gedurende de jaren 1572–1620, 8 Bde., Groningen 1892–1899]; Frage, ob ein Mann, der eine Anabaptistin zur Frau hat, zum Abendmahl zugelassen werden dürfe: Syn. zu Leiden 1619, Art. 114; ob

der Knecht eines »Lombarden« zuzulassen sei: Prov. Syn. zu Deventer 1595, Art. 24; ob »Bankrotteure« (Syn. v. Alkmaar 1599, Art. 11; das. von 1605, Art. 28) und Leute, die einen Akkord geschlossen haben (Nordholl. Syn. v. Enkhuizen 1618, Grav. Class. Amstel. Nr. 16) zuzulassen sind. Die letztere Frage wird bejaht für den Fall, daß das Konsistorium das Vermögensverzeichnis ausreichend und den dabei gemachten Vorbehalt von Nahrung und Kleidung für den Schuldner selbst und die Familie angemessen findet, insbesondere aber dann, wenn die *Gläubiger* erklären, mit dem Akkord zufrieden zu sein, und er ein Schuldbekenntnis ablegt. Über die Nichtzulassung von »Lombardierern« s. früher [Teil II, Anm. 201]. Ausschluß von Ehegatten bei Unverträglichkeit: REITSMA, III, S. 91; Erfordernis der Versöhnung der Prozeßgegner vor der Zulassung, Fernhaltung solange der Streit dauert, bedingte Zulassung eines im Injurienprozeß Unterlegenen, der appelliert hat: das. III, S. 176. – Den Ausschluß vom Abendmahl in Ermangelung eines befriedigenden Ergebnisses der Prüfung der Würdigkeit (aber damals noch: durch den *Seelsorger*, nicht: die Gemeinde) hatte CALVIN wohl zuerst in der Straßburger französischen Emigrantengemeinde durchgesetzt. Die Exkommunikation hätte nach seiner genuinen Lehre (Institutio christ. rel., IV, cap. 12, § 4, wo sie als Promulgation der *göttlichen* Sentenz bezeichnet wird) rechtmäßig eigentlich nur über Reprobierte verhängt werden sollen, wird aber (a. a. O., § 5) doch auch als Mittel der »Besserung« behandelt. In Amerika ist förmliche Exkommunikation heute bei den Baptisten mindestens in den großen Städten sehr selten und wird in der Praxis durch »dropping«: einfaches stillschweigendes Streichen, ersetzt. Immer waren bei den Sekten und Independenten die *Laien* die typischen Träger der Kirchenzucht, während die ursprünglich calvinistisch-presbyterianische Kirchenzucht eine ausgesprochen planvolle Herrschaft über Staat und Kirche erstrebte. Immerhin zog schon das »Directory« der englischen Presbyterianer von 1584 (vorstehend Anm. 23) die Laienältesten in gleicher Zahl wie die Geistlichen zur classis und den oberen Instanzen des Kirchenregiments zu.

Verschieden aber war dabei zuweilen die Stellung der Ältesten und der Gemeinde zueinander geregelt. Wie das (presbyterianische) Lange Parlament 1645 die Ausschließung vom Lords Supper in die Hand der (Laien-)Ältesten legte, so die »Cambridge Platform« um 1647 in Neu-England. Die schottischen Independenten aber pflegten noch Mitte des 19. Jahrh. Anzeige wegen schlechten Lebenswandels an eine Kommission zu leiten, auf deren Bericht hin die ganze *Gemeinde* über den Ausschluß beschloß, entsprechend der strengeren Auffassung der solidarischen Verantwortung aller Einzelnen. Dies entsprach durchaus dem oben Anm. 23 zitierten brownistischen, an König JAKOB I. 1603 eingereichten Bekenntnis (DEXTER a. a. O., S. 308), während die »Johnsonisten« die Souveränität der (gewählten) elders als biblisch ansahen, die auch entgegen dem Gemeindebeschluß sollten exkommunizieren können (Anlaß der Sezession AINSWORTHS). Über die entsprechenden Verhältnisse bei den frühenglischen Presbyterianern s. die vorsteh. in Anm. 19 a. E. zitierte Literatur und die in Anm. 23 zit. Dissertation von PEARSON.

26 Den gleichen Grundsatz vertraten übrigens auch die niederländischen *Pietisten*. LODENSTEIJN z. B. stand auf dem Standpunkt, daß man mit Nichtwiedergeborenen, und das sind bei ihm ausdrücklich: solche, die nicht die *Zeichen* der Wiedergeburt an sich tragen, nicht kommunizieren dürfe, ja er ging so weit, zu widerraten, daß man mit *Kindern* zusammen das *Vaterunser* bete, da sie doch noch nicht »Kinder Gottes« geworden seien. Noch KÖHLER fand in den Niederlanden gelegentlich die Ansicht vertreten: der Wiedergeborene sündige überhaupt nicht. Calvinistische Orthodoxie und erstaunliche Bibelfestigkeit waren gerade in den kleinbürgerlichen Massen vertreten. Gerade die Orthodoxie war es auch hier, welche – der theologischen Bildung mißtrauend – noch gegenüber dem 1852er Kirchenreglement (neben dem Fehlen einer hinlänglich strengen »Censura morum«) die zu geringe Vertretung von *Laien* in der Synode beklagte – was damals gewiß keiner lutherisch orthodoxen Kirchenpartei in Deutschland eingefallen wäre.

27 Zitiert bei H. M. DEXTER, Congregationalism of the last three hundred years, as seen in its Literature (New York 1880), p. 97.

28 Die 39 Artikel der Kirche von England wollten (mit Vorbehalten bezüglich der – hier nicht interessierenden – Art. 34–36) die englischen Presbyterianer unter ELISABETH anerkennen.

29 Für die Zulassung von Nichtmitgliedern der lokalen Baptistengemeinde zum Abendmahl waren im 17. Jahrhundert bei auswärtigen Baptisten letters of recommendation nötig; Nichtbaptisten konnten nur nach Prüfung und Beschluß der Gemeinde zugelassen werden (Anhang zur Ausgabe der Hanserd Knollys Confession von 1689, West Church, Pa., 1817). Für die Qualifizierten bestand auch

bei ihnen dogmatischer Abendmahls*zwang*: sich einer gültig konstituierten Gemeinde seines Wohnorts nicht anzuschließen, war Schisma. Bezüglich der pflichtmäßigen Gemeinschaft mit anderen Gemeinden war der Standpunkt zwar ähnlich wie bei KUYPER (s. o. Anm. 24); jedoch wurde *jegliche* Jurisdiktion *über* der einzelnen Kirche abgelehnt. Über die litterae testimoniales bei den Covenanters und frühenglischen Presbyterianern s. oben Anm. 23 und die in der Anm. 19 zit. Literatur.

30 WILLIAM A. SHAW: A History of the English Church during the Civil Wars and under the Commonwealth 1640–1660, London 1900, Bd. II, pp. 152–165; SAMUEL R. GARDINER: History of the Commonwealth and Protectorate, Bd. III, p. 231.

31 Hiergegen protestiert schon die Eingabe der Brownisten an König JAKOB I. von 1603.

32 Diesen Grundsatz sprachen z. B. Entschließungen wie die der Synode zu Edam 1585 (in der Sammlung von REITSMA, S. 139) aus.

33 Die Abendmahls*scheu* zweifelnder Gemeindeglieder (wegen des 25. Artikels der Church of England) ist bei BAXTER, Eccles. Dir., II, p. 108 eingehend erörtert.

34 Wie sehr die Prädestinationslehre auch hier den reinsten Typus darstellt und wie groß ihre sehr zu Unrecht immer wieder angezweifelte praktische Bedeutung war, zeigt nichts so deutlich wie der erbitterte Streit darüber: ob die *Kinder* von – nach Ausweis ihres Lebenswandels – Reprobierten zur Taufe zugelassen werden dürften. Drei von den vier Amsterdamer Refugiésgemeinden (Anfang des 17. Jahrhunderts) waren dafür; aber in Neu-England kam erst der »Half-Way-Covenant« von 1657 darin entgegen. Für Holland s. auch Anm. 25.

35 A. a. O., II, p. 110.

36 Schon Anfang des 17. Jahrhunderts erregte das Verbot der Konventikel (Slijkgeuzen) in Holland einen allgemeinen Kulturkampf. Mit furchtbarer Schärfe (1593 mit Androhung von Todesstrafe) ging ELISABETH gegen die Konventikel vor. Der *antiautoritäre* Charakter der asketischen Religiosität oder in diesem Fall richtiger: das Konkurrenzverhältnis der geistlichen gegen die *weltliche* Autorität (CARTWRIGHT hatte ausdrücklich die Zulässigkeit der Exkommunikation auch gegen die Fürsten verlangt) war der Grund. In der Tat mußte das Beispiel *Schottlands*, des klassischen Bodens presbyteria-

nischer Kirchenzucht und klerikaler Herrschaft *gegen* den König, abschreckend wirken.

37 Liberale Amsterdamer Bürger hatten ihre Kinder, um dem Glaubensdruck der orthodoxen Prediger zu entgehen, zu liberalen Predigern in Nachbargemeinden zum Konfirmationsunterricht geschickt. Der Kerkraad der betreffenden Amsterdamer Gemeinde weigerte sich (1886), die Atteste über die von solchen Geistlichen ausgestellte sittliche Führung von Kommunikanten anzuerkennen und schloß diese vom Abendmahl aus, da dieses reinbleiben und man Gott mehr gehorchen müsse als den Menschen. Als der Beschwerde gegen diese Abweichung seitens der Synodenkommission Recht gegeben wurde, nahm der Kirchenrat, unter Verweigerung des Gehorsams, ein neues Reglement an, welches für den Fall der Suspension dem bestehenden Kirchenrat allein die Verfügung über die Kirche gab, verweigerte die Gemeinschaft, und die nunmehr suspendierten (Laien-)Ältesten RUTGERS und KUYPER bemächtigten sich durch List, trotz angestellter Wächter, der Nieuwe Kerk (vgl. H. V. HOGERZEIL, De kerkelijke strijd te Amsterdam 1886, und KUYPERS zitierte Schriften). Schon in den 20er Jahren hatte unter Führung BILDERDIJKS und seiner Schüler ISAAK DA COSTA und ABRAHAM CAPADOSE (zweier getaufter Juden) die prädestinatianische (*deshalb* z. B. auch die Abschaffung der Negersklaverei als »Eingriff in die Vorsehung« ebenso wie die Impfung ablehnende!) und gegen die mangelnde Kirchenzucht und die Austeilung der Sakramente an Unwürdige eifernde Bewegung eingesetzt und zu Separationen geführt. Die Synode der »Afgescheidenen gereformeerden Gemeenten« zu Amsterdam (1840) verwarf unter Annahme der Dordrechter Canones jegliche Art von Herrschaft (gezag) »in oder über der Kirche«. – Zu BILDERDIJKS Schülern gehörte GROEN VAN PRINSTERER.

38 Klassische Formulierung schon in der »Amsterdam Confession« von 1611 (in den Publ. of the Hanserd Knollys Society, Vol. 10) Art. 16: »That the members of every church and congregation *ought to know one another*, ... therefore a church ought not to consist of such a multitude as cannot have practical knowledge of one another.« Jedes Synodalregiment und jede Schaffung zentraler Kirchenbehörden galt daher als, letztlich, schon ein Abfall vom Prinzip. So in Massachusetts, ebenso in England unter CROMWELL, wo seinerzeit die Parlamentsordnung von 1641, welche jeder einzelnen Gemeinde gestattete, sich einen orthodoxen minister zu beschaffen und lec-

tures einzurichten, das Signal zum Einströmen der Baptisten und radikalen Independenten gegeben hatte. Die *Einzel*gemeinde (damals wohl noch der Tatsache nach: der Einzel*geistliche*) als Träger der Kirchenzucht ist auch in den von USHER publizierten früh-presbyterianischen Dedhamer Protokollen vorausgesetzt. *Ballot* für die Zulassung (Protokoll vom 22. X. 1582): »That none be brought in as one of this company without the general consent of the whole«. Aber schon 1586 erklärten diese Puritaner ihren Gegensatz gegen die Brownisten, welche die kongregationalistischen Konsequenzen zogen.

39 Die »Klassen« der Methodisten waren als Grundlage ihrer genossenschaftlichen Seelsorge geradezu das Rückgrat der ganzen Organisation. Je 12 Personen sollten zu einer »class« zusammengefaßt sein, der Klassenführer jedes Mitglied wöchentlich sehen, entweder im Hause oder bei dem class meeting, in welchem vor allem ein allgemeines Sündenbeichten üblich war. Er hatte über den Wandel des Mitglieds Buch zu führen. Diese Buchführung diente u. a. auch als Grundlage der Ausstellung der Zertifikate beim Umzug von Mitgliedern. – Diese Organisation ist jetzt wohl in allen Gebieten, auch in den Vereinigten Staaten, längst im Verfall. In welcher Art die Kirchenzucht im früheren Puritanismus funktionierte, mag man aus der Bemerkung in dem früher zitierten Dedhamer Protokoll ermessen, wonach die »admonition« im Konventikel erteilt werden sollte: »if any things have been observed *or espied* by the brethren«.

40 Die Kirchenzucht war in den lutherischen Gebieten, Deutschlands zumal, notorisch sehr unentwickelt bzw. früh in völligem Verfall. Unter dem Einfluß dieser Umgebung *und* der überall bestehenden, in Deutschland aber übermächtig gebliebenen Eifersucht der *Staats*gewalt gegen die Konkurrenz autonomer hierokratischer Mächte war sie auch in den reformierten deutschen Kirchen, außer in Jülich-Cleve und anderen Rheingebieten, wenig wirksam (immerhin finden sich Spuren der Zucht bis ins 19. Jahrhundert: die letzte Exkommunikation in der Pfalz – wo die K. O. von 1563 freilich schon früh in praxi erastianisch gehandhabt wurde – fand 1855 statt). Nur die Mennoniten und später die Pietisten schufen wirksame Zuchtmittel und Zuchtorganisationen. (Für MENNO existierte eine »sichtbare Kirche« *nur* da, wo Kirchendisziplin bestand, und Exkommunikation wegen üblen Wandels und Mischehe war selbstverständlicher Bestandteil. Die Rynsburger Kollegianten waren völlig

dogmenlos und ließen allein den »Wandel« gelten.) Bei den Hugenotten wurde die an sich sehr straffe Kirchenzucht gelegentlich immer wieder gelähmt durch unvermeidliche Rücksichten auf den politisch dort unentbehrlichen Adel. Anhänger der puritanischen Kirchenzucht war in England vor allem der bürgerlich-kapitalistische Mittelstand, so z. B. die City von London. Sie fürchtete die Herrschaft des Klerus nicht, gedachte dagegen die Kirchenzucht zu einem Mittel der Massendomestikation zu machen. Aber auch die Handwerkerschichten waren der Kirchenzucht sehr anhänglich. Relativ weniger natürlich Adel und Bauern. Gegner waren die *politischen* Gewalten, in England daher auch das Parlament. Aber nicht »Klasseninteressen«, sondern, wie jeder Blick in die Dokumente zeigt: religiöse und, neben ihnen, politische Interessen und Überzeugungen waren *primär* bei diesen Fragen im Spiel. Die Härte der neuenglischen, aber auch der genuin puritanischen Kirchenzucht in Europa ist bekannt. Bei den major generals und commissioners CROMWELLS, die dessen Organe für Kirchenzucht waren, taucht der Vorschlag einer *Verbannung* aller »idle, debauched and profane persons« wiederholt auf. – Bei den Methodisten war die Streichung von Novizen während der Probezeit wegen schlechten Wandels ohne weiteres, bei Vollmitgliedern nach Kommissions-Untersuchung, zulässig. Für die Kirchenzucht der *Hugenotten* (welche ja faktisch lange Zeit die Existenz einer »Sekte« führten) zeigen die Synodalprotokolle u. a. Zensuren gegen Warenfälschung und Unreellität: 6. Synode (Avert. Gén. XIV); Kleiderordnungen sind häufig; Sklavenbesitz und -handel sind *erlaubt*: 27. Synode; ziemlich laxe Praxis gegenüber den fiskalischen Anforderungen (der Fiskus ist Tyrann): 6. Synode, cas. de conc. dec. XIV; Wucher das. XV (vgl. 2. Syn. Gen. 17; 11. Syn. Gen. 42). Die frühenglischen Presbyterianer wurden in den offiziellen Korrespondenzen gegen Ende des 16. Jahrhunderts als »disciplinarians« bezeichnet. (Zitate bei PEARSON a. a. O.).

41 Wohl bei allen Sekten bestand eine Probezeit, bei den Methodisten z. B. von 6 Monaten.

42 In der »Apologetical Narration« der 5 (independentischen) »dissenting brethren« der Westminster Synode wird die Abscheidung von den »casuall and formall Christians« in den Vordergrund gerückt. Das bedeutete zunächst nur den voluntaristischen Separatismus, nicht die Absage des commercium. Aber die ursprüngliche, später gemilderte, Meinung ROBINSONS, eines strikten Calvinisten und

Verfechters der Dordrechter Synode (s. über ihn DEXTER, Congregationalism, p. 402), war allerdings dahin gegangen: daß die independentischen Separatisten mit den anderen – selbst wenn sie (was als denkbar galt) electi seien – nicht verkehren dürften. Sich offen zu diesem Grundsatz zu bekennen, haben allerdings die meisten Sekten vermieden, manche ihn – als Grundsatz wenigstens – ausdrücklich abgelehnt. BAXTER (Chr. Dir., II, p. 100 Sp. 2 unten) meint sogar, man könnte sich, falls der Hausvater oder Pastor, und also nicht man selbst, die Verantwortung dafür trage, darüber beruhigen, mit einem ungodly zusammen beten zu müssen. Dies ist indessen unpuritanisch. Die »mijdinge« spielte bei den radikalen täuferischen Sekten im 17. Jahrhundert in Holland eine sehr bedeutende Rolle.

43 Dies trat in den Erörterungen und Kämpfen schon innerhalb der Amsterdamer Refugiés-Gemeinde Anfang des 17. Jahrhunderts mit der größten Schärfe hervor. Ebenso war in Lancashire die Ablehnung der *geistlichen* Kirchenzucht und das Verlangen nach Laienregierung in der Kirche und Kirchenzucht durch Laien für die Stellungnahme in den innerkirchlichen Kämpfen der CROMWELLschen Zeit entscheidend.

44 Die Bestellung der Ältesten war innerhalb der independentischen und baptistischen Gemeinschaften Gegenstand langdauernder Kontroversen, die uns hier nicht interessieren sollen.

45 Hiergegen richtete sich die Ordonnanz des Langen Parlaments vom 31. XII. 1646, die ein Schlag gegen die Independenten sein wollte. Andererseits war der Grundsatz der liberty of prophesyings schon von ROBINSON auch literarisch verfochten worden. Vom episkopalistischen Standpunkt machte ihr JEREMY TAYLOR (The liberty of prophesyings, 1647) Konzessionen. CROMWELLS »tryers« verlangten die Bescheinigung von 6 zugelassenen Gemeindegliedern, darunter 4 Laien, für die Erlaubnis. In der Frühzeit der englischen Reformation waren die »Exercises« und prophesyings vielfach von eifrigen anglikanischen Bischöfen nicht nur geduldet, sondern ermutigt worden. In Schottland waren sie (1560) verfassungsmäßiger Bestandteil der kirchlichen Tätigkeit, 1571 wurden sie in Northampton, bald darauf in anderen Orten eingeführt. Aber ELISABETH beharrte auf ihrer Unterdrückung, in Konsequenz ihrer Proklamation von 1573 gegen CARTWRIGHT.

46 Schon SMYTH stellte in Amsterdam die Forderung auf, daß der

Wiedergeborene beim Predigen auch nicht einmal die Bibel vor sich haben dürfe.

47 Freilich ist dies heute wohl nirgends mehr radikal durchgeführt. Die offizielle »Legende« ist: daß die nach den Erfahrungen der Gemeinde besonders dem Geist zugänglichen Glieder im Gottesdienst auf einer besonderen Bank der Gemeinde gegenüber sitzen und in tiefem Schweigen gewartet wird, daß der Geist über einen von ihnen kommt (oder auch über ein anderes Gemeindeglied). Aber in einem Gottesdienst in einem pennsylvanischen College fuhr der Geist leider nicht, wie ich gehofft hatte, in die in der schönen einfachen Tracht auf der Bank sitzende alte Lady, deren Charisma hoch gerühmt wurde, sondern – zweifellos nach Abrede – in einen wackeren College-Bibliothekar, der eine sehr gelehrte Rede über den Begriff »saint« hielt.

48 Die charismatischen Revolutionen der Sektierer (vom Typus der Fox und ähnlicher) in den Gemeinden begannen stets mit dem Kampf gegen den beamteten Pfründner, als »Mietling«, und für das apostolische Prinzip der entgeltlosen freien Predigt des vom Geist Getriebenen. Heftige Auseinandersetzungen zwischen Goodwin, dem Kongregationalisten, und Prynne, der ihm vorwarf, er habe entgegen seinen angeblichen Prinzipien ein »living« angenommen, während Goodwin erklärte, nur anzunehmen, was freiwillig gegeben werde, fanden im Parlament statt. Der Grundsatz: daß nur *freiwillige* Gaben zum Unterhalt der Prediger zulässig seien, in der Eingabe der Brownisten an Jakob I. von 1603 (Punkt 71: daher Protest gegen »popish livings« und »jewish tithes«).

49 Dies letztere wurde im Agreement of the People vom 1. Mai 1649 für alle Prediger gefordert.

50 So die local preachers der Methodisten.

51 1793 wurde im Methodismus jeder Unterschied ordinierter und nicht ordinierter Prediger abgeschafft, mithin wurden die nicht ordinierten *Reise*prediger (travelling preachers): Missionare also, die charakteristischen Träger des Methodismus, den noch anglikanisch ordinierten gleichgestellt. Zugleich aber erhielten die Reiseprediger das Monopol, im ganzen circuit zu predigen, und es wurde ihnen allein die Spendung der Sakramente vorbehalten (die eigene Sakramentsspendung wurde erst damals grundsätzlich durchgeführt, aber immer noch zu anderen Stunden als denen der offiziellen Kirche, zu der man nach wie vor zu gehören prätendierte). Da schon seit

1768 für sie die bürgerliche Nebenbeschäftigung verboten war, so entstand damit ein neuer »Klerus«. Seit 1836 fand eine förmliche Ordination statt. Ihnen standen die aus Laien rekrutierten nebenberuflichen local preachers, ohne Sakramentsspendungsrecht und nur lokal zuständig, gegenüber. Amtskleidung führte keine von beiden Kategorien.

52 Faktisch sind, in England wenigstens, die meisten »circuits« kleine Parochien geworden und das Reisen der Prediger eine Fiktion. Immerhin wurde bis in die Gegenwart hinein daran festgehalten, daß der gleiche minister nicht länger als 3 Jahre den gleichen circuit versehen solle. Sie waren *Berufs*prediger. Die »local preachers«, aus denen die Reiseprediger rekrutiert wurden, waren dagegen Leute mit bürgerlichem Beruf und Predigtlizenz auf (ursprünglich) 1 Jahr jedesmal. Ihre Existenz war schon wegen der Überzahl der Gottesdienste und Kapellen nötig. Vor allem aber waren sie das Rückgrat der »Klassen«-organisation und ihrer Seelsorge, also das eigentlich zentrale Organ der Kirchenzucht.

53 Cromwells Gegensatz gegen das »Parlament der Heiligen« spitzte sich unter anderem auch bei der Frage der Universitäten (die ja mit der radikalen Beseitigung aller Zehnten und Präbenden dahingefallen wären) zu. Zur Vernichtung dieser Kulturstätten – die aber eben damals dem Sinn nach vor allem Stätten der Vorbildung von Theologen waren – konnte sich Cromwell nicht entschließen.

54 So nach dem Vorschlag von 1652 und im wesentlichen auch nach der Kirchenkonstitution von 1654.

55 Beispiel bei Gardiner, Fall of the Monarchy (1882), I, p. 380.

56 Auch die Westminster Confession stellt (XXVI, 1) den Grundsatz der gegenseitigen, inneren *und äußeren,* Hilfspflicht auf. Zahlreich sind entsprechende Bestimmungen bei allen Sekten.

57 Die Methodisten haben vielfach versucht, die Anrufung des weltlichen Richters durch Ausschluß zu ahnden. Andererseits schufen sie mehrfach Instanzen, welche man gegen säumige Schuldner anrufen konnte.

58 Jeder Fall von Zahlungseinstellung wurde im alten Methodismus von einer Kommission von Brüdern untersucht. Schuldenmachen ohne die sichere Aussicht, sie zurückzahlen zu können, bedingte Ausschluß: daher die Kreditwürdigkeit. Vgl. die Anm. 25 zitierten Beschlüsse der holländischen Synoden. Die Nothilfspflicht unter Brüdern ist z. B. in der baptistischen Hanserd Knollys Confession

(c. 28) unter dem charakteristischen Vorbehalt: daß dadurch der Heiligkeit des Eigentums kein Präjudiz entstehen solle, festgelegt. Mit großer Schärfe wird gelegentlich (so in der Cambridge Platform von 1647, Ausg. v. 1653, 7, Nr. VI) die Pflicht der Ältesten eingeschärft, gegen Mitglieder vorzugehen, welche »*without a calling*« leben oder »*idly in their calling*« sich verhalten.

59 Bei den Methodisten auch ausdrücklich vorgeschrieben.

60 Bei den Methodisten ursprünglich vierteljährig zu erneuern. Die alten Independenten gaben das Abendmahl, wie oben bemerkt, nur an Inhaber von tickets. Bei den Baptisten galt für die Zulassung eines Zuziehenden zur Gemeinde der Besitz einer letter of recommendation der bisherigen Gemeinde für unentbehrlich: s. den Anhang zu der Ausgabe der Hanserd Knollys Confession von 1689 (West Chester Pa., 1827). Schon die drei Amsterdamer Täufergemeinden zu Anfang des 16. Jahrhunderts hatten das gleiche System, welches seitdem überall wiederkehrt. In Massachusetts war seit 1669 (statt der ursprünglichen Zulassung zum Abendmahl) ein Zertifikat der Prediger und select men über Orthodoxie und *Wandel* das Qualifikationsattest zur Erlangung des politischen Bürgerrechts.

61 So von Doyle in dem öfter angeführten Werk, der *darauf* den stark gewerblichen Charakter von Neu-England im Gegensatz zu den Ackerbaukolonien zurückführt.

62 S. z. B. Doyles Bemerkungen über die ständischen Verhältnisse in Neu-England, wo die Familien mit alter religiös-literarischer Tradition, *nicht* aber Besitzerklassen, die »Aristokratie« bildeten.

63 Die katholische Beichte war, um es zu wiederholen, demgegenüber ein Mittel der *Entlastung* von dem gewaltigen inneren Druck, unter dem das Sektenmitglied in seiner Lebensführung fortwährend gehalten war. – Inwieweit gewisse, orthodoxe und heterodoxe, religiöse Gemeinschaftsbildungen des Mittelalters die Vorläufer dieser asketischen Denominationen des Protestantismus waren, ist hier noch nicht zu besprechen.

64 Auf diese ganz entscheidende Pointierung des ersten dieser beiden Aufsätze sei erneut mit Nachdruck hingewiesen. Es war der Grundfehler meiner Kritiker, gerade dies nicht beachtet zu haben. Wir werden bei Gelegenheit der Besprechung der altisraelitischen Ethik im Verhältnis zu den in der *Lehre* sehr ähnlichen ägyptischen, phönikischen, babylonischen Ethiken auf einen ganz ähnlichen Sachverhalt stoßen.

65 Hierzu vgl. u. a. das oben im II. Teil, 2. Abschnitt, S. 175 f. Gesagte. Die antike jüdische ebenso wie die altchristliche Gemeindebildung wirkten, jede in anderer Art, in der gleichen Richtung (bei den Juden ist das Schwinden der sozialen Bedeutung der *Sippe*, wie wir sehen werden, dadurch bedingt, und das Christentum hat im frühen Mittelalter ähnlich gewirkt).

66 Statt anderer Beispiele vgl. das Pariser Livre des métiers du prévôt de Paris ÉTIENNE BOILEAU (1268) (éd. LESPINASSE et BONNARDOT, Histoire générale de Paris, p. 211, section 8; p. 215, section 4).

67 Die Analyse dieser ziemlich verschlungenen Kausalbeziehungen kann hier nicht nebenher unternommen werden.

Religiöse Heilsmethodik und Systematisierung der Lebensführung

1 *Virtuosenreligiosität und Alltag*

Das Verhältnis der Virtuosenreligiosität zum *Alltag,* der Stätte der Wirtschaft, war insbesondere je nach der Eigenart des von ihr erstreben *Heilsgutes* sehr verschieden.

Wo die Heilsgüter und Erlösungsmittel der Virtuosenreligiosität kontemplativen oder orgiastisch-ekstatischen Charakter trugen, führte von ihr keine Brücke zum *praktischen* Alltagshandeln innerhalb der Welt. Nicht nur war dann die Wirtschaft, wie alles Handeln in der Welt, etwas religiös Minderwertiges. Sondern es ließen sich auch indirekt keinerlei psychologische Motive dafür aus dem als höchstes Gut geschätzten Habitus entnehmen. Vielmehr war die kontemplative und die ekstatische Religiosität im innersten Wesen spezifisch wirtschaftsfeindlich. Das mystische, orgiastische, ekstatische Erleben ist ja das spezifisch Außeralltägliche, vom Alltag und von allem rationalen Zweckhandeln Abführende, eben *deshalb* als »heilig« Geachtete. Eine tiefe Kluft schied daher bei derart orientierten Religionen die Lebensführung der »Laien« von jener der Virtuosen-Gemeinschaft. Die Herrschaft des religiösen Virtuosenstandes innerhalb der religiösen Gemeinschaft glitt dann gern in die Bahnen einer magischen Anthropolatrie: der Virtuose wurde als Heiliger direkt angebetet, oder es wurden doch sein Segen und seine magischen Kräfte von den Laien als Mittel zur Förderung weltlichen oder religiösen Heils erkauft. Wie der Bauer für den Grundherrn, so war der Laie für den buddhistischen und jainistischen bhikshu letztlich doch lediglich die Tributquelle, welche ihm ermöglichte, ohne eigene, stets heilsgefährdende, weltliche Arbeit ganz dem Heil zu leben. Auch die Lebensführung der Laien selbst mochte dabei trotzdem eine gewisse ethische Reglementierung erfahren. Denn der Virtuose war der gegebene Seelsorger: Beichtvater und directeur de l'âme, des Laien, also von oft mächtigem Einfluß. Aber er beeinflußte ihn, den religiös »Unmusikalischen«, entweder gar nicht oder nur in zeremonialen, rituellen und konventionellen Einzelheiten im Sinne *seiner* (des Virtuosen) religiösen Lebensführung. Denn immer blieb doch das Wirken innerhalb der Welt im Prinzip religiös unbedeutsam, lag gegenüber dem Streben nach dem religiösen Ziel in der gerade entgegengesetzten Richtung. Das Charisma des reinen »Mystikers« vollends diente nur ihm selbst, nicht, wie das des genuinen Magiers, Anderen.

Ganz anders da, wo das Virtuosentum der religiös Qualifizierten sich zu einer asketischen, die Formung des Lebens *in* der Welt nach dem Willen eines Gottes erstrebenden *Sekte* zusammenschloß. Damit dies im eigentlichsten Sinne geschehen konnte, war freilich zweierlei nötig. Einmal durfte das höchste Heilsgut nicht kontemplativen Charakters sein, also nicht in einer Vereinigung mit einem im Gegensatz zur Welt ewig währenden überweltlichen Sein oder in einer orgiastisch oder apathisch-ekstatisch zu erfassenden unio mystica bestehen. Denn diese liegt stets abseits des Alltagswirkens und jenseits der realen Welt, führt von ihr ab. Und ferner mußte die Religiosität den rein magischen oder sakramentalen Charakter der Gnaden*mittel* möglichst abgestreift haben. Denn auch diese entwerten stets das Handeln *in* der Welt als religiös höchstens relativ bedeutsam und knüpfen die Entscheidung über das Heil an den Erfolg *nicht* alltags-rationaler Vorgänge. Voll erreicht wurde beides: Entzauberung der Welt und Verlegung des Weges zum Heil von der kontemplativen »Weltflucht« hinweg in die aktiv asketische »Weltbearbeitung«, – wenn man von einigen kleinen rationalistischen Sekten, wie sie sich in aller Welt fanden, absieht, – nur in den großen Kirchen- und Sektenbildungen des asketischen Protestantismus im Okzident. Dabei haben ganz bestimmte, rein historisch bedingte Schicksale der okzidentalen Religiosität zusammengewirkt. Teils der

Einfluß ihrer sozialen Umwelt, vor allen Dingen: der für ihre Entwicklung entscheidenden Schicht. Teils aber und ebenso stark ihr genuiner Charakter: der überweltliche Gott und die historisch erstmalig durch die israelitische Prophetie und Thoralehre bestimmte Besonderheit der Heilsmittel und Heilswege. Wo der religiöse Virtuose als »Werkzeug« eines Gottes in die Welt gestellt und dabei von allen magischen Heilsmitteln abgeschnitten war, mit der Forderung, sich durch die ethische Qualität seines Handelns *innerhalb* ihrer Ordnungen, und *nur* dadurch, als zum Heil berufen vor Gott – und das hieß der Sache nach: vor sich selbst – zu »bewähren«, da mochte die »Welt« als solche religiös noch so sehr als kreatürlich und Gefäß der Sünde entwertet und abgelehnt werden: sie wurde dadurch psychologisch nur um so mehr als Schauplatz des gottgewollten Wirkens im weltlichen »Beruf« bejaht. Denn dies innerweltliche Asketentum war zwar weltablehnend in dem Sinne, daß es die Güter der Würde und Schönheit, des schönen Rausches und Traumes, der rein weltlichen Macht und des rein weltlichen Heldenstolzes verachtete und verfehmte als Konkurrenten des Gottesreiches. Aber sie war eben deshalb nicht weltflüchtig wie die Kontemplation, sondern wollte nach Gottes Gebot die Welt ethisch rationalisieren und blieb daher in einem spezifisch penetranteren Sinne weltzugewandt als die naive »Weltbejahung« des ungebrochenen Menschentums etwa in der Antike und im Laien-Katholizismus. Gerade im Alltag bewährte sich die Gnade und Erwähltheit des religiös Qualifizierten. Freilich nicht im Alltag, wie er war, sondern in dem im Dienste Gottes methodisch *rationalisierten* Alltagshandeln. Das rational zum Beruf gesteigerte Alltagshandeln wurde Bewährung des Heils. Die Sekten der religiösen Virtuosen bildeten im Okzident die Fermente für die methodische Rationalisierung der Lebensführung einschließlich auch des Wirtschaftshandelns, nicht aber, wie die Gemeinschaften der kontemplativen oder orgiastischen oder apathischen Ekstatiker Asiens, Ventile für die Sehnsucht hinweg aus der Sinnlosigkeit des innerweltlichen Wirkens.

Zwischen diesen äußersten Gegenpolen bewegten sich nun die mannigfachsten Übergänge und Kombinationen. Denn die Religionen so wenig wie die Menschen waren ausgeklügelte Bücher. Sie waren historische, nicht logisch oder auch nur psychologisch widerspruchslos konstruierte, Gebilde. Sie ertrugen sehr oft in sich Motivreihen, die, jede für sich konsequent verfolgt, den anderen hätte in den Weg treten, oft ihnen schnurstracks zuwiderlaufen müssen. Die »Konsequenz« war hier die Ausnahme, und nicht die Regel. Die Heilswege und Heilsgüter waren aber auch in sich regelmäßig psychologisch nicht eindeutig. Auch der altchristliche Mönch und auch der Quäker hatten einen sehr starken kontemplativen Einschlag in ihrer Gottsuche: – aber der Gesamtinhalt ihrer Religiosität, vor allem der überweltliche Schöpfergott und die Art der Versicherung der Gnadengewißheit, wies sie immer wieder auf den Weg des *Handelns.* Und andererseits: auch der buddhistische Mönch handelte, nur wurde dies Handeln jeder konsequenten *inner*weltlichen Rationalisierung entzogen durch die letzte Orientierung des Heilsstrebens an der Flucht aus dem »Rad« der Wiedergeburten. Die Sektierer und andere Bruderschaften des okzidentalen Mittelalters: Träger der religiösen Durchdringung des Alltagslebens, fanden ihr Gegenbild in den eher noch universeller entwickelten Bruderschaften des Islâm; auch die dafür typische Schicht: Kleinbürger und namentlich Handwerker, war beiderseits die gleiche, – aber der Geist der beiderseitigen Religiosität war sehr verschieden. Äußerlich betrachtet, erscheinen zahlreiche hinduistische religiöse Gemeinschaften als »Sekten» ebensogut wie die des Okzidents, – aber das Heilsgut und die Art der Heilsvermittlung lagen nach radikal entgegengesetzter Richtung.

In ihrer gesinnungsethischen Interpretation bedeutet die Heilsmethodik praktisch stets: Überwindung bestimmter Begehrungen oder Affekte der religiös nicht bearbeiteten rohen Menschennatur ... Stets ist eine in diesem Sinn methodische religiöse Heilslehre eine *Virtuosenethik*. Stets verlangt sie, wie das magische Charisma, die *Bewährung* des Virtuosentums ... Im übrigen aber ist der positive Charakter der Heilsbewährung und also auch des praktischen Verhaltens grundsätzlich verschieden vor allem je nach dem Charakter jenes Heilsguts, dessen Haben die Seligkeit verbürgt.

Entweder ist dies eine spezifische Gabe aktiv ethischen *Handelns* mit dem Bewußtsein, daß Gott dies Handeln lenke: daß man Gottes *Werkzeug* sei. Wir wollen für unsere Zwecke diese Art der durch religiöse Heilsmethodik bedingten Stellungnahme eine religiös-»*asketische*« nennen, – ohne irgendwie zu bestreiten, daß man den Ausdruck sehr wohl auch in anderem, weiteren Sinn brauchen kann und braucht: der Gegensatz dazu wird später deutlich werden. Dann führt die religiöse Virtuosität stets dazu, neben der Unterwerfung der Naturtriebe unter die systematisierte Lebensführung auch die Beziehung zum sozialen Gemeinschaftsleben mit seinen unvermeidlich nicht heroischen, sondern utilitarisch-konventionellen Tugenden einer ganz radikalen, religiös-*ethischen* Kritik zu unterwerfen. Die bloße »natürliche« Tugend innerhalb der Welt gewährleistet nicht nur das Heil nicht, sie gefährdet es durch Hinwegtäuschen über das eine, was allein not tut. Die sozialen Beziehungen, die »Welt« im Sinne des religiösen Sprachgebrauchs, ist daher Versuchung nicht nur als Stätte der vom Göttlichen gänzlich abziehenden, ethisch irrationalen Sinnenlust, sondern noch mehr als Stätte selbstgerechter Genügsamkeit mit der Erfüllung jener landläufigen Pflichten des religiösen Durchschnittsmenschen auf Kosten der alleinigen Konzentration des Handelns auf die aktiven Erlösungsleistungen. Diese Konzentration kann ein förmliches Ausscheiden aus der

»Welt«, aus den sozialen und seelischen Banden der Familie, des Besitzes, der politischen, ökonomischen, künstlerischen, erotischen, überhaupt aller kreatürlichen Interessen notwendig, jede Betätigung in ihnen als ein von Gott entfremdendes Akzeptieren der Welt erscheinen lassen: *weltablehnende Askese.* Oder sie kann umgekehrt die Betätigung der eigenen spezifisch heiligen Gesinnung, der Qualität als erwählten Werkzeugs Gottes gerade innerhalb und gegenüber den Ordnungen der Welt verlangen: *innerweltliche Askese.* Die Welt wird im letzteren Fall eine dem religiösen Virtuosen auferlegte »Pflicht«. Entweder in dem Sinn, daß die Aufgabe besteht, sie den asketischen Idealen gemäß umzugestalten. Dann wird der Asket ein rationaler »naturrechtlicher« Reformer oder Revolutionär, wie ihn das »Parlament der Heiligen« unter CROMWELL, der Quäkerstaat und in anderer Art der radikale pietistische Konventikel-Kommunismus gekannt hat. Stets aber wird dann, infolge der Verschiedenheit der religiösen Qualifikation, ein solcher Zusammenschluß des Asketentums [zu] einer aristokratischen Sonderorganisation innerhalb oder eigentlich außerhalb der Welt der Durchschnittsmenschen, die sie umbrandet, – darin von »Klassen« prinzipiell nicht unterschieden. Sie kann die Welt vielleicht beherrschen, aber nicht in ihrer Durchschnittsqualität auf die Höhe des eigenen Virtuosentums heben. Alle religiös rationalen Vergesellschaftungen haben diese Selbstverständlichkeit, wenn sie sie ignorieren, in ihren Konsequenzen an sich erfahren müssen. Die Welt als Ganzes bleibt, asketisch gewertet, eine *»massa perditionis«.* Also bleibt die andere Alternative eines Verzichts darauf, daß sie den religiösen Ansprüchen genüge. Wenn nun dennoch die Bewährung *innerhalb* ihrer Ordnungen erfolgen soll, so wird sie eben, *weil* sie unvermeidlich [ein] natürliches Gefäß der Sünde bleibt, gerade um der Sünde willen und zu deren möglichster Bekämpfung in ihren Ordnungen eine »Aufgabe« für die Bewährung der asketischen Gesinnung. Die [Welt] verharrt in ihrer kreatürlichen Entwertetheit: eine genießende Hingabe an ihre Güter gefährdet die Konzentration auf das Heilsgut und dessen

Besitz und wäre Symptom unheiliger Gesinnung und fehlender Wiedergeburt. Aber die Welt ist dennoch, als Schöpfung Gottes, dessen Macht sich in ihr trotz ihrer Kreatürlichkeit auswirkt, das einzige Material, an welcher das eigene religiöse Charisma durch rationales ethisches Handeln sich bewähren muß, um des eigenen Gnadenstandes gewiß zu werden und zu bleiben. Als Gegenstand dieser aktiven *Bewährung* werden die Ordnungen der Welt für den Asketen, der in sie gestellt ist, zum »Beruf«, den es rational zu »erfüllen« gilt. Verpönt also ist der Genuß von Reichtum, – »Beruf« aber die *rational* ethisch geordnete, in strenger Legalität geführte Wirtschaft, deren Erfolg, also: Erwerb, Gottes Segen für die Arbeit des Frommen und also die Gottgefälligkeit seiner ökonomischen Lebensführung sichtbar macht. Verpönt ist jeder Überschwang des Gefühls für Menschen als Ausdruck einer den alleinigen Wert der göttlichen Heilsgabe verleugnenden Vergötterung des Kreatürlichen, – »Beruf« aber die rational nüchterne Mitarbeit an den durch Gottes Schöpfung gesetzten sachlichen Zwecken der *rationalen Zweckverbände* der Welt. Verpönt ist die kreaturvergötternde Erotik, – gottgewollter Beruf »eine nüchterne Kindererzeugung« (wie die Puritaner es ausdrükken) innerhalb der Ehe. Verpönt ist Gewalt des Einzelnen gegen Menschen, aus Leidenschaft oder Rachsucht, überhaupt aus persönlichen Motiven, – gottgewollt aber die rationale Niederhaltung und Züchtigung der Sünde und Widerspenstigkeit im zweckvoll geordneten Staate. Verpönt ist persönlicher weltlicher Machtgenuß als Kreaturvergötterung, – gottgewollt die Herrschaft der rationalen Ordnung des Gesetzes. Der »innerweltliche Asket« ist ein Rationalist sowohl in dem Sinn rationaler Systematisierung seiner eigenen persönlichen Lebensführung, wie in dem Sinn der Ablehnung alles ethisch Irrationalen, sei es Künstlerischen, sei es persönlich Gefühlsmäßigen, innerhalb der Welt und ihrer Ordnungen. Stets aber bleibt das spezifische Ziel vor allem: »wache« methodische Beherrschung der eigenen Lebensführung. In erster Linie, aber je nach seinen einzelnen Abschattierungen in verschiedener »Konsequenz«, gehörte der asketische Protestantismus, welcher die Bewährung innerhalb der Ordnungen der Welt als *einzigen* Erweis der religiösen Qualifikation kannte, diesem Typus der »innerweltlichen Askese« an.

Oder: das spezifische Heilsgut ist nicht eine aktive Qualität des Handelns, also nicht das Bewußtsein der Vollstreckung eines göttlichen Willens, sondern eine *Zuständlichkeit* spezifischer Art. In vorzüglichster Form: »mystische Erleuchtung«. Auch sie ist nur von einer Minderheit spezifisch Qualifizierter und nur durch eine systematische Tätigkeit besonderer Art: »Kontemplation«, zu erringen. Die Kontemplation bedarf, um zu ihrem Ziel zu gelangen, stets der Ausschaltung der Alltagsinteressen. Nur wenn das Kreatürliche im Menschen völlig schweigt, kann Gott in der Seele reden, nach der Erfahrung der Quäker, mit welcher nicht den Worten, wohl aber der Sache nach, alle kontemplative Mystik, von LAOTSE und BUDDHA bis TAULER, übereinstimmt. Die Konsequenz kann die absolute Weltflucht sein. Diese kontemplative Weltflucht, wie sie dem alten Buddhismus und in gewissem Maße fast allen asiatischen und vorderasiatischen Formen der Erlösung eigentümlich ist, sieht der asketischen Weltablehnung ähnlich, ist aber dennoch streng von ihr zu scheiden.

Die weltablehnende Askese im hier gebrauchten Sinn des Wortes ist primär auf Aktivität eingestellt. Nur *Handeln* bestimmter Art hilft dem Asketen, diejenigen Qualitäten [zu] erreichen, welche er erstrebt, und diese wiederum sind solche eines aus göttlicher Gnade heraus Handeln-Könnens. In dem Bewußtsein, daß ihm die Kraft zum Handeln aus dem Besitz des zentralen religiösen Heils zufließe und er Gott damit diene, gewinnt er stets erneut die Versicherung seines Gnadenstandes. Er fühlt sich als Gotteskämpfer, einerlei, wie der Feind und die Mittel seiner Bekämpfung aussehen, und die Weltflucht selbst ist psychologisch keine Flucht, sondern ein immer neuer Sieg über immer neue Versuchungen, mit denen er immer erneut aktiv zu kämpfen hat. Der weltablehnende Asket hat mindestens die negative innere Beziehung unausgesetzten

Kampfes zur »Welt«. Man spricht deshalb bei ihm zweckmäßigerweise von »Welt*ablehnung*«, nicht von »Welt*flucht*«, die vielmehr den kontemplativen Mystiker kennzeichnet.

Die Kontemplation dagegen ist primär das Suchen eines »Ruhens« im Göttlichen und nur in ihm. *Nicht*handeln, in letzter Konsequenz Nichtdenken, Entleerung von allem, was irgendwie an die »Welt« erinnert, jedenfalls absolutes Minimisieren alles äußeren und inneren Tuns sind der Weg, denjenigen inneren Zustand zu erreichen, der als Besitz des Göttlichen, als *unio mystica* mit ihm, genossen wird: einen spezifischen Gefühlshabitus also, der ein »Wissen« zu vermitteln scheint. Mag dabei nun subjektiv mehr der besondere außerordentliche Inhalt dieses Wissens oder mehr die gefühlsmäßige Färbung seines Besitzes im Vordergrunde stehen, objektiv entscheidet die letztere. Denn das mystische Wissen ist, jemehr es den spezifischen Charakter eines solchen hat, desto inkommunikabler: daß es *trotzdem* als Wissen auftritt, gibt ihm gerade seinen spezifischen Charakter. Es ist keine neue Erkenntnis irgendwelcher Tatsachen oder Lehrsätze, sondern das Erfassen eines einheitlichen *Sinnes* der Welt und in dieser Wortbedeutung, wie immer wieder in mannigfachster Formulierung von den Mystikern ausgesagt wird, ein *praktisches* Wissen. Seinem zentralen Wesen nach ist es vielmehr ein »Haben«, von dem aus jene praktische Neuorientierung zur Welt, unter Umständen auch neue kommunikable »Erkenntnisse« gewonnen werden. Diese Erkenntnisse aber sind Erkenntnisse von Werten und Unwerten innerhalb der Welt. Sie interessieren uns hier nicht, sondern jene negative Wirkung auf das Handeln, welche im Gegensatz zur Askese – im hier gebrauchten Wortsinn – aller Kontemplation eigen ist.

Der Gegensatz ist selbstverständlich, wie, vorbehaltlich eingehender Erörterung, schon hier sehr nachdrücklich betont sei, überhaupt und in ganz besonderem Maße zwischen weltablehnender Askese und weltflüchtiger Kontemplation flüssig. Denn zunächst muß die weltflüchtige Kontemplation zum mindesten mit einem erheblichen Grade systematisch rationalisierter Lebensführung verbunden sein. Nur diese führt ja zur Konzentration auf das Heilsgut. Aber sie ist nur das *Mittel,* das Ziel der Kontemplation zu erreichen, und die Rationalisierung ist wesentlich negativer Art und besteht in der *Abwehr* der Störungen durch Natur und soziale Umwelt. Damit wird die Kontemplation keineswegs ein passives Sichüberlassen an Träume, auch nicht eine einfache Autohypnose, obwohl sie dieser in der Praxis nahekommen kann. Sondern der spezifische Weg zu ihr ist eine sehr energische Konzentration auf gewisse »Wahrheiten«, wobei nur für den Charakter des Vorgangs entscheidend ist: daß nicht der *Inhalt* dieser, für den Nichtmystiker oft sehr einfach aussehenden, Wahrheiten entscheidet, sondern die Art ihrer Betontheit und die zentrale Stellung, in welche sie dadurch innerhalb des Gesamtaspekts der Welt rükken und diesen einheitlich bestimmen. Durch noch so eindeutiges Begreifen und selbst durch ausdrückliches Fürwahrhalten der scheinbar höchst trivialen Sätze des buddhistischen Zentraldogmas wird jemand noch kein Erleuchteter. Die Denkkonzentration und eventuelle sonstige heilsmethodische Mittel sind aber nur der Weg zum Ziel. Dieses Ziel selbst besteht vielmehr ausschließlich in der einzigartigen Gefühlsqualität, praktisch gewendet: in der gefühlten Einheit von Wissen und praktischer Gesinnung, welche dem Mystiker die entscheidende Versicherung seines religiösen Gnadenstandes bietet. Auch dem Asketen ist die gefühlte und bewußte Erfassung des Göttlichen von zentraler Bedeutung. Nur ist dieses Fühlen ein sozusagen »motorisch« bedingtes. Es ist dann vorhanden, wenn er in dem Bewußtsein lebt, daß ihm das einheitlich auf Gott bezogene, rational ethische Handeln als Gottes Werkzeug gelingt. Dieses ethische – positiv oder negativ – kämpfende Handeln aber ist für den kontemplativen Mystiker, der niemals »Werkzeug«, sondern nur »Gefäß« des Göttlichen sein will und kann, eine stete Veräußerlichung des Göttlichen an eine periphere Funktion; *Nicht*handeln, jedenfalls aber Vermeidung jedes rationalen Zweckhandelns (»Handeln mit einem Ziel«) als der gefährlichsten Form der Verweltlichung empfiehlt der alte Buddhismus als Vorbedingung der Erhaltung des Gnadenstandes. Dem Asketen erscheint die Kontemplation des Mystikers als träger und religiös steriler, asketisch verwerflicher Selbstgenuß, als kreaturvergötternde Schwelgerei in selbstgeschaffenen Gefühlen. Der Asket wird, vom Standpunkt des kontemplativen Mystikers aus gesehen, durch sein, sei es außerweltliches Sichquälen und Kämpfen, vollends aber durch asketisch-rationales innerweltliches Handeln stetig in alle Belastetheit des geformten Lebens mit unlösbaren Spannungen zwischen Gewaltsamkeit und Güte, Sachlichkeit und Liebe verwickelt, dadurch stetig von der Einheit in und mit Gott entfernt und in heillose Widersprüche und Kompromisse hineingezwungen. Der kontemplative Mystiker denkt, vom Standpunkt des Asketen aus gesehen, nicht an Gott und die Mehrung von dessen Reich und Ruhm und an die aktive Erfüllung seines Willens, sondern ausschließlich an sich selbst; er existiert überdies, sofern er überhaupt lebt, schon durch die bloße Tatsache seiner unvermeidlichen Lebensfürsorge in konstanter Inkonsequenz. Am meisten aber dann, wenn der kontemplative Mystiker innerhalb der Welt und ihrer Ordnungen lebt. In gewissem Sinn ist ja schon der weltflüchtige Mystiker von der Welt »abhängiger« als der Asket. Dieser kann sich als Anachoret selbst erhalten und zugleich in der Arbeit, die er darauf verwendet, seines Gnadenstandes gewiß werden. Der kontemplative Mystiker dürfte, wenn er ganz konsequent bleiben wollte, nur von dem leben, was ihm *freiwillig* von Natur oder Menschen dargeboten wird: Beeren im Walde und, da diese nirgends dauernd zulänglich sind, von Almosen, – wie dies bei den indischen Shramanen in ihren konsequentesten Spielarten tatsächlich der Fall war (daher das besonders strenge Verbot aller indischen bhikshu-Regeln – auch der Buddhisten –: irgend etwas nicht freiwillig Gegebenes zu nehmen). Jedenfalls lebt er von irgendwelchen Gaben der Welt und könnte also nicht leben, wenn die Welt nicht konstant eben das täte, was er für sündig und gottentfremdend hält: Arbeit. Dem buddhistischen Mönch insbesondere ist Ackerbau, weil er gewaltsame Verletzung von

Tieren im Boden bedingt, die verwerflichste aller Beschäftigungen, – aber das Almosen, das er einsammelt, besteht in erster Linie aus Ackerbauprodukten. Der unvermeidliche Heilsaristokratismus des Mystikers, der die Welt dem für alle Unerleuchteten, der vollen Erleuchtung Unzugänglichen, nun einmal unvermeidlichen Schicksal überläßt – die zentrale, im Grunde einzige Laientugend der Buddhisten ist ursprünglich: Verehrung und Almosenversorgung der allein zur Gemeinde gehörigen Mönche –, tritt gerade darin drastisch hervor. Ganz generell »handelt« aber irgendwer, auch der Mystiker selbst, unvermeidlich und minimisiert sein Handeln nur, weil es ihm niemals die Gewißheit des Gnadenstandes geben, wohl aber ihn von der Vereinigung mit dem Göttlichen abziehen kann, während dem Asketen eben durch sein Handeln sich sein Gnadenstand bewährt.

Am deutlichsten wird der Kontrast zwischen beiden Verhaltensweisen, wenn die Konsequenz voller Weltablehnung oder Weltflucht nicht gezogen wird. Der Asket muß, wenn er innerhalb der Welt handeln will, also bei der innerweltlichen Askese, mit einer Art von glücklicher Borniertheit für jede Frage nach einem »Sinn« der Welt geschlagen sein und sich nicht darum kümmern. Es ist daher kein Zufall, daß die innerweltliche Askese sich gerade auf der Basis der absoluten Unerforschlichkeit der Motive des jedem menschlichen Maßstab entrückten, calvinistischen Gottes am konsequentesten entwickeln konnte. Der innerweltliche Asket ist daher der gegebene *»Berufsmensch«*, der nach dem Sinn seiner sachlichen Berufsausübung innerhalb der *Gesamt*welt – für welche ja nicht er, sondern sein Gott die Verantwortung trägt – weder fragt noch zu fragen nötig hat, weil ihm das Bewußtsein genügt, in seinem persönlichen rationalen Handeln in dieser Welt den für ihn in seinem letzten Sinn unerforschlichen Willen Gottes zu vollstrecken. Dem kontemplativen Mystiker umgekehrt kommt es gerade auf das Erschauen jenes »Sinnes« der Welt an, den in rationaler Form zu »begreifen« er eben um deswillen außerstande ist, weil er ihn als eine Einheit *jenseits* aller realen Wirklichkeit erfaßt. Nicht immer hat die mystische Kontemplation die Konsequenz von Weltflucht im Sinn einer Meidung jeder Berührung mit der sozialen Umwelt. Auch der Mystiker kann umgekehrt als Bewährung der Sicherheit seines Gnadenstandes dessen Behauptung gerade *gegenüber* den Ordnungen der Welt von sich fordern: auch für ihn wird dann die Stellung in diesen Ordnungen zum »Beruf«. Aber mit sehr anderer Wendung als bei der innerweltlichen Askese. Die Welt als solche wird weder von der Askese noch von der Kontemplation bejaht. Aber vom Asketen werden ihr kreatürlicher, ethisch irrationaler empirischer Charakter, ihre ethischen Versuchungen der Weltlust, des Genießens und Ausruhens auf ihren Freuden und Gaben, abgelehnt. Dagegen wird das eigene rationale Handeln innerhalb ihrer Ordungen als Aufgabe und Mittel der Gnadenbewährung bejaht. Dem innerweltlich lebenden kontemplativen Mystiker dagegen ist Handeln, und vollends Handeln innerhalb der Welt, rein an sich eine Versuchung, gegen die er seinen Gnadenstand zu behaupten hat. Er minimisiert also sein Handeln, indem er sich in die Ordnungen der Welt, so wie sie sind, »schickt«, in ihnen sozusagen inkognito lebt, wie die »Stillen im Lande« es zu aller Zeit getan haben, weil Gott es nun einmal so gefügt hat, daß wir darin leben müssen. Eine spezifische, demutsvoll gefärbte »Gebrochenheit« zeichnet das innerweltliche Handeln des kontemplativen Mystikers aus, von welchem hinweg er sich immer wieder in die Stille der Gottinnigkeit flüchten möchte und flüchtet. Der Asket ist, wo er in Einheit mit sich selbst handelt, sich dessen sicher, Gottes Werkzeug zu sein. Seine eigene pflichtgemäße kreatürliche »Demut« ist daher stets von zweifelhafter Echtheit. Der Erfolg seines Handelns ist ja ein Erfolg Gottes selbst, zu dem er beigetragen hat, mindestens aber ein Zeichen seines Segens ganz speziell für ihn und sein Tun. Für den echten Mystiker kann dagegen der Erfolg seines *innerweltlichen* Handelns keinerlei Heilsbedeutung haben und ist die Erhaltung echter Demut in der Welt in der Tat die *einzige* Bürgschaft dafür, daß seine Seele ihr nicht anheimgefallen ist. Je mehr er innerhalb der

Welt steht, desto »gebrochener« wird im allgemeinen seine Haltung zu ihr im Gegensatz zu dem stolzen Heilsaristokratismus der *außer*weltlichen irdischen Kontemplation. Für den Asketen bewährt sich die Gewißheit des Heils stets im rationalen, nach Sinn, Mittel und Zweck eindeutigen Handeln, nach Prinzipien und Regeln. Für den Mystiker, der im realen Besitz des zuständlich erfaßten Heilsgutes ist, kann die Konsequenz dieses Zustandes gerade umgekehrt Anomismus sein: das Gefühl, welches sich ja nicht an dem Tun und dessen Art, sondern in einem gefühlten Zustand und dessen Qualität manifestiert, an keine Regel des Handelns mehr gebunden zu sein, vielmehr in allem und jedem, was man auch tue, des Heils gewiß zu bleiben. Mit dieser Konsequenz (dem πάντα μοι ἔξεστιν) hatte unter anderem PAULUS sich auseinanderzusetzen, und sie ist immer wieder gelegentlich Folge mystischer Heilssuche gewesen.

Dem Asketen können sich ferner die Anforderungen seines Gottes an die Kreatur bis zur Forderung einer bedingungslosen Beherrschung der Welt durch die Norm der religiösen Tugend und bis zu ihrer revolutionären Umgestaltung zu diesem Zweck steigern. Aus der weltabgewandten Klosterzelle heraus tritt dann der Asket als Prophet der Welt gegenüber. Immer aber wird es eine ethisch rationale Ordnung und Disziplinierung der Welt sein, die er dabei, entsprechend seiner methodisch rationalen Selbstdisziplin, verlangt. Gerät dagegen der Mystiker auf eine ähnliche Bahn, d. h. schlägt seine Gottinnigkeit, die chronische stille Euphorie seines kontemplativen einsamen Besitzes des göttlichen Heilsguts in ein akutes Gefühl heiliger Besessenheit durch den Gott oder heiligen Besitzes des Gottes um, der in und aus ihm spricht, der kommen und das ewige Heil bringen will, jetzt sofort, wenn nur die Menschen so wie der Mystiker selbst ihm die Stätte auf Erden und das heißt: in ihren Seelen bereiten würden, – dann wird er entweder als ein Magier Götter und Dämonen in seiner Gewalt fühlen und der praktischen Folge nach zum Mystagogen werden, wie es so oft geschehen ist. Oder, wenn er diesen Weg nicht beschreiten, sondern von seinem Gotte nur durch Lehre zeugen kann, dann wird seine revolutionäre Predigt an die Welt chiliastisch irrational, jeden Gedanken einer rationalen »Ordnung« verschmähend. Die Absolutheit seines eigenen universellen akosmistischen Liebesgefühls wird ihm die völlig zulängliche und allein gottgewollte, weil allein aus göttlicher Quelle stammende Grundlage der mystisch erneuerten Gemeinschaft der Menschen sein. Der Umschlag vom weltabgewandten mystischen zum chiliastisch-revolutionären Habitus ist oft eingetreten, am eindrucksvollsten bei der revolutionären Spielart der Täufer im 16. Jahrhundert. Für den entgegengesetzten Vorgang gibt z. B. die Bekehrung John Lilburnes zu den Quäkern den Typus ab.

3 *Erlösung durch Prädestinationsgnade*

Die Erlösung kann [ein] ganz freies grundloses Gnadengeschenk eines in seinen Ratschlüssen unerforschlichen, kraft seiner Allwissenheit notwendig unwandelbaren, durch menschliches Verhalten überhaupt nicht zu beeinflussenden Gottes sein: *Prädestinationsgnade.* Sie setzt den überweltlichen Schöpfergott am unbedingtesten voraus und fehlt daher aller antiken und asiatischen Religiosität. Sie scheidet sich von der in kriegerischen Heldenreligionen sich findenden Vorstellung eines übergöttlichen Verhängnisses durch ihren Charakter als Vorsehung, d. h. als eine zwar vom Menschen aus gesehen irrationale, dagegen von Gott aus gesehen rationale Ordnung, als ein Weltregiment. Dagegen schaltet sie die Güte Gottes aus. Er wird zu einem harten, majestätischen König. Sie selbst teilt mit dem Verhängnisglauben die Konsequenz, [zu] Vornehmheit und Härte zu erziehen, obwohl oder vielmehr gerade weil diesem Gott gegenüber die völlige Entwertung aller eigenen Kraft des Einzelnen die Voraussetzung der Errettung allein aus freier Gnade ist. Leidenschaftslose, ernst sittliche Naturen wie Pelagius konnten an die Zulänglichkeit der eigenen

Werke glauben. Die Prädestination ist unter den Propheten der Glaube von Menschen, die entweder, wie CALVIN und MUHAMMED, ein rationaler religiöser Machttrieb übermächtig beseelt: die Sicherheit der eigenen, weniger aus persönlicher Fleckenlosigkeit als aus der Situation der Welt und aus Gottes Willen folgenden Mission, oder die, wie AUGUSTINUS und ebenfalls wieder MUHAMMED, ungeheure Leidenschaften zu bändigen hatten und in dem Gefühl lebten, daß dies, soweit überhaupt, nur durch eine außer ihnen und über ihnen waltende Macht gelungen sei. In der gewaltig errregten Zeit nach seinen schweren Sündenkämpfen kannte sie daher auch LUTHER, um sie später mit zunehmender Weltanpassung zurücktreten zu lassen.

Die Prädestination gewährt dem Begnadeten das Höchstmaß von Heilsgewißheit, *wenn* er einmal sicher ist, zu der Heilsaristokratie der Wenigen zu gehören, die auserwählt sind. Ob aber der Einzelne dies unvergleichlich wichtige Charisma besitzt, dafür muß es – da die absolute Ungewißheit dauernd nicht ertragen wird – Symptome geben. Da nun Gott sich herbeigelassen hat, immerhin einige positive Gebote für das ihm wohlgefällige Handeln zu offenbaren, so können jene Symptome nur in der hier, wie für jedes religiös aktive Charisma, ausschlaggebenden Bewährung der Fähigkeit liegen, als Gottes Werkzeug an ihrer Erfüllung mitzuwirken, und zwar kontinuierlich und methodisch, da man die Gnade entweder immer hat oder nie. Nicht einzelne Verstöße – die dem Prädestinierten als Kreatur wie allen Sündern widerfahren –, sondern das Wissen, daß nicht diese Verstöße, sondern das gottgewollte Handeln aus der eigentlichen, durch die geheimnisvolle Gnadenbeziehung gestifteten inneren Beziehung zu Gott fließen, die zentrale und konstante Qualität der Persönlichkeit also, gibt Gewißheit des Heils und der Gnadenperseveranz. Anstatt der scheinbaren »logischen« Konsequenz des Fatalismus hat daher der Prädestinationsglaube gerade bei seinen konsequentesten Anhängern die denkbar stärksten Motive gottgewollten Handelns anerzogen. Naturgemäß je nach dem primären

Inhalt der Prophetie verschieden geartet. Die rücksichtslose Selbstvergessenheit der unter dem religiösen Gebot des Glaubenskrieges zur Welteroberung stehenden, islâmitischen Glaubenskämpfer der ersten Generationen, ebenso wie der ethische Rigorismus, die Legalität und rationale Lebensmethodik der unter dem christlichen Sittengesetz stehenden Puritaner, folgten beide aus dem Einfluß jenes Glaubens. Disziplin im Glaubenskriege war die Quelle der Unüberwindlichkeit der islâmischen ebenso wie der CROMWELLschen Kavallerie, innerweltliche Askese und disziplinierte Heilssuche im gottgewollten Beruf die Quelle der Erwerbsvirtuosität bei den Puritanern. Die radikale und wirklich endgültige Entwertung aller magischen, sakramentalen und anstaltsmäßigen Gnadenspende gegenüber Gottes souveränem Willen ist die unvermeidliche Folge jeder konsequent durchgeführten Prädestinationsgnade und ist auch, wo immer sie in voller Reinheit bestand und erhalten blieb, eingetreten. Die weitaus stärkste Wirkung hatte sie in dieser Hinsicht im Puritanismus. Die islâmische Prädestination kannte einerseits das doppelte Dekret nicht: die Prädestination zur Hölle wagte man Allah nicht zuzuschreiben, sondern nur die Entziehung seiner Gnade und damit die »Zulassung« des – bei der Unzulänglichkeit des Menschen – unvermeidlichen Irrens. Und sie hatte, dem Charakter der Kriegerreligion entsprechend, insofern die Färbung der hellenischen »*moira*«, als einerseits die spezifisch rationalen Elemente des »Weltregiments« und andererseits die Determination des religiösen Jenseitsschicksals des Einzelnen dabei weit schwächer entwickelt waren. Die Vorstellung waltete vor, daß nicht das jenseitige, sondern gerade das diesseitige außeralltägliche Schicksal, die Frage z. B. (und namentlich): ob der Glaubenskämpfer in der Schlacht falle oder nicht, durch Prädestination bestimmt sei. Das jenseitige Schicksal des Einzelnen war dagegen schon durch seinen bloßen Glauben an Allah und den Propheten hinlänglich gesichert und bedurfte daher – nach der älteren Vorstellung wenigstens – keiner Bewährung in der Lebensführung: ein rationales System der Alltagsaskese war dieser Kriegerreligion ursprünglich fremd. Daher entfaltete die Prädestination im Islâm ihre Macht zwar stets erneut in den Glaubenskämpfen, wie noch in denen des Mahdî, büßte sie dagegen mit jeder »Verbürgerlichung« des Islâm ein, weil sie keine inneralltägliche Lebensmethodik stiftete wie im Puritanismus, wo die Prädestination gerade das Jenseitsschicksal betraf und also die *»certitudo salutis«* gerade an der *inner*alltäglichen Tugendbewährung hing, daher allein mit der Verbürgerlichung der Religiosität CALVINS ihre Bedeutung gegenüber dessen eigenen ursprünglichen Anschauungen stieg. Höchst charakteristischerweise ist – während der puritanische Prädestinationsglaube den Autoritäten überall als staatsgefährlich und autoritätsfeindlich, weil jeder weltlichen Legitimität und Autorität gegenüber skeptisch, galt – das als spezifisch »weltlich« verschrieene OMAJJADENgeschlecht Anhänger des Prädestinationsglaubens gewesen, weil es seine eigene, illegitim erworbene Herrschaft durch den prädestinierenden Willen Allahs legitimiert zu sehen erwartete: man sieht, wie die Wendung zur Determination konkreter Weltvorgänge, statt [der Gerichtetheit] auf das Jenseitsschicksal, sofort den ethisch rationalen Charakter der Prädestination schwinden läßt. Und soweit sie asketisch wirkte – was bei den alten schlichten Glaubenskämpfern immerhin auch der Fall war –, wurde diese Wirkung im Islâm, der an die Sittlichkeit überdies vornehmlich äußere und im übrigen rituelle Anforderungen stellte, im Alltag zurückgedrängt und nahm ihres weniger rationalen Charakters halber in der Volksreligiosität leicht fatalistische Züge (*Kismet*) an, verdrängte auch eben deshalb die Magie aus der Volksreligion nicht. Dem Charakter der konfuzianischen Ethik der chinesischen Patrimonialbürokratie endlich entspricht es, daß dort das Wissen um ein »Verhängnis« einerseits als das gilt, was die vornehme Gesinnung garantiert, andererseits dies Verhängnis im magischen Massenglauben zuweilen fatalistische Züge, im Glauben der Gebildeten aber eine gewisse Mittelstellung zwischen Vorsehung und *»moira«* annimmt. Wie die *moira* und der Trotz, sie zu bestehen, den kriegerischen Heldenstolz, so speist die Prädestination den (»pharisäischen«) Stolz heroistischer bürgerlicher Askese. Nirgends aber ist der Stolz der prädestinierten Heilsaristokratie so eng mit dem Berufsmenschentum und mit der Idee: daß der Erfolg *rationalen* Handelns Gottes Segen erweise, verknüpft, nirgends daher die Wirkung der asketischen Motive auf die Wirtschaftsgesinnung so intensiv wie im Geltungsbereich der puritanischen Prädestinationsgnade. Auch die Prädestinationsgnade ist der Glaube religiösen Virtuosentums, welches allein den Gedanken des »doppelten Dekrets« von Ewigkeit her erträgt. Mit zunehmendem Einströmen in den Alltag und in die Massenreligiosität wird der düstere Ernst der Lehre immer weniger ertragen, und als *caput mortuum* blieb schließlich im okzidentalen asketischen Protestantismus jener Beitrag zurück, den speziell auch diese Gnadenlehre in der rational kapitalistischen Gesinnung: dem Gedanken der methodischen Berufsbewährung im Erwerbsleben, als Einschlag zurückgelassen hat. Der KUYPERsche Neocalvinismus wagt die reine Lehre nicht mehr voll zu vertreten. Aber wirklich ausgerottet ist der Glaube als solcher nicht. Er wechselt nur die Form. Denn unter allen Umständen war der Prädestinationsdeterminismus ein Mittel der denkbar intensivsten systematischen Zentralisierung der »Gesinnungsethik«. Die »Gesamtpersönlichkeit«, wie wir heute sagen würden, ist durch »göttliche Wahl« mit dem Ewigkeitswertakzent versehen, nicht irgendeine einzelne Handlung. Das religionslose, auf diesseitig gewendetem Determinismus ruhende Pendant dieser religiösen Glaubenswertung ist jene spezifische Art von »Scham« und – sozusagen – gottlosem Sündengefühl, welche dem modernen Menschen ebenfalls kraft einer, einerlei wie metaphysisch unterbauten, ethischen Systematisierung zur Gesinnungsethik eignen. Nicht daß er dies getan hat, sondern daß er, ohne sein Zutun, kraft seiner unabänderlichen Geartetheit so *»ist«*, daß er es tun *konnte*, ist die geheime Qual, die er trägt, und ebenso das, was der deterministisch gewendete »Pharisäismus« der Anderen in ihrer Ablehnung ihm zum Ausdruck bringt, – ebenso menschlichkeitsfremd, weil ebenso ohne die sinnvolle Möglichkeit einer »Vergebung« und »Reue« oder eines »Wiedergutmachens«, in ganz der gleichen Art wie der religiöse Prädestinationsglaube selbst es war, der immerhin irgendeine geheime, göttliche *ratio* vorstellen konnte.

4 *Das Verhalten von Katholiken, Juden und Puritanern zum Erwerbsleben*

Die gegenseitige Situation von Katholiken, Juden und Puritanern beim wirtschaftlichen Erwerb läßt sich etwa so zusammenfassen: der strenggläubige Katholik bewegte sich im Erwerbsleben fortwährend in der Sphäre oder an der Grenze eines Verhaltens, welches teils gegen päpstliche Konstitutionen verstieß und nur *rebus sic stantibus* im Beichtstuhl ignoriert oder nur durch laxe (probabilistische) Moral gestattet, teils direkt bedenklich, teils wenigstens nicht positiv gottwohlgefällig war. Der fromme Jude kam dabei unvermeidlich in die Lage, Dinge zu tun, welche unter Juden direkt gesetzwidrig oder traditionell bedenklich oder nur kraft laxer Interpretation zulässig und nur dem Fremden gegenüber erlaubt, nie aber mit positiven ethischen Wertvorzeichen versehen waren; sein ethisches Verhalten konnte nur, als dem Durchschnitt des Üblichen entsprechend und formal nicht gesetzwidrig, von Gott erlaubt und als sittlich indifferent gelten. Eben hierauf beruht ja das, was an den Behauptungen von dem geringeren Legalitätsstandard der Juden wirklich wahr gewesen ist. Daß Gott es mit Erfolg krönte, konnte zwar ein Zeichen dafür sein, daß er auf diesem Gebiet nichts direkt Verbotenes getan und auf *anderen* Gebieten sich an Gottes Gebote gehalten hatte, nicht leicht aber konnte er gerade durch das spezifisch moderne ökonomische Erwerbshandeln sich ethisch bewähren. Eben dies letztere aber war bei dem frommen Puritaner der Fall, der gerade nicht kraft laxer Interpretation oder doppelter Moral, oder weil er etwas ethisch Indifferentes und auf dem eigentlichen Geltungsgebiet des Ethischen Verpöntes tat, sondern umgekehrt mit dem denkbar besten Gewissen, eben dadurch, daß er, rechtlich und sachlich handelnd, die rationale Methodik seiner gesamten Lebensführung im »Betrieb« objektivierte, sich vor sich selbst und im Kreise seiner Gemeinde legitimierte und eben auch nur soweit und dadurch legitimierte, als und weil die absolute, nicht relativierte, Unanfechtbarkeit seines Verhaltens völlig feststand. Kein wirklich frommer Puritaner – darauf kommt es an – hätte je durch Pfandwucher, durch Ausnutzung des Irrtums des Gegenparts (was dem Juden gegen den Fremden zustand), durch Feilschen und Schachern, durch Beteiligung an politischen oder kolonialen Raubverdiensten erworbenes Geld für gottwohlgefälligen Gewinn halten können. Der feste Preis, die absolut sachliche, jeden Durst nach Geld verschmähende, bedingungslos legale Geschäftsgebarung jedermann gegenüber ist es, deren Bewährtheit vor den Menschen die Quäker und Baptisten es zugeschrieben haben, daß gerade die Gottlosen bei ihnen und nicht [bei] ihresgleichen kauften, ihnen, nicht ihresgleichen ihr Geld in Verwahrung und in Kommandite anvertrauten und sie reich machten, und eben diese Qualitäten bewährten sie vor ihrem Gott. Das Fremdenrecht, in der Praxis: das Pariarecht der Juden dagegen gestattete, trotz noch so vieler Vorbehalte, dem Nichtjuden gegenüber die Betätigung gerade derjenigen Gesinnung, welche der Puritaner als erwerbsdurstigen Krämergeist verabscheute, die aber beim frommen Juden mit der strengsten Rechtlichkeit, mit voller Erfüllung des Gesetzes und mit der ganzen Gottinnigkeit seiner Religiosität und der opferbereitesten Liebe zu den ihm in Familie und Gemeinde Verbundenen und mit Erbarmen und Milde gegen alle Gottesgeschöpfe vereinbar war. Niemals galt, gerade in der Praxis des Lebens, der jüdischen Frömmigkeit die Sphäre jenes erlaubten Erwerbs im Geltungsbereich des Fremdenrechts als diejenige, in welcher sich die Echtheit des Gehorsams gegen Gottes Gebote bewährt. Niemals hat ein frommer Jude den inneren Standard seiner Ethik daran bemessen, was er hier für erlaubt hielt. Sondern wie dem Konfuzianer der zeremoniell und ästhetisch allseitig entwickelte, literarisch gebildete und sein Leben lang weiter die Klassiker studierende Gentleman, so ist dem Juden der kasuistisch Gesetzeskundige, der Schriftgelehrte, der auf Kosten seines Geschäfts, das er sehr oft der Frau überläßt, immer weiter in den heiligen Schriften und Kommentaren forschende »Intellektuelle« das eigentliche Lebensideal.

5 *Asketischer Rationalismus und Kapitalismus*

Weder die buddhistische noch die taoistische noch die hinduistische Frömmigkeit enthalten Antriebe zur rationalen Lebensmethodik. Die letztere insbesondere ist nach ihren Voraussetzungen die stärkste traditionalistische Macht, welche es überhaupt geben kann, weil sie die konsequenteste religiöse Begründung der »organischen« Gesellschaftsauffassung und die schlechthin bedingungslose Rechtfertigung der gegebenen, aus Schuld und Verdienst in einem früheren Dasein der Beteiligten, kraft mechanisch proportionaler Vergeltung folgenden Verteilung von Macht und Glück ist. Alle diese asiatischen volkstümlichen Religiositäten gaben dem »Erwerbstrieb« des Krämers ebenso wie dem »Nahrungs«-Interesse des Handwerkers und dem Traditionalismus des Bauern Raum und ließen daneben die philosophische Spekulation und ständisch konventionelle Lebensorientierung der privilegierten Schichten ihre eigenen Wege gehen, welche in Japan feudale, in China patrimonial-bürokratische und daher stark utilitarische, in Indien teils ritterliche, teils patrimoniale, teils intellektualistische Züge behielten. Keine von ihnen konnte irgendwelche Motive und Anweisungen zu einer *rationalen* ethischen Formung einer kreatürlichen »Welt« gemäß einem göttlichen Gebot enthalten. Denn für alle war diese Welt vielmehr etwas fest Gegebenes, die beste aller möglichen Welten, und für den höchsten Typus des Frommen: den Weisen, stand nur die Wahl frei: entweder sich dem »*Tao*«, dem Ausdruck der unpersönlichen Ordnung dieser Welt, als dem einzigen spezifisch Göttlichen, anzupassen, oder gerade umgekehrt aus ihrer unerbittlichen Kausalverkettung sich selbst durch eigene Tat in das einzig Ewige: den traumlosen Schlaf des Nirvâna, zu erlösen.

»Kapitalismus« hat es auf dem Boden aller dieser Religiositäten gegeben. Eben solchen, wie es [ihn] in der okzidentalen Antike und im abendländischen Mittelalter auch gab. Aber keine Entwicklung, auch *keine Ansätze* einer solchen, zum *modernen* Kapitalismus und vor allem: keinen »kapitalistischen Geist« in dem Sinn, wie er dem asketischen Protestantismus eignete. Es hieße den Tatsachen in das Gesicht schlagen, wollte man dem indischen oder chinesischen oder islâmischen Kaufmann, Krämer, Handwerker, Kuli einen geringeren »Erwerbstrieb« zuschreiben als etwa dem protestantischen. So ziemlich das gerade Gegenteil ist wahr: gerade die rationale ethische Bändigung der »Gewinnsucht« ist das dem Puritanismus Spezifische. Und jede Spur eines Beweises dafür fehlt, daß geringere natürliche »Begabung« für technischen und ökonomischen »Rationalismus« den Grund des Unterschieds abgibt. Alle diese Völker lassen sich heute eben dies »Gut« als wichtigstes Erzeugnis des Okzidents importieren, und die Hemmungen dabei liegen nicht auf dem Gebiet des Könnens oder Wollens, sondern der gegebenen festen Traditionen, ebenso wie bei uns im Mittelalter. Soweit dabei nicht die rein politischen Bedingungen (die inneren Strukturformen der »Herrschaft«) mitspielen, ist der Grund vornehmlich in der Religiosität zu suchen. Nur der asketische Protestantismus machte der Magie, der Außerweltlichkeit der Heilssuche und der intellektualistischen kontemplativen »Erleuchtung« als deren höchster Form wirklich den Garaus, nur er schuf die religiösen Motive, gerade in der Bemühung im innerweltlichen »Beruf« – und zwar im Gegensatz zu der streng traditionalistischen Berufskonzeption des Hinduismus: in methodisch *rationalisierter* Berufserfüllung – das Heil zu suchen. Für die asiatische volkstümliche Religiosität jeder Art blieb dagegen die Welt ein großer Zaubergarten, die Verehrung oder Bannung der

»Geister« oder ritualistische, idolatrische, sakramentale Heilssuche der Weg, sich in ihr, für das Diesseits und Jenseits, praktisch zu orientieren und zu sichern. Und sowenig wie von der Weltanpassung des Konfuzianismus oder der Weltablehnung des Buddhismus oder der Weltwaltung des Islâm oder den Pariahoffnungen und dem ökonomischen Pariarecht des Judentums führte von jener magischen Religiosität der asiatischen Nichtintellektuellen ein Weg zur rationalen Lebensmethodik.

6 *Wirtschaftliche Bedingtheiten und Wirkungen der Reformation*

Die abendländische Glaubensspaltung, welche eine starke Verschiebung in der Stellung der Hierokratie brachte, ist ohne Zweifel ökonomisch mitbedingt. Aber im ganzen nur in indirekter Art. Die Bauern allerdings interessierten sich für die neue Lehre wesentlich unter dem Gesichtspunkt der Befreiung des Bodens von den biblisch nicht begründeten Abgaben und Pflichten, wie die heutigen* russischen Bauern es auch tun. Direkte materielle Interessen des Bürgertums dagegen waren im wesentlichsten in den Konflikten mit den Klostergewerben engagiert, alles andere blieb sekundär. Von dem Zinsverbot als Punkt des Anstoßes ist nirgends auch nur die Rede. Äußerlich war die Schwächung der Autorität des päpstlichen Stuhles verantwortlich, die herbeigeführt wurde durch das (seinerseits politisch bedingte) Schisma** und die dadurch zur Macht gelangte konziliare Bewegung, die seine ohnehin geringere Autorität in den entlegenen nordischen Ländern noch weiter schwächte. Ferner durch die anhaltenden und erfolgreichen, seine Autorität schwächenden Kämpfe der Fürsten und Stände gegen seine Eingriffe in die Vergebung der einheimischen

* Vor 1914 (Hrsg.).

** Das große kirchliche Schisma von 1378 bis 1417 (Hrsg.).

Pfründen und gegen sein Steuer- und Sportelsystem, durch die cäsaropapistischen und Säkularisationstendenzen der mit zunehmender Rationalisierung der Verwaltung mächtig erstarkenden Fürstenmacht und [durch] die Diskreditierung der kirchlichen Tradition bei der Intellektuellenschicht und den ständischen und bürgerlichen Kreisen, nachdem sich die Kirchengewalt den »Reform«-Tendenzen verschlossen hatte. Diese Emanzipationstendenzen waren aber so gut wie gar nicht durch Gelüste einer Emanzipation von der religiösen Lebensbestimmtheit überhaupt und nur zum ganz geringen Teil durch den Wunsch nach Abschwächung der hierokratischen Lebensregulierung getragen. Gar keine Rede vollends davon, daß irgendwelche »Weltfeindschaft« der Kirche von einer nach Lebensoffenheit, Freiheit der »Persönlichkeit« und, womöglich, Schönheit und Lebensgenuß dürstenden Gesellschaft als Fessel empfunden worden wäre. In dieser Hinsicht ließ die Praxis der Kirche schlechterdings nichts zu wünschen übrig. Genau das Gegenteil ist richtig: den Reformern ging die religiöse Durchdringung des Lebens durch die bisherige hierokratische Beeinflussung *nicht weit genug*, und zwar waren es gerade die bürgerlichen Kreise, bei denen dies am meisten der Fall war. Ein solches für uns heute unausdenkbares Maß von Lebenskontrolle, Askese und Kirchenzucht, wie es sich die prinzipiellsten Gegner des Papsttums: die täuferischen und verwandten Sekten, auferlegten, hat die Kirche den Gläubigen zuzumuten niemals gewagt. Gerade das unvermeidliche Paktieren der Hierokratie mit den Gewalten dieser Erde und mit der Sünde war der entscheidende Punkt des Anstoßes. Die asketischen Richtungen des Protestantismus haben überall da die Herrschaft gewonnen, wo das Bürgertum eine soziale Macht war, die am wenigsten asketischen Reformationskirchen: der Anglikanismus und das Luthertum dort, wo (damals) Adels- oder Fürstenmacht die Oberhand hatten. Es ist die spezifische Natur der Frömmigkeit der überhaupt intensiv religiös empfindenden bürgerlichen Schichten – ihr stärkerer Gehalt an rationaler Ethik, die der Art ihrer Arbeit, und die intensivere Beschäftigung mit der Frage der »Rechtfertigung« vor Gott, die ihrer, gegenüber den Bauern, weniger durch die organischen Naturvorgänge bestimmten, Lebensführung entsprach –, die sie, ganz ebenso wie früher der Hierokratie gegen den Imperialismus, den Bettelorden gegen den Weltklerus, so jetzt den reformerischen Prädikanten gegen den traditionellen kirchlichen Apparat zufallen ließ. Sie hätten eine innerkirchliche Reformbewegung gern und ausgesprochenermaßen lieber als eine kirchliche Revolution akzeptiert, wenn die erstere ihren ethischen Forderungen genügt hätte. Aber allerdings lagen hier für die Hierokratie gewisse, mit der Art der nun einmal historisch gewordenen Ausgestaltung ihrer Organisation und ihrer konkreten Machtinteressen zusammenhängende Schwierigkeiten, deren rechtzeitige Beseitigung ihr nicht gelang. Das massenhafte Hineinspielen ökonomischer, vor allem aber doch: politischer, Einzelkonstellationen in den Gang der Glaubensspaltung ist bekannt genug, darf aber die Bedeutung der letztlich doch religiösen Motive nicht verkennen lassen.

Die Kirchenreformation hat ihrerseits sehr stark auf die ökonomische Entwicklung zurückgewirkt. Aber je nach der Eigenart der neuen Konfessionen verschieden. Die Stellungnahme der lutherischen Reformationskirchen gegenüber den auf dem Boden des Kapitalismus erwachsenen Klassen: Bürgertum und Proletariat, ist von der katholischen nur graduell, nicht prinzipiell verschieden. LUTHERS Stellungsnahme zum Wirtschaftsleben * ist streng traditionell gebunden, steht, am Maßstab der »Modernität« gemessen, weit hinter den Ansichten der Florentiner Theoretiker ** zurück, und seine Kirche ist ganz ausdrücklich auf das Amtscharisma des zur Wortverkündigung berufenen Pfarrers gegründet, eine abgesagte Feindin aller Auflehnung gegen die von Gott verordnete Obrigkeit. Die auch ökonomisch in ihren Wirkungen wichtigste Neuerung be-

* Siehe oben Seite 110, Anm. 68 (Hrsg.).

** Insbesondere ANTONIN VON FLORENZ und BERNHARDIN VON SIENA (siehe oben Seite 62, 69, 89, 94 ff.) [Hrsg.].

steht in der Beseitigung der die innerweltliche Sittlichkeit und die weltlichen Sozialordnungen überbietenden »*consilia evangelica*«, also der – für LUTHER übrigens keineswegs von Anfang an feststehenden – Aufhebung der Klöster und der Mönchsaskese als einer nutzlosen und gefährlichen Äußerung der Werkheiligkeit. Die christlichen Tugenden können fortan *nur innerhalb* der Welt und ihrer Ordnungen in Ehe, Staat, Beruf geübt werden. Bei dem Versagen der Hierokratie sowohl wie der Versuche zur Gemeindebildung – das Scheitern dieser letzteren Versuche ist natürlich durch das politisch-ökonomische Milieu mitbedingt – und bei der grundsätzlichen Aufrechterhaltung des amtscharismatischen Charakters der Kirche als Heilsanstalt zur obligatorischen Verwaltung des Worts fiel bei LUTHER der politischen Gewalt die Aufgabe zu, für die ordnungsmäßige Verkündigung der reinen Lehre, auf die allein alles ankam, besorgt zu sein, und der so konstituierte Cäsaropapismus wurde durch die großen Säkularisationen der Reformationsperiode ökonomisch gewaltig gestärkt.*

7 *Die calvinistische Kirche und ihre Ethik*

Von den »puritanischen« religiösen Gemeinschaften im weitesten, alle wesentlich asketischen protestantischen Gemeinschaften umfassenden Sinne ist nur eine *nicht* eine »Sekte«, sondern eine »Kirche« im hier festgehaltenen soziologischen Sinn, d. h. eine hierokratische »Anstalt«: der *Calvinismus*. Die innere Eigenart dieser Kirche weicht von allen anderen Kirchen, der katholischen sowohl wie der lutherischen und islâmischen, beträchtlich ab. In einer, bei der Knappheit des Raums, notgedrungen absichtsvoll auf die Spitze getriebenen Formulierung würde ihre Theorie etwa so zu fassen sein. Das Grunddogma des strikten Calvinismus: die Präde-

* Siehe ferner MAX WEBER, Wirtschaft und Gesellschaft5, S. 354 f., 704 f., 706 f., 795 f. (Hrsg.).

stinationslehre, schließt es prinzipiell aus, daß die Kirche der Calvinisten eine Spenderin von Gütern sei, deren Empfang für das ewige Heil des Empfängers irgendwelche Bedeutung hat. Ebenso, daß die Art des eigenen Verhaltens des Gläubigen irgendwie für sein jenseitiges Schicksal relevant sei. Denn dieses steht durch Gottes ebenso unerforschlichen wie unabänderlichen Ratschluß von Ewigkeit her fest. Um seiner selbst willen bedurfte der zur Seligkeit Prädestinierte keiner Kirche. Deren Existenz und auch, in allen wesentlichen Punkten, die Art ihrer Organisation, beruhen ebenso und in gleichem Sinn wie alle sonstigen politischen und sozialen Ordnungen und alle sozialen Pflichten der Gläubigen ausschließlich und allein auf Gottes positivem, in seinen Gründen uns unbekanntem, endgültig und in allem Wesentlichen erschöpfend in der Bibel offenbartem, im einzelnen durch die zu diesem Zweck uns gegebene Vernunft zu ergänzendem und zu interpretierendem Gebot und dienen keineswegs der Rettung der Seelen und der Liebesgemeinschaft der Sünder, sondern letztlich ausschließlich der Mehrung von Gottes Ruhm und Ehre: eine Art kalter göttlicher »Staatsraison« also. Sie ist nicht nur für die zum Heil, sondern auch für die zur Verdammnis Prädestinierten da, für beide ausschließlich, um zu Gottes Ruhm die allen Menschen gleich gemeinsame, alle Kreatur gleich tief und unüberbrückbar von Gott scheidende Sünde niederzuhalten: eine Zuchtrute und keine Heilsanstalt. Jeder Gedanke, magische Heilsgüter in Anspruch zu nehmen, ist ein törichtes Antasten von Gottes fester Ordnung: die Kirche verfügt nicht über solche. Die Kirche als solche ist, sieht man, hier ihres charismatischen Charakters gänzlich entkleidet und zu einer sozialen Veranstaltung geworden, deren Verwirklichung allerdings eine Pflicht *divini iuris* und unter allen anderen die an Dignität höchststehende, auch die einzige in ihrer Organisationsform von Gott verordnete ist. Aber, davon abgesehen, ist sie doch schließlich nichts prinzipiell anderes, als es die soziale Pflicht der Verwirklichung des ebenfalls gottgewollten Staats und die weltlichen »Berufs«-Pflichten der Gläubigen auch sind. Diese

Pflichten können, im Gegensatz zu allen anderen »Kirchen«, hier nicht in dem Versuch bestehen, durch eine Überbietung der innerhalb der sozialen Ordnungen der Welt möglichen Sittlichkeit sich einen spezifischen Gnadenstand nach Art der Mönche zu schaffen – denn solche Versuche sind gegenüber der Prädestination sinnlos –, sondern sie erschöpfen sich in dem Wirken zu Gottes Ruhm, einerseits innerhalb der sozialen Ordnungen der Welt, andererseits innerhalb des »Berufs«: ein Begriff, der in allen protestantischen Ländern aus den Bibelübersetzungen stammt und bei den Calvinisten ganz ausdrücklich den rechtmäßigen Gewinn aus kapitalistischen Unternehmungen mitumfaßt. Dieser Gewinn und die rationalen Mittel seiner Erzielung rückten dabei in konsequenter Entwicklung des Calvinismus – der mit der Stellungnahme CALVINS selbst nicht identisch ist – in eine immer positivere Beleuchtung: die Unerforschlichkeit und Unerkennbarkeit der Prädestination zur Seligkeit oder zur Verdammnis waren dem Gläubigen naturgemäß unerträglich, er suchte nach der *»certitudo salutis«*, nach einem Symptom also dafür, daß er zu den Prädestinierten gehöre, und konnte es, da die außerweltliche Askese verworfen war, einerseits in dem Bewußtsein finden, streng rechtlich und vernunftgemäß, unter Unterdrückung aller kreatürlichen Triebe zu handeln, andererseits darin, daß Gott seine Arbeit sichtbar segne. So absolut nichts »gute Werke« nach katholischer Art als »Realgrund« der Seligkeit gegenüber Gottes unabänderlichem Dekret bedeuten konnten, so unendlich wichtig wurde nun, für den Einzelnen selbst und für die gläubige Gemeinde, als »Erkenntnisgrund« seines Gnadenstandes, das sittliche Verhalten und Schicksal des Einzelnen in den Ordnungen der Welt. Da es sich um die Wertung der Gesamtpersönlichkeit als begnadet oder verworfen handelte, da keine Beichte und Absolution ihn entlasten und seine Situation Gott gegenüber ändern, keine einzelne »gute« Handlung, wie im Katholizismus, begangene Sünden kompensieren konnte, so war der Einzelne dann seines Gnadenstandes sicher, wenn er sich bewußt war, in seinem Gesamtverhalten, in dem »methodischen« Prinzip seiner Lebensführung, sich auf dem einzig rechten Wege zu befinden: zu Gottes Ruhm zu arbeiten. Das »methodische« Leben: die rationale Form der Askese, wird dadurch aus dem Kloster in die Welt übertragen. Die asketischen Mittel sind im Prinzip die gleichen: Ablehnung aller eitlen Selbst- oder anderen Kreaturvergötterung, der feudalen Hoffart, des unbefangenen Kunst- und Lebensgenusses, der »Leichtfertigkeit« und aller müßigen Geld- und Zeitvergeudung, der Pflege der Erotik oder irgendwelcher von der rationalen Orientiertheit auf Gottes Willen und Ruhm, und das heißt: auf die rationale Arbeit im privaten Beruf und in den gottverordneten sozialen Gemeinschaften, ablenkenden Beschäftigung. Die Beschneidung alles feudalen ostensiblen Prunkes und alles irrationalen Konsums überhaupt wirkt in der Richtung der Kapitalaufspeicherung und der immer erneuten Verwertung des Besitzes in werbender Form, die »innerweltliche Askese« in ihrer Gesamtheit aber in der Richtung der Züchtung und Glorifizierung des »Berufsmenschentums«, wie es der Kapitalismus (und die Bürokratie) braucht. Die Lebensinhalte überhaupt werden nicht auf Personen, sondern auf »sachliche« rationale Zwecke ausgerichtet, die Karitas selbst [wird] ein sachlicher Armenpflegebetrieb zur Mehrung des Ruhmes Gottes. Und da der Erfolg der Arbeit das sicherste Symptom ihrer Gottwohlgefälligkeit ist, so ist der kapitalistische Gewinn einer der wichtigsten Erkenntnisgründe, daß der Segen Gottes auf dem Geschäftsbetrieb geruht hat. Es ist klar, daß sich dieser Lebensstil mit der für die »bürgerliche« Erwerbsarbeit als solche möglichen und üblichen Form der Selbstrechtfertigung – Geldgewinn und Besitz nicht als Selbstzweck, sondern als Maßstab der eigenen Tüchtigkeit – am intimsten berührt und geradezu deckt: die Einheit des religiösen Postulats mit dem für den Kapitalismus günstigen bürgerlichen Lebensstil ist erreicht. Nicht daß dies, insbesondere die Begünstigung des Gelderwerbs, Zweck und Sinn der puritanischen Ethik gewesen wäre: im Gegenteil gilt auch hier der Reichtum als solcher für ebenso gefährlich und versuchungsreich wie in allen christlichen Konfessionen. Aber wie die Klöster, gerade kraft der asketisch rationalen Arbeit und Lebensführung ihrer Gemeinschaftsgenossen, immer wieder diese Versuchung für sich selbst heraufbeschworen, so jetzt der fromme, asketisch lebende, asketisch arbeitende Bürger.

8 *Kirche und Sekte*

Eine »*Sekte*« im soziologischen Sinn ist nicht eine »kleine«, auch nicht eine von irgendeiner anderen Gemeinschaft abgesplitterte, daher von ihr »nicht anerkannte« oder verfolgte und für ketzerisch angesehene religiöse Gemeinschaft: die Baptisten, eine der typischsten »Sekten« im soziologischen Sinn, sind eine der größten protestantischen Denominationen der Erde. Sondern sie ist eine solche, welche *ihrem Sinn und Wesen* nach notwendig auf Universalität verzichten und notwendig auf durchaus freier Vereinbarung ihrer Mitglieder beruhen muß. Sie muß es, weil sie ein aristokratisches Gebilde: ein Verein der religiös voll *Qualifizierten* und nur ihrer sein will, nicht wie eine Kirche eine Gnadenanstalt, die ihr Licht über Gerechte und Ungerechte scheinen und gerade die Sünder am meisten unter die Zucht des göttlichen Gebots nehmen will. Die Sekte hat das Ideal der »*ecclesia pura*« (daher der Name »Puritaner«), der *sichtbaren* Gemeinschaft der Heiligen, aus deren Mitte die räudigen Schafe entfernt werden, damit sie Gottes Blick nicht beleidigen. Sie lehnt, in ihrem reinsten Typus wenigstens, die Anstaltsgnade und das Amtscharisma ab. Der Einzelne ist entweder kraft göttlicher Prädestination von Ewigkeit her (so bei den *Particular Baptists*, der Kerntruppe der »Independenten« CROMWELLS) oder kraft »inneren Lichts« oder pneumatischer Befähigung zur Ekstase oder – bei den alten Pietisten – durch »Bußkampf« und »Durchbruch«, jedenfalls also kraft spezifischer pneumatischer Begabung (so bei allen Vorläufern der Quäker und diesen selbst und bei dem Gros der pneumatischen Sekten überhaupt) oder kraft eines anderen ihm gegebenen oder von ihm erworbenen spezifischen Charisma qualifiziert zum Mitglied der »Sekte« (der [soziologische] Begriff muß von allem ihm durch die kirchliche Verlästerung angehängten Beigeschmack natürlich sorgsam freigehalten werden). Der metaphysische Grund, aus welchem die Mitglieder der Sekte sich zu einer Gemeinschaft zusammenschließen, kann der allerverschiedenste sein. Soziologisch wichtig ist ein Moment: die Gemeinschaft ist der *Auslese*apparat, der den Qualifizierten vom Nichtqualifizierten scheidet. Denn den Verkehr mit dem Verworfenen hat der Erwählte oder Qualifizierte – wenigstens bei reiner Ausprägung des Sektentypus – zu meiden. Jede Kirche, auch die lutherische und selbstverständlich das Judentum, nahmen in der Zeit kräftigen kirchlichen Lebens die Exkommunikationsgewalt gegen den hartnäckig Ungehorsamen und Ungläubigen in Anspruch. Nicht immer, aber ursprünglich allerdings in der Regel, ist damit der ökonomische Boykott verbunden. Einige Kirchen, so die zoroastrische und die Schî'iten, sonst meist nur die Kastenreligionen, wie der Brahmanismus, gingen so weit, den physischen Verkehr, sexuellen wie ökonomischen, mit den Außenstehenden überhaupt zu verbieten. Auch keineswegs alle Sekten gehen so weit. Wohl aber liegt es in der Linie ihrer konsequentesten Entwicklung, ganz ebenso wie in der des Mönchtums, daß es geschieht, und mindestens der als unqualifiziert und verworfen aus der Gemeinschaft Ausgestoßene unterliegt dem strengsten Boykott. Die Zulassung eines solchen zu den gottesdienstlichen Handlungen, speziell zum Abendmahl, würde Gottes Zorn erregen und ihn verunehren. Diese Vorstellung: daß die Ausmerzung des sichtlich von Gott Verworfenen Angelegenheit jedes Gemeindegliedes sei, wirkt schon im Calvinismus, der ja, kraft des aristokratischen charismatischen Prinzips der Prädestination und der Degradierung des Amtscharisma, innerlich den Sekten nahe steht, im Sinn der sehr verstärkten Bedeutung der einzelnen Abendmahlsgemeinde gegenüber einem Amt: die KUYPERsche, politisch so folgenschwere Kirchenrevolution der strengen Calvinisten in Holland in den 80er Jahren [des 19. Jahrhunderts] entstand, weil die höhere Instanz der Gesamtkirche sich anmaßte, den Einzelgemeinden die Zulassung von Konfirmanden ungläubiger Prädikanten zum Abendmahl zu oktroyieren. Bei den konsequenten Sekten vollends folgt [daraus], da ja ausschließlich die im täglichen Verkehr miteinander Stehenden, einander persönlich Kennenden die religiöse Qualifikation der Anderen beurteilen können, das Prinzip der unbedingten Gemeindesouveränität. Wenn sich die einzelnen Gemeinden der gleichen »Konfession« zusammenschließen und eine größere Gemeinschaft bilden, so ist das ein »Zweckverband«, und es muß, aus jenem Grunde, die entscheidende Verfügung stets bei der Einzelgemeinde bleiben: sie ist das *prius*, und bei ihr ruht, wenn man den Begriff anwenden will, unvermeidlich die »Souveränität«. Immer ist es, aus dem gleichen Grunde, speziell die »kleine« Gemeinde (die *»ecclesiola«* der Pietisten), welche für diese Funktionen geeignet erscheint. Dies die negative, in der Ablehnung des seiner Natur nach universalistisch-expansiven Amtscharisma gipfelnde, Seite des »Gemeindeprinzips«. Die praktische Bedeutung dieser fundamentalen Stellung einer solchen, durch freie Auslese (Ballotage) entstandenen Gemeinde für den Einzelnen aber liegt darin, daß sie ihn in seiner persönlichen Qualifikation legitimiert. Wer aufgenommen wird, dem wird damit jedermann gegenüber bescheinigt, daß er den religiös-sittlichen Anforderungen der Gemeinde nach stattgehabter Prüfung seiner Persönlichkeit genügt. Das kann für ihn von der größten, auch ökonomischen, Tragweite sein, wenn jene Prüfung als streng und zuverlässig gilt und wenn sie sich auf ökonomisch relevante Qualitäten erstreckt. Zur Illustration doch wenigstens einige Einzelzüge: Schon in den Schriften der Quäker und Baptisten vor 200 Jahren findet sich der Jubel darüber, daß die Gottlosen ihr Geld nicht ihresgleichen, sondern den frommen Brüdern in Depot oder Kommandite geben, weil deren notorische Rechtlichkeit und Zuverlässigkeit ihnen mehr gelte als ein Unterpfand, daß die Kundschaft der Detailgeschäfte der Brüder zunehme, weil die Gottlosen wissen, daß, auch wenn sie ein Kind oder [einen] Dienstboten in den Laden schicken, diesen nur der »reelle«, ein- für allemal feste Preis abgefordert und reelle Ware geliefert wird: Quäker und Baptisten streiten sich um die Ehre, an Stelle des typisch orientalischen Feilschens das System der »festen Preise« – ein für die Kalkulation des Kapitalismus auf allen Gebieten wichtiges Element – im Detailhandel durchgeführt zu haben. Und nicht anders steht es heute, vor allem in dem Hauptgebiet der Sekten, den Vereinigten Staaten: der typische Sektierer, ebenso der Freimaurer, schlägt, nicht etwa nur bei seinesgleichen, als Handlungsreisender jeden Konkurrenten, weil man an die absolute Reellität seiner Preisstellung glaubt; wer eine Bank aufmachen will, läßt sich als Baptist taufen oder wird Methodist, denn jedermann weiß, daß [vor] der Taufe bzw. Aufnahme ein *examen rigorosum* mit Nachforschungen über Flecken in seinem Wandel in der Vergangenheit: Wirtshausbesuch, Sexualleben, Kartenspiel, Schuldenmachen, andere Leichtfertigkeiten, Unwahrhaftigkeiten u. dgl. stattfindet, dessen günstiger Ausfall seine Kreditwürdigkeit garantiert, und in Gebieten wie z. B. Nordamerika ist Personalkredit auf anderer als dieser Grundlage überhaupt fast undenkbar. Die asketischen Anforderungen an den wahren Christen sind eben die gleichen, welche der Kapitalismus, wenigstens innerhalb des Geltungsgebiets des Satzes: *honesty is the best policy*, auch seinerseits an seine Novizen stellt: in Aufsichtsräten, als Direktor, »Promoter«, Vorarbeiter, in allen wichtigen Vertrauensstellungen des kapitalistischen Apparats ist der Sektierer dieses Schlages bevorzugt. Das Sektenmitglied findet – das ist die bevorzugte Situation der »Diaspora«-Religionen, also z. B. der Juden, zu allen Zeiten – überall, wohin es kommt, die kleine, ihn auf Grund der in Amerika noch heute üblichen Bescheinigungen seiner Herkunftsgemeinde als Bruder aufnehmende, legitimierende, empfehlende Gemeinde der Glaubensgenossen wieder und hat alsbald ökonomischen Boden unter den Füßen, der dem außenstehenden Fremdling völlig fehlt. Und diesem Renommee entspricht in weitem Umfang die wirkliche Qualität des Sektenmitglieds. Denn keine autoritäre Kirchenzucht einer Amtshierokratie kann an Intensität der Wirkung sich mit der Tragweite der Ausschließung aus der Sekte und vor allem auch mit der Intensität der Sektenerziehung messen.

Mit der individuellen, unkontrollierten, zur Entlastung des Sünders, aber selten zu dessen Umstimmung dienenden Ohrenbeichte des Katholiken fällt die alte methodistische Beichte in den allwöchentlichen Zusammenkünften der dafür gebildeten kleinen Gruppen: das Klassensystem, die pietistische und quäkerische gegenseitige Kontrolle und Vermahnung, [nicht] zusammen, und [es] steht an Wirkung allen anderen Momenten die Notwendigkeit voran, sich in einem Kreise und unter der steten Kritik von seinesgleichen »behaupten« zu müssen und behauptet zu haben. Von den Sekten aus ist mit der zunehmenden Säkularisation des Lebens diese Grundlage des Selbstgefühls des Einzelnen durch die zahlreichen, durchweg auf Ballotage beruhenden Vereine und Klubs für alle nur denkbaren Zwecke, bis zu den *Boys' clubs* in den Schulen herunter, verbreitet und durchdringt das ganze amerikanische Leben. Der »gentleman« wird im Mittelstand noch heute durch die *»badge«* irgendeines derartigen Verbandes als solcher legitimiert. Mag dies auch zur Zeit vielfach in der Zersetzung begriffen sein, so gilt doch noch heute: daß die *amerikanische Demokratie kein Sandhaufen* zusammenhangloser Individuen, sondern ein Gewirr von höchst *exklusiven*, aber absolut frei gewachsenen Sekten, Vereinen, Klubs ist, in welchen und um welche sich das eigentliche soziale Leben des Einzelnen bewegt: in einen als vornehm geltenden Klub nicht hinein ballotiert zu werden, kann einen amerikanischen Studenten zum Selbstmord bringen. Analogien dazu finden sich naturgemäß in vielen freien Vereinen; denn in sehr vielen Fällen, bei nicht wirtschaftlichen Vereinen überwiegend, wird die Frage, ob man mit jemandem als Mitglied in einem solchen zusammengehören will, nicht nur unter dem rein funktionellen Gesichtspunkt der Brauchbarkeit für den konkreten Vereinszweck betrachtet, und [es] gilt die Zugehörigkeit zu einem »vornehmen« Klub irgendwelcher Art überall als eine die Gesamtpersönlichkeit »hebende« Legitimation. Allein nirgends so intensiv wie in der klassischen Epoche Amerikas, zu dessen ungeschriebenen, aber wichtigsten, weil die Prägung der Persönlichkeit am stärksten beeinflussenden, Verfassungsbestandteilen die »Sekte« und ihre Derivate gehören.

In der Hierokratie als solcher tritt uns eine Macht entgegen, welche kraft des Satzes, daß man »Gott mehr gehorchen solle als den Menschen«, der politischen Gewalt gegenüber auf ihrem Gebiet eigenes Charisma und eigenes Recht beanspruchte, Gehorsam fand und jener feste Schranken setzte. Diejenigen, über welche sie die Herrschaft in Anspruch nimmt, schützt sie gegen Eingriffe anderer Gewalten in der Sphäre ihrer eigenen Herrschaft, möge der Eingreifende der politische Gewalthaber oder der Ehemann und Vater sein. Das geschah aber kraft ihres eigenen *Amts*charisma. Da die politische Gewalt ebenso wie die hierokratische, beide bei voller Entwicklung, universalistische Herrschaftsansprüche stellen, d. h. beanspruchen, die Grenzen ihrer Herrschaft über den Einzelnen selbst zu ziehen, so ist Kompromiß und Bündnis zu gemeinsamer Herrschaft unter gegenseitiger Abgrenzung der Sphären die adäquate Beziehung beider und die »Trennung von Staat und Kirche« eine Formel, die nur bei einem faktischen *Verzicht* entweder des Staates oder der Kirche auf die volle Beherrschung der ihnen, prinzipiell, zugänglichen Gebiete möglich ist.

Die *Sekte* steht dagegen dem Amtscharisma ablehnend gegenüber. Zunächst dem hierokratischen: wie der Einzelne nur kraft spezifischer, von der Gemeinschaft geprüfter und festgestellter Qualifikation ihr Mitglied wird – die sog. »Wiedertaufe« (in Wahrheit: Erwachsenentaufe Qualifizierter) bei den Baptisten ist das eindeutigstes Symbol dafür –, so übt er auch eine hierokratische Gewalt nur kraft spezifischen Charismas aus. Der typische Quäkergottesdienst ist ein stilles Harren darauf, ob der Geist Gottes an diesem Tage über eines der

Gemeindeglieder kommen werde: dieses, wer es auch sei, und nur dieses ergreift das Wort zu Predigt oder Gebet. Es ist schon eine Konzession an das Bedürfnis nach Regel und Ordnung, wenn diejenigen, welche sich dauernd als spezifisch zur Wortverkündigung qualifiziert erwiesen haben, auf besondere Sitze gesetzt werden und nun unter der Notwendigkeit stehen, dem Kommen des Geistes durch Vorbereitung von Predigten nachzuhelfen, wie es die meisten Quäkergemeinden tun. Alle reinen und konsequenten Sekten aber halten an dem in jeder konsequenten »Kirche« verpönten Grundsatz der »Laienpredigt«, des »allgemeinen Priestertums« in diesem striktesten Sinn, fest, wenn sie auch im Dienst der ökonomischen und pädagogischen Interessen reguläre Ämter entwickelt haben. Aber wo immer der »Sekten«-Charakter rein erhalten ist, da halten die Gemeinden auch auf die Erhaltung der »unmittelbar demokratischen Verwaltung« durch die Gemeinschaft und auf den Charakter der kirchlichen Beamten als »Diener« der Gemeinde. Die innere Wahlverwandtschaft mit der Struktur der Demokratie liegt schon in diesen eigenen Strukturprinzipien der Sekte auf der Hand. Ganz ebenso in ihren Beziehungen zur politischen Gewalt. Ihre Stellung zur politischen Gewalt ist eigenartig und höchst wichtig: sie ist ein spezifisch antipolitisches oder doch apolitisches Gebilde. Sie kann, da sie universalistische Ansprüche überhaupt nicht erheben kann und darf, sondern nur als freier Verband Qualifizierter leben will, einen Bund mit der politischen Macht gar nicht eingehen, oder, wo sie es doch tut, wie die Independenten in Neuengland, da entsteht eine aristokratische politische Herrschaft der kirchlich Qualifizierten, welche – wie schon im sogenannten *Half-way-Covenant* – zu Kompromissen und zum Verlust des spezifischen Sektencharakters führt. Das Mißlingen der Herrschaft des Parlamentes der Heiligen unter CROMWELL war das größte Experiment dieser Art. Die reine Sekte muß für »Trennung von Staat und Kirche« und »Toleranz« sein, – weil sie eben keine universelle Heilsanstalt für die Unterdrückung der Sünde ist und die politische sowenig wie die hierokratische Kontrolle und Reglementierung erträgt, – weil keine amtliche Macht, welcher Art immer, dem Einzelnen Heilsgüter spenden kann, für die er nicht qualifiziert ist, und also jede Anwendung politischer Gewalt in religiösen Dingen als sinnlos oder geradezu als teuflich gelten muß, – weil die außer ihr Stehenden sie nichts angehen, – weil, alles in allem, sie selbst, soll sie den innersten religiösen Sinn ihrer Existenz und ihrer Wirksamkeit nicht aufgeben, nichts anderes als ein absolut frei gebildeter Verein von religiös spezifisch Qualifizierten sein kann. Die konsequenten Sekten haben daher diesen Standpunkt auch immer vertreten und sind die eigentlichsten Träger der Forderung der »Gewissensfreiheit«. Auch andere Gemeinschaften haben dies Wort verwendet, aber in anderem Sinn. Man könnte von »Gewissensfreiheit« und »Toleranz« in cäsaropapistischen Gemeinwesen wie den römischen, chinesischen, indischen, japanischen Staatswesen reden, weil sie alle möglichen Kulte unterworfener oder angegliederter Staaten zulassen und keinerlei religiösen Zwang üben: aber dies hat seine prinzipielle Schranke in dem offiziellen Staatskult der politischen Gewalt, dem Kaiserkult in Rom, der religiösen Verehrung des Kaisers in Japan, wohl auch dem Himmelskult des Kaisers in China und ist durch politische Raison, nicht religiös, bedingt. Ganz ebenso die Toleranz WILHELMS des Schweigers oder schon Kaiser FRIEDRICHS II., oder mancher Grundherren, welche die Sektierer als geschickte Arbeiter verwendeten, oder der Stadt Amsterdam, in welcher sie Träger des Geschäftslebens waren: hier spielen also ökonomische Motive ausschlaggebend mit. Dagegen die echte Sekte – Übergangsbildungen aller Art existieren, wir lassen sie aber hier absichtlich beiseite – muß die Nichtintervention der politischen Gewalt und die »Gewissensfreiheit« aus spezifisch religiösen Gründen beanspruchen. Eine voll, d. h. zu universalistischen Ansprüchen entwickelte Heilsanstalt (»Kirche«) umgekehrt kann, je nachdem wie ihr Typus ist, desto weniger »Gewissensfreiheit« konzedieren. Wo sie diesen Anspruch erhebt, befindet sie sich in der Minderheit und verlangt sie für sich selbst, ohne sie, im Prinzip, den Anderen gewähren zu können. »Die Gewissensfreiheit des Katholiken besteht«, wie MALLINCKRODT im Reichstag [es] ausdrückte, »darin: dem Papst gehorchen zu dürfen«, also: für sich nach dem eigenen Gewissen zu handeln. Aber die »Gewissensfreiheit« der *Anderen* anerkennt, wo sie die Macht hat, weder die katholische noch die (alte) lutherische, noch vollends die calvinistische oder baptistische alte Kirche, und kann das auch nicht kraft ihrer Amtspflichten, das Heil der Seele oder, bei den Calvinisten: Gottes Ruhm gegen Gefährdung zu schützen. Die Gewissensfreiheit des konsequenten Quäkers besteht außer der eigenen auch darin: daß niemand, der nicht Quäker oder Baptist ist, genötigt werde, so zu handeln, als ob er ein solcher wäre, also: außer in der eigenen auch in der Gewissensfreiheit der Anderen. Auf dem Boden der konsequenten Sekte erwächst also ein als unverjährbar angesehenes »Recht« der Beherrschten, und zwar jedes einzelnen Beherrschten *gegen* die, sei es politische, sei es hierokratische, patriarchale oder wie immer geartete Gewalt. Einerlei, ob – wie JELLINEK überzeugend wahrscheinlich gemacht hat* – das älteste, so ist jedenfalls die »Gewissensfreiheit« in diesem Sinn das prinzipiell erste, weil weitestgehende, die Gesamtheit des ethisch bedingten Handelns umfassende, eine Freiheit *von* der Gewalt, insbesondere von der Staatsgewalt, verbürgende »Menschenrecht«, – ein Begriff, der in dieser Art dem Altertum und Mittelalter ebenso unbekannt ist wie etwa der Staatstheorie ROUSSEAUS mit ihrem staatlichen Religionszwang. Ihm gliedern sich die sonstigen »Menschen«-, »Bürger«- oder »Grundrechte« an: vor allem das Recht auf freie Wahrnehmung der eigenen ökonomischen Interessen – innerhalb der Schranken eines in abstrakten [Normen abgefaßten], für jeden gleichmäßig geltenden Systems von garantierten Rechtsregeln: nach eigenem Er-

* GEORG JELLINEK, Die Erklärung der Menschen- und Bürgerrechte (1895), 4. Aufl., hrsg. v. Walter Jellinek, München und Leipzig 1927 [Hrsg.].

messen –, dessen wichtigste Unterbestandteile die Unantastbarkeit des individuellen Eigentums, die Vertragsfreiheit und die Freiheit der Berufswahl sind. Ihre letzte Rechtfertigung finden sie in dem Glauben des Aufklärungszeitalters daran, daß [das Walten] der »Vernunft« des Einzelnen, falls ihr freie Bahn gegeben werde, kraft göttlicher Providenz und weil der Einzelne seine eigenen Interessen am besten kenne, zum mindesten die relativ beste Welt ergeben müsse: die charismatische Verklärung der »Vernunft« (die ihren charakteristischen Ausdruck in ihrer Apotheose durch ROBESPIERRE fand) ist die letzte Form, welche das Charisma auf seinem schicksalsreichen Wege überhaupt angenommen hat. Es ist klar, daß jene Forderungen formaler Rechtsgleichheit und ökonomischer Bewegungsfreiheit sowohl der Zerstörung aller spezifischen Grundlagen patrimonialer und feudaler Rechtsordnungen zugunsten eines Kosmos von abstrakten Normen, also indirekt der Bürokratisierung, vorarbeiteten, [als] andererseits in ganz spezifischer Art der Expansion des Kapitalismus entgegenkommen. Wie die von den Sekten mit dogmatisch nicht ganz identischen Motiven übernommene *»innerweltliche Askese«* und die Art der Kirchenzucht der Sekten die kapitalistische Gesinnung und den rational handelnden »Berufsmenschen«, den der Kapitalismus brauchte, züchteten, so boten die Menschen- und Grundrechte die Vorbedingungen für das freie Schalten des Verwertungsstrebens des Kapitals mit Sachgütern und Menschen.

Die Entfaltung der kapitalistischen Gesinnung[1]

Es ist ein verbreiteter Irrtum, daß unter den Bedingungen für die Entfaltung des okzidentalen Kapitalismus die *Bevölkerungsvermehrung* als eigentlich entscheidendes Agens anzusehen sei. Demgegenüber hat MARX die Behauptung aufgestellt, daß jede Wirtschaftsepoche ihre eigenen Bevölkerungsgesetze habe, und dieser Satz, der in solcher Allgemeinheit allerdings nicht richtig ist, hat doch in unserem Falle seine Berechtigung. Die Entwicklung der okzidentalen Bevölkerung hat die schnellsten Fortschritte vom Anfang des 18. bis Ende des 19. Jahrhunderts gemacht. In der gleichen Zeit hat auch China eine Bevölkerungsvermehrung von mindestens gleicher Stärke erlebt, von 60 bis 70 auf 400 Millionen (auch wenn man die unvermeidlichen Übertreibungen in Anschlag bringt), was ungefähr der Zunahme im Okzident entspricht. Trotzdem ist die Entwicklung des Kapitalismus in China nicht vorwärts, sondern rückwärts gegangen. Denn die Bevölkerungsvermehrung hat sich dort innerhalb anderer Schichten vollzogen als bei uns. China ist durch sie ein Land mit einem Gewimmel von Kleinbauern geworden; dagegen ist von Vermehrung einer Klasse, die unserem Proletariat entspräche, dort nur soweit die Rede, als der Auslandsmarkt die Verwertung der Kulis – Kuli[2] ist ursprünglich ein indischer Ausdruck und bedeutet den Nachbarn oder Versippten – möglich macht. Die Bevölkerungsvermehrung in Europa hat zwar zur Entstehung des Kapitalismus generell mitgewirkt, insofern dieser z. B. bei geringer Bevölkerungszahl nicht die nötigen Arbeitskräfte gefunden hätte; aber als solche hat sie ihn nirgends hervorgerufen. Ebensowenig darf, wie SOMBART[3] andeutet, der *Edelmetallzufluß* als einzige Entstehungsursache des Kapitalismus angesehen werden. Allerdings kann in einer gegebenen Situation die Vermehrung der Edelmetallzufuhr dazu führen, daß Preisrevolutionen eintreten (wie seit 1530 in Europa), und wenn dann noch andere günstige Umstände hinzutreten, etwa eine bestimmte Form der Arbeitsorganisation im Werden ist, so kann deren Entwicklung dadurch beschleunigt werden, daß in die Hand bestimmter Schichten große Bargeldvorräte gelangen. Aber daß eine derartige Edelmetallzufuhr allein noch nicht den Kapitalismus hervorzubringen braucht, zeigt das Beispiel Indiens. Dorthin ist während der Zeit des römischen Imperiums ein ungeheurer Betrag an Edelmetall – alljährlich 25 Millionen Sesterzen – im Austausch abgeflossen gegen indische Waren. Aber dieser Zustrom hat nur in geringem Umfang händlerischen Kapitalismus hervorgerufen. Der größte Teil des Edelmetalls verschwand in den Horten der Rajahs, anstatt in Bargeld umgesetzt und damit zur Schaffung rationaler kapitalistischer Unternehmungen verwendet zu werden. Dies zeigt, daß es durchaus auf die Gestaltung der Arbeitsorganisation ankommt, auf welche Edelmetallzufuhr trifft. Das Edelmetall aus Amerika strömte nach der Entdeckung in erster Linie nach Spanien; aber dort ging parallel mit seiner Zufuhr ein Rückgang der kapitalistischen Entfaltung. Es erfolgte einerseits die Niederwerfung der Communeros und die Zerstörung der Handelspolitik der spanischen Granden, andererseits die Benutzung des Edelmetalls zu kriegerischen Zwecken. Deshalb ging der Edelmetallstrom durch Spanien, das er kaum berührte, hindurch und befruchtete dafür Länder, die bereits seit dem 15. Jahrhundert in einer Umschichtung der Arbeitsverfassung begriffen waren, durch welche die Entstehung des Kapitalismus begünstigt wurde.[4]

Weder Bevölkerungsvermehrung noch Edelmetallzufuhr haben also den abendländischen Kapitalismus hervorgerufen. Die *äußere* Bedingung für seine Entwicklung ist vielmehr zunächst die *geographische* Natur Europas. In China und Indien mußten bei dem ausgesprochenen Binnenlandverkehr dieser Gebiete die ungeheuren Transportkosten die Schicht derjenigen, die in der Lage waren, im Handel Verdienste zu machen, und die die Möglichkeit besaßen, auf dem Händlerkapital ein kapitalistisches Arbeitssystem aufzubauen, außerordentlich hemmen, während im Abendland der Binnenmeercharakter des Mittelmeeres und der Reichtum an Stromverbindungen eine entgegengesetzte Entwicklung begünstigte. Aber auch dieses Moment darf nicht überschätzt werden. Die Kultur der Antike ist ausgesprochene *Küsten*kultur gewesen. Dort waren dank der Beschaffenheit des mittelländischen Meeres (im Gegensatz zu den chinesischen Gewässern mit ihren Taifunen) die Verkehrsmöglichkeiten sehr günstig, und doch ist damals kein Kapitalismus entstanden. Auch in der Neuzeit ist die kapitalistische Entwicklung in Florenz viel intensiver als in Genua oder Venedig. In den binnenländischen *Gewerbe*städten, nicht den Seehandelsstädten des Okzidents, wurde der Kapitalismus geboren. Dann hat ihn der Kriegsbedarf begünstigt, aber nicht als solcher, sondern dank seiner besonderen Gestaltung für die spezifischen Bedürfnisse der abendländischen Heere, und der Luxusbedarf, aber wieder nicht als solcher. In vielen Fällen hat er vielmehr zu irrationalen Formen geführt, zu kleinen »Ateliers« in Frankreich, zur Zwangssiedlung von Arbeitern an manchen deutschen Fürstenhöfen. Was letzten Endes den Kapitalismus geschaffen hat, ist die rationale Dauerunternehmung, rationale Buchführung, rationale Technik, das rationale Recht, aber auch nicht sie allein; es mußte ergänzend hinzutreten: die *rationale Gesinnung*, die *Rationalisierung der Lebensführung*, das *rationale Wirtschaftsethos*.[5]

Am Anfang aller Ethik und der sich daraus ergebenden wirtschaftlichen Verhältnisse steht überall der *Traditionalismus*, die Heiligkeit der Tradition, die Einstellung allein auf ein Handeln und Wirtschaften, wie es von den Vorvätern überkommen ist. Er reicht bis tief in die Gegenwart hinein. Noch vor einem Menschenalter wäre es vergeblich gewesen, einem Landarbeiter in Schlesien, der für Akkord ein bestimmtes Stück Land zu mähen hatte, mit Rücksicht auf die Steigerung seiner Arbeitskraft den Lohn verdoppeln zu wollen: er hätte dann einfach seine Arbeitsleistung auf die Hälfte reduziert, weil er allein mit dieser Hälfte das Doppelte hätte verdienen können wie früher. Diese Unfähigkeit und Abgeneigtheit, sich überhaupt aus den gewohnten Bahnen herauszubegeben, ist das generelle Motiv für die Aufrechterhaltung der Tradition. Der urwüchsige Traditionalismus kann aber noch durch zwei Umstände eine wesentliche Steigerung erfahren. Einmal können sich mit der Aufrechterhaltung der Tradition *materielle Interessen* verbinden: wenn etwa in China versucht wurde, bestimmte Transportwege zu ändern oder zu rationaleren Transportmitteln oder -wegen überzugehen, wurde die Sporteleinnahme bestimmter Beamter bedroht; ähnliches ist im okzidentalen Mittelalter und in der Neuzeit bei der Einführung der Eisenbahnen der Fall gewesen. Solche Sportelinteressen von Beamten, Grundherren, Kaufleuten haben dem Traditionalismus die Entwicklung zur Rationalisierung entscheidend hemmen helfen. Noch stärker [indessen] wirkt die *magische Stereotypisierung* des Handelns, die tiefe Scheu, in der gewohnten Lebensführung irgendeine Änderung vorzunehmen, weil magische Nachteile befürchtet werden. Regelmäßig verstecken sich zugleich Pfründeninteressen dahinter; aber Voraussetzung ist doch ein weitverbreiteter Glaube an die befürchteten magischen Gefahren.[6]

Diese traditionalen Hemmungen werden *nicht durch den Erwerbstrieb als solchen durchbrochen.* Der Gedanke, daß unsere rationalistische und kapitalistische Gegenwart einen stärkeren Erwerbstrieb besitzt als andere Epochen, ist eine kindliche Vorstellung. Die Träger des modernen Kapitalismus sind nicht von stärkeren Erwerbstrieben beseelt als etwa ein Händler des Orients. Nur hat der ungezügelte Erwerbstrieb rein als solcher lediglich wirtschaftlich irrationale Ergebnisse erzeugt, und Männer wie Cortez und Pizarro, vielleicht seine stärksten Vertreter, haben an rationale Wirtschaft auch nicht entfernt gedacht.

Wenn der Erwerbstrieb an sich universell ist, so fragt es sich, unter welchen Verhältnissen er legitimierbar und rational temperierbar ist, derart, daß er rationale Gebilde schafft, wie sie kapitalistische Unternehmungen sind.

Ursprünglich stehen zwei verschiedene Einstellungen zum

Erwerb unvermittelt nebeneinander: nach innen Gebundenheit an die Tradition, an ein Pietätsverhältnis zu den Stammes-, Sippen- und Hausgenossen unter Ausschluß hemmungslosen Erwerbs innerhalb des Kreises der durch die Pietätsbande miteinander Verbundenen: *Binnenmoral,* – und absolute Hemmungslosigkeit des Erwerbstriebes im Verkehr nach außen, wo jeder Fremde ursprünglich Feind ist, dem gegenüber es keine ethische Schranke gibt: *Außenmoral.* Die Entwicklung geht nun davon aus, daß auf der einen Seite die Rechenhaftigkeit in das Innere der traditionalen Verbände eindringt und dort die alten Pietätsverhältnisse zersetzt. Sobald innerhalb einer Familiengemeinschaft abgerechnet, nicht mehr streng kommunistisch gewirtschaftet wird,[7] ist es mit der naiven Pietät und der Zurückstellung des Erwerbstriebes vorbei. Diese Seite der Entwicklung ist besonders im Okzident eingetreten.[8] Gleichzeitig findet Temperierung des hemmungslosen Strebens nach Gewinn bei Übernahme des Erwerbsprinzips in die Binnenwirtschaft statt. Das Ergebnis ist *regulierte Wirtschaft* mit einem gewissen *Spielraum für den Erwerbstrieb.*

Im einzelnen verläuft die Entwicklung verschieden. In Babylonien und China gab es keine objektiven Schranken für den Erwerbstrieb außerhalb der Sippe, die kommunistisch oder genossenschaftlich wirtschaftete. Trotzdem hat sich dort moderner Kapitalismus nicht entwickelt. In Indien bestehen die Schranken für den Erwerb nur für die beiden obersten Schichten: die Brahmanen und Radschputen. Ein Angehöriger dieser beiden Kasten darf bestimmte Berufe nicht ausüben. Der Brahmane darf zwar Garkoch sein, weil er allein reine Hände hat; aber er wäre ebenso wie der Radschpute deklassiert, wenn er gegen Zins ausleihen würde. Dagegen ist dies der Kaufmannskaste erlaubt, und wir finden bei ihr ein Maß von Skrupellosigkeit im Handel entwickelt, wie ein zweites Mal nicht in der Welt. Die Antike endlich kannte nur legale Zinsschranken, und der Satz *caveat emptor* kennzeichnet die römische Wirtschaftsmoral. Trotzdem hat sich auch dort kein moderner Kapitalismus entwickelt.

Als Resultat ergibt sich also die eigentümliche Tatsache: Die Keime des modernen Kapitalismus *müssen in einem Gebiet gesucht werden, wo offiziell eine von der orientalischen und antiken verschiedene, durchaus kapitalfeindliche Wirtschaftstheorie geherrscht hat.*

Das Ethos der kirchlichen Wirtschaftsmoral ist in ihrem vermutlich vom Arianismus übernommenen Urteil über den Kaufmann zusammengefaßt: *homo mercator vix aut numquam potest Deo placere*[9]*:* er kann wohl sündlos handeln, aber nicht Gott wohlgefällig. Dieser Satz hat bis in das 15. Jahrhundert gegolten, und erst dann hat man in Florenz, unter dem Druck der Verschiebung der Wirtschaftsverhältnisse, langsam versucht, ihn abzuschwächen. Die tiefe Abneigung der katholischen und ihr folgend der lutherischen Ethik gegen jede kapitalistische Regung beruht im wesentlichen auf der Scheu vor der Unpersönlichkeit der Beziehungen zwischen den Erwerbskontrahenten innerhalb der kapitalistischen Wirtschaft. Diese Unpersönlichkeit ist es, die der Kirche und ihrem Einfluß der Ethisierung bestimmte menschliche Beziehungen entzieht und es auf diese Weise ausschließt, daß sie von ihr ethisch reglementiert und durchdrungen werden. Die Beziehungen zwischen Herrn und Sklaven ließen sich ethisch unmittelbar regulieren. Aber die Beziehungen zwischen dem Pfandbriefgläubiger und dem Gut, das für die Hypothek haftet, oder zwischen den Indossataren auf einem Wechsel zu ethisieren, ist mindestens außerordentlich schwierig, wenn nicht unmöglich.[10] Das Ergebnis der daraus resultierenden Stimmung der Kirche war, daß die mittelalterliche Wirtschaftsethik unter Ausschluß des Feilschens um den Preis und der freien Konkurrenz auf dem Grundsatz des *iustum pretium* beruhte und jedermann die Möglichkeit zu leben gewährleisten sollte.

Für die Sprengung dieses Vorstellungskreises dürfen nicht mit W. Sombart[11] die *Juden* verantwortlich gemacht werden. Die Stellung der Juden während des Mittelalters ist soziologisch mit der einer indischen Kaste in einer im übrigen kastenlosen Umwelt zu vergleichen: sie waren ein Pariavolk. Jedoch besteht der Unterschied, daß nach den Verheißungen der indischen Religion die Kastenordnung Geltung für die Ewigkeit hat. Der Einzelne kann auf dem Wege der Wiedergeburt, die jeweils auf Zeit und nach seinen Verdiensten bemessen wird, bis in den Himmel vorrücken, aber immer nur innerhalb der Kastenordnung. Diese ist ewig, und wer aus seiner Kaste auszutreten versuchen würde, wäre verworfen und verurteilt, in die Hölle, in den Darm eines Hundes zu fahren. Die jüdische Verheißung dagegen weist darauf hin, daß einst die umgekehrte Kastenordnung herrschen soll wie in der Gegenwart. In dieser sind die Juden zu einem Pariavolk gestempelt, entweder zur Strafe für die Sünden ihrer Väter – so DEUTERO-JESAJA, oder zum Heil der Welt – dies die Voraussetzung für das Wirken des JESUS von Nazareth; eine Lage, aus der sie durch eine soziale Revolution erlöst werden sollten. Im Mittelalter waren die Juden ein Gastvolk; sie standen außerhalb der bürgerlichen Gesellschaft und konnten z. B. in keinen Stadtbürgerverband aufgenommen werden, weil sie an der Abendmahlsgemeinschaft nicht teilnehmen, also auch zur *coniuratio* nicht gehören konnten. Sie waren nicht das einzige Gastvolk.[12] Außer ihnen waren ein solches z. B. die Kawerschen, christliche Kaufleute, die, wie sie, Geldhandel trieben, genau die gleiche Stellung einnahmen, unter dem Schutz der Fürsten standen und gegen Abgaben das Recht genossen, Geldhandel zu treiben. Was aber die Juden in ausschlaggebender Weise von den christlichen Gastvölkern unterschied, war die Unmöglichkeit, die für sie bestand, mit den Christen *commercium* und *conubium* zu unterhalten. Während im Gegensatz zu den Juden, die befürchten mußten, daß ihre Speisevorschriften vom Gastgeber nicht eingehalten werden könnten, die Christen anfangs nicht zögerten, jüdische Gastfreundschaft zu genießen, wurden beim ersten Aufflammen des mittelalterlichen Antisemitismus die Gläubigen von den Synoden ermahnt, sich nicht würdelos zu benehmen und sich nicht von den Juden Gastereien geben zu lassen, die ihrerseits die Gastfreundschaft der Christen verschmähten. Vollends war *conubium* mit Christen seit ESRA und NEHEMIA unmöglich. Ein weiterer Grund für die Pariastellung der Juden war, daß zwar ein jüdisches Handwerk existierte, daß es innerhalb Syriens auch eine jüdische Ritterschaft gegeben hatte, nur ausnahmsweise aber jüdische Bauern; denn der Betrieb der Landwirtschaft war mit den rituellen Vorschriften nahezu unvereinbar. Daß dann der Schwerpunkt des jüdischen Wirtschaftslebens sich auf den Handel, besonders den Geldhandel, legte, dafür waren rituelle Gründe maßgebend. Die jüdische Frömmigkeit prämiierte die Gesetzeskunde, und das kontinuierliche Studium des Gesetzes war weitaus am leichtesten mit dem Geldhandel zu verbinden. Dazu kam, daß das Wucherverbot der Kirche den Geldhandel verpönte, andererseits dieser unentbehrlich war und die Juden dem kirchlichen Gesetz nicht unterstanden. Endlich blieb dem Judentum der ursprünglich universelle Dualismus der Binnen- und Außenmoral erhalten, wobei die Gestattung des Zinsnehmens von dem Fremden entscheidend war, der nicht zu den Brüdern und zugewendeten Genossen gehörte. Aus diesem Dualismus folgte weiterhin die Zulässigkeit ökonomisch irrationaler Geschäfte, vor allem der Steuerpacht und der Staatsfinanzierung jeder Art. Die Juden erlangten in diesen Geschäften im Laufe der Jahrhunderte eine Virtuosität, die sie berufen und begehrt machte. Aber dies war Pariakapitalismus, nicht rationaler Kapitalismus, wie er im Okzident entstanden ist. Daher findet sich unter den Schöpfern der modernen Wirtschaftsorganisation, den Großunternehmern, kaum ein Jude. Dieser Typus war christlich und nur auf christlichem Boden denkbar. Der jüdische Fabrikant dagegen ist eine moderne Erscheinung. Daß die Juden an der Entstehung des rationalen Kapitalismus keinen Anteil hatten, war schon deshalb nicht anders möglich, weil sie außerhalb der Zünfte standen. Aber auch neben den Zünften konnten sie fast nie bestehen, auch nicht, wo sie, wie in Polen, über ein zahlreiches Proletariat verfügten, das sie als Verleger oder Fabrikanten hätten organisieren können. Schließlich ist, wie der Talmud zeigt, die genuine jüdische Ethik spezifischer Traditionalismus. Die Scheu gerade des frommen Juden vor irgendwelchen Neuerungen ist ebenso groß wie die des Angehörigen irgendeines Naturvolkes mit magischer Gebundenheit.

Dennoch hat das Judentum auch für den modernen rationalen Kapitalismus insofern entscheidende Bedeutung gehabt, als es dem Christentum seine *Magiefeindschaft* vererbte. Abgesehen vom Juden- und Christentum und zwei oder drei orientalischen Sekten (davon eine in Japan), gibt es keine Religion mit dem ausgesprochenen Charakter der Magiefeindlichkeit. Wahrscheinlich ist diese dadurch entstanden, daß das, was die Israeliten in Kanaan vorfanden, die Magie des Ackerbaugottes Baal war, während Jahve ein Gott der Vulkane, Erdbeben und Seuchen gewesen ist. Die Feindschaft zwischen der beiderseitigen Priesterschaft und der Sieg der jahvistischen deklassierte die Fruchtbarkeitsmagie der Baalspriester und hing ihr den Charakter des Zerfalls und der Gottlosigkeit an. Indem dann das Judentum das Christentum ermöglicht und ihm den Charakter einer im wesentlichen magiefremden Religion mit auf den Weg gegeben hat, vollbrachte es gleichzeitig eine große wirtschaftsgeschichtliche Leistung. Denn die Herrschaft der Magie außerhalb des Geltungsbereiches des Christentums ist eine der schwersten Hemmungen für die Rationalisierung des Wirtschaftslebens gewesen. Magie bedeutet *Stereotypisierung der Technik und Ökonomik*. Als man in China mit dem Bau von Eisenbahnen und Fabriken beginnen wollte, kam man mit der Geomantik in Konflikt. Sie verlangte, daß bei der Anlage auf bestimmte Berge, Wälder, Flüsse, Grabhügel Rücksicht genommen würde, weil sonst die Geister in ihrer Ruhe gestört wurden.[13] Nicht anders stehen dem Kapitalismus die *Kasten* in Indien gegenüber. Jede neue Technik, die der Inder anwendet, bedeutet für ihn zunächst, daß er seine Kaste verliert und in eine neue, und zwar zunächst niedrigere, einrückt. Da er an die Seelenwanderung glaubt, bedeutet das für ihn zunächst, daß er mit seinen Läuterungschancen bis zur nächsten Geburt zurückgeworfen werden soll. Auf derartiges wird er sich also kaum einlassen. Dazu kommt, daß jede Kaste die andere verunreinigt. Das hat wieder zur Folge, daß Arbeiter, die einander gegenseitig ein Gefäß mit Wasser nicht abnehmen dürfen, nicht in demselben Fabriksaal zusammen beschäftigt werden können. Erst in der Gegenwart, nach fast jahrhundertelanger Besetzung des Landes durch die Engländer, konnte dieses Hindernis beseitigt werden. Aber aus einer magisch derart gebundenen Wirtschaftsgruppe vermochte der Kapitalismus nicht hervorzugehen.

Die Magie zu brechen und Rationalisierung der Lebensführung durchzusetzen, hat es zu allen Zeiten nur ein Mittel gegeben: große *rationale Prophetien.* Nicht jede Prophetie allerdings zerstört die Macht der Magie; aber es ist möglich, daß ein Prophet, der sich durch Wunder und andere Mittel legitimiert, die überkommenen heiligen Ordnungen durchbricht. Prophetien haben die *Entzauberung der Welt* herbeigeführt und damit auch die Grundlage für unsere moderne Wissenschaft, die Technik und den Kapitalismus geschaffen. In China fehlte eine eingeborene Prophetie. Wenn überhaupt, so kamen die Prophetien von auswärts, wie auch Laotse und der Taoismus. Dagegen kennt Indien eine Erlösungsreligion; im Gegensatz zu China hat es hier große Prophetien gegeben. Aber es waren *exemplarische Prophetien,* d.h. der typisch indische Prophet, z. B. Buddha, lebt zwar das Leben, das zur Erlösung führt, vor, betrachtet sich aber nicht als den Sendboten eines Gottes, der dieses Leben zwingend vorschreibt, sondern [lehrt] nur, wer die Erlösung als das frei vorgestellte Ziel wünscht, hat es zu leben. Man kann jedoch auch die Erlösung ablehnen, da es nicht jedermanns Sache ist, nach dem Tode ins Nirvâna einzugehen, und nur Philosophen im eigentlichsten Sinne imstande sind, aus Ekel vor dieser Welt den stoischen Entschluß des Verschwindens aus dem Leben durchzuführen. Die Folge war, daß die Prophetie Indiens unmittelbare Bedeutung nur für die intellektuellen Schichten gewann. Ihre Angehörigen wurden Waldbewohner und besitzlose Mönche. Für die Masse aber bedeutete die Entstehung einer buddhistischen Sekte etwas völlig anderes, nämlich die Möglichkeit der Heiligenanbetung. Nun gab es für wundertätig gehaltene Heilige, die man gut ernährte, damit sie diese Wohltat durch Garantie einer besseren Wiedergeburt oder durch Reichtum, langes Leben und ähnliches, also Güter *dieser* Welt, vergalten. So blieb der Buddhismus in seiner reinen Form auf eine dünne Mönchsschicht beschränkt. Der Laie fand keinerlei ethische Anweisung vor, nach der er sein Leben hätte gestalten können; denn der Buddhismus besaß zwar einen Dekalog, aber im Unterschied vom jüdischen gab dieser keine bindenden Gebote, sondern nur Empfehlungen. Die wichtigste Leistung war und blieb der physische Unterhalt der Mönche. Eine derartige Religiosität konnte niemals imstande sein, die Magie zu verdrängen, sondern höchstens eine andere an ihre Stelle zu setzen.

Im Gegensatz zu der asketischen Erlösungsreligion Indiens und ihrer mangelnden Wirkung auf die Massen stehen Judentum und Christentum, weil sie von Anfang an *Plebejerreligionen* gewesen und ihrem Willen nach auch immer geblieben sind. Der Kampf der alten Kirche gegen die Gnostiker war nichts anderes als ein Kampf gegen die Aristokratie der Intellektuellen, wie ihn alle asiatischen Religionen kennen, um sie daran zu hindern, die Leitung der Kirche an sich zu reißen. Für die Massenwirkung des Christentums wurde dieser Kampf entscheidend, und ebenso, daß dabei die Magie in den Massen soweit erstickt wurde als nur möglich. Es gelang allerdings bis heute nicht, sie vollständig zu überwinden; aber sie wurde zu etwas Unheiligem, Diabolischem herabgedrückt. Den Keim zu diesem Verhalten gegenüber der Magie finden wir bereits in der altjüdischen Ethik. Sie berührt sich vielfach mit Anschauungen, wie sie uns auch in den Spruchsammlungen und den sog. prophetischen Texten der Ägypter entgegentreten. Aber die erhabensten Vorschriften der ägyptischen Ethik waren vergebens, wenn man den Toten dadurch, daß man ihm einen Skarabäus auf die Herzgegend legte, dazu befähigen konnte, den Totenrichter erfolgreich zu belügen, ihm die begangenen Sünden zu verschweigen und dadurch ins Paradies zu kommen. Die jüdische Ethik kennt derartige sophistische Auswege nicht, und ebensowenig kennt sie das Christentum. Es hat allerdings im Abendmahl die Magie zum Sakrament sublimiert; aber es gab seinen Bekennern nicht solche Mittel an die Hand, um das Totengericht herumzukommen, wie die ägyptische Religion. Will man überhaupt den Einfluß einer Religion auf das Leben studieren, so muß man zwischen ihrer offiziellen Lehre und derjenigen Art tatsächlichen Verhaltens unterscheiden, das sie in Wirklichkeit, vielleicht gegen ihr eigenes Wollen, im Diesseits oder Jenseits *prämiiert*,[14] ferner zwischen Virtuosenreligiosität Höchstbegabter und der Massenreligiosität. Virtuosenreligiosität spielt für das Alltagsleben nur als Vorbild eine Rolle; ihre Ansprüche sind Höchstansprüche, aber für die Alltagsethik nicht maßgebend. Das Verhältnis beider ist in den einzelnen Religionen verschieden. Innerhalb des Katholizismus sind beide insofern in eine eigenartige Verbindung gebracht, als die Ansprüche der Virtuosenreligiösität als *consilia evangelica* neben den Pflichten des Laien stehen. Der eigentlich vollkommene Christ ist der Mönch; seine Leistungen werden aber nicht von jedermann verlangt, wenn auch gewisse seiner Tugenden für das Alltagsleben in abgeschwächtem Maße vorbildlich bleiben. Der Vorteil dieser Verbindung war, daß die Ethik nicht in der Weise zerrisen wurde wie im Buddhismus. Immerhin bedeutete die Unterscheidung von Mönchsethik und Massenethik, daß die religiös höchstwertigen Individuen aus der Welt ausschieden, um eine besondere Gemeinschaft zu bilden.

Daß das Christentum mit dieser Erscheinung nicht allein steht, sondern daß sie in der Geschichte der Religionen häufig wiederkehrt, läßt die gewaltige Bedeutung der *Askese* ermessen. Sie bedeutet Durchführung einer bestimmten methodischen Lebenshaltung. In diesem Sinn hat die Askese überall gewirkt. Welcher ungeheuren Leistungen eine asketisch bestimmte methodische Lebensführung fähig ist, zeigt das Beispiel von Tibet. Das Land scheint von der Natur zur ewigen Wüste verdammt zu sein; aber eine Gemeinschaft familienloser Asketen hat die kolossalen Bauwerke in Lhasa aufgeführt und das Land mit den Lehren des Buddhismus religiös durchdrungen. Eine analoge Erscheinung zeigt das abendländische Mittelalter. Der Mönch ist der erste in jener Epoche rational lebende Mensch, der methodisch und mit rationalen Mitteln ein Ziel anstrebt: das Jenseits. Nur für ihn gab es Glockenschlag, nur ihm sind die Tagesstunden eingeteilt zum Gebet. Die Wirtschaft der klösterlichen Gemeinschaften war *die* rationale Wirtschaft. Die Mönche haben dem frühen Mittelalter teilweise seine Beamten geliefert: die Macht des Dogen von Venedig brach zusammen, als der Investiturstreit ihm die Möglichkeit nahm, die Kleriker für überseeische Unternehmungen zu verwenden. Aber die rationale Lebensführung blieb auf die Kreise des Mönchtums beschränkt. Die franziskanische Bewegung hat zwar mit der Institution der Tertiarier versucht, sie auch auf die Laien auszudehnen; doch solchen Versuchen stand das Institut der Beichte im Wege. Die Kirche hat mit Hilfe ihrer Buß- und Beichtordnung das mittelalterliche Europa domestiziert. Aber für den Menschen des Mittelalters bedeutete die Möglichkeit, sich im Wege der Beichte zu entlasten, indem er sich bestimmte Strafhandlungen auferlegen ließ, eine Entspannung des Schuldbewußtseins und Sündengefühls, das die ethischen Vorschriften der Kirche hervorgerufen hatten. Die Einheit und Strenge der methodischen Lebensführung wurde dadurch tatsächlich durchbrochen. Als Menschenkennerin rechnete die Kirche gar nicht damit, daß der Einzelne eine geschlossene einheitliche ethische Persönlichkeit sei, sondern nahm als feststehend an, daß er trotz Beichtermahnung und noch so strenger Bußen doch wieder ethisch kollabieren würde, d. h. sie ließ ihre Gnade scheinen über Gerechte und Ungerechte.

Mit diesem System hat die *Reformation* entscheidend gebrochen. Schon die Aufhebung der *Consilia evangelica* durch die lutherische Reformation bedeutete den Wegfall der doppelten Ethik, der Unterscheidung zwischen einer allgemein verbindlichen und einer spezifisch vorteilhaften Virtuosen-Moral.

Die außerweltliche Askese hörte damit auf. Die straff religiösen Naturen, die bis dahin in das Kloster gegangen waren, mußten von jetzt an *innerhalb* der Welt das gleiche leisten. Für diese innerweltliche Askese haben die asketischen Denominationen des Protestantismus die adäquate Ethik geschaffen. Ehelosigkeit wird nicht verlangt; die Ehe ist lediglich ein Institut für rationale Kindererzeugung. Armut wird nicht empfohlen; aber der Reichtumserwerb darf auch nicht zu gedankenlosem Genießen verleiten. Es ist daher vollständig zutreffend, wenn SEBASTIAN FRANCK den Sinn der Reformation in die Worte zusammenfaßt: »Du glaubst, du seist dem Kloster entronnen: es muß jetzt jeder sein Leben lang ein Mönch sein.« Die Tragweite dieser Umprägung des Askesebegriffes kann man in den klassischen Ländern der protestantisch-asketischen Religiosität bis in die Gegenwart verfolgen. Sie läßt sich besonders an der Bedeutung der religiösen Denominationen in Amerika erkennen. Obgleich Staat und Kirche getrennt sind, gab es noch vor 15 bis 20 Jahren[15] keinen Bankier, keinen Arzt, der bei der Niederlassung oder bei der Anknüpfung von Beziehungen nicht gefragt worden wäre, zu welcher religiösen Gemeinschaft er gehöre. Je nachdem die Antwort ausfiel, waren seine Aussichten gute oder schlechte. Denn die Aufnahme in die Sekten erfolgte nur nach strenger Prüfung des ethischen Verhaltens. Die Zugehörigkeit zur Sekte, die den jüdischen Unterschied zwischen Außenmoral und Binnenmoral nicht kannte, garantierte die geschäftliche Ehrbarkeit und Zuverlässigkeit und diese wieder den Erfolg. Daher der Grundsatz: »honesty is the best policy«, und daher bei Quäkern, Baptisten und Methodisten die unaufhörliche Wiederholung des Erfahrungssatzes, daß Gott die Seinen segne: »Die Gottlosen trauen einander nicht über den Weg; an uns wenden sie sich, wenn sie Geschäfte machen wollen; Frömmigkeit ist der sicherste Weg zum Reichtum.« Dies ist durchaus nicht »cant«, sondern ein Zusammenfließen von Religiosität mit Folgen, die ihr ursprünglich unbekannt und von ihr nicht beabsichtigt waren. Allerdings führte der Erwerb des der Frömmigkeit verdankten Reichtums zu einem Dilemma, das durchaus dem gleicht, in welches die mittelalterlichen Klöster immer wieder gerieten, wenn die religiöse Zucht Reichtum, der Reichtum ihren Verfall und dieser wiederum die Notwendigkeit ihrer Wiederherstellung zur Folge hatte. Dieser Schwierigkeit suchte der Kalvinismus durch die Vorstellung zu entgehen, daß der Mensch nur *Verwalter* des ihm von Gott Geschenkten sei; er verpönte den Genuß, aber er ließ keine Flucht vor der Welt zu, sondern erachtete die Mitarbeit an ihrer rationalen Bezwingung als die religiöse Aufgabe jedes Einzelnen. Aus dieser Gedankenwelt stammt unser heutiges Wort »Beruf«, das nur die durch die protestantische Bibelübersetzung beeinflußten Sprachen kennen.[16] Es drückt die Wertung auch der auf rationaler Grundlage erfolgenden kapitalistischen Erwerbstätigkeit als Erfüllung einer gottgewollten Aufgabe aus. Letzten Endes lag hier auch der Grund des Gegensatzes zwischen Puritanern und STUARTS. Beide waren kapitalistisch orientiert; aber symptomatischer Weise war für den Puritaner der Jude Inbegriff alles Abscheus, weil er sich an irrationalen und illegalen Geschäften, wie Kriegswucher, Steuerpacht, Amtspacht usw., beteiligte wie die Hofgünstlinge.[17]

Diese Ausprägung des Berufsbegriffs hat zunächst dem modernen Unternehmer ein fabelhaft gutes Gewissen und außerdem ebenso arbeitswillige Arbeiter geliefert, indem er der Arbeiterschaft als Lohn ihrer asketischen Hingabe an den Beruf und ihrer Zustimmung zu rücksichtsloser Verwertung durch den Kapitalismus die ewige Seligkeit in Aussicht stellte, die in Zeiten, wo die kirchliche Disziplin das gesamte Leben in einem uns jetzt unfaßbaren Grade in ihre Zucht nahm, eine ganz andere Realität darstellte als heute. Auch die katholische und die lutherische Kirche haben Kirchendisziplin gekannt und geübt. Aber bei den protestantischen asketischen Gemeinschaften hing die Zulassung zur Abendmahlsgemeinschaft an der ethischen Vollwertigkeit; diese aber wiederum wurde mit geschäftlicher Ehrbarkeit identifiziert, während nach dem Inhalt des *Glaubens* niemand fragte. Eine derart machtvolle, unbewußt raffinierte Veranstaltung zur Züchtung kapitalistischer Individuen hat es in keiner anderen Kirche oder Religion gegeben, und ihr gegenüber schrumpft alles zusammen, was auch die Renaissance für den Kapitalismus getan hat. Deren Künstler haben sich mit technischen Problemen beschäftigt und waren Experimentatoren ersten Ranges. Aus der Kunst und dem Bergbau wurde dann das Experiment in die Wissenschaft herübergenommen. Aber als *Weltansicht* hat die Renaissance zwar die Politik der Fürsten weitgehend bestimmt, jedoch nicht die Seele der Menschen so umgestaltet wie die Neuerungen der Reformation. Fast alle großen wissenschaftlichen Entdekkungen des 16. und noch am Anfang des 17. Jahrhunderts sind auf dem Boden des Katholizismus erwachsen: KOPERNIKUS war Katholik, während sich LUTHER und MELANCHTHON seinen Entdeckungen gegenüber ablehnend verhielten. Überhaupt sind wissenschaftlicher Fortschritt und Protestantismus nicht ohne weiteres zu identifizieren. Die katholische Kirche hat zwar stellenweise den wissenschaftlichen Fortschritt gehemmt; aber auch die asketischen Sekten des Protestantismus haben von reiner Wissenschaft wenig wissen wollen, außer wo sie den realen Bedürfnissen des Alltags entgegenkam. Dagegen ist es eine spezifische Leistung des Protestantismus, daß er die Wissenschaft in den Dienst der Technik und Ökonomik gestellt hat.[18]

Die religiöse Wurzel des modernen ökonomischen Menschentums ist abgestorben. Heute steht der Berufsbegriff als *caput mortuum* in der Welt. Die asketische Religiosität wurde durch eine pessimistisch-realistische Einstellung gegenüber Welt und Mensch abgelöst, wie sie etwa MANDEVILLES Bienenfabel vertritt, daß auch private Laster unter Umständen von Vorteil für die Gesamtheit sein können. Mit dem völligen Zurücktreten aller Reste des ursprünglichen ungeheuren religiösen Pathos der Sekten hat der Optimismus der Aufklärung, der an die Harmonie der Interessen glaubte, das Erbe der protestantischen Askese auf dem Gebiet der Wirtschaftsgesinnung angetreten; er hat den Fürsten, Staatsmännern und

Schriftstellern des ausgehenden 18. und beginnenden 19. Jahrhunderts die Hand geführt. Das Wirtschaftsethos war auf dem Boden des asketischen Ideals entstanden; jetzt wurde es seines religiösen Sinnes entkleidet. Das mußte zu schweren Folgen führen. Es war möglich, daß die Arbeiterklasse sich mit ihrem Los beschied, solange man ihr die ewige Seligkeit versprechen konnte. Fiel diese Vertröstung weg, so mußten allein daraus jene Spannungen innerhalb der Gesellschaft sich ergeben, die seitdem noch ständig im Wachsen begriffen sind. Damit ist der Zeitpunkt am Ende des Frühkapitalismus und beim Anbruch des eisernen Zeitalters im 19. Jahrhundert erreicht.

ANMERKUNGEN DES VERFASSERS

1 Wirtschaftsgeschichte. Abriß der universalen Sozial- und Wirtschaftsgeschichte. Vorlesung, gehalten im Wintersemester 1919/20, posthum als Buch veröffentlicht 1923; 3., erg. Aufl. 1958, S. 300–315 (Hrsg.).

2 G. OPPERT, The original inhabitants of India, London 1893, S. 131, zitiert im Art. »Kuli« im Handwörterbuch d. Staatswissenschaften, 3. Aufl., VI. Bd. 1910.

3 W. SOMBART, Der moderne Kapitalismus I, 2. Aufl. 1916, S. 513 f., 571 ff.

4 Vgl. M. J. BONN, Spaniens Niedergang während der Preisrevolution des 16. Jahrhunderts, Stuttgart 1896.

5 Vgl. M. WEBER, Ges. Aufsätze zur Religionssoziologie I, S. 30 ff. [oben S. 39 ff.].

6 Vgl. für China: CHEN HUAN CHANG, The economic principles of Confucius and his school, New York 1911; [J. J. M. DE GROOT, Universismus, Berlin 1918, 12. u. 13. Kap., insbes. S. 374 ff. (Hrsg.)].

7 Vgl. MAX WEBER, Wirtschaftsgeschichte, 3. Aufl., S. 109, 201 (Hrsg).

8 [Vgl. MAX WEBER, Wirtschaft und Gesellschaft, 5. Aufl., S. 212 bis 233 (Hrsg.).]

9 Corpus iuris canonici, Dist. LXXXVIII, c. 11 des Decretum Gratiani, Pars I (nach Ps.-Chrysostomus, Super Matthaeum); [vgl. J.-P. MIGNE, Patrologiae cursus completus. Series graeca, 56. Bd. (Paris 1862), Sp. 839 (Hrsg.)].

10 Vgl. MAX WEBER, Gesammelte Aufsätze zur Religionssoziologie I, S. 544 f.; [Wirtschaft und Gesellschaft, 5. Aufl., S. 353, 361 f., 708 f. (Hrsg.)].

11 W. SOMBART, Die Juden u. d. Wirtschaftsleben, München u. Leipzig 1911, 6. Aufl. 1928; [zur Kritik vgl. M. WEBER, Wirtschaft u. Gesellschaft, 5. Aufl., S. 368 ff., 719 ff. (Hrsg.)].

12 MAX WEBER, Wirtschaftsgeschichte, 3. Aufl., S. 176, 193.

13 Als allerdings die Mandarinen erkannt hatten, welche Gewinnchancen sich ihnen boten, waren diese Schwierigkeiten plötzlich zu überwinden: sie waren alsbald die Hauptaktionäre der Eisenbahnen. Auf die Dauer vermag eben keine religiös-ethische Überzeugung dem Kapitalismus, der vollgerüstet vor den Toren steht, den Eintritt zu verwehren. Aber daß er imstande ist, magische Schran-

ken zu überrennen, beweist noch nicht, daß er auf einem Boden, wo die Magie eine solche Rolle spielt, *genuin* hätte entstehen können.

14 [Vgl. M. WEBER, Ges. Aufsätze zur Religionssoziologie I, S. 40 Anm., 58 Anm., 74, 86 Anm. 1, 103 Anm., 114 Anm. 3 a. E., 123 Anm. 3, 163/64, 165 Anm. 3, 173 Anm. 1, 176 f. Anm. 3, 212, 219, 234/235; oben S. 69, 88 f. Anm. 34, 96 Anm. 50, 191 Anm. 3, 204 Anm. 37, 214 Anm. 72 a. E., 219 Anm. 101, 246 Anm. 198, 283, 289, 297, 316 Anm. 64 (Hrsg.).]

15 [1900–1905 (Hrsg.).]

16 Vgl. M. WEBER, Gesammelte Aufsätze zur Religionssoziologie I, S. 63 ff., 98 ff., 163 ff., 207 ff. [oben S. 66 ff., 125 ff., 165 ff., 279 ff.]; [zu vgl. KARL HOLL, Ges. Aufsätze zur Kirchengeschichte, III. Bd., S. 189–219, Tübingen 1928 (Hrsg.)].

17 »Der Gegensatz läßt sich im ganzen, mit den stets unvermeidlichen Vorbehalten, wohl so formulieren, daß der jüdische Kapitalismus spekulativer *Paria*-Kapitalismus war, der puritanische: bürgerliche Arbeitsorganisation« (M. WEBER, Ges. Aufs. z. Religionssoziologie I, S. 182 Anm. 2 a. E. [oben S. 261 Anm. 252]).

18 Vgl. auch E. TROELTSCH, Die Soziallehren der christlichen Kirchen und Gruppen, Tübingen 1912 [Neudruck 1965].

Von den Gegnern der obigen Auffassung über die Bedeutung des Kalvinismus seien L. BRENTANO, Die Anfänge des modernen Kapitalismus, München 1916, S. 117 ff., und G. BRODNITZ, Engl. Wirtschaftsgesch. I, Jena 1918, S. 282 ff. genannt.

Fundorte

Vorbemerkung des Verfassers

Ges. Aufsätze zur Religionssoziologie, I. Band, Seite 1–16

Die protestantische Ethik und der Geist des Kapitalismus

Ges. Aufsätze zur Religionssoziologie, I. Band, Seite 17–206

Die protestantischen Sekten und der Geist des Kapitalismus

Ges. Aufsätze zur Religionssoziologie, I. Band, Seite 207–236

Religiöse Heilsmethodik und Systematisierung der Lebensführung

1 Ges. Aufsätze zur Religionssoziologie. I. Band, Seite 261–264
2 Wirtschaft und Gesellschaft, 5. Auflage, Seite 328–333
3 Wirtschaft und Gesellschaft, 5. Auflage, Seite 346–348
4 Wirtschaft und Gesellschaft, 5. Auflage, Seite 370–371
5 Wirtschaft und Gesellschaft, 5. Auflage, Seite 378–379
6 Wirtschaft und Gesellschaft, 5. Auflage, Seite 716–717
7 Wirtschaft und Gesellschaft, 5. Auflage, Seite 717–719
8 Wirtschaft und Gesellschaft, 5. Auflage, Seite 721–726

Die Entfaltung der kapitalistischen Gesinnung

Wirtschaftsgeschichte, 3. Auflage, Seite 300–315

Nachwort des Herausgebers zur 5. Auflage 1979

Bei dieser Taschenbuchausgabe der berühmten Protestantismus-Abhandlungen Max Webers aus dem 1. Band seiner »Gesammelten Aufsätze zur Religionssoziologie« (1920) kam es entscheidend darauf an, einerseits die bislang immer nur photomechanisch reproduzierten Aufsätze nach Text und Anmerkungen einer sorgfältigen Überprüfung und – soweit erforderlich – Berichtigung zu unterziehen sowie die Literaturangaben zu revidieren und teilweise zu ergänzen, andererseits – dem Wunsch des Verfassers entsprechend – »diese Ausführungen ihrer Isoliertheit zu entkleiden« (o. Seite 277 Anm. 309 [Ges. Aufs. z. Religionssoziol., 1. Bd. S. 206 Anm. 1]) und sie in das Ensemble seiner gesamten Religionssoziologie an ihrem »typologischen Ort« (GAzRS I, S. 537) hineinzustellen. Dieses Programm ließ sich s. Z. nicht in einem einzigen Arbeitsgang, sondern nur nacheinander in den ersten drei Auflagen des früheren Siebenstern Taschenbuchs verwirklichen (Erstauflage 1965).

Wer sich dem eigenständigen Bereich der Religionssoziologie als Erfahrungswissenschaftler und das heißt: weder als Theologe noch gar als Offenbarungsprophet oder Mystagoge zuwendet, geht damit unabweisbar von drei grundlegenden Voraussetzungen aus:

1. daß es bezüglich des religiösen Phänomens nicht nur – dem kirchlichen Postulat entsprechend – dogmatische, sondern *wissenschaftlich* gleichfalls historische und soziale, mithin Erfahrungswahrheit gibt;

2. daß es die Religionssoziologie nicht mit dem eigentlichen Gehalt der Frömmigkeit: dem Arkanum des Glaubens,

vielmehr mit dem zeitlichen Wirksamwerden bestimmter Inhalte des religiösen Bewußtseins im menschlichen Geschichts- und Vergesellschaftungsprozeß zu tun hat;

3. daß somit auf dem Boden der Sozialwissenschaft die dogmatischen Glaubensgehalte als Indikatoren des jeweiligen Sinnverständnisses der irdischen Daseinswelt auf seiten ihrer Bekenner genommen und behandelt werden können und müssen, wobei die Menschen selbst nur kraft ihres Verflochtenseins in den Geschichts- und Gesellschaftsprozeß, als Teilhaber und Akteure der Vergesellschaftung und des Geschichtsverlaufs, hinsichtlich ihrer Vorstellungen, Intentionen und Aktivitäten in Betracht gezogen werden.

Die Religionssoziologie hat es also – in Max Webers Worten – mit »der *Inbeziehungsetzung* gewisser religiöser Motivationsreihen, welche das – religiös *gewertet* – Grobe und Äußerliche, gerade für innerlich religiös gestimmte Naturen an der Peripherie der eigentlich religiösen Inhalte Liegende sind, zu ihren *Konsequenzen für das bürgerliche Leben*« zu tun (Antikritisches Schlußwort [GTB 119, S. 345 Anm. 30]; vgl. o. Seite 28 letzter Abs., Seite 76 Mitte). Sie nimmt zudem kraft ihrer Eigenschaft als kognitives Erkenntnisverfahren die von ihr in ihrer *soziologischen Bedeutung* untersuchten Glaubensphänomene als gegeben hin, nimmt jedoch zur Frage des »Wahrheitsgehalts der Religion« (Rudolf Eucken) ihrerseits in keiner Weise Stellung, weil dies ihre wissenschaftliche Kompetenz notwendigerweise überschreiten würde (methodisches Prinzip der »Werturteilsenthaltung«). Soziologisch ausgedrückt: die religiösen Gebote sind ihr empirische Fakten der gesellschaftlichen Realität, die religiösen Tabus stellen für sie tatsächlich vorfindliche, ebenso wie die Gebote hinsichtlich ihrer *empirischen Geltung* zu überprüfende soziale Verbote dar. Wer diese empirische Ausgangslage der erfahrungswissenschaftlichen Soziologie nicht anerkennen kann und will, der wende sich dem Themenbereich der Theologie zu und befrage in deren Rahmen und mit deren Mitteln die Glaubenslehre wie auch sein eigenes religiöses Gewissen, erwarte aber für sein Glaubensbedürfnis keine dafür relevanten Auskünfte von einer *Erfahrungs*wissenschaft.

Wem andererseits die Bezeichnung »Ethik« in den profanen Bereichen der wirtschaftlichen und staatsbürgerlichen Tugendlehre zu anspruchsvoll erscheint, der mag für sich diese Vokabel durch Bezeichnungen wie Wirtschaftsmoral, Wirtschaftsethos, Wirtschaftsgesinnung, Wirtschaftsauffassung ersetzen, wie es auch Max Weber ständig tut.

Da Taschenbücher im allgemeinen eine Einzelpublikation bzw. eine gezielte Auswahl zu bieten pflegen, kann dergestalt leicht die Gefahr einer gewissen Problemverkürzung eintreten, die es ratsam erscheinen läßt, den Taschenbuchlesern vorbeugend im Wege der beigegebenen Erläuterung eine Problemübersicht zu verschaffen, die sie davor bewahren soll, aus der bloßen Textlektüre möglicherweise verengende oder mißdeutende Schlußfolgerungen zu ziehen.

Eines der Spezifika Weberscher Religionssoziologie wurde schon angeführt: ihr strikt empirisch-kognitiver Charakter. Dieser läßt zwar die religiösen Bewußtseinsinhalte keineswegs außer acht und beschränkt sich nicht etwa auf die Kirchenbesuchsfrequenz, die bloßen Mitgliederzahlen religiöser Bekenntnis- und Kultgemeinschaften einerseits, die statistischen Zahlen praktizierender Bekenner andererseits, die bloßen Formen religiöser Gemeinschaftsbildungen oder die Frage der sozialen Rekrutierung der Glaubensangehörigen. Dennoch läßt das spezifisch soziologische Erkenntnisverfahren weder die Befragung der dogmatischen Gehalte um ihrer selbst willen, noch die inhaltliche Stellungnahme zu ihnen zu, untersucht sie vielmehr – wie die übrigen Tatsachen des gesellschaftlichen religiösen Lebens – im Hinblick auf ihre soziale und historische Wirkmächtigkeit.

Das *zweite*, was dem unvorgebildeten Leser zur Charakterisierung der Protestantismus-Studien Max Webers verdeutlichend nahegebracht werden muß, ist der Umstand, daß diese Aufsätze in zwei Fassungen mit einem epochalen Abstand von 15 Jahren zustandegekommen sind und seit ihrer Erstveröffentlichung (1905) eine weltweite Kontroverse entfacht haben, die – erstaunlicherweise – heute noch in nahezu unverminderter Heftigkeit anhält. Die Frühfassungen wurden von Max Weber zu einer Zeit vorgelegt, in der die Sozialwissenschaft Europas erfüllt war von einer breit gestreuten und z. T. sehr differenzierten wissenschaftlichen Literatur zur Frage der »Genesis des Kapitalismus«, weswegen Max Weber seine eigene frühe Themenstellung unter die Kurzbezeichnung stellte: »Kapitalismus und Protestantismus« (Brief Max Webers an Paul Siebeck vom 24. Mai 1917; ebenso o. Seite 79 Anm. 11), womit er seinen Anteil zur Problemstellung hinsichtlich des simultanen Entfaltungsprozesses von Kapitalismus, Protestantismus und modernem Anstaltsstaat in der Neuzeit bezeichnet haben wollte. Die z. T. heftig geführte Kontroverse, die sich im Anschluß an die Erstveröffentlichung der »Skizzen« über die »typische Beziehung zwischen Kapitalismus und Protestantismus« (o. Seite 79 Anm. 11) zu Lebzeiten Max Webers abspielte, ist in einem zweiten Band in dieser Reihe (GTB 119) durch den Abdruck der damaligen »Kritiken und Antikritiken« (1907–1910) wiedergegeben worden. Das für ihn abschließende Stadium, das Max Weber bis in seine letzten Lebenstage beschäftigte, bestand darin, daß er seinen Aufsätzen zu diesem Thema die endgültige Form: die Fassung letzter Hand verlieh und sie so in den von ihm selbst redigierten und noch in den Korrekturfahnen gelesenen ersten Band seiner religionssoziologischen Aufsätze aufnahm. So steht es auch seit der ersten Auflage dieses Taschenbuches (1965) im Vorwort des Herausgebers (s. o. Seite 5 Abs. 1).

Der Verlagsauftrag bezüglich des vorliegenden Taschenbuches lautete dahin, die (zweiteilige) Protestantismus-Abhandlung sowie den Sektenaufsatz Max Webers in der noch von ihm selbst in den Jahren 1919/20 *umgearbeiteten* und im 1. Band seiner »Gesammelten Aufsätze zur Religionssoziologie« zum Druck beförderten Fassung in Taschenbuchform nach neuestem Stand herausgeben. Der gleiche Sachverhalt ist noch bei der heutigen Ausgabe gegeben. Dabei versteht es sich für jeden Kundigen von selbst, daß hiermit nur die Fassung letzter Hand gemeint sein kann und ist. Demgemäß wurde im Impressum des Verlages (bisherige Auflagen o. Seite 4) eigens gedruckt, daß es sich um eine Lizenzausgabe des Verlages Mohr/Tübingen aus dem Jahre 1920 handelt.

Die Eigenart dieser verdeutlichenden und z. T. leicht erweiterten Endfassung von 1920 ist es nun – und das ist das *dritte* Charakteristikum (s. o. Seite 380) –, daß Max Weber zum Beschluß seine Protestantismus-Untersuchungen in den weltumspannenden Zusammenhang seiner universal-vergleichenden »Wirtschaftsethik der Weltreligionen« eingeordnet hat, wodurch er seinen Studien – ohne an ihrer *Substanz* (wie er selbst betont: o. Seite 27/28) das geringste zu ändern – eine weltweite Perspektive gab und sie zugleich in Parallele und in spezifischen Abstand zu religiösen Gesellschaftswirkungen und religiös-sozialen Institutionalisierungen in anderen Weltteilen stellte. Um diese Vergleichung auf dem Boden unterschiedlicher, aber teilweise auch konvergenter Sozialverfassungen leisten zu können, entwickelte er hierbei eine Vielzahl nicht nur epochaler oder territorial gebundener, vielmehr *universaler* soziologischer Kategorien, die über das Gebiet speziell der religiösen und hierokratischen Erscheinungen weit in den Bereich der allgemein sozioökonomischen und politischen Strukturen hinausreichen. Die gedankliche Klammer für diese erkenntnismäßige Zuordnung bildet hierbei die richtungweisende »Vorbemerkung« des Verfassers (o. Seite 9 ff.).

Aus alledem ergibt sich, daß hier die vom Verfasser *überarbeiteten* Protestantismus-Abhandlungen abgedruckt worden sind. Zudem hebt der *Autor selbst dreifach* die Tatsache hervor, daß er die Aufsätze umgearbeitet und die auf Grund seiner Antikritiken, der zwischenzeitlich erwachsenen Literatur sowie zwecks Auseinandersetzung mit den Einwendungen Brentanos und Sombarts erforderlich gewordenen Ergänzungen in den Text und die Anmerkungen eingebracht hat (s. o. Seite 21, Seite 27 f. [GAzRS I, S. 12 Mitte, S. 17 f. Anm. 1]), und ganz das gleiche gilt hinsichtlich der umgearbeiteten Fassung des Sektenaufsatzes (s. o. Seite 299 Anm. 1 [GAzRS I, S. 207 Anm. 1]). Darüber hinaus wurde, damit Max Webers eigene Darstellung der Umarbeitung seiner Aufsätze keinesfalls hinten in den Anmerkungen übersehen werden könne, die Eingangsfußnote der Originalausgabe von 1920 der »Protestantischen Ethik«, worin Max Weber eingehend die Geschichte seiner Aufsätze berichtet und Auskunft gibt über Art und Umfang seiner Überarbeitung, in dieser Taschenbuchausgabe geflissentlich der ersten Protestantismus-Abhandlung vorangestellt (o. Seite 27 f.). Dem tatsächlich Kundigen zeigen übrigens Max Webers Zitierungen von Literatur (aus den Jahren 1910–1919) in den Anmerkungen 1 und 4 der »Vorbemerkung« (o. Seite 25 und 26 [GAzRS I, S. 5 und 14]) zusätzlich, daß diese Ausführungen unmöglich aus den Jahren 1904/05 stammen können.

Was nun Art und Umfang dieses Taschenbuchs angeht, so wurden – entsprechend der Ankündigung seit der 1. Auflage 1965 im dritten Absatz des Vorworts (o. Seite 5) – »Text und Anmerkungen einer umfassenden Revision unterzogen« und wurde damit der Verlagsauftrag erfüllt. Hingegen ist diese kritisch revidierte *Text*ausgabe *nicht* mit einem philologischen Apparat im Sinne eines Lesartenkommentars in Vergleichung der Erstfassung mit der Ausgabe letzter Hand ausgestattet, und zwar einmal, weil dies nicht durch den erteilten Verlagsauftrag gedeckt sein würde, vielmehr alles weitere philologische Detail einer historisch-kritischen Ausgabe vorbehalten bleiben soll, und zum andern, weil Max Weber seine Protestantismusaufsätze ohnehin mit einer äußerst umfangreichen »Fußnotengeschwulst« (o. Seite 194/95 Anm. 6 [GAzRS I, S. 89 Anm. o.]) befrachtet hat, um »eine wenigstens vorläufige Nachprüfung der Gedanken ... speziell den *nicht* theologischen Lesern zu ermöglichen.« Dieser von Max Weber selbst beigesteuerte literarische Apparat dürfte für den studierenden wie den nicht fachlich vorgebildeten Leser bereits hart am Rande dessen liegen, was ihm neben der Lektüre des nicht einfachen Textes noch zugemutet werden kann.

Nun mußte aber mit der 2./3. Auflage des Taschenbuches eine Umfangserweiterung insofern vorgenommen werden, als es galt, das Protestantismus-Problem aus der unverdienten, in der jahrzehntelangen Diskussion entstandenen Isolierung herauszulösen und die Thematik wieder in das ganze des religionssoziologischen Gedankenkreises Max Webers hineinzustellen und damit den gedanklichen ›Ort‹ sichtbar zu machen, an dem diese (scheinbaren) Spezialuntersuchungen in das Ensemble seiner gesamten Religionssoziologie eingebettet sind, um sie so einer sonst leicht möglichen – und oftmals erfolgten – Mißdeutung zu entziehen. Daher sind ergänzend ein Teilstück aus der »Einleitung« in die »Wirtschaftsethik der Weltreligionen«, verschiedene Ausschnitte aus »Wirtschaft und Gesellschaft« und schließlich der Schlußabschnitt aus Max Webers »Abriß der universalen Sozial- und Wirtschaftsgeschichte« in den Taschenbuchband übernommen worden (o. Seite 318–376). D. h. also: um erkennbar zu machen, von woher das Protestantismus-Problem die außerordentliche Vielfalt der in ihm zutage tretenden religionssoziologischen Fragestellungen erfährt, mußten den für diese Thematik Interessierten – zusammen mit den drei Protestantismusaufsätzen und der problemerläuternden »Vorbemerkung« – die von Max Weber an anderer Stelle gebrachten beiden Kurzfassungen des Fazits seiner speziellen Protestantismus-Analyse (o. Seite 344–348, 358–376) sowie ergänzende Einzelergebnisse seiner weiterführenden vergleichenden Forschungen zum Thema Religion und Gesellschaft aus den Endbearbeitungen seiner religionssoziologischen Aufsätze und des systematischen Hauptwerkes (o. Seite 318–344, 348–357) in diesem Rahmen zur Kenntnis gebracht werden.

Das konnte deswegen bedenkenfrei geschehen, als alle diese Ausführungen Max Webers auf der gleichen erkenntnismäßigen und zeitlichen Ebene liegen und sich wechselseitig aufeinander beziehen. Wie die Verlagskorrespondenz J. C. B. Mohr (Paul Siebeck) im einzelnen belegt, hat Max Weber in seinen letzten Lebensjahren – anschließend an den erneuten geistigen Höhepunkt von 1917 – ungeheuere Mühe darauf verwandt, die Protestantismus-Aufsätze, die Wirtschaftsethik der Weltreligionen und sein soziologisches Grundwerk »Die Wirtschaft und die gesellschaftlichen Ordnungen und Mächte« *gleichzeitig* in parallelem Arbeitsprozeß auf den neuesten Erkenntnisstand zu bringen, die Darstellungen ineinander zu arbeiten und dergestalt eine in sich geschlossene, einheitliche Gesamtkonzeption seiner, auf einem universalhistorischen Material beruhenden Soziologie darzubieten. Diesem Ziele dienen ihm, bei der Herstellung der Fassungen letzter Hand, die ausweislich der genannten Verlagskorrespondenz in den Jahren 1919/20 erfolgte, vornehmlich Verweisungen auf jeweils andere, gleichzeitig überarbeitete Werksteile, aufeinander abgestimmte Begriffsexplizierungen in den verschiedenen Korpora der Ausgaben letzter Hand, vereinheitlichende Textumarbeitungen der Frühfassungen sowie Texteinschübe auf Grund von Gedankengängen, die zunächst in einem der anderen Werksteile ausgeführt waren. So verweist Max Weber z. B. ergänzend in seiner »Vorbemerkung« auf religionssoziologische Ausführungen im systematischen Hauptwerk (o. Seite 24 [GAzRS I, S. 15]) und ferner in Fußnoten zur Einleitung in die Wirtschaftsethik der Weltreligionen darauf, daß diese Aufsätze auch dazu bestimmt waren, »gleichzeitig mit der im Grundriß der Sozialökonomik enthaltenen Abhandlung über »Wirtschaft und Gesellschaft« zu erscheinen, den [darin befindlichen] religionssoziologischen Abschnitt zu interpretieren und zu ergänzen« sowie ihrerseits »auch in vielen Punkten durch ihn interpretiert zu werden« (GAzRS I, S. 237 Anm. 1; vgl. a. a. O. S. 267 Anm. 2). Auch hinsichtlich verschiedener begrifflicher Präzisierungen verweist Max Weber auf seine Darlegungen in anderen Teilen seines Gesamtoeuvres (s. z. B. GAzRS I, Seite 55 Anm. 1 [o. Seite 93 Anm. 49]; ebda. Seite 207 Anm. 1 [o. Seite 299 Anm. 1]; ebda. Seite 267 Anm. 2). Die textliche Überarbeitung der Protestantismus-Aufsätze übernimmt schließlich Gedankengänge und Formulierungen sowohl aus den Antikritiken (Protestantische Ethik II [GTB 119]), als auch aus der Wirtschaftsethik der Weltreligionen sowie dem soziologischen Grundwerk. In »Wirtschaft und Gesellschaft« werden die Protestantismus-Studien ausdrücklich in Bezug genommen und wird eine Kurzfassung der aus der Puritanismus-Analyse resultierenden Quintessenz resümiert (a. a. O., 5. Aufl. 1976, Seite 717 ff.). Die *Komplementarität* von »Wirtschaft und Gesellschaft« und den »Gesammelten Aufsätzen zur Religionssoziologie« steht für jeden Sachkundigen unbezweifelbar fest. Schon *vor* 1914 hat Max Weber parallel an den Niederschriften zur Wirtschaftsethik der Weltreligionen und zu Wirtschaft und Gesellschaft gearbeitet.

Mit anderen Worten: in der Endfassung, in der sie vorliegen, gehören die Darlegungen Max Webers zum Kapitalismus-Protestantismus-Problem, zur Wirtschaftsethik der Weltreligionen, zur Frage der unterschiedlich möglichen Rationalisierung sowie im systematischen Hauptwerk derselben gedanklichen Stufe an, so daß Max Weber zu Recht darauf hinweist, daß die mit diesen Themen befaßten Korpora seines Werkes in ihrer überarbeiteten Gestalt einander gegenseitig zu ergänzen bestimmt und in der Lage sind. Übrigens gilt tatsächlich das gleiche bezüglich der Ausführungen in seiner »Wirtschaftsgeschichte« aus dem Jahre 1919 über die »Entfaltung der kapitalistischen Gesinnung« (o. Seite 358 ff.). Das alles bedeutet eine einheitliche, universal-vergleichende soziologische Problemanalyse und Konzeption.

Die Analyse der *soziologischen Seite* der Kulturbedeutung des Protestantismus weist – über die drei vorerwähnten Spezifika (Seite 380 ff.) hinaus – noch folgende seiner in der

Entfaltung und Akkommodation zur Wirksamkeit gelangenden *Besonderheiten* auf:

1. Der *asketische Rationalismus* war als Mönchsreligiosität die Höchstform des katholischen Christentums seit der Mitte des 1. Jahrtausends. Er wurde in der abendländischen Glaubensspaltung (Reformation) – unter Umschlag der außerweltlichen in die innerweltliche Askese – zur paradigmatischen Auserwähltenreligiosität der Wiedergeborenen (Heilsaristokratismus). Kraft dieses seines Agens und Movens wurde das Christentum in beiderlei Gestalt, in Form der katholischen Gnadenanstalt wie der evangelischen Denominationen, zur Weltreligion kat exochen, wobei vom Täufertum jeglicher Provenienz der spezifisch revolutionäre Voluntarismus seinen Ausgang nahm.

2. Von jeher hatte das Christentum seinen typischen Fördergrund im städtischen Milieu. Hier wurde auch schon während des katholischen Mittelalters diejenige Bewegung vorbereitet, die später zum Aufnahmeboden der Reformation wurde. In den Städten fanden die Bettelorden die allein für sie bereite Umwelt, fand die Mendikantenpredigt die ihr geneigte Hörerschaft, war der typische Sitz der teilweise kirchlichen, teilweise heterodoxen und häretischen mittelalterlichen Reformbewegungen, der Laienbruderschaften, der Applaudanten der Lehren Arnolds (von Brescia), Waldes', des hl. Franz, Occams, Wiclifs, Hus' e.t.q. Und die Städte nahmen immer mehr den ausgesprochen neuzeitlichen bürgerlichen Charakter an, der zugleich die Herausbildung einer spezifisch städtebürgerlichen Mentalität, auch auf religiösem Gebiet, beinhaltete.

3. Bei seiner Analyse der *Schichtbezogenheit* von religiösen, speziell konfessionellen Richtungen konnte Max Weber feststellen, daß sich die Bekennerschaft des rational-ethischen Protestantismus typischerweise aus dem kleinen und mittleren – sei es stadt-, sei es landsässigen – Erwerbsbürgertum rekrutierte und daß diese aufsteigenden neuzeitlichen Erwerbsschichten kraft der ihnen zunehmend adäquater wer-

denden protestantischen Programmatik für eine innerweltliche Lebensführung mehr und mehr zu Bannerträgern der sozialen und politischen Umgestaltung der bestehenden Verhältnisse wurden.

4. Indessen wäre es irrig anzunehmen, die Verbreitung des protestantischen Rationalismus sei allein eine Angelegenheit der Ausbreitung seiner spezifischen Glaubenspostulate und also eine reine Frage der *Gesinnung* gewesen. Eine ganz außerordentliche Wirkkraft ging zweifellos von den für ihn typischen Institutionalisierungen, vor allem im Bereich der religiösen Organisation aus. So steht fest, daß die vom protestantischen Rationalismus entwickelte Presbyterialverfassung weitgehend Vorbild moderner demokratischer Institutionen aller Art geworden ist. Die »Sekte«, als welche zu gelten die meisten protestantischen Glaubensgemeinschaften sich entschieden weigerten – separati (electi) = ecclesia pura! –, wurde, wie gerade Max Weber immer wieder hervorhob, zum Prototyp der modernen voluntaristischen Verbandsbildung schlechthin (vgl. »Wirtschaft und Gesellschaft«, 5. Aufl. 1976, Erläuterungsband, S. 270/71 zu Textseite 721). Diese aber bildet die Keimzelle und den Kern der modernen Gesellschaftsverfassung, und die moderne Demokratie ist ihrem heutigen Wesen nach eine *Verbands*demokratie – kein atomarer Haufen von »Einzelnen«.

5. Nachdem die Glaubensrevolution die ursprüngliche Solidarisierung der verschiedenen Interessengruppierungen vermöge der Kultgemeinschaft – zumal in den vorwiegend bürgerlich bestimmten Städten – aufgebrochen hatte und konfessionell wie ökonomisch differenzierte Solidaritätsgruppen an die Stelle der zuvor durch die Einheitskultur zusammengeschlossenen Vergesellschaftung getreten waren, kam es nunmehr wesentlich darauf an, im Wege von Institutionalisierungen im profanen Bereich neue Media der Solidarisierung zu eröffnen. Hierfür gab es dreierlei Weisen. Entweder wurde in Durchführung des Grundsatzes: cuius regio eius religio die kultische Einheit zwangsweise wieder-

hergestellt. Oder in den beschlußfassenden Versammlungen wurde ein Corpus catholicorum und ein Corpus evangelicorum gebildet, die darauf angewiesen waren, sich im Wege der itio in partes und amicabilis compositio zu arrangieren (im Reich seit 1648). Soweit in den bürgerlichen Städten die Glaubenszersplitterung anhielt, wurde eine geordnete Kooperation vornehmlich durch die Kombination von Rats- und Zunftverfassung, durch kollegiale Institutionen aller Art, durch Interessenkompromisse hinsichtlich des städtischen Marktes und – von dort ausgehend – durch den ständig um sich greifenden Ausbau der rechtlichen Regelung aller sozialen Beziehungen und Aktivitäten erstrebt. Als schließlich die (regulierten) Lokalmärkte und die Stadtwirtschaft überhaupt zu Fesseln für die Entwicklung der Produktivität der Volkswirtschaft sowie den Warenumschlag zu werden drohten, drängten die ökonomischen Interessenten – voran die Fernhändler und Verleger (letztere die beherrschenden Unternehmer im Rahmen des gewerblichen ›Verlagssystems‹) – zwecks Erschließung fernerer Erwerbsmöglichkeit in die Richtung der Sprengung der städtischen Gebundenheit und der Öffnung der Territorial-, National- und Außenhandelsmärkte. Damit schlug jetzt die historische Stunde für die Kooperation, ja teilweise das direkte Bündnis zwischen Erwerbsbürgertum und aufstrebendem neuzeitlichen Fürstenstaat. Und hier war es nun die mitwirkende Rolle des (bürgerlichen) *asketischen Rationalismus,* daß er vermöge der ihm innewohnenden Tendenz zur rationalen Beherrschung der Welt in den Dienst der *Legitimierung* des Anspruchs sowohl der ökonomischen Interessenten auf freies Schalten mit Sachgütern und Arbeitskraft, als auch der gekrönten Häupter auf uneingeschränkte Ausübung und Expansion ihrer Herrschaftsmacht zu treten vermochte. Das fürstliche Finanzinteresse in Verbindung mit dem bürgerlichen Interesse an Marktausweitung und Friedensordnung lenkten damit in die Bahn der rationalen Staatsanstalt, wobei diese zwar größtenteils die städtische Autonomie vernich-

tete, indessen die für sie brauchbaren Teile der von den Städten entwickelten rationalen Herrschafts- und Verwaltungseinrichtungen kurzerhand übernahm. Der permanente konfessionelle Bürgerkrieg wurde schließlich durch die Etablierung des in Religionsfragen immer weitgehender sich neutral gebärdenden Anstaltstaates, und das heißt der in ihm sich zur Geltung bringenden Kräfte – in deutschen Landen gerade auch unter dem Einfluß der zumeist nicht in den ›Religionsfrieden‹ einbezogenen Glaubensflüchtlinge aller Art (man denke in dieser Hinsicht insbesondere an das Verhältnis Holland–Brandenburg!) –, eliminiert. (Alles dies lag im englischen Einheitsreich mit der sehr viel stärkeren Position der Zentralmacht mit Einschluß des Parlaments durchaus anders.)
Zunächst hatte dieser (kontinentale) rationale Anstaltsstaat absolutistisches Gepräge. Aber die dem bürgerlichen Rationalismus innewohnenden Kräfte, die Abhängigkeit der modernen Staatsführung von dem Steueraufkommen der Staatsbürger jeglichen Status' sowie das wachsende soziale Gewicht der verbandsmäßig organisierten Interessen führten alsbald oder allmählich jene machtvolle Demokratisierung aller Lebensverhältnisse und Institutionen herbei, die bis in unsere Tage charakteristisch für die ›westliche Welt‹ ist. Angesichts der sich ständig verschärfenden materiellen und ideellen Interessendifferenzierung und Interessengegensätzlichkeiten erfordert jedoch die *Effektuierung* der verfassungsmäßigen Freiheitsgarantien und Friedensordnung in zunehmendem Maße staatliche Herrschaftsausübung, d. h. in unbestimmtem Umfang öffentliche Gewaltanwendung.

6. Die ursprünglichen evangelischen Gemeindebildungen aller Art verstanden sich, unter Abhebung von ihrer sie umgebenden, nach ihrer Glaubensüberzeugung weitgehend verweltlichten katholischen Umwelt, als Wiederbeleber des Pneumas der urchristlichen Gemeinden und bezogen von daher die Kraft ihres glaubensmäßigen Überlegenheitsbewußt-

seins. (Hier vor allem setzte die Gegenreformation mit ihrer ungeheuren Intensität und Wirkmächtigkeit an.) Nachdem aber einmal dieses genuine Pneuma sich verflüchtigt hatte und damit seine spezifisch religiöse Kraft verloren war, blieb der *asketische Rationalismus* immer noch, und zwar je rationaler er ausgeformt war, desto mehr, ein äußerst wirksames Instrument der *Legitimierung* für alles, was an formal redlichen (o. Seite 255 Anm. 234 a. E.) Aktivitäten und formal legalen (o. Seite 162 u.) Institutionalisierungen auf dem Wege zur Verwirklichung der Zielsetzungen (und dieser selbst) seiner Anhänger und Nutznießer lag. –

Erst die Umrahmung des verläßlichen Textes der speziellen Untersuchungen des Verfassers zum Verhältnis ›Kapitalismus – Protestantismus – Rationalismus‹ mit den einschlägigen Teilerkenntnissen seiner umfassenden religionssoziologischen Forschungen läßt die ganze Tragweite der zunächst behandelten Sonderfragestellung auch für den unvorbereiteten Leser sichtbar werden, indem so das riesige geistige Umfeld jedenfalls in Umrissen zutagetritt, in das das Spezialthema hineingestellt ist. Die außerordentliche Kulturbedeutung und gestaltende Wirkkraft des *asketischen Rationalismus* tritt ebenso in Erscheinung wie die besondere Tatsache, daß derselbe bereits hundert Jahre vor Adam Smith's Fibel der freien Wirtschaft ein ganzes Programm der Gewinnung von Freiheit des Bekenntnisses, des Gewissens, des Gewerbes, des Zinsnehmens, des Handels wie der Meere entwickelt hatte. Und die ungewöhnliche Stoßkraft dieser strikt antimerkantilistischen und anti-zünftlerischen Postulate gründete – neben ihrer Erfolgsgewißheit – wesentlich auch darauf, daß sie für die Gläubigen der neuen konfessionellen Offenbarung sich als deren unmittelbarer Ausfluß darstellten, welcher Glaubensinhalt seinen Bekennern bei der Leistung ihrer *Berufserfüllung* im Dienste der Veränderung der Welt jenes »ungeheuer gute Gewissen« (o. Seite 184 [GAzRS I, Seite 198]) verlieh, das sie auch alle weitreichenden Folgen ihres grundstürzenden Vorgehens in ihre Verantwortung aufnehmen ließ.

Zwei beharrlichen Mißdeutungen ist Max Webers Verständnis des Verhältnisses von Kapitalismus und Protestantismus beständig ausgesetzt gewesen: einmal, daß der moderne Kapitalismus aus dem sich entfaltenden Protestantismus geradezu *hervorgegangen* sei, und zum andern, daß das von Max Weber offengelegte Beziehungsverhältnis zwischen modernem Kapitalismus und reformatorischem Protestantismus bis in seine eigene Zeit fortbestanden habe.

Wieder und wieder hat Max Weber dagegen protestiert, eine so überaus »*törichte* These« je verfochten zu haben wie die, daß der Geist des Kapitalismus oder gar dieser selbst (als Wirtschaftsordnung) ein bloßes Produkt der protestantischen Askese gewesen sei oder etwa nur als Ausfluß der Reformation habe entstehen können (Arch. f. Sozialwissenschaft, XX. Bd. 1905, Seite 54 [GAzRS I, Seite 83]; s. o. Seite 77; vgl. GTB 119, Seite 28, 164, 285).

Außerdem: von der Erstfassung der Protestantismus-Aufsätze (1905) bis zu seiner letzten Äußerung hierzu bei Lebzeiten (1919) hat Max Weber ständig scharf hervorgehoben, daß die »religiöse Wurzel« des abendländischen Arbeits- und Wirtschaftsethos längst abgestorben ist und daß der siegreiche, auf mechanisch-maschineller Grundlage ruhende Kapitalismus kraft der durch ihn geprägten Sozial- und Wirtschaftsverfassung dieser Stütze seit langem nicht mehr bedarf, vielmehr umgekehrt das Lebensschicksal *aller* in die kapitalistische Wirtschaftswelt Hineingeborenen – nicht etwa nur der unmittelbar ökonomisch Erwerbstätigen – »mit überwältigendem Zwange bestimmt« (Arch. f. Sozialwissenschaft, XX. Bd., Seite 23, XXI. Bd., Seite 108 [GAzRS I, Seite 46, 203 f.]; s. o. Seite 52, 188 f.; vgl. GTB 119, Seite 29, 285, 320). Mit dem völligen Zurücktreten auch aller Reste des ursprünglich ungeheuren religiösen reformatorischen Pathos wurde die Wirtschaftsauffassung spätestens im Laufe des 19. Jahrhunderts ihres religiösen Sinns entkleidet und steht der religiös sinnentleerte Berufsbegriff als caput mortuum in der heutigen Welt (so Wirtschaftsgeschichte[3] [1958], Seite 314 f.; o. Seite 373 f.).

Es ist also notwendig, sich über die bewußt gewollte zeitliche und sachliche Begrenzung von Max Webers Erkenntnisziel klar zu sein, um zu sehen, da sein Untersuchungsfeld von vornherein in der Vergangenheit – *nicht* in seiner Gegenwart – lag, daß die von ihm darüber gewonnenen Ergebnisse hinsichtlich der *mitwirkenden Faktoren* bei der Genesis des neuzeitlichen Kapitalismus vornehmlich im 16. und 17. Jahrhundert inzwischen nicht durch bloßen Zeitablauf »überholt« sein können.

Was *nach* ihrer welthistorischen Epoche geschah, haben die protestantischen Glaubenspioniere nicht vorausgesehen: das Hinschwinden der Glaubensüberzeugung, den Sieg der puren Praktikabilität in Verfolg rein diesseitiger (utilitaristischer oder utopischer) Zielsetzungen, das Obwalten des nackten Individual- und Gruppenegoismus. Damit erst war der Eintritt in die wirkliche »moderne Welt« vollzogen. Aus dem Todesernst der Gewissensverantwortung vor Gott wurde der blanke Utilitarismus innerhalb einer – religiös gesprochen – nicht zu *ver*antwortenden, vielmehr einzig der erdumspannenden menschlichen Tatkraft *aus*geantworteten Welt, der der einzelne wie die Schichten und Gruppen in nahezu ausschließlich zweckrationaler Orientierung gegenüberstehen.

Herbst 1978 *Der Herausgeber*